Eric Jackson Perrin

Les Secrets des 24 Nombres

selon 7
« Écoles des mystères »
anciennes et modernes

Pour comprendre le symbolisme et la signification des fréquences

*****

**Pour thérapeutes, enseignant(e)s/étudiant(e)s
en Numérologie et en Human Design/Clef Génétiques**

****

© 2025 – Eric Jackson Perrin
www.ericjacksonperrin.com

Edité par Eric Jackson Perrin
6 Rue du Capitaine Ferber - 69300 Caluire et Cuire.
jacksoneric@neuf.fr

Impression : Libri Plureos GmbH, Friedensallee 273, 22763 Hamburg
(Allemagne)

ISBN: 9782958844875

Dépôt légal : Avril 2025

****

Livres du même auteur

Traité pratique d'Astrologie Maya et Le Yi King de voyage
Le Tarot Éternel, Le Tarot Éternel 2, Le tarot Éternel complet
L'histoire secrète du Tarot et du Diamant de Naissance
Les runes germaniques sacrées et magiques
Le Diamant de Naissance et Le cahier pratique du Diamant de Naissance
Cinq outils extraordinaires de connaissance de soi
Les outils et techniques de développement personnel pour thérapeutes et particuliers
Planches de radiesthésie pour thérapeutes et particuliers
Le Guide Pratique des soins énergétiques pour thérapeutes et particuliers
Le manuel professionnel du Diamant de Naissance 1 et 2
Ami-Enfant des Étoiles, Ami revient et Civilisations Internes
Physique Classique et Physique Quantiques pour thérapeutes et particuliers
Le Guide Pratique des appareils de Bien-être
Histoire officielle et Histoire alternative de la planète Terre des origines à maintenant
Préparer votre mort et votre vie future dans l'au-delà
Passion Numérologies
Le dossier extra-terrestre – Ami Enfant des Etoiles 4
Je découvre le Tantra d'un nouveau monde - 2024

Série apprendre l'astrologie, c'est possible...

1-Les bases pratiques de l'astrologie
2-Les planètes, les signes, les secteurs
3-Maitriser l'analyse et l'interprétation du thème astrologique
4-Les planètes en signes et 5-Les planètes en secteurs
6-Les aspects à la Lune et à Vénus
7-Les aspects au Soleil et à Mars
8-Les aspects Mercure, Jupiter, Saturne et Uranus
9-Les bases de l'astrologie karmique
10 - Le cahier astrologique : Comment interpréter un thème astral
11- L'Astrogéolocalisation
12- Estimer la longévité en Astrologie
13-Yi-King, Astrologue et Design Humain et Les variables astrologiques du DH

Série Sonothérapie

Passion bols avec Alain Métraux. Les diapasons thérapeutiques
Diapasons, Kinésiologie et Acupuncture traditionnelle chinoise
Diapasons 3, étincelles.
Le Guide Pratique des Mantras
Le Cahier Pratique des Bols Chantants

Logiciel professionnel Numérologie Diamant de Naissance Version de base (120€)
Version complète avec édition d'études (410€)

Table des matières

Introduction : 5

1-La tradition Germanique des Runes qui prend en compte les nombres de 1 à 24.   6

2-La tradition du Tarot Italien qui prend en compte les nombres de 1 à 22.....7

3-La tradition du Yi-King Chinois qui prend en compte les nombres de 1 à 64.8

4-Le Diamant de Naissance qui prend en compte les nombres de 1 à 22. 11

Le Diamant de Naissance et les animaux..12

5-Le Design Humain qui prend en compte les nombres de 1 à 64 : 14

2-Les Clef Génétiques qui prennent en compte les nombres de 1 à 64.........15

7-La Matrice Du Destin/de la destinée qui prend en compte les 22 premiers nombres.   20

Les coïncidences numériques - Les messages de l'univers............................32

Chapitre 0 : Le nombre 0 34

Chapitre 1 : Le nombre 1 35

Chapitre 2 : Le nombre 2 42

Chapitre 3 : Le nombre 3 51

Chapitre 4 : Le nombre 4 58

Chapitre 5 : Le nombre 5 66

Chapitre 6 : Le nombre 6 74

Chapitre 7 : Le nombre 7 aussi écrit 7 82

Chapitre 8 : Le nombre 8 89

Chapitre 9 : Le nombre 9 97

Chapitre 10 : Le nombre 10 104

Chapitre 11 : Le nombre 11 111

Chapitre 12 : Le nombre 12 118

Chapitre 13 : Le nombre 13 126

Chapitre 14 : Le nombre 14 135

Chapitre 15 : Le nombre 15 144

Chapitre 16 : Le nombre 16 152

Chapitre 17 : Le nombre 17 162

Chapitre 18 : Le nombre 18 170

Chapitre 19 : Le nombre 19 179

Chapitre 20 : Le nombre 20 188

Chapitre 21 : Le nombre 21 196

Chapitre 22 : Le nombre 22 205

Chapitre 23 : Le nombre 23 215

Chapitre 24 : Le nombre 24 223

Chapitre 25 : Vos nombres à vous 231

Chapitre 26 : Les activités liés aux 22 arcanes du Tarots...............243

Chapitre 27 : Les questionnements liés aux 22 arcanes du Tarots.............249

Chapitre 28 : les lois, principes et proverbes des 22 arcanes du Tarot 255

Un nombre est une information, une série d'informations. Un chiffre est la représentation graphique d'un nombre. Le mot nombre vient du latin numerus, une division, une quantité, qui est issu du mot indo-européen « nem » qui signifie diviser. Sans les nombres, il n'y aurait aucune vie dans cet univers ni dans les autres ! Les nombres sont les outils créés par la Source de toute Vie pour créer la Vie. L'univers est régit par les nombres et les cycles disaient les anciens. La bible elle-même nous dit qu'au commencement était le Verbe, c'est-à-dire le son. On sait maintenant que le son créé la forme et que les formes matérielles sont des ondes scalaires en quelques sortes ralenties, immobilisées, congelées, figées pendant un temps. On sait que la matière est de l'énergie auquel on a retiré le mouvement de la lumière selon la célèbre formule $E=mC^2$. On sait concentrer des faisceaux lumineux en « lasers » (light amplification by stimulated emission of radiation) et des faisceaux sonores en « sasers ». Un son est pour rajouter en précision un signal, c'est-à-dire une vibration contenant de l'information. Une vibration est un mouvement qui vibre selon une certaine fréquence. Les sons sont des fréquences et les fréquences s'expriment selon les nombres. Les nombres sont ainsi la racine pratique de la vie, les éléments ordonnateur de la Vie qui révèlent, par leur présence même, l'existence de la Source de toute Vie et un ordre caché dans l'univers, ordre qui peut être conscientisé par les mathématiques, la géométrie, la méditation et la sagesse.

L'histoire de l'humanité sur la planète Terre est marquée par une importante rupture temporelle qui est appelée le Dryas Récent qui s'est produit entre -10900 et -9600, c'est-à-dire de 10900 ans avant Jésus-Christ à 9600 ans avant Jésus-Christ. Une civilisation technologiquement avancée existait avant cette période. Elle a été détruite par des cataclysmes suite à des guerres, dont un énorme déluge qui a tout balayé sur son passage. Après, la civilisation s'est reconstruite comme elle a pu et c'est vers 3200 ans avant Jésus-Christ, en Mésopotamie, en Egypte, en Inde et en Chine qu'elle est re-née de ses cendres.

Il fut un temps dans l'histoire de l'humanité « récente » post diluvienne où les nombres n'existaient pas. Puis il y a eu les nombre un, deux et beaucoup. L'humanité est passée une population de chasseurs-cueilleurs à une population vivant grâce à l'agriculture et l'élevage. Il y eu un énorme accroissement de population, la naissance des villes et des guerres. Il fallut alors apprendre à compter le temps pour savoir quand planter et quand récolter et à compter les ressources. Au départ, les personnes qui comptaient faisaient des encoches avec des silex ou des couteaux sur des os, des branches puis des tablettes en poteries, pour compter les récipients de grains, les animaux et les armes.

Puis les nombres apparurent. On utilisa les dix doigts de la main, parfois les vingt doigts des mains et des pieds et parfois les 13 articulations majeures du corps humain. Le concept de base numérique apparut. On utilise la base 10 dans la vie courante tandis qu'en informatique, on utilise une base 2 (0 et 1).

Plus de 3000 and avant Jésus-Christ, les Sumériens utilisaient une base 12 et une base 60, un nombre divisible par 2,3, 4, 5, 6, 10, 12, 15, 20 et 30.

Le système numérologique Chinois utilise une base 8 et une base 64. Le système de numérologie germanique utilise une base 24 et le Tarot utilise une base 22.

Ensuite, les mathématiques et la géométrie apparurent avec la compréhension des cycles astronomiques et avec l'architecture. Au-delà de leur valeur numérique permettant de compter, les nombres furent très tôt associés à des concepts symboliques chargés de sens. Les civilisations Mayas et Chinoises développèrent un système numérologiques plusieurs millénaires avant Jésus Christ. Au moyen Orient, les Phéniciens développèrent un système numérologique qui fut repris par les Hébreux. En Europe les Runes apparurent vers l'an zéro puis en 1430 environ, le Tarot Italien fut créé. Ce livre vous propose une interprétation symbolique des 64 premiers nombres.

Chaque nombre est premièrement abordé selon son nom, son graphisme, sa structure, son symbolisme et ses associations. Chaque nombre est ensuite abordé selon trois traditions anciennes où ce nombre existe ; les Runes Germaniques, le Tarot Italien et le Yi-King Chinois. Puis trois outils numérologiques modernes sont abordés, le Diamant de Naissance, le Design Humain et les Clefs génétiques.

Les Runes sont un système d'informations. Il y a 24 runes tout comme il y a 24 vertèbres mobiles dans le corps, qui sont posées sur le sacrum. Elles sont à la fois des lettres, des nombres, des sons et des symboles. Elles constituent un alphabet qui se nomme le Futhark d'après les 6 premières runes (F, OU, TH, A, R, K). Elles seraient apparues autour de l'an zéro en Allemagne, inspirées par les alphabets étrusques, grecs et romains. Elles ont été créé par des « prêtres » ou « chamanes » de différentes tribus germaniques, en puisant dans leurs savoirs ancestraux. (Voir le livre Les Runes Germaniques sacrées et magiques). Les symboles runiques étaient gravés sur des rondelles de bois puis elles ont plus tard été gravées sur des pierres tombales quand il y a eu les grandes migrations des peuples germains. Les formes runiques représentent des concepts clefs sur la façon dont se comporte l'énergie de vie issue de la Source de toute Vie. Elles ont cette particularités d'avoir su préserver des savoirs extrêmement anciens, possiblement prédiluviens (donc avant 10900 BC/9600 BC) et d'avoir par exemple la capacité de pouvoir décrire l'énergie d'un mot tel qu'il vibre.

Prenons l'exemple du mot Tarot. Imaginez que c'est une chose, un objet mais que vous ne savez pas ce que c'est. En connaissant les Runes, vous pouvez décrire sa nature, son essence, sa vibration. C'est une ressource reliée à tous les éléments, (T), qui est puissante et qui permet de prendre sa place et de générer de l'ordre (A). C'est un enseignement qui permet de faire un voyage du corps ou de la conscience (R). C'est un code qui permet d'effectuer une transformation intérieure (O) et qui permet de se relever et de briller comme une étoile (T). Cela pourrait être un bijou magique ou un chemin vers les étoiles du fait qu'il est encadré par deux (T), T/17 étant le « dieu du ciel », vous dirait une dame Viking, si vous lui demandiez ce que pourrait être un objet portant ce nom. Dans la langue d'origine, taro signifie « chemin royal ».

LES 24 PREMIERES RUNES

LES BASES DE LA VIE

LE LONG TRAVAIL DE LIBERATION DE L'AME

LA RECONQUETE DE LA LUMIERE DU JOUR ETERNEL

2-La tradition du Tarot Italien qui prend en compte les nombres de 1 à 22.

Le Tarot s'appelait initialement « le chemin du triomphe » ou « le jeu des triomphes » et son nom a été changé à Tarot, mot qui signifie « Chemin », suite à son interdiction abusivement décrétée par la perverse église catholique vers 1500. Il a été créé vers l'an 1425 au Château de Milan et dans les villes de Venise, Ferrare et Florence, par un groupe de personnes rassemblant tous les systèmes connus de croyances de la planète de l'époque. Ce groupe de personnes souhaitait disposer d'un outil pédagogique de développement personnel capable d'expliquer le chemin permettant de retrouver l'union avec la Source de toute Vie et la conscience de l'éternité, de son identité éternelle. Les 22 premiers nombres sont associés à des personnages, peints sur des « cartes », qui personnifient des besoins et des mots clefs. L'intention était d'ajouter une famille de cartes nommé « le chemin vers la conscience » aux 4 familles existantes qui représentaient la gestion de la matière. On apelle souvent les cartes des « arcanes », mot qui est la traduction du mot « rune », qui signifie « enseignement secret chuchoté ». Les 22 nombres sont répartis en 3 familles de 7 tandis que le nombre 22 est à part. (Voir le livre « le Tarot Eternel Complet » et « L'Histoire secrète du Tarot et du Diamant de Naissance ». Il pourrait y avoir 24 cartes mais suite aux débats qui ont eu lieu au moment de la création du Tarot, comme le nombre 23 ressemble un peu au nombre 13 et le 24 au 19 et qu'ils sont liés à des transformations quantiques et à la lumière (la rune 22 représente un photon qui est libre et heureux ou une particule de vie), il a été décidé que l'époque n'était pas encore prête pour intégrer ces deux nombres 23 et 24.

Le Yi King est un système d'information Chinois vieux de 3000 ans basé sur les nombres. Il est composé de 64 nombres, où chaque nombre est associé à un symbole composé de 6 traits qui est appelé « Hexagramme », mot qui veut dire six caractères.

Ces 64 nombres sont les codes de la vie. Chaque Hexagramme ou groupe de six traits est lui-même une addition de deux trigrammes ou groupe de trois traits et chacun des 8 trigrammes est associé à un élément naturel, c'est-à-dire au Ciel contenant le Soleil et la à Terre, au feu et à l'eau, au tonerre et à la montagne et enfin au vent dans les arbres et au lac.

Le Yi-King présente toutes les situations typiques existant dans la vie d'une personne ou d'une organisation mais aussi comment ces situations évoluent en se transformant. Il est utilisé en Chine depuis très longtemps par les décideurs et par les particuliers, dans la vie politique, dans la vie des affaires et dans la vie privée. Il permet de comprendre « l'ordre de l'univers », de mieux vous connaitre et surtout de poser une question et d'obtenir une réponse quant au sens et à l'évolution d'une situation, afin de savoir « comment faire » au mieux et « que faire » dans l'ici-maintenant et d'agir en harmonie avec la nécessité, avec la volonté de l'univers.

Cela vous permet d'optimiser ce qui peut l'être. On peut comparer le Yi-King a un vieux sage sans âge qui sait avec humour, précision, justesse, et quand c'est nécessaire avec une certaine sévérité, ce qu'il en est et qui peut, à partir de là, donner le conseil approprié. Vous avez alors à vos côtés, quand vous le sollicitez, votre sage personnel qui vous donne les informations très pertinentes dont vous avez besoin quand vous le sollicitez.

Vous avez à la page suivante les noms des Hexagrammes et des nombres qui y sont associés. **Deux séries de nombres fournissent des informations sur la structure d'une personne et sur sa vie.**

1-Le premier lot de nombres va entre 1 et 64 et vous avez une description très détaillée sur chaque nombre dans ce livre. Ces nombres sont mis en avant par les planètes du thème astral quand on superpose un zodiaque avec une roue à 64 nombres. Il existe plusieurs façons de superposer les deux cercles. Les roues taoïstes et le Design Humain sont deux façons, les plus pertinentes ou les plus connues, parmi une dizaine existantes.

2-La deuxième série de nombre va de 1 à 6 et correspond aux 6 lignes d'un hexagramme. On part du bas et on va vers le haut. C'est la position très précise d'une planète qui met en avant telle ligne. Voici quelques indications : Si une ligne est manquante, il y a alors une difficulté à vivre ce qu'elle représente et s'il y a trop de fois une ligne elle s'exprime par son ombre.

Les lignes des hexagrammes utilisées avec le Yi-King, en Design Humain et avec les Clef Génétiques.

Ligne 6 : Place du fou ou du sage éveillé : Besoin d'évolution, de gérer des chantiers, de vivre selon une vision globale profonde, inspirée et spirituelle, de clarté, de vivre dans la conscience multidimensionnelle de l'instant présent, d'avoir une vision à long terme, d'éveil et de contribuer à répandre l'amour inconditionnel et la paix sur Terre.
Ombre : cynisme, misanthropie, manque de sens pratique, déconnexion de la vie.
Blessure : Blessure sacrée (déconnexion à la Source). Blessure de séparation et d'abandon.
Lumière : Amour. Eveil. Sagesse. Capacité à guider intérieurement.

Ligne 5 : Place du Roi : Besoin de diriger, d'influencer, de maîtriser en fonction d'une vision pratique et organisationnelle et de résoudre les difficultés existantes en trouvant des solutions afin de générer un progrès et de transmettre.
Ombre : Happé par l'extérieur, abus ou excès de confiance, envahissant et perversité manipulatrice. **Blessure :** Blessure d'illégitimité, de trahison et de culpabilité.
Lumière : Royauté. Conscience. Amour. Capacité à guider extérieurement.

Ligne 4 : Place du ministre : Besoin d'une intense activité relationnelle basée sur le cœur et d'une intense activité sociale, de faire parti de réseaux, d'organiser des projets, d'affirmer une puissance, une envergure, des qualités de cœur (compassion, sincérité) et d'être utile socialement. **Ombre :** happé par le monde, manque d'indépendance, froideur émotionnelle, abus de pouvoir. **Blessure :** Blessure de rejet. Difficulté avec le pouvoir.
Lumière : Amour. Autorité, envergure. Puissance d'organisation.

Ligne 3 : Place du commercial(e) ou commerçant(e) : Besoin de mouvement, d'exploration, de découvertes, de liberté, de tenter sa chance pour voir, d'innover, de stimulations mentale et d'adaptation intelligente à l'environnement. **Ombre :** superficialité, peur de l'échec et instabilité, excès de mental, inadaptation. **Blessure :** Blessure d'invisibilité. Blessure de la honte.
Lumière : Bonne gestion des émotions. Intelligence et adaptation.

Ligne 2 : Place du fonctionnaire intuitif : Besoin d'organiser et de gérer sa vie de façon stable et fluide en trouvant des ressources et en identifiant puis en exprimant des talents dans un cadre tranquille. Besoin de plaisir, d'abondance, de joie et de tranquillité mais aussi d'exprimer son corps.
Ombre : Mauvaise gestion des ressources et des talents, non écoute du corps et de l'intuition, repli sur soi, isolement.
Blessure : Blessure de nostalgie. Blessure de déni.
Lumière : Création par la visualisation. Intuition. Harmonie, beauté, joie, créativité.

Ligne 1 : Place de l'artisan ou chef d'entreprise. Besoin de créer, de créer des fondations stable, de bases solides pour la survie et de sécurité dans la vie et dans les relations. Besoin de nouveauté, d'expériences concrètes sur le terrain, d'action et de vie. Besoin d'exprimer son enfant intérieur. Elle génère une pression instinctive pour agir.
Ombre : Insécurité, action sans compréhension, impatience, précipitation, burnout et inertie.
Blessure : Refus d'incarnation. Blessure d'humiliation.
Lumière : Présence aimante. Maitrise de l'intention/l'attention. Sens des objectifs. Créativité.

LES NOMS DES 64 NOMBRES OU HEXAGRAMMES DU YI-KING			
HEX.	**NOM**	**HEX**	**NOM**
1	La puissance créatrice	33	Le retrait stratégique
2	L'Eternel Féminin	34	Gérer le pouvoir
3	Les débuts difficiles ou les difficultés du commencement	35	Le progrès
4	L'inexpérience de la jeunesse	36	L'obscurcissement de la lumière
5	L'attente stratégique	37	La famille
6	Le conflit	38	L'opposition
7	L'armée	39	L'obstacle
8	La civilisation	40	La libération
9	Gérer l'hiver	41	La diminution
10	La conduite juste	42	L'augmentation
11	La force du cœur	43	La résolution
12	Le déclin, la souffrance	44	Résister à la tentation
13	Communauté avec les hommes	45	Le rassemblement
14	Le grand avoir Ou Grande réussite	46	La poussée vers le haut
15	L'humilité	47	Epreuve
16	L'enthousiasme	48	Le puit
17	Suivre	49	La révolution
18	Remédier le corrompu	50	Le chaudron sacré
19	L'avancée positive	51	L'orage
20	Elever sa vision	52	L'immobilisation
21	La loi et le châtiment	53	L'évolution graduelle
22	La forme	54	La concubine
23	L'éclatement	55	La plénitude matérielle
24	Le retour (de la lumière éternelle)	56	Le voyageur
25	L'intuition connectée	57	Adaptation sociale conforme
26	La puissance apprivoisée	58	Joie du partage
27	Nourrir	59	La dissolution
28	Le seuil critique	60	Les justes limites
29	L'eau du ravin	61	En totale synchronicité ou Lé vérité intérieure
30	Le feu	62	Le petit passage
31	L'attraction	63	Après l'accomplissement
32	La durée	64	Avant l'accomplissement

C-Quatre traditions modernes
4-Le Diamant de Naissance qui prend en compte les nombres de 1 à 22.

Le Diamant de Naissance est un outil qui révèle les clefs de votre évolution. Il existe sous la forme d'un livre, d'un cahier pratique, d'une étude de 70 pages et/ou d'une consultation d'environs 01h30. Il révèle votre plan d'âme et votre plan d'évolution. Il met en lumière les 24 facettes de votre Etre, comme si vous étiez un village avec 24 maisons où chaque maison est un espace intérieur créateur d'une partie de votre vie à l'aide du nombre qui l'habite. Il a été créé à Lyon en 2011 par Eric Jackson Perrin. Il se calcule d'après le prénom, le nom du moment présent et la date de naissance. Ses maisons intérieures sont habitées par des nombres que l'on peut représenter visuellement par les arcanes du Tarot Italien (de Marseille). Le Diamant de Naissance vous donne des repères profonds et des clefs pertinentes qui vous permettent d'avoir une vision synthétique claire de qui vous êtes, d'où vous venez et de là où vous allez. Il vous donne une direction. Son objectif est de vous montrer comment exprimer le meilleur de qui vous êtes afin de briller "comme un Diamant". Il vous montre comment avancer vers votre destination, vers votre But Suprême et vers votre « vérité profonde », celle qui apporte la paix intérieure. Il vous permet d'effectuer d'importantes prises de conscience. Il peut également vous emmener à effectuer des actions pertinentes dans le monde extérieur et contribuer ainsi à vous apporter réussite, joie et enchantement.

Le Diamant de Naissance répond par exemple aux questions suivantes :

1-Comment (de quoi ai-je besoin pour) accéder à la confiance en moi ?

2-Comment accéder au plaisir, à ma joie et à l'abondance en exprimant ma richesse principale ?

3-Quelles sont les ressources que je peux utiliser pour m'adapter ?

4-Quelles qualités ai-je choisi de développer en choisissant les parents que j'ai eus ?

5-Comment m'aimer et exprimer mon pouvoir créateur et qu'est ce que je veux vraiment ?

6-Quelle sont les difficultés que je répète sans arrêt ?

7-Quelles sont les qualités que je cherche et qui m'attire chez autrui parce que j'ai des difficultés à les exprimer ? Quel est mon défi majeur ?

8-Quel est mon chemin initiatique et Comment développer une relation harmonieuse avec l'au-delà ?

9-Quel est mon rôle économique et de quoi ai-je besoin pour me sentir épanoui(e) ?

10-Comment cheminer vers ma vérité profonde ? De quoi ai-je besoin pour accéder à ma paix intérieure ?

11-Quelles sont les solutions qui vont me libérer ?

12-Comment passer de la souffrance à l'enchantement ? Quelles mémoires doivent être transformées ?

13-Comment mettre en route l'alchimiste en vous, réussir et rayonner le meilleur de moi-même ?

14 et suite : Pourquoi suis-je venu sur Terre ? Quels sont les besoins profonds de mon âme ? De quoi ai-je besoin pour être véritablement bien ? Quels sont mes ressources et défis cachés et comment aller au bout de moi-même afin de me réaliser ?

Le Diamant de Naissance et les animaux.

Les animaux sont des personnages archétypiques incarnant les différents chiffres.

Quand un nombre est mis en valeur dans le Diamant de Naissance où dans une autre tradition et si vous travailler avec un(e) enfant, vous pouvez, au lieu de prendre en compte le nombre, inviter la personne à choisir l'un des animaux associés au nombre concerné puis expliquer à la personne que c'est une partie d'elle qui a peut-être des choses à dire. Les photos d'animaux, des cartes d'oracles ou des figurines d'animaux peuvent être utilisées.

	animal 1	animal 2	animal 3	animal 4	animal 5	Autres/animaux
1-Bateleur	la loutre	le cheval	le bélier	le singe	le dragon	L'hirondelle
2-Papesse	la chouette	la vache	la tortue	le chat	le scarabée	nocturnes
3-Impératrice	le chien	le faucon	la pie	le papillon	la grue	le lynx
4-Empereur	le renne	le taureau	l'aigle	le castor	l'éléphant	puissants
5-Pape	le bison	l'élan	le cerf	le buffle	le cheval	migrateurs
6-Amoureux	la biche	le mouton l'âne	l'oiseau coloré	le canard le colibri	le lapin	les beaux animaux
7-Chariot	le tigre	le guépard	le jaguar	le léopard	le pur-sang	chasseurs
8-Justice	grue blanche	gros oiseaux	le héron	les fourmis	-	les animaux élégants
9-Hermite	l'ours	la chèvre	l'éléphant	le chameau	le marabout	du désert/des montagnes
10-Roue	le singe	le renard	le coyote	l'écureuil	le perroquet	le rat
11-Force	le lion	L'ours	le cygne	le chien		-
12-Pendu	le dauphin	le saumon	la baleine	l'otarie	le morse	le calamar
13-ASN	le corbeau le vautour	le papillon (de nuit)	le putois le lézard	le crocodile le serpent	le phœnix	le vers de terre le hérisson
14-Ange	le goéland	l'albatros	la mouette	la girafe	l'oie sauvage	la licorne
15-Diable	le loup le chacal	le cochon le rat	la chauve-souris	l'araignée le lémurien	le serpent le scorpion	animaux dangereux
16-Mais.Dieu	le coq	le fou de bassan	le goéland	les termites	Le tatou L'anguille	Les abeilles
17-Etoile	le colibri la colombe	l'âne la vache	la grenouille	la girafe	le lapin l'abeille	l'écureuil
18-Lune	le chat	le crabe	le loup	l'écrevisse	le suricate	la tortue
19-Soleil	le cheval	le cygne	les chiens de prairie		La luciole	Animaux célèbres
20-Jugement	l'aigle	le phœnix	Le scarabé	le jaguar	-	les sirènes
21-Monde	la baleine	le cheval	le taureau	l'aigle	le lion	L'oie sauvage
22-Mat	le caméléon	la mouette	le chat	Le loup	-	animaux bizarres

Diamant de Naissance - Représentation Classique

Date de naissance : Prénom : Nom :

Le Design Humain est un outil de connaissance de soi et de gestion pratique de son existence. Il a été créé en Espagne, dans les Iles Baléares, à Ibiza, en 1987, par Robert Alan (RA) Kracower, né le 09/04/1948 à 00h05 à Montréal suite à une transmission par une « voix ». Il a été créé à en combinant différents systèmes d'informations, c'est-à-dire en associant le Yi-King et la roue taôiste décalée de 13 degrés puis inversée, l'astrologie, le cercle temporel, un système des chakras modifié et l'arbre de vie kabbalistique. Autour d'un thème astral de naissance nommé « thème de personnalité » et d'un thème astral où le Soleil est décalé de 88° nommé « thème astral de design » sont placés les hexagrammes du Yi-King de la Roue Taôiste décalée et inversée. La présence d'une planète fait ressortir un hexagramme qui est alors interprété et placé sur un schéma corporel comportant 9 chakras et **64 hexagrammes nommés portes**. Les portes activées par les planètes des deux thèmes pris en compte forment des canaux. Les portes sont également organisées en circuits. Il y a ainsi dans le Design Humain 10 planètes et deux nœuds linaires, 64 hexagrammes ou porte, chaque hexagramme ayant ses 6 lignes, 9 chakras ou centres, 5 types, 12 profils, 36 canaux et différents circuits.

Le Design Humain propose des interprétations de différents éléments, soit :

1-Le Soleil de personnalité (hexagramme et ligne associés).
Il révèle un repère et un besoin principal conscient pour rayonner.
2-Le Soleil de Design Humain (hexagramme et ligne associés)
Il révèle un repère et un besoin principal initialement inconscient pour rayonner.
3-La Lune de personnalité (hexagramme et ligne associés).
Elle révèle comment être bien et exprimer ses émotions.
4-La Lune de Design Humain (hexagramme et ligne associés)
Elle révèle comment transformer ses mémoires pour être bien.
5-Le Profil (lignes des 2 hexagrammes solaires). Il précise la bonne façon de vivre.
6-La Croix d'incarnation (hex. solaires conscients et inconscient +opposés). Elle révèle la mission de vie et la leçon de vie à expérimenter pour avancer.
7-Les centres définis et non définis. Ils révèlent notre fonctionnement par rapport à l'environnement.
8-Le Type et son aura (manifesteur, générateur, générateur-manifesteur, projecteur, réflecteur). détermine la bonne stratégie de vie.
9-l'Autorité (liée au centre activé). Elle décrit la bonne façon de rependre des décisions
10-La stratégie : Elle révèle comment vivre sa vie de façon fluide et harmonieuse.
11-La signature : Elle décrit l'état émotionnel ressenti quand la stratégie est appliquée.
12-Le non-soi : C'est l'état émotionnel ressenti quand la stratégie est n'est pas respectée/ appliquée.
13-Les Canaux activés (centres reliés par 2 canaux). Ils décrivent la dominante psychologique et les archétypes et dons qui s'expriment à travers soi.
14-Les Canaux potentiels et activables (quand une seule porte du canal est activée).
15-La définition : Elle montre comment l'énergie circule en soi.
16-Les variables : Elle indique des détails concrets sur notre fonctionnement et la meilleure façon de s'adapter à l'environnement.

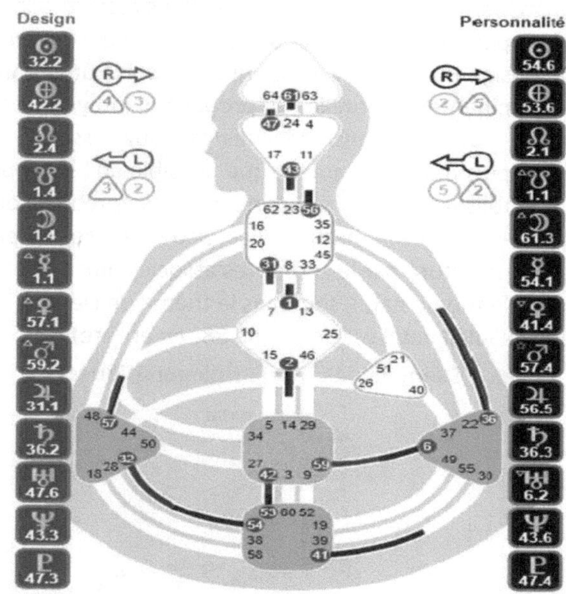

2-Les Clef Génétiques qui prennent en compte les nombres de 1 à 64.

Le système des clefs génétiques est un outil de découverte de soi basé sur la contemplation des 64 nombres (Hexagrammes) du Yi-King mis en valeur par le Design Humain. Elles aident à incarner le sens le plus élevé de votre existence. Les 64 hexagrammes sont présentés/interprétés sous une perspective originale, profonde et très intéressante, sous une forme un peu différente de l'interprétation classique du Yi-King. Chaque hexagramme est présenté avec une ombre ou une expression inférieure, avec un chemin d'évolution liée à des qualités classifiées de dons et avec un superpouvoir nommé Siddhi qui représente l'expression supérieure de l'hexagramme. Ensemble, elles forment un programme d'évolution de l'être humain. L'ensemble est présenté sous la forme d'un schéma appelé le profil hologénétique, comme ci-dessous. L'outil présente ensuite un lien avec le code génétique de l'être humain du fait que les chromosomes humains ont 64 « codons ». Les Clef Génétiques sont un langage universel constitué de 64 archétypes, où chaque archétype est en lien avec les instructions génétiques présentes dans les 64 codons de l'ADN du corps humain ; instructions qui impactent les différents comportements d'un être humain. Elles sont un miroir permettant de voir son fonctionnement. Elles sont des archétypes collectifs qui régissent le comportement humain et peuvent être définies comme des codes vibratoires présents dans chaque cellule, dans chaque molécule d'ADN. Le système a été créé par Richard Ruud, un ancien élève anglais de Robert Alan Kracower, né le 7/09/1967 à 16h50 à Oxford, que l'on peut qualifier de philosophe, de mystique et d'enseignant spirituel. Il reprend les nombres des 64 hexagrammes mis en lumière par le Design Humain et propose une contemplation approfondie des nombres liés à certaines planètes du thème astral (Soleil, Vénus, Mars, Jupiter, Nœud Nord natal et Nœud Nord de Design essentiellement).

Pour rappel, le Design Humain associe le thème astral et les planètes qui s'y trouvent aux 64 Hexagrammes du Yi-King disposés en cercle autour du Zodiaque, derrière le Zodiaque. Derrière chaque planète se trouve un Hexagramme, qui s'associe à la planète et qui est rendu en quelque sorte vivant par elle. Le Système des Clef Génétique va plus loin ou beaucoup plus en profondeur que le Design Humain et c'est en quelque sorte une branche évolutive du Design Humain ayant une dominante spirituelle. Il propose d'intégrer les ombres des nombres concernés, d'utiliser les qualités/dons/capacités/cadeaux associés aux nombres grâce à l'intégration de l'ombre puis d'accéder autant que possible aux superpouvoirs conférés par les nombres, c'est-à-dire d'utiliser les valeurs supérieures des nombres concernés pour incarner la meilleure version de soi-même et la mettre au service de la vie, en parcourant un chemin ou sentier, dit doré, qui est structuré par les nombres associés aux planètes citées, en fonction de leurs positions soit dans le thème natal, soit dans le thème de Design (3 mois avant la naissance ou précisément quand le Soleil natal est décalé de 88° en arrière).

Exemple de « Profil Hologénétique ».

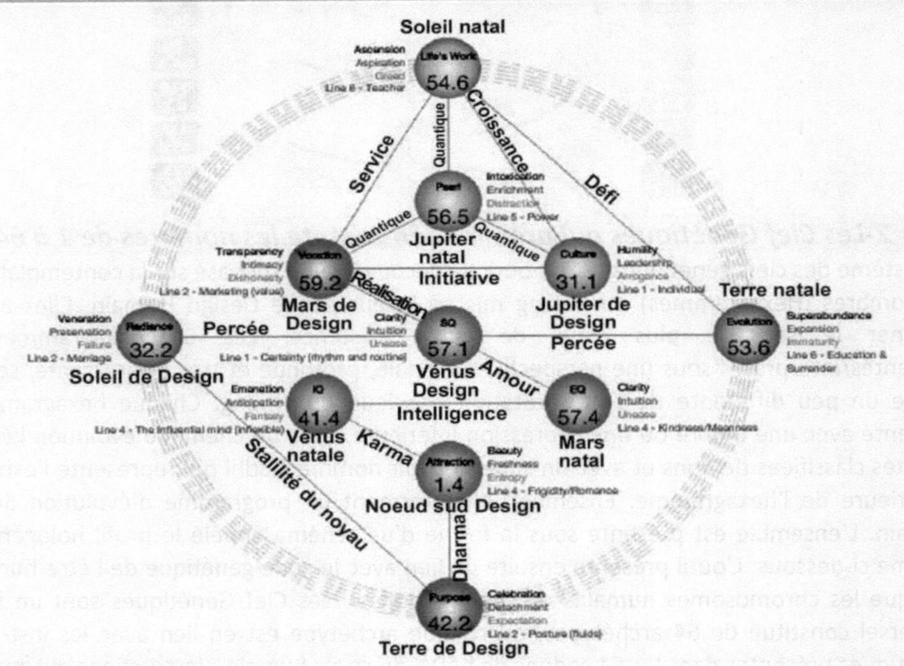

Les concepts qui structurent les Clefs Génétiques.

Les « Hexagrammes Miroirs » ou partenaires de programmation : Un hexagramme est un symbole constitué de six lignes continues ou discontinues empilées sur 6 étages. Chaque hexagramme à son miroir, c'est-à-dire que là où il y a une ligne continue à l'un des 6 étages de l'hexagramme A, il y a une ligne discontinue au même endroit chez l'hexagramme B. (voir le livre « Astrologie, Yi-King et Design Humain). Dans le système des Clefs génétiques, les hexagrammes miroirs sont appelés « partenaires de programmation ». Un nombre est le miroir ou l'opposé de l'autre et ils agissent ensemble, se renforçant mutuellement et devenant complémentaires au fur et à mesure que la fréquence vibratoire d'une personne s'élève.

Les 21 anneaux de codons : Ce sont les familles génétiques des Clefs génétiques qui associent entre eux plusieurs codons. Un codon est une section d'ADN constitué de trois paires de base. Il est structuré en une séquence de trois nucléotides greffés sur un acide ribonucléique messager. Il oriente vers la fabrication de l'un des vingt-deux acides aminés, constitué de protéines. La succession des acides aminés, sur l'ARN messager, détermine la structure primaire de la protéine à synthétiser. Un codon permet de « coder » un acide aminé spécifique et intervient ainsi dans la fabrication des protéines du corps humain. Il y a en tout 64 codons dans l'ADN humain et 21 « anneaux ». Les 64 clefs génétiques permettent de communiquer directement avec les 64 codons de chaque cellule dans le corps et d'accroitre la fréquence vibratoire des codons. Chaque clef fait partie d'un groupe de codons appelé « anneau de codons ». Les anneaux de codons sont des familles chimiques transgéniques qui opèrent sur des pools génétiques entiers, rassemblant naturellement certaines personnes par paires et par groupes, formant finalement des sociétés entières. Ils sont entrelacés pour former des cordes chimiques qui relaient de façon fractale les informations biologiques nécessaires à la vie, en réagissant aux stimuli et aux informations présentes dans l'environnement.

Les nombres importants parmi les 64 pour une personne : Ces nombres sont organisés en groupes nommés séquences. La première séquence est appelée la séquence d'activation. Elle est révélatrice du génie grâce à des transformations intérieures et elle inclut les deux Soleil (natal et décalé de 88°) et les deux points opposés aux Soleils (qui correspondent à la Terre). Le nombre du Soleil natal parle de la mission de vie et de ce qu'on est censé exprimer dans cette vie. Le Nombre Natal de la Terre correspond à l'évolution et de ce qu'on est censé apprendre dans cette vie. Le nombre du Soleil décalé (de design) correspond à ce qui vous maintient en bonne santé. Le nombre de la Terre de Design (opposée au Soleil de Design ou décalé de 88°) correspond à ce qui génère un épanouissement et à ce qui donne du sens à cette vie. La seconde séquence ne somme la séquence de Vénus et elle correspond aux ressources à utiliser et aux défis à relever pour vivre des relations harmonieuses avec autrui. Les nombres concernés correspondent aux positions de Vénus et de Mars du thème natal et du thème décalé de 88° et également aux positions de la Lune. Elle révèle les schémas émotionnels traumatiques à transformer. La troisième séquence est la séquence perle et révèle les possibilités d'épanouissement. Elle correspond aux positions du Soleil, Mars et Jupiter natal et Design.

Les trois familles de fréquences vibratoires d'un être humain

Le corps humain est un véhicule permettant à la conscience d'expérimenter le monde de la matière ; la troisième dimension de la réalité. Cette dimension de la réalité est soumise au temps linéaire où existent un passé, un présent et un futur. Le corps humain et la conscience qui va avec évoluent ainsi dans le temps, enfin en théorie. Cette évolution est structurée en trois grandes étapes que l'on peut associer à des états d'être archétypiques, à des états vibratoires qui constituent le spectre ou échelle globale de la conscience humaine. On peut qualifier ces trois étapes ou ces trois niveaux d'évolution avec les mots survie, service et soumission à la Source. Tout nombre, tout hexagramme et donc toute clef est capable d'exister dans ces trois états et chaque état correspond à des groupes de fréquences vibratoires ; chaque état vibre d'une certaine façon et à certaines fréquences. Pour rappel, une fréquence est une quantité de mouvement par unité de temps. On peut qualifier ces états comme « inférieur », « du milieu » ou moyen et « supérieur ».

L'état inférieur est appelé l'ombre de la clef, l'état du milieu est appelé « les qualités » ou « le don » de la clef et l'état supérieur « le superpouvoir » ou « Siddhi », mot Sanskrit, Indien, dont l'une des significations est pouvoir divin. Le passage d'un état à un autre s'effectue suite à des transformations intérieures qui génèrent un changement d'état vibratoire.

1-L'ombre de la clef : Elle correspond à la vibration/tonalité basse de la clef qui se manifeste quand une personne n'est pas alignée avec l'énergie essentielle ou avec l'essence de la clef. Elle est caractérisée par un bruit de fond mental qui interfère avec l'évolution de la vie, par une prédominance de l'ego, de la souffrance et par une peur spécifique. Elle s'exprime en mode victime, bourreau ou sauveur. Chaque ombre est associée à l'ombre de son partenaire de programmation. Chaque paire d'ombres se nourrit mutuellement et génère un schéma obsessionnel déséquilibré. C'est en acceptant totalement l'ombre d'un nombre que le cadeau du nombre peut émerger. Quand une personne est branchée sur l'ombre d'une clef, elle est en mode survie et vibre à la fréquence de la peur.

2-Les qualités de la Clef ou son don, son cadeau : Elle correspond à la vibration/tonalité haute de la clef, qui se manifeste quand une personne s'engage, pose des actes de foi, tend la main pour demander de l'aide et la reçoit pour aller dans sa lumière. Elle s'exprime quand une personne est correctement alignée avec l'énergie de la clef suite au travail sur soi effectué. Quand une personne est branchée sur les qualités et les dons d'une clef, elle est en mode service et vibre à la fréquence de l'amour. Une qualité spécifique est mise en valeur parmi un groupe de qualités.

3-Le superpouvoir ou Siddhi de la clef : Elle correspond à la vibration ou tonalité très haute de la clef qui est transcendée et qui se manifeste quand la personne a effectué un travail de développement personnel, s'est libérée de son passé et est super alignée en conscience à l'énergie de la clef. L'élévation vibratoire s'effectue grâce à l'abandon complet du passé inférieur (mémoires personnelles, familiales et karmiques) et à la retrouvaille du passé supérieur (âme rassemblée, rééquilibrée masculin féminin et reconnectée à la Source de toute Vie), à la contemplation, aux prises de conscience, aux attitudes et aux actions. Chaque superpouvoir est une forme d'expression de la Source de toute Vie, qui est conscience, amour, joie enchantée et créativité, dans l'être humain. Quand une personne est branchée sur les superpouvoirs d'une clef, elle est en mode soumission à la Source et vibre à la fréquence galactique des miracles et de la magie, la magie étant de la technologie que nos mots peuvent difficilement voir pas du tout décrire ni expliquer.

Vous avez ci-après la liste des mots clefs choisis pour chaque Hexagramme du Yi-King, c'est-à-dire pour les ombres, les dons et superpouvoirs ou Siddhi faisant parti du système des Clefs Génétiques.

Les Clefs Génétiques avec leurs partenaires de programmation

Clé	Ombre	Don	Siddhi	Clé Partenaire	Ombre	Don	Siddhi
1	Entropie	Fraicheur	Beauté	2	Dislocation	Orientation	Unité
2	Dislocation	Orientation	Unité	1	Entropie	Fraicheur	Beauté
3	Chaos	Innovation	Innocence	50	Corruption	Equilibre	Harmonie
4	Intolérance	Compréhension	Pardon	49	Réaction	Révolution	Renaissance
5	Impatience	Patience	Intemporalité	35	Faim	Aventure	Infinitude
6	Conflit	Diplomatie	Paix	36	Tourmente	Humanité	Compassion
7	Division	Accompagnement	Vertu	13	Discordance	Discernement	Empathie
8	Médiocrité	Style	Spendeur	14	Compromis	Compétence	Prodigalité
9	Inertie	Détermination	Invincibilité	16	Indifférence	Polymathie	Maestria
10	Égocentrisme	Naturel	Êtreté	15	Monotonie	Magnétisme	Florescence
11	Obscurité	Idéalisme	Lumière	12	Vanité	Distinction	Pureté
12	Vanité	Distinction	Pureté	11	Obscurité	Idéalisme	Lumière
13	Discordance	Discernement	Empathie	7	Division	Accompagnement	Vertu
14	Compromis	Compétence	Prodigalité	8	Médiocrité	Style	Spendeur
15	Monotonie	Magnétisme	Florescence	10	Égocentrisme	Naturel	Êtreté
16	Indifférence	Polymathie	Maestria	9	Inertie	Détermination	Invincibilité
17	Opinions	Clairvoyance	Omniscience	18	Jugements	Intégrité	Perfection
18	Jugements	Intégrité	Perfection	17	Opinions	Clairvoyance	Omniscience
19	Co-dépendance	Sensibilité	Sacrifice	33	Oubli	Pleine Conscience	Révélation
20	Superficialité	Confiance en soi	Présence	34	Force	Puissance	Majesté
21	Contrôle	Autorité	Vaillance	48	Inadéquation	Ressource	Sagesse
22	Déshonneur	Bienveillance	Grâce	47	Oppression	Transmutation	Transfiguration
23	Complexité	Simplicité	Quintessence	43	Surdité	Aperception	Epiphanie
24	Addictions	Invention	Silence	44	Interférence	Coopération	Synarchie
25	Constriction	Acceptation	Amour Universel	46	Gravité	Enchantement	Extase
26	Orgueil	Habileté	Invisibilité	45	Dominance	Synergie	Communion
27	Égoïsme	Altruisme	Abnégation	28	Errance	Totalité	Immortalité
28	Errance	Totalité	Immortalité	27	Égoïsme	Altruisme	Abnégation
29	Tiédeur	Engagement	Dévotion	30	Désir	Légèreté	Exhaltation
30	Désir	Légèreté	Exhaltation	29	Tiédeur	Engagement	Dévotion
31	Arrogance	Influence	Humilité	41	Fantasmes	Anticipation	Émanation
32	Échec	Préservation	Vénération	42	Attentes	Détachement	Célébration
33	Oubli	Pleine Conscience	Révélation	19	Co-dépendance	Sensibilité	Sacrifice
34	Force	Puissance	Majesté	20	Superficialité	Confiance en soi	Présence
35	Faim	Aventure	Infinitude	5	Impatience	Patience	Intemporalité
36	Tourmente	Humanité	Compassion	6	Conflit	Diplomatie	Paix
37	Faiblesse	Égalité	Tendresse	40	Épuisement	Solutionner	Volonté Divine
38	Lutte	Persévérance	Honneur	39	Provocation	Dynamisme	Libération
39	Provocation	Dynamisme	Libération	38	Lutte	Persévérance	Honneur
40	Épuisement	Solutionner	Volonté Divine	37	Faiblesse	Égalité	Tendresse
41	Fantasmes	Anticipation	Émanation	31	Arrogance	Influence	Humilité
42	Attentes	Détachement	Célébration	32	Échec	Préservation	Vénération
43	Surdité	Aperception	Epiphanie	23	Complexité	Simplicité	Quintessence
44	Interférence	Coopération	Synarchie	24	Addictions	Invention	Silence
45	Dominance	Synergie	Communion	26	Orgueil	Habileté	Invisibilité
46	Gravité	Enchantement	Extase	25	Constriction	Acceptation	Amour Universel
47	Oppression	Transmutation	Transfiguration	22	Déshonneur	Bienveillance	Grâce
48	Inadéquation	Ressource	Sagesse	21	Contrôle	Autorité	Vaillance
49	Réaction	Révolution	Renaissance	4	Intolérance	Compréhension	Pardon
50	Corruption	Equilibre	Harmonie	3	Chaos	Innovation	Innocence
51	Agitation	Initiative	Éveil	57	Malaise	Intuition	Clarté
52	Stress	Retenue	Immobilité	58	Insatisfaction	Vitalité	Béatitude
53	Immaturité	Expansion	Surabondance	54	Avidité	Aspiration	Ascencion
54	Avidité	Aspiration	Ascencion	53	Immaturité	Expansion	Surabondance
55	Victimisation	Liberté	Liberté	59	Malhonnêteté	Intimité	Transparence
56	Distraction	Enrichissement	Ivresse	60	Limitation	Réalisme	Justice
57	Malaise	Intuition	Clarté	51	Agitation	Initiative	Éveil
58	Insatisfaction	Vitalité	Béatitude	52	Stress	Retenue	Immobilité
59	Malhonnêteté	Intimité	Transparence	55	Victimisation	Liberté	Liberté
60	Limitation	Réalisme	Justice	56	Distraction	Enrichissement	Ivresse
61	Psychose	Inspiration	Sainteté	62	Intellect	Précision	Impeccabilité
62	Intellect	Précision	Impeccabilité	61	Psychose	Inspiration	Sainteté
63	Doute	Recherche	Vérité	64	Confusion	Imagination	Illumination
64	Confusion	Imagination	Illumination	63	Doute	Recherche	Vérité

Introduction

Récemment, début 2025, une amie numérologue qui pratique le Diamant de Naissance, m'a demandé à la fin d'un repas si j'avais entendu parler de la Matrice du Destin. Jamais entendu parler, lui répondis-je ! J'ai bien senti que l'univers me faisait un « coucou, votre attention s'il vous plait ! ». Elle m'a montré un schéma sans explications sur Facebook.

Curieux et intrigué, j'ai cherché sur Internet. Il n'y a actuelement que 3 livres, écrits en anglais par des personnes de nationalité italiennes ou de pays de l'Est et un certain nombre de vidéos, en anglais. Il y a un ou deux livres en français. Il y a aussi une demi-douzaine de sites qui propose de calculer votre matrice et dans certains cas ils proposent des interprétations, avec une base gratuite et un approfondissement payant. J'ai écouté des vidéos en anglais et j'ai expérimenté pour approfondir, en m'appuyant sur les autres outils que je pratique comme le Yi-King, les Runes, le Diamant de Naissance, le Design Humain et les Clefs génétiques.

Pratiquant la numérologie et la tarologie depuis 30 ans, j'ai rapidement compris comment l'outil, qui associe numérologie et tarot, avait été construit et j'ai été séduit pas sa simplicité, son originalité et sa pertinence sur certains points précis. L'outil reprend 7 des 24 maisons du Diamant de Naissance, l'outil numérologique principal que je pratique et que j'ai créé et il développe leur interprétation. Grâce au symbolisme du Tarot, il donne des clefs simples et très intéressantes sur les différents éléments de la vie, sur la destinée et sur les mémoires karmiques.

Et il a été créé en 2006 par Natalia Ladini, une passionnée Russe de Numérologie, donc il y a 19 ans. Un manuscrit signé de son nom existe sur le site scrib.com, mais il n'y rien sur Amazon et pas de présence sur les réseaux sociaux occidentaux, sans doute parce qu'ils ne marchent plus en Russie. Depuis 2022, la situation avec la Russie est devenue compliquée à cause de la guerre civile fratricide et bien triste qui a toujours lieue au moment où j'écrit ces lignes et qui profite surtout aux ténébreux marchands d'armes et aux banquiers qui ont peur de mourir. J'espère que la paix règnera à nouveaux sur les Terres de ce grand pays européens qui contribue, par l'intelligence de ces citoyens, à faire progresser nos connaissances dans de nombreux domaines, dont la numérologie avec le célèbre Grigori Grabavoï, le jeûne thérapeutique et la biorésonance, inventée en Russie, pour ne citer que trois exemples.

La Matrice du Destin se calcule simplement avec la date de naissance, sans le lieu et l'heure et il n'y a que des additions. Autour d'une forme octogonale, le jour est placé à 9h, le mois à midi et ensuite l'année réduite, c'est-à-dire additionnée, à 3h et ensuite, ce ne sont que des additions. Le principe principal ici est d'additionner les nombres voisins. L'outil fonctionne en mode 22 ce qui signifie que tout nombre au-delà de 22 est additionné, 23 donnant 5, 24 donnant 6 et ainsi de suite. L'outil a vécu une phase d'évolution depuis, avec deux variantes à cette évolution.

Cet outil ingénieux mérite d'être connu et il a tout à fait sa place dans le paysage numérologique et dans les outils de conaissance de soi du nouveau monde en émergence. Tout comme dans le cas du Design Humain, il peut exister une matrice de destinée du Moi Conscient, qui est celle de la date de naissance, une matrice de destinée de l'âme, qui est celle calculée pour le jour où le Soleil du thème natal est placé très exactement à 88° en arrière de sa position dans le thème natal et une matrice de destinée de vie, qui est calculée à partir de l'addition des positions ABC des matrices du moi conscient (naissance) et de l'âme (-88°).

Les calculs avec comme exemple le 15/10/1966.

Voici la matrice du destin de notre exemple

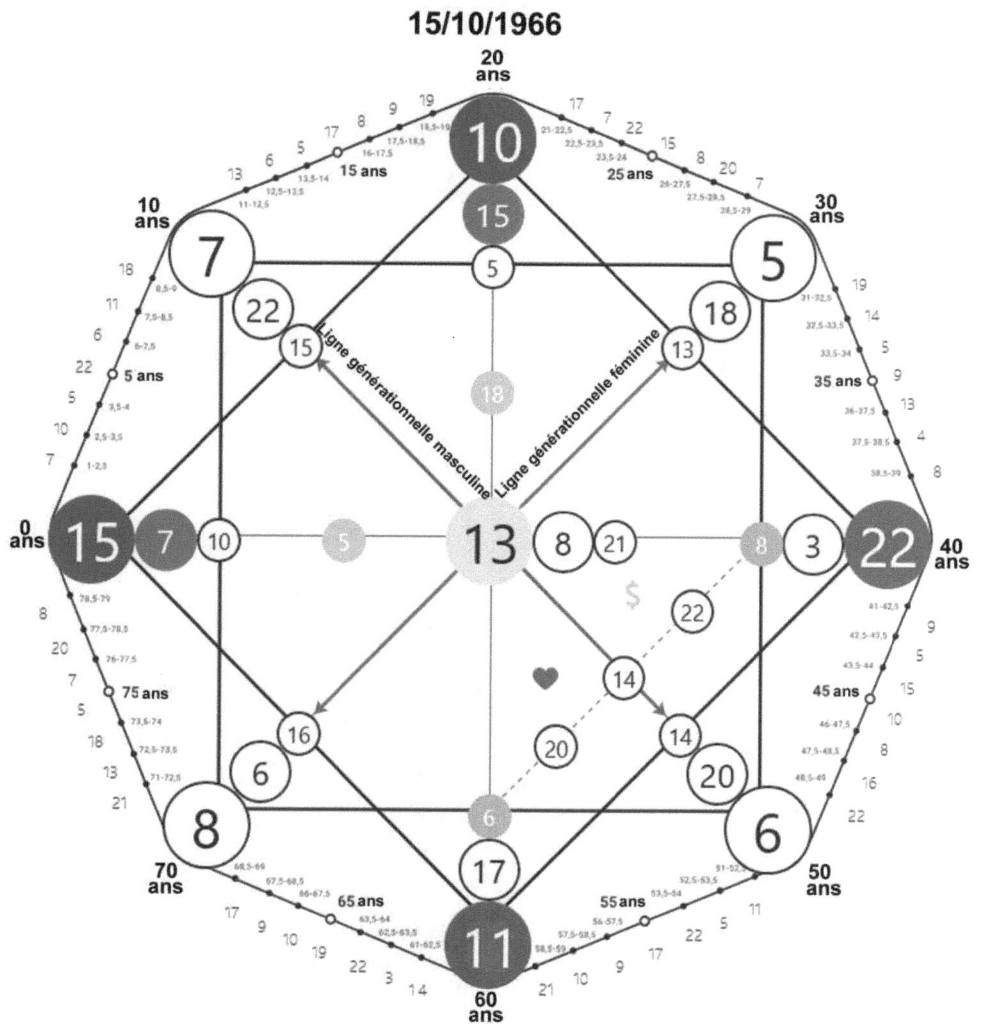

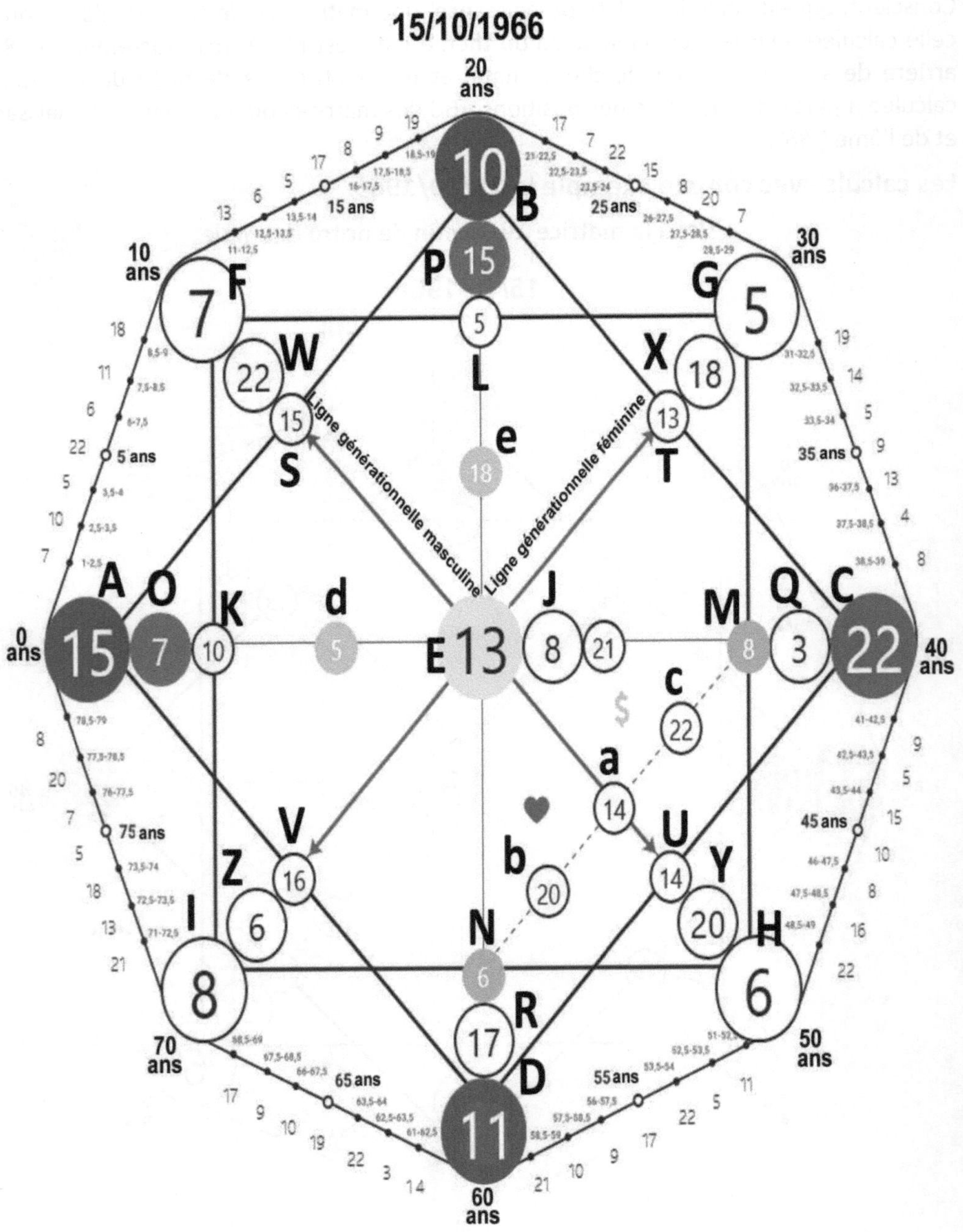
15/10/1966
20 ans
10
B
15
P
5
L
e
18
10 ans
7
F
22
W
15
S
Ligne générationnelle masculine
Ligne générationnelle féminine
30 ans
G
5
X
18
13
T
35 ans
d
5
A
15
O
7
K
10
E 13
J
8
21
M
8
Q
3
C
22
0 ans
40 ans
c
22
a
14
V
16
b
20
U
14
Y
20
H
6
45 ans
Z
6
I
8
N
6
R
17
D
11
70 ans
65 ans
55 ans
50 ans
60 ans

A = jour de naissance en mode 22.

Vous additionnez si c'est au-delà de 22. (25=7, 30=3).

B = mois de naissance

C = Année de naissance additionnée et réduite si supérieure à 22. (1+9+9+6=22)

D = A+B+C

E =A+B+C+D

C'est le cœur de votre matrice personnelle.

F= A+B

G= B+C

H= C+D

I = D+A

J= F+G+H+I. **C'est la partie de vous héritée de vos lignées paternelles et maternelles.**

K= E+A

L= E+B

M= E+C

N= E+D

O=A+K

P= B+L

Q= C+M

R= D+N

S= K+L

T= L+M

U= M+N

V=N+K

W=F+S

X= G+T

Y= H+U

Z= I+V

----

a=N+M

b=N+a

c=M+a

d=E+K.   e=E+L et enfin le nombre sans lettre à côté de J est le total de E+J

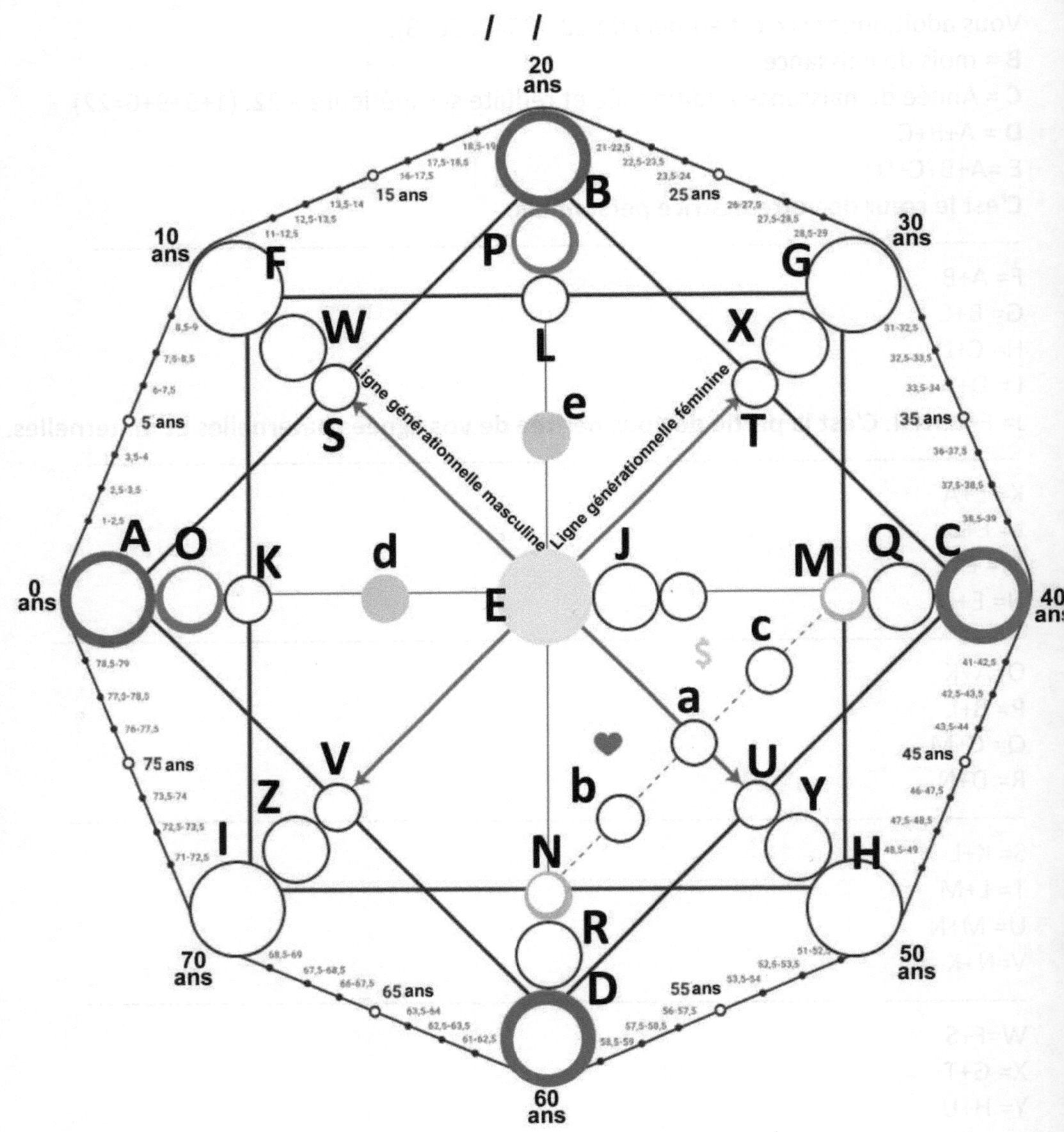
20 ans
15 ans
10 ans
25 ans
30 ans
5 ans
35 ans
0 ans
40 ans
75 ans
45 ans
70 ans
65 ans
55 ans
50 ans
60 ans
Ligne générationnelle masculine
Ligne générationnelle féminine
A O K d E J M Q C
F W S
P L e B
X T G
V Z I
N R D
U Y H
a b c
$

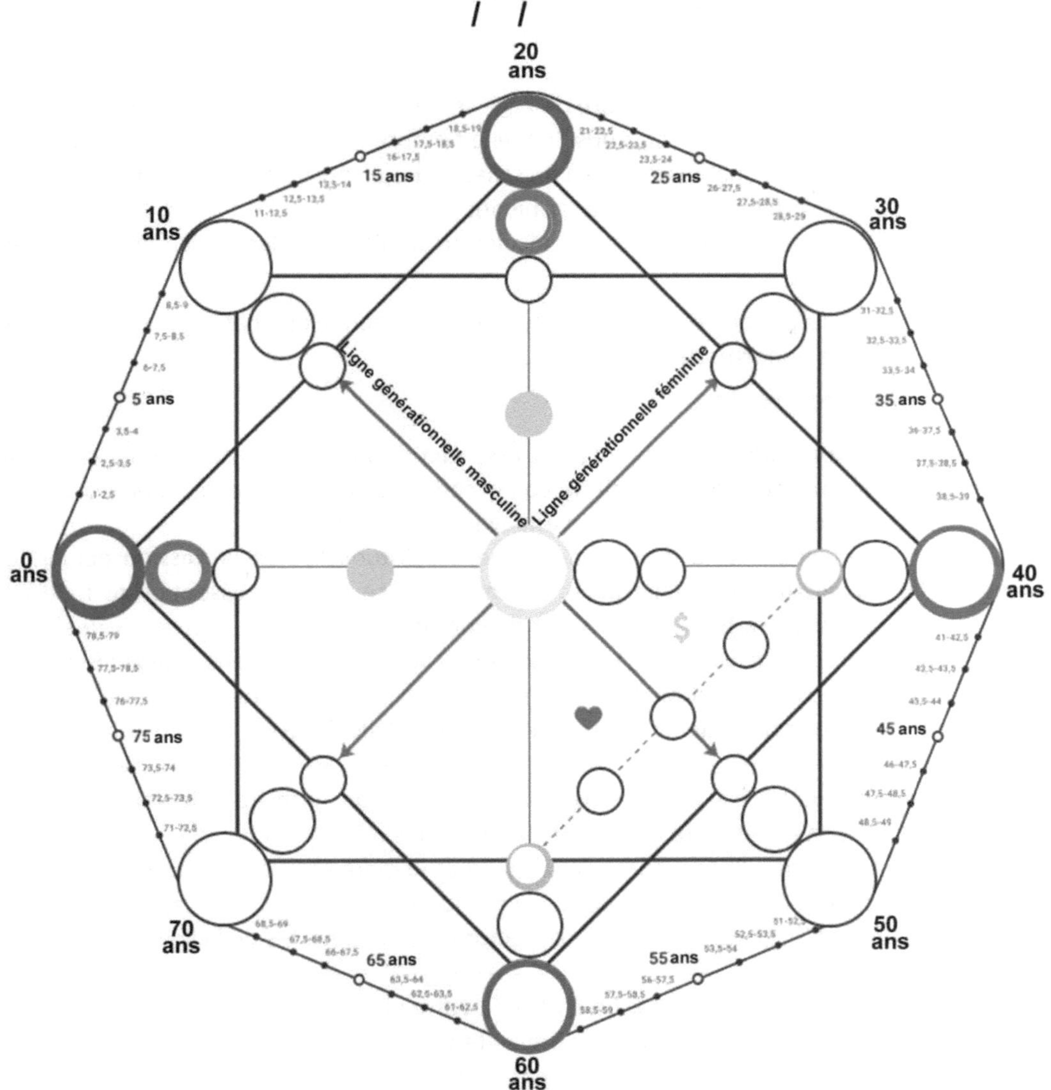

Voici comment calculer les nombres des âges, les missions et les chakras

A : Les nombres des âges.

0-Vous partez des nombres des dizaines, c'est-à-dire ceux dans les grands cercles associés aux âges de 0, 10, 20, 30, 40, 50, 60 et 70 ans. Certaines écoles considèrent que ces nombres des dizaines sont opérants durant 3 ans ; un an avant la dizaine, l'année de la dizaine et un an après. D'autres écoles définissent des périodes d'une année entre deux arrêts proche des âges en dizaine et des périodes d'un an et demi pour les autres espaces entre deux arrêts.

1-Vous calculez les nombres des âges se terminant par 5, en additionnant les deux nombres des dizaines qui sont de chaque coté. Ainsi, le nombre associé à l'âge de 25 ans se calcule en additionnant le nombre en dessous de 20 ans, (lettre B) et celui à côté de l'âge de 30 ans (lettre G).

2-Vous additionnez ensuite ce nombre de l'âge se terminant par 5 avec le nombre de la dizaine d'avant ou d'après et cela vous donne le nombre que vous placez au deuxième arrêt (le contour octogonal ressemble à un schéma des arrêts de bus ou de métro) après celui qui représente l'arrêt de l'âge se terminant par 5.

3-Les nombres manquants sont ensuite calculés en additionnant les deux nombres voisins à droite et à gauche.

Interprétation : La période d'une année ou d'un an est demie est marquée par l'énergie du nombre, avec ses opportunités et ces défis.

B : Les différentes missions

La mission personnelle : C'est ce qu'il est essentiel de faire pour vous-même, pour votre bien-être avec qui vous êtes. Il s'agit de comprendre qui vous êtes et les qualités de l'âme que vous devez développer, le plus souvent avant l'âge de 40 ans.

Calcul : C'est l'adition de la mission personnelle spirituelle et de la mission personnelle matérielle. **La mission spirituelle personnelle :** C'est ce qu'il est essentiel de faire pour vous-même, pour votre bien-être. Il s'agit de comprendre qui vous êtes et les qualités de l'âme que vous devez développer, le plus souvent avant l'âge de 40 ans. **Calcul :** B+D

La mission matérielle personnelle : Ce sont les expériences concrètes que l'on vous demande de votre pour avancer dans votre évolution. **Calcul :** A+C

La mission sociale : C'est ce qu'il vous est demandé de faire pour le monde, pour la société. Elle est en générale réalisée entre 40 et 60 ans.

Calcul : C'est l'addition des nombres de la lignée de la mère et de la lignée du père

Lignée de la mère : C'est l'addition des deux nombres aux extrémités de la lignée (G+I)

Lignée du père : C'est l'addition des deux nombres aux extrémités de la lignée (F+H).

La mission spirituelle : C'est la raison d'être de votre vie sur Terre. Elle est surtout réalisée après l'âge de 60 ans mais elle toujours présente dans toute votre vie en arrière plan.

Quand vous avez accompli votre mission personnelle et votre mission sociale, vous récoltez les fruits de vos actions en général après 60 ans. Dans le cas contraire, vous vivez des difficultés qui vous obligent à changer, à vous éveiller vers plus d'amour et de conscience.

Calcul : Nombre de la mission personnelle + nombre de la mission sociale.

Mission planétaire, galactique ou cosmique : C'est votre mission en tant que citoyen de la Fédération Galactique Unifiée. Pour l'instant, la Terre est en quarantaine et isolée du reste de la Galaxie à cause des interventions des reptiliens et des Annunakis mais dans les décennies ou siècles qui suivent, elle retrouvera sa place au sein des autres planètes habitées de la Galaxie (voir le livre le dossier Extra-terrestre). Si vous avez une mission à ce niveau, ce sera évident car il y aura une intervention des extra-terrestres dans votre vie.

Calcul : c'est l'addition de la mission sociale et de la mission spirituelle.

C- Les énergies des 7 chakras.

Le premier nombre correspond à l'aspect physique, le second à l'aspect énergétique et la somme des deux à l'aspect émotionnel.

Chakra 7 Sahasrara = A, B, A+B.
Chakra 6 Ajna = O, P, O+P.
Chakra 5 Vishuddha = K, L, K+L
Chakra 4 Anahata = d, e, d+e
Chakra 3 Manipura = E, E+E
Chakra 2 Swadhistana = M, N, M+N.
Chakra 1 Muladhara =C, D, C+D.

Vous avez un chapitre sur les chakras dans mon libre « Diapasons 3 – étincelles ».

Nommer puis interpréter les différentes parties de la matrice avec les 22 arcanes

Le contour extérieur est une forme octogonale qui montre la ligne du temps.

Le losange révèle les énergies personnelles.

Le carré révèle les énergies héritées de vos parents et avant eux des lignées ancestrales maternelles et paternelles.

La ligne horizontale passant par les ronds AEC représente la Terre, la matière.

La ligne verticale passant par les ronds BJD représente le ciel, la conscience.

Cercles AOK (à 9h): C'est la zone de la relation parent-enfant. Les nombres présents ici décrivent vos talents matériels visibles ; ceux qui vous permettent de vous affirmer dans le monde de la matière et de manifester votre existence. Ils sont le plus souvent exprimés d'une façon positive. C'est aussi la façon dont les autres vous voient et en quelque sorte votre « carte de visite ». Ils vous permettent de vous comprendre et de savoir pourquoi vous êtes en vie. Vos parents nous aident éveiller ces qualités et à les exprimer. C'est aussi ce vous êtes venu enseigner à nos parents, pourquoi ils vous ont choisi en tant qu'enfant.

Le cercle A : c'est votre talent le plus visible et votre façon de manifester notre existence.
Le cercle O : C'est ce que l'on doit faire, les qualités que vous devez intégrer et faire votre et le rôle de la relation. **Le cercle K :** Il peut révéler des erreurs de comportements dans la relation avec vos parents puis avec vos enfants si vous n'avez pas grandi mentalement et spirituellement. ***Remarque :** Le jour de naissance correspond à **la maison 1** du Diamant de Naissance. Elle révèle la force du masculin. Elle décrit ce dont vous avez besoin pour avoir confiance en vous et vous affirmer, pour manifester votre existence, pour fonctionner correctement, être efficace et vous sentir fort(e). Elle décrit ce que vous recherchez chez un homme si vous êtes une femme.*

Cercles CQM (3h): Ils révèlent le karma matériel donc le Dharma, la part de service à offrir au monde. Par karma on entend ici des programmes négatifs et générateurs de mal-être et de souffrance, les problèmes matériels non résolus dans des vies passées et les défis que l'on doit surmonter. Il est nécessaire d'apprendre à exprimer ses énergies positivement en faisant des efforts afin de les transformer en talents mis au service de tous. Cette énergie devient d'autant plus positive que vous réalisez votre mission personnelle avant l'âge de 40/45 ans. **Les trois nombres montrent d'où venait votre argent (M), comment ou dans quoi vous le dépensez (Q) et les difficultés non résolues que vous avez rencontrées (C).**

*Remarque : L'année de naissance réduite correspond à **la maison 9** du Diamant de Naissance. Elle révèle la puissance conférée par la vie. Elle décrit ce dont vous avez besoin pour élargir vos horizons, exprimer votre autorité, vous éduquer, développer votre bienveillance, prendre votre place dans le monde, jouer votre rôle économique, vous intégrer socialement et vous épanouir dans le monde. Elle décrit votre philosophie de vie.*

Cercles BPL (à 12h): Ces cercles révèlent les talents spirituels de votre âme, vos passions, votre principal passion. Ils sont en général activés d'une façon positive, hérités des mémoires karmiques et soutenus par l'au-delà. Ils sont donnés par une puissance supérieure, par votre âme ou par l'univers et c'est à vous d'en faire quelque chose au service de tous. Ils génèrent de l'intuition, de la médiumnité, une capacité à voir les signes invisibles murmurés par la vie et une vision de notre chemin d'évolution. Si ces talents sont endormis, on peut les réveiller en travaillant d'abord le cercle extérieur, puis le cercle du milieu puis le nombre du cercle le plus intérieur.

Cercle B : Il est lié à la part de l'inconscient collectif que vous portez en vous et à votre subconscient. Il décrit votre potentiel et c'est aussi votre « ange gardien ».

Cercle P : Il révèle vos talents intellectuels ou autres hérités de vies passées, votre flair, votre capacité à combiner intelligence et intuition et comment vous percevez le monde.

Cercle L : Il révèle des talents personnels hérités de votre dernière incarnation et comment votre intuition et votre intelligence intuitive sont exprimées dans la matière.

*Remarque : Le mois de naissance correspond à **la maison 8** du Diamant de Naissance. Elle décrit un besoin profond et viscéral, un besoin d'authenticité et d'accéder à sa nature éternelle, une quête initiatique et comment passer de la crise, du sabotage, des excès à l'expression de votre passion. C'est une maison spirituelle/alchimique où il y a des liens avec les mémoires karmiques et avec l'au-delà. C'est là où l'on peut transformer le plomb en or. Les énergies du nombre sont parfois ici occultées et c'est quand on les révèle que l'on effectue son parcours initiatique.*

L'ensemble des 3 nombrent dans les cercles DRN forment la queue karmique, aussi appelée « queue du dragon » ou « nœud du dragon », car il y a une tendance à exprimer ces nombres avec la partie reptilienne de votre cerveau. Les trios forment des archétypes, nommée « queues karmiques » dont certains ont été identifiés et nommés de façon précise du fait qu'ils correspondent à des scénarios identifiés.

Cercles DRN (à 6h) : Ces cercles décrivent le karma spirituel et les déséquilibres karmiques que vous ramener de vos vies passées et notament de la vie passée le plus récente mais pas que. Ce sont les endroits où vous avez rencontré des difficultés dans vos vies passées, où vous n'avez n'a pas fait preuve de sagesse, où vous avez commis des erreurs en lien avec les nombres présent dans ces cercles. Ce sont des énergies que vous n'avez pas su gérer de façon harmonieuse. Il peut exister ici une tendance soit à rejeter et refouler les énergies concernées, soit à les exprimée de façon excessive ou déséquilibrées. Il peut exister ici des blocages émotionnels et des difficultés répétitives. Ces énergies nécessitent d'effectuer un travail sur vous plus ou moins long afin d'en faire une force d'évolution, en exprimant les talents associés aux nombres qui s'y trouvent dans un service à tous. Cette zone est initialement la partie la plus négative, lourde et plombée de la matrice du destin car c'est là où vous n'avez pas appris les leçons que vous auriez du apprendre. En apprenant à exprimer les nombre d'une façon positive, vous les transforme en talents conscients. **Cercle N :** C'est la racine et le point d'entrée dans les relations aux autres. Ce nombre génère les bonnes relations, les bonnes rencontres, le bon « bouche à oreille » quand il s'exprime harmonieusement et une cape d'invisibilité, où personne ne vous voit, dans le cas contraire.

*Remarque : Dans le Diamant de Naissance, la date de naissance est additionnée de deux façons, une façon principale sans réduction et une façon sous-jacente avec réduction. Elle correspond à **la maison 10**. Cette maison décrit ce dont vous avez besoin pour intégrer la leçon de sagesse que vous devez intégrer, pour développer votre sens des responsabilités, pour évoluer, grandir, avancer, vivre le chantier de votre vie/évolution, cheminer vers votre vérité profonde puis trouver la paix intérieure. C'est ce dont vous êtes responsable.*

Cercle E : C'est votre énergie Clef, votre zone de confort et votre essence, le cœur de votre être, votre moi universel. C'est un endroit où vous vous sentez libre et heureux, satisfait et dans un état d'harmonie. Cette énergie libre influence toutes les zones de la matrice du destin. Si elle n'est pas exprimée ou pas exprimée harmonieusement, cela impacte l'ensemble de la matrice. Quand elle est exprimée harmonieusement, vous vivez une vie harmonieuse et satisfaisante. Elle vous permet de prendre votre place dans la société à travers différents projets.

*Remarque : Ce cercle correspond à **la maison 11** du Diamant de Naissance et aux énergies du signe du Verseau, onzième signe.*

Cette maison 11 décrit ce dont vous avez besoin pour faire preuve de résilience, développer des réseaux, vous adapter au monde moderne, vous libérer, mettre en place les solutions adaptées et contribuer à créer un monde meilleur.

Les énergies ou programmes des lignées maternelles et paternelles :

Ce sont les missions ou activités qui n'ont pas été accomplies, ou correctement accomplies par vos parents, grands parents, arrières grand parents ou ancêtres.

Cercles FWS : Ce sont les ressources principales apportées par le père que l'on doit exprimer dans la matière mais aussi les problèmes spirituels non résolus hérités du père ou de la lignée paternelle. C'est un endroit où des problèmes liés au père peuvent être transformés en talents. **Cercle S :** talent personnel apporté par le père et la lignée paternelle ou force ancestrale paternelle.

Remarque : Le cercle F correspond à **la maison 2** du Diamant de Naissance et aux énergies du signe du Taureau. Elle révèle la force du féminin. Elle décrit ce dont vous avez besoin pour être dans la joie, ressentir du plaisir, gagner de l'argent, être dans l'abondance, gérer vos richesses et créer votre bonheur sur terre, et ce que vous recherchez chez une femme si vous êtes un homme.

Cercles GXT : Ce sont les ressources principales apportées par la mère que l'on doit exprimer dans la matière mais aussi les problèmes spirituels non résolus hérités de la mère ou de la lignée maternelle. C'est un endroit où des problèmes liés à la mère peuvent être transformés en talents. **Cercle T :** talent personnel apporté par la mère et la lignée maternelle ou force ancestrale maternelle.

Remarque : Ce cercle G correspond à **la maison 3** du Diamant de Naissance et aux énergies du signe des Gémeaux. Elle révèle le type d'intelligence. Elle décrit ce dont vous avez besoin pour écouter, entendre, comprendre, communiquer, vous mettre en mouvement, faire du commerce, vous amuser et vous adapter à votre environnement.

Cercles IZV : Ce sont des forces latentes et les difficultés non résolus hérités de la mère ou de la lignée maternelle. C'est un endroit où des problèmes liés à la mère peuvent être transformés en talents.

Cercles HYU : Ce sont des forces latentes et des difficultés non résolus hérités du père ou de la lignée paternelle. C'est un endroit où des problèmes liés au père peuvent être transformés en talents.

Cercles E et J : Ce sont les deux nombres de la puissance personnelle héritée de la puissance familiale. Les nombres vous permettent de réaliser votre destin et votre projet de vie.

Remarque : La majorité des logiciels sur internet utilisent le nombre E mais de nombreux numérologues utilisent le nombre J, au lieu du nombre E, pour calculer les nombres S, T, U, V puis à partir de ces derniers les nombres W, X, Y, Z.

Cercle N : C'est l'entrée de la ligne de l'amour, qui est surmontée d'un cœur. C'est une porte qui ouvre sur les relations harmonieuse. Elle décrit comment vous démarrez une relation. Si cette énergie n'est pas gérée harmonieusement, il y a des difficultés relationnelles ou une absence d'harmonie dans les relations.

Cercle M : C'est l'entrée de la ligne de l'argent, qui est surmontée d'un symbole du dollar. C'est une porte qui ouvre sur la prospérité financière. Si cette énergie n'est pas gérée harmonieusement, il y a des difficultés financières, parfois un blocage financier ou une absence d'harmonie dans les finances.

Cercle a : C'est le point d'équilibre et d'harmonie entre l'amour et l'argent, la sortie des lignes de l'amour et de l'argent, le karma relationnel et financier. Cette énergie, ce nombre, relie les relations et les finances. Il est à la fois en lien avec les relations et les finances. Il montre les difficultés relationnelles qui peuvent survenir avec votre partenaire, les difficultés avec les finances et comment améliorer à la fois les relations, les relations amoureuses et les finances.

Cercle b : Ce nombre décrit votre partenaire idéal, ce que vous considérez comme étant les qualités les plus importantes de votre partenaire et ce que vous recherchez chez votre partenaire. Elle décrit la nature de la relation, le type de relation et l'énergie qui maintient la relation dans un état d'harmonie.

Cercle c : Ce nombre décrit le domaine d'activité où vous pouvez gagner de l'argent, qui vous amène la plus grande prospérité financière et la profession idéale.

Cercle d : C'est l'énergie du cœur dans la matière.

Cercle e : C'est l'énergie du cœur au niveau subtil.

d + e = c'est l'énergie globale du cœur.

Interprétation des triplets de cercles : On ne peut interpréter la matrice du destin qu'en connaissant parfaitement les arcanes majeures du Tarot Italien. La présence de triplets permet de raconter une histoire avec 3 épisodes, un commencement, une longue phase d'expériences puis une transformation.

Interprétation des nombres des chakras : Cela implique de bien connaitre chaque chakra en ressentant son énergie consciemment. Les chakras sont ceux de la tradition de l'Inde. Par rapport au Design humain, les centres « plexus solaire », « rate » et « ego » correspondent au chakra 3 et le centre G au chakra 4 du cœur. Les autres centres du Design Humain son identique à la tradition Indienne. Les nombres identifiés représentent les énergies et les qualités nécessaires pour que le chakra vibre correctement. Plus vous évitez les tendances négatives associés aux nombres concernés et plus vous exprimez les qualités positives des nombres et plus le chakra concerné et ce qu'il représente génère de la santé et de la joie dans votre vie.

Interprétation : Vous pouvez utiliser les textes des nombres associés au Diamant de Naissance, qui proviennent du Tarot Italien et dans quelques cas des Runes et du Yi-King, pour interpréter les différentes parties de la Matrice du Destin. Vous trouverez également des textes dans les livres Le Tarot Eternel 1 et 2, dans le livre le Diamant et Naissance et dans les Manuels Professionnels du Diamant de Naissance.

Les coïncidences numériques - Les messages de l'univers

Observez ce que vous êtes en train de penser et de faire quand vous voyez une série de 3 nombres identiques. Ces séries sont des messages de l'univers qui vous dit qu'il est judicieux de manifester ce que les nombres concernés représentent. Vous pouvez créer vos propres codes mais voici des propositions.

	MERCURE-URANUS-NEPTUNE-PLUTON
000	*Il est temps de vous connectez à l'univers, de passer en mode quantique, de vous préparer à gérer un imprévu, de traiter vos mémoires karmiques et de vous libérer.*
	SOLEIL-MARS
111	*Il est temps d'accroitre votre niveau d'énergie, de conscientiser/exprimer votre enfant intérieur, votre intention, ce que vous avez prévu de faire et ce que vous voulez, de passer à l'action, de manifester votre existence, de démarrer quelque chose de nouveau, (nouvelle activité/relation/lieu de vie etc.), de faire quelque chose que vous n'avez jamais fait et d'expérimenter. (Enfant)*
	LUNE-SATURNE-NEPTUNE
222	*Il est temps de vous préparer, de prendre soin de vous pour être bien, de trouver ou traiter des informations (stage), de lire un livre, de faire vos comptes, de voir votre dualité (2 programmes de votre ego, votre passé et votre futur, votre côté ombre et votre côté lumière) d'observer/d'exprimer une émotion/un ressenti, de visualiser ce que vous voulez créer, de voir que vous êtes en train de procrastiner et de choisir parmi deux options.(Femme/Grand-mère)*
	MERCURE-VENUS-JUPITER
333	*Il est temps de vous mettre en mouvement, d'utiliser votre intelligence, de communiquer et vous faire connaitre, de tout bien gérer, de relier le passé, le présent et le futur, de prêter attention aux personnes événements qui surviennent dans votre environnement en faisant le lien avec votre passé/futur et de vous adapter. Il est temps de guérir votre passé, d'être à 100% dans l'instant présent et de préparer votre futur. (Femme/Mère)*

	JUPITER-MARS-LUNE
444	*Il est temps de vous structurer, de vous exprimer dans le monde extérieur, d'aller de l'avant, d'affirmer/exprimer votre pouvoir et votre puissance, d'organiser votre vie et de prendre pleinement votre place afin de manifester l'abondance matérielle et spirituelle dans la matière. (Homme-Père)*
	JUPITER-SOLEIL-NEPTUNE
555	*Il est temps de faire des prises de conscience et voir les choses différemment, de saisir une opportunité, de mettre en place des changements, de laisser venir ce qui vient et partir ce qui s'en va, d'effectuer un voyage du corps ou de la conscience (formation), de vous aligner avec l'univers et d'avoir confiance. (Homme-Père)*
	VENUS-MARS
666	*Il est temps d'entrer en relation, d'unir le masculin et le féminin, de vous occuper d'une relation et de savoir à qui vous avez affaire, de gérer un conflit relationnel ou en vous, d'observer vos attentes, vos déceptions et vos fictions et de revenir à la réalité/voir la vérité, de coopérer, de faire en sorte que votre égo et votre âme coopèrent, de faire des liens, d'exprimer une activité artistique, d'écouter votre cœur et votre intuition pour faire des choix qui vous apportent de la joie, de voir que vous avez le choix entre plusieurs possibilités, de partager, de demander de l'aide, d'aimer, d'exprimer tendresse et gentillesse, de sourire et de faire de votre vie une œuvre d'art.(Un/une partenaire/associé(e), un/une membre de la famille).*
	MARS-JUPITER-URANUS
777	*Il est temps de conscientiser votre mission et vie et de l'accomplir, d'harmoniser vie matérielle et vie spirituelle, masculin et féminin, de vous fixer des objectifs, de mettre en place la bonne stratégie, de passer à l'action et d'obtenir des résultats. (Un Homme)*
	VENUS-SATURNE
888	*Il est temps de voir la vérité en face, de voir que l'univers vous aime, de transformer ce qui doit l'être, de prendre conscience de votre infinité et de votre éternité, de voir/explorer les possibilités, de sentir ce qui est juste pour vous et de le faire, de conscientiser et manifester l'amour divin inconditionnel, de manifester l'abondance, de faire le point sur votre relation à la civilisation (administration, structures) et de contribuer à la civilisation. (La société, des membres de la civilisation, l'univers)*
	SATURNE-NEPTUNE
999	*Il est temps de vous poser, de gérer l'hiver ou de le préparer, de voir qu'un cycle se termine, d'abandonner quelque chose (emploi, projet, relation, dispute, lieu de vie, activité, pratique), de vous poser des questions et d'y répondre, de chercher, de cheminer, de gérer un chantier ou le chantier de votre évolution, de poser des objectifs à long terme, de préparer le prochain cycle, de méditer, de conscientiser votre vérité profonde pour être dans un état de paix intérieure.*

Chapitre 0 : Le nombre 0

Son nom, son graphisme et son symbolisme : Le nombre zéro fit son apparition en Mésopotamie, où une marque spécifique, souvent un point, était utilisée pour le représenter et en inde, où son nom signifie le vide puis en Chine. Sa plus ancienne trace écrite en Inde date d'environs 350 ans après Jésus-Christ où il est représenté par un point sur le manuscrit Bakshali (écorce de bouleau) qui est stocké à Oxford. Le mathématicien Indien Brahmagupta (598-668) en parle dans un livre daté de l'an 628. Il se répand ensuite dans les pays musulmans, puis en Occident notament grâce au mathématicien Léonardo Fibonacci. Il apparait également dans la civilisation Maya où un calendrier démarre le 13/08/-3114 et où le zéro est représenté par un coquillage en forme d'œil entrouvert.

Son nom viendrait à l'origine du Sanskrit Sunya ou shounia, qui signifie le vide, rien donc zéro. En arabe ancien, Sifr signifie également le vide et l'immobilité. Sifr est devenu zephirum en latin puis zefiro en italien puis zéro. Le mot Sifr a donné chiffre en français qui pendant un temps a voulu dire vide ou zéro puis est venu à signifier les représentations graphiques des nombres.

Son symbole serait inspiré de la voute céleste ou de la trajectoire d'un astre d'un bout à l'autre de l'horizon, avec sa disparition sous l'horizon et sa réapparition. Il y a une absence de présence et une présence de l'absence, du rien, du vide qui donne accès au divin et à l'éveil selon les sages de l'Inde. En effet, les savants de l'Inde découvrirent que plus on divise un nombre par une valeur qui se rapproche de 0 et plus on s'éloigne de ce nombre pour aller vers l'infini et donc vers le divin qui est infini. C'est pour cela qu'en mathématique, 1/0 donne une valeur infinie tandis qu'une calculette dit que c'est une erreur de diviser 1 par 0. En Occident, il représente surtout une absence de quantité et bien souvent, cette absence est considérée comme négative, comme un manque et une absence de valeur par rapport à ce qui devrait ou pourrait exister. Il a longtemps été représenté graphiquement par un point, par un espace vide puis par un cercle avant d'adopter sa forme actuelle. Le zéro marque une frontière entre les nombres positifs et les nombres négatifs donc il symbolise une frontière, un lieu de transition où l'on passe d'une situation ou d'un état à un autre, d'une absence à une présence et vice versa.

Il représente aussi un commencement, un nouveau départ et une fin si on compte à rebours jusqu'à lui.

En tant que cercle, il peut représenter l'éternité, la perfection mais aussi un cycle qui se répète pour l'éternité et une absence de changement car si on l'ajoute ou on le soustrait d'un nombre, le nombre ne change pas. Il n'existe explicitement dans aucune des traditions présentées dans ce livre. Et pourtant il représente le Cosmos, l'Univers, la Source de toute Vie dans sa totalité, dont le centre est partout et la circonférence nulle part.

Proverbes Zen : Le moment présent est votre rendez-vous avec la Vie. Etre présent à ce qui est, est le prélude à sa disparition. Si vous êtes déprimé(e), c'est que vous vivez dans le passé. Si vous êtes anxieux/se, c'est que vous vivez dans le futur. Si vous êtes en paix et joyeux/se, c'est que vous vivez dans le présent. Etre présent(e) donne accès à la beauté et aux mystères de la vie.

A-Son nom et son symbolisme : Composé de la lettre U associée à Our, la Source de toute Vie dans les Runes et de la lettre N qui symbolise les nombres eux-mêmes et la capacité à poser des limites ou frontières d'un espace et à décrire les cycles de la vie, le nom du nombre 1 symbolise la Source de toute Vie (U) qui exprime sa créativité et démarre le cycle des nombres (N). Le nom du nombre un serait également lié à au nom d'un chef de l'espèce extraterrestre Anunnaki, « Anu », sous le règne duquel la Terre fut, il y a environ 430.000 ans, exploitée surtout pour son or. Les Annunakis furent à l'origine de la création de l'Homme moderne « Homo Sapiens Sapiens », suite à différentes manipulations génétiques. La signification de son graphisme a peut-être été percée par le chercheur anglais Hugh Grant, qui suggère que le nombre 1 permet de décrire la position, dans l'instant présent, de où on se trouve sur Terre, en latitude et en longitude. La barre horizontale du 1 symbolise l'équateur terrestre, la barre verticale du 1 la latitude et le crochet la longitude. Cela suggère que ce graphisme a été créé par des personnes qui avaient des connaissances en astronomie et en navigation. J'existe ici et maintenant là où je suis semble nous dire ce nombre. Au niveau graphique, le nombre 1 est en lien avec le point, qui est une projection d'une ligne verticale. Les nombres impairs sont associés à une énergie de nature masculine. Il correspond à l'Esprit, à la Conscience créative, à la Source de Vie qui anime le Cosmos. Il est la base, c'est-à-dire présence du je suis qui manifeste son existence dans l'instant présent.

B-Selon trois traditions anciennes :

1-La tradition germanique des Runes. 1 = la création de richesses.
La Rune 1 se nomme Fehu prononcé Féehouw.

Son numéro : Première rune du Futhark, elle est donc logiquement la rune de l'origine, des commencements, du début de quelque chose, d'une naissance, des choses nouvelles, de ce qui est jeune et donc peu expérimenté et de la mise en route dans le but de faire ce qui doit être fait.

Résumé et essence de la rune : Je suis, j'agis et je créé des richesses ! La première rune symbolise la source d'énergie, le feu de la vie, le feu de la création qui jaillit et qui permet de créer des richesses. Ce feu intérieur se manifeste par la capacité à avoir une intention puis à orienter et concentrer cette attention vers un objectif. Il implique d'être relié à votre cœur, de décider, d'être motivé(e) et d'agir avec spontanéité, confiance, enthousiasme et énergie dans la joie. Il s'agit ici de créer un événement, un objet, une richesse soit à partir de rien, soit en utilisant les ressources, les savoir-faire et outils à votre disposition. Tout mouvement d'énergie a des conséquence et à un prix. Chacun est responsable de ses actions et de ses créations. Féhu est une rune d'énergie et de réussite quand elle est bien canalisée.

Aspect sombre de la rune : Dans son côté sombre, cette rune évoque une utilisation déséquilibrée et irresponsable de l'énergie et du feu, un manque de vision, une intention peu louable, un problème à la source, une perte, un objectif qui n'est pas atteint, des illusions, une insouciance source d'inefficacité ou de déséquilibres. Il est alors nécessaire de se remettre dans son axe et de voir ce qui est réellement important, ce qui motive vraiment et ce qui doit réellement être fait.

Son phonème : Le son F est le son que l'on produit pour démarrer et entretenir un feu. Vous pouvez expérimenter cela le jour où vous allumez un feu rituel dans un récipient, un feu de camp ou un feu de cheminée. Le feu apporte chaleur, lumière et confiance. Il est la source d'énergie permettant de créer et transformer des aliments, des objets et des richesses. Il doit cependant être canalisé.

Mots clés : Action, création, début, nouveau, richesse, ressource, prospérité, résultat positif, réponse positive, puissance financière et prospérité, ce qui est gagné par l'activité.

2-La tradition du Tarot Italien. Le résumé et l'essence de l'arcane : Le Bateleur.

Je suis ! Je suis la présence silencieuse, qui, dans l'instant présent, à partir d'une intention, focalise mon attention avec naturel et passe à l'action, expérimente, m'engage, exprime mon pouvoir créateur et dirige ma volonté, avec amour, en étant relié à mon cœur, dans un état de concentration, de spontanéité, de jeu et de joie, afin de vivre tout mon potentiel. Confiant, motivé, actif et dynamique, je suis la volonté et l'énergie qui démarrent des choses nouvelles, intentionnellement. Je m'affirme, dans la vie et dans l'action, avec intelligence, enthousiasme et joie, en utilisant les outils et les ressources à ma disposition, afin d'atteindre mes objectifs. Je n'ai pas besoin de l'approbation des autres pour m'affirmer et m'exprimer. Je suis, je décide et j'agis en conscience, en étant responsable de mes actions, en toute indépendance, en fonction de mes objectifs, tel un Soleil levant. Je crée des objets ou des situations à partir de rien. Le Tarot, c'est le chemin de la vie et de l'action. Ce chemin me mènera un jour à retrouver l'éveil de ma Conscience et le lien avec « la Source de toute Vie » (Dieu pour les croyants). Le Bateleur, c'est le Tarot en Kit et le démarrage du retour à l'unité. C'est le commencement du chemin. L'assemblage final et l'expérience de l'objectif final se font dans l'arcane 21 du Monde. La pratique et l'expérience (1) permettent d'accéder à son plus grand potentiel (21).

3-La tradition du Yi-King Chinois. La puissance créatrice. Le créateur. Le ciel.

Résumé du nombre : *Définissez des objectifs puis organisez-vous, affirmez-vous et exprimez et votre besoin de mouvement et de nouveauté, votre pouvoir créateur, votre créativité, avec joie et confiance, pour réussir de manière visible.*

Explication technique : Le pouvoir créateur est la force d'amour, originelle et immuable, source de toute création, unie à « La Source » et supérieure à toutes les autres forces existantes. Il jailli depuis le corps spirituel dont l'accès se trouve au centre du cœur, par la lumière et le son. Il est un feu intérieur continu qui engendre un centrage intense dans l'instant présent, une perpétuelle créativité, une grande vitalité toujours en mouvement, une conscience en éveil, une volonté ferme et vigoureuse, une confiance en soi inébranlable, une mise en valeur du positif, la force et l'autorité, une capacité à faire de son mieux et à donner le meilleur de soi-même et une vision dans le temps. Cela se traduit par des objectifs clairs, par une organisation des ressources pour les atteindre puis par une action ordonnatrice persévérante. Son action continue dans le temps permet de donner naissance à la vie au printemps, de développer la vie en été, d'amener la vie à maturation, jusqu'à sa réalisation, en automne et de porter la vie à sa perfection en hiver. Ainsi, tous les potentiels sont exprimés. L'énergie masculine ne peut exister sans l'énergie féminine. L'énergie masculine en mouvement révèle l'énergie féminine qui l'accompagne et l'oriente dans la forme.

Fécondé par l'énergie yin complémentaire qui oriente, le pouvoir créateur permet à la vie de prendre forme, de se concrétiser, de se développer et de réussir. Cet hexagramme est associé à l'image d'un dragon. A l'origine, le dragon symbolisait la voie lactée, expression de la source créatrice suprême, qui se déploie dans le ciel pour créer la vie. Il symbolise en Chine la puissance masculine en action dans ces différentes phases, depuis la grotte où il rassemble son énergie jusqu'au ciel où il déploie sa puissance. Quand le dragon est en harmonie avec l'ordre cosmique, avec le ciel, avec le Tao, sa force d'amour fait avancer la vie. Quand le dragon perd l'harmonie avec le ciel, il devient colérique, violent, arrogant, revendicateur, hautain, égoïste et blessant. Il va trop vite, brule les étapes, gaspille son énergie et engendre des catastrophes. L'idéogramme de l'hexagramme symbolise un Soleil levant offrant lumière et chaleur, pour que toutes les formes de vie puissent jaillir dans le monde.

Interprétation classique : L'époque est unique et exceptionnellement favorable pour exprimer et concrétiser votre pouvoir créateur, vos idées et tout votre potentiel. L'énergie et l'inspiration sont là. Les forces de la destinée sont à l'œuvre pour vous permettre de faire jaillir quelque chose de nouveau, d'atteindre vos objectifs, de concrétiser vos projets et de réussir.

Il est temps de tester de nouvelles idées, de développer votre force et vos compétences, d'adopter une attitude active, d'agir avec vigueur et réalisme, d'être visible, d'occuper les devants de la scène, de manifester votre pouvoir créateur dans la durée, d'exprimer le meilleur de vous-même, d'être lumineux et de vous donner les moyens, les ressources et le temps nécessaire pour réussir. Votre réussite sera grandement favorisée par la clarté de votre intention, par la compréhension des lois de la réussite, par une gestion intelligente de votre énergie et de vos ressources, par la persévérance et par votre capacité à agir selon votre vérité profonde, avec intégrité, en harmonie avec l'ordre cosmique. Vous avez la possibilité de réaliser de grandes choses si vous savez développer un idéal réaliste, cultiver de nobles valeurs, canaliser votre force avec sagesse, fournir les efforts nécessaires et persévérer dans ce que vous croyez être juste, car vous avez la carrure d'un dirigeant. Faîtes preuve de courage et de discernement, en ayant conscience des conséquences de vos actes et en sachant quand il est judicieux d'agir ou de ne pas agir. Ayez confiance en vous. Gérez votre temps intelligemment, en allant à l'essentiel, en étant synthétique, en définissant vos priorités, en vous fixant des objectifs clairs qui vous inspirent et vous enthousiasment, en planifiant les étapes logiques, en respectant le temps nécessaire à la réalisation de toute chose, en écartant toute interférence hors-sujet et en ignorant tout ce qui est sans importance.

Dans le domaine des affaires, de l'entreprise, de la politique ou du développement humain, vos objectifs personnels et vos compétences sont en phase avec les besoins de votre environnement. Vos proches, vos collègues, votre famille ou votre partenaire peuvent vous demander de prendre la direction des opérations, ce que vous pouvez faire avec confiance et succès. Vous pouvez être sollicité pour éclairer, conseiller ou pour diriger une équipe ou une organisation, être perçu comme un modèle à suivre, avoir la possibilité de jouer un rôle de dirigeant et occuper un poste à responsabilités. Vos capacités d'organisation et vos talents de dirigeant peuvent alors apporter la paix et la sécurité, le bonheur et la prospérité autour de vous. Vous êtes dans une nouvelle étape de vie. Ce que vous créez actuellement aura une influence considérable sur votre environnement et un impact majeur sur le reste de votre vie. Et tout comme le ciel se créé lui-même, c'est vous qui créé votre propre vie, ce qu'il y a de positif dans votre vie et votre réussite. Mettez-vous à l'œuvre. Restez en harmonie avec le Tao.

Prenez en compte les énergies complémentaires féminines. Prenez conscience de votre corps spirituel, en focalisant votre attention sur l'impression d'être la lumière ou le liquide lumineux du récipient ou corps de lumière situé au centre de votre cœur. En exprimant votre pouvoir créateur et ce qu'il y a de lumineux en vous avec amour, vous créé une vie réussie. Vous avez la possibilité d'apporter aux autres la lumière de la conscience et la conscience de l'unité qui existe en chaque être humain. Vous pouvez aider autrui à percevoir l'aspect symbolique des choses à et comprendre les symboles. Vous pouvez montrer que l'impulsion créative, la créativité et l'amour sont l'essence de « la Source » et de qui nous sommes vraiment.

C-Selon trois traditions modernes

1-Le Diamant de Naissance. 1 = L'enfant heureux.

Symbolique : L'Hydrogène. Le point. Le feu de la création. L'énergie source de vie et d'activité. Le pouvoir créateur, la création de richesses, l'action dans la joie. La réussite. Le spermatozoïde gagnant. La naissance. L'enfant intérieur. Un Soleil levant. Conscience, amour, joie, créativité, vie. Soleil, Mars et Mercure. Une nouvelle vie dans un nouveau monde. L'activité sur le plan physique. L'expression du corps dans le monde extérieur. Le nombre 1 peut par exemple être obtenu et réduit à partir du 19 et du 10. **Le moi.**

Les besoins et capacités du 1 qui demandent à être exprimées :
-Besoin d'avoir une vision, une intention, un objectif, une présence et un résultat
-Besoin de ressentir la sensation de vous-même et la joie d'être en Vie
-Besoin de trouver l'énergie, l'enthousiasme, la motivation et la spontanéité pour démarrer des choses nouvelles, besoin de nouveauté, d'expérimenter de nouvelles possibilités, de pratiquer.
-Besoin d'action, d'agir en étant dans la joie, de prendre des initiatives et de vous affirmer dans la vie avec confiance.
-Besoin d'exprimer votre pouvoir créateur, d'être dans l'instant présent et d'autonomie
-Besoin de trouver les bons outils et les utiliser efficacement
-Besoin d'exprimer votre enfant intérieur, de travailler avec des enfants, de vous amuser, de jouer, de faire appel au jeu et de pétiller. Besoin de vous individualiser.

Déséquilibre en excès : Blessure de l'enfant intérieur. Egoïsme. Impatience. Ignorance. Illusions. Inexpérience. Immaturité, manque de sens, irresponsabilité, absence de scrupules, naïveté, infantilisme, agressivité, mensonges, stupidité. Commence plein de choses mais ne finit pas. Orgueil, individualisme, égocentrisme, dirigisme, domination qui impose sa volonté aux autres, solitude.

Déséquilibre en manque : Manque de vision, de confiance en soi, d'affirmation de soi, de joie, de dynamisme, de courage et d'autonomie. Sentiment d'être perdu, de n'avoir aucun talent, difficulté à prendre conscience de son potentiel/de ses talents. Difficultés à démarrer, à s'incarner, à se motiver, à agir, à gérer son énergie, à exprimer son enfant intérieur, à être joyeux/joyeuse et enthousiaste, à trouver les bons outils, à les utiliser et à savoir comment faire. Problématique avec un enfant ou une création. Peur de l'échec.

Mémoires karmiques : Mémoire d'artisan ou de commerçant, vie passée très active et solitaire. La relation au père a été forte et impactante. Il y a un équilibre à trouver entre la satisfaction des besoins personnel et ceux d'autrui.

2-Le Design Humain : 1 = L'expression du Soi :

Explication technique : Circuit de la connaissance. Cette porte est associée au chakra du cœur, nommé le centre G dans le design Humain. Le thème principal de cette porte est l'expression de la créativité. La maîtrise de cette énergie génère la beauté. C'est l'hexagramme le plus masculin de tous ; le plus yang. Il y a un intense besoin d'exprimer votre individualité et votre créativité en fonction d'une impulsion intérieure, avec plus ou moins de conscience, avec le désir plus ou moins avoué d'obtenir de l'attention ; attention qui génère un sentiment d'épanouissement. Il s'agit d'exprimer qui vous êtes et de vivre votre nature créative de façon authentique, en faisant ce que vous avez à faire à votre façon, même si c'est nouveau. Comme cette porte est reliée à la porte 8 qui est celle de la civilisation et qui est parfois nommée tenir ensemble, votre créativité ne peut s'épanouir qu'à travers des échanges avec autrui, qu'en étant bénéfique pour la civilisation. Il y a l'idée que si ce n'est pas bénéfique pour tout le monde alors ce n'est pas bénéfique du tout. Cet Hexagramme peut alors être un modèle inspirant une direction collective nouvelle même s'il peut initialement exister des résistances venant d'autrui. Ra compare les portes 1-8 à celle de l'artiste et de son agent. Quand l'harmonie et la justesse dominent, cela impacte positivement le collectif en ouvrant de nouvelles portes, de nouvelles directions. Si l'artiste veut être son propre agent ou si l'agent dicte sa conduite à l'artiste, cela créé des tensions contreproductives.

Proposition d'interprétation : Vous avez la capacité naturelle de créer selon votre vision unique et vous aimez cela. Vous n'avez aucune peur de dépasser les limites de l'existant, de provoquer, d'aller au-delà de ce qui a déjà été fait et expérimenté, d'innover, d'explorer de nouveaux chemins, de trouver de nouvelles formes d'expression et de faire bouger les choses. Votre créativité s'exprime mieux quand vous travaillez seul. Elle est soutenue par votre volonté qui vous stimule et par un instinct intuitif où ce qui est à faire s'impose comme une évidence. Elle vous récompense grandement quand vous l'exprimez par exemple dans les sphères de la carrière, de la famille, de l'art, de la musique, du sport ou d'une passion. L'important dans l'expression de votre créativité, ce n'est pas forcément sa rétribution financière ou la renommée qu'elle peut apporter mais la joie que vous éprouvez lors de l'acte créatif. Et si vous vous mettez à n'apprécier votre créativité que parce qu'elle vous rapporte de l'argent, vous vous apercevez vite que cela nuit à votre sensibilité, à votre joie et votre bien-être. Vous avez conscience que votre meilleur travail s'effectue quand vous mettez votre ego de côté, quand vous laissez votre flair créatif s'exprimer naturellement à travers vos dons et talents et quand vous ne cherchez pas la validation par autrui de vos créations. Votre vie est ainsi riche d'expériences créatives qui peuvent avoir un impact plus ou moins important dans votre environnement.

3-Les Clef Génétiques. Clef 1 = L'étincelle créatrice.

Son dilemme où il doit faire des choix : L'engourdissement. **Signe astral HD (Human Design) :** Scorpion. **Son partenaire de programmation :** Clef 2, l'éternel féminin. **Corps :** Le foie/le cœur. **Planète :** Le Soleil. **Son anneau de codon :** L'anneau du feu (1, 14). **Acide aminé :** Lysine. **Son chemin de transformation :** Le chemin de la fraicheur.

L'ombre de cette porte : L'entropie, l'engourdissement, les mauvais démarrages.

L'entropie mesure la quantité de désordre et d'indisponibilité de l'énergie dans un système ou environnement. L'engourdissement est la conséquence d'un niveau élevé d'entropie.

On peut ressentir une sensation d'engourdissement mais aussi avoir un sentiment d'engourdissement. On peut être globalement engourdi(e) et avoir envie de rien faire. Quand on réalise cela, c'est le tout début d'un cheminement dans le cœur. Comme il y a de nombreuses couches de blessures et de mémoires personnelles, familiales ou karmiques, cet état d'engourdissement est l'un des états les plus répandus chez l'humain. L'engourdissement extrême génère soit de la dépression, soit une hyperactivité qui finit en burnout. La majorité des gens ne se rendent pas compte qu'ils sont souvent engourdis, qu'ils font les choses sans conscience, en mode survie et qu'ils gaspillent leur temps et leur énergie dans des distractions extérieures. L'entropie se traduit par une perte d'énergie d'un système existant et quand on ne vit pas en conscience, on peut être épuisé(e) à la fin d'une journée sans être vraiment satisfait(e) ou épanoui(e). De nombreux éléments de notre vie peuvent générer de l'entropie et nous vider de notre énergie ; le travail, les relations, la santé, un lieu de vie, un environnement, une pratique, les médias ou réseaux sociaux. Tout cela peut conspirer à nourrir votre état d'engourdissement et à vous maintenir dans un état de survie. Pour contempler cet engourdissement ou son absence, vous pouvez dans un premier temps placez une main sur votre poitrine ou sur une autre partie de votre corps et observer ce que vous ressentez. Est-ce que vous ressentez de l'ouverture, de la joie, du mouvement, de la vie ou est ce que vous vous sentez vidé(e), fatigué(e) ou rien du tout à cet endroit. Dans un second temps vous pouvez poser votre attention sur une partie de votre corps et observez ce que vous ressentez. Cette pratique est le point de départ d'un chemin de transformation. Quand on réalise qu'on est engourdi(e), notre conscience commence à se mettre en action. On commence à respirer, à reconnaitre, à accepter l'état des choses, à voir comment on fait semblant de ne pas voir et comment, pour ne pas la voir et la ressentir, on fait quelque chose, on s'occupe, on s'active ou on regarde son téléphone portable. Beaucoup de gens ont perdu la capacité de ne rien faire, de faire une pause et juste d'être là, dans un état de présence et dans cet état de vide que le mental qualifie facilement d'ennui. Cet état est très important car il précède l'état de créativité. L'ennui est une absence apparente de créativité et de vie, comme l'hiver. C'est ce qui précède la créativité et notre société le qualifie souvent comme quelque chose de négatif. On doit apprendre à de nouveau se sentir confortable avec l'ennui et l'engourdissement, à le laisser nous traverser puis s'en aller car la vie a besoin de pauses, d'espaces vides de simple présence où rien d'autre n'est fait que juste être là et observer afin de permettre au corps de se recharger. Un quelque chose émerge d'un rien. Le yang masculin émerge du Yin féminin et de la même façon, la joie de créer émerge de l'engourdissement et de la présence qui ne fait rien mais qui est. Le feu émerge de l'eau et c'est la conscience qui souffle les étincelles qui allument le feu. Tout cela est cyclique et rythmique et la vie dance entre ces différents moments. L'entropie créé ainsi les conditions pour que l'étincelle de créativité puisse jaillir.

Son cadeau : Les dons et capacités de cette porte : <u>La fraicheur.</u>

La créativité vient quand elle vient car on ne peut pas la contrôler. Quand elle n'est pas là, il y a juste à se reposer et à attendre qu'elle revienne. En mode Clef 1, soit on est à fond soit on se repose. La base de la créativité est la fraicheur et la condition de la fraicheur est l'absence de peurs de faire des erreurs et de se tromper, ce qui permet d'expérimenter librement.

La fraicheur permet juste de faire le premier pas, d'expérimenter, de créer votre propre chemin, d'être le pionnier de votre vie, d'apprendre par l'expérience et de faire venir l'inconnu dans le connu.

Ce premier pas vous sort de l'engourdissement, vous plonge dans la vie et vous permet de commencer à vivre. La fraicheur génère l'élan vital qui débouche sur la joie de vivre, la joie de créer votre vie et de la renouveler en permanence. Le génie créatif a comme fondement les erreurs et de nombreux essais sont souvent nécessaires avant de réussir quelque chose. C'est en expérimentant et en faisant des erreurs vous finissez par trouver le résultat qui vous convient et par créer quelque chose de nouveau. Cela demande du travail, de la patience, de l'adaptation, du lâcher-prise et de ne rien prévoir à part peut-être quelques grandes lignes. La créativité pure, c'est la Source de toute vie qui s'amuse à travers vous dans l'action, avec fraicheur et improvisation. Nous avons tous des capacités et ce qui donne du sens à la vie est de leur permettre de s'exprimer de façon créative dans le monde des formes, dans la matière. Il est ainsi essentiel nourrir et préserver la créativité des enfants car la créativité prend sa source dans notre enfant intérieur. La fraicheur est comme un feu intérieur qui répand des étincelles, reconnecte les gens à leurs cœurs, à leur enfant intérieur, à leur créativité et leur permet d'exprimer leurs capacités dans la vie en étant comme un feu vivant. Il s'agit ici d'apprendre à apprivoiser le feu de la vie et cela ne peut être fait avec succès qu'à travers le cœur. Si on tente de le faire avec l'ego, on se brule. Quand on le fait avec le cœur, les choses se passent à travers nous. Lorsque cette clef est présente dans votre profil génétique, vous êtes sur Terre pour être un pionnier/une pionnière et pour contribuer activement à créer un nouveau monde et cela implique parfois de prendre des risques dans votre cheminement intérieur, dans votre vie extérieur ou dans les deux et de jouer avec le feu dans un état de présence, d'amour et de conscience, en vous laissant traverser et transformer par ce que la vie et le cosmos veulent faire de vous.

Le superpouvoir/puissance (Siddhi) de cette porte : <u>La beauté.</u>

La lumière devient ici beauté. C'est quoi la beauté ? C'est une union dans le cœur avec la Source de toute Vie. C'est l'expression ordonnée de l'unité intérieure dans une forme humaine. C'est une capacité à s'abandonner complètement à un processus de créativité qui transforme, purifie, nettoie, nous relie à notre âme et à notre essence et nous plonge dans le cœur du mystère de la vie. C'est une harmonie de formes, de sons et de couleurs. Ce nombre fait partie du noyau essentiel du Yi-King, constitué des nombres 1 (la beauté générée par la créativité), 2 (l'unité avec la Source de toute Vie qui oriente), 63 (la vérité parfaite issue des lois de l'univers) et 64 (l'illumination). Les nombres 1 et 2 sont comme des âmes-sœurs et ne peuvent être séparés car ils sont les deux jambes qui mettent la vie en mouvement. Voir où tout et comment tout est relié et connecté et voir la perfection du tout, de la vie qui scintille de plein de façons différentes, c'est sans doute ça aussi la beauté. La beauté est au-delà des sens car c'est l'âme humaine qui la perçoit et on la recherche toute sa vie. C'est une expérience divine et la preuve de l'existence de Dieu, de la Source de toute Vie. C'est quelque chose de si délicat qu'un seul mot peut la révéler. Ce n'est pas en la cherchant à l'extérieur qu'on la trouve et elle ne peut être perçue non pas dans le vacarme du mental mais dans un silence total, dans une immobilité intérieure complète, dans un état de réceptivité qui se rend entièrement à la vie et aux mystères de la vie, où le masculin et le féminin se contiennent mutuellement. La beauté est la lentille de l'amour et un bijou accroché à l'immensité du cosmos. La beauté existe partout et quand un être humain perçoit cela, il/elle rayonne de beauté. La vérité n'est pas toujours belle mais la beauté est toujours vraie.

La vision est un moyen de percevoir la beauté et la beauté se voit facilement dans les yeux d'un être humain et en particulier dans les yeux des Femmes, car les yeux sont la fenêtre de l'âme, du cœur. La beauté est votre véritable nature et peut être même la « raison d'être » de la vie car elle met la vie en joie.

Chapitre 2 : Le nombre 2

A-Son nom et son symbolique : Son nom serait lié au mot Dieu, anciennement écrit Duw prononcé Diou ou Diuw, ou Tew prononcé « Tiew », qui est « Le dieu du ciel » dans les traditions germaniques et nordiques, c'est-à-dire l'état d'esprit ou l'état d'être quand une personne est reliée et unie à la Source de toute Vie et manifeste sa volonté à travers une relation à elle. Si on considère son nom d'un point de vue des runes, la lettre D symbolise le jour éternel, la lumière éternelle issue de la Source de toute Vie. I symbolise la descente de la lumière dans la matière et la force de l'amour. E symbolise la manifestation de l'amour et U la Source de toute Vie qui créé et prend soin de la vie. Dieu signifie ainsi la lumière du jour éternelle issue de la Source de toute Vie qui s'exprime dans la matière et la relation que l'on a avec cette lumière.

Son graphisme serait lié au Soleil en tant qu'expression de la Source de toute Vie et symbole divin. La barre horizontale symbolise l'horizon terrestre et la courbe est construite à partir d'une série de point où chaque point représente un temps où le soleil se lève à un moment de l'année. Si chaque mois, au même endroit, on prend une photo de là où le Soleil se lève, on s'aperçoit qu'il se lève à des endroits différents et en joignant les points on obtient la courbe du deux comme sur la photo ci-dessous. C'est également le mouvement du Soleil entre le moment où il se lève au-dessus de l'horizon à l'aube et le moment où il atteint son point le plus haut dans le ciel puis redescend. La courbe du deux illustre ce mouvement. Deux manifeste ainsi la relation entre l'individu et la Source de toute Vie et la dualité entre la présence éternelle du Soleil et sa position perpétuellement changeante. Quand la Lune a été placée en orbite autour de la Terre, à l'époque où il y a eu des guerres dans le système solaire, pour stabiliser les champs électromagnétiques de la Terre qui avait été très perturbées, le symbolisme du nombre deux a été transféré à la Lune en tant que deuxième astre principal dans le ciel et symbole du changement. Il est aussi associé à la planète Saturne, qui divise le temps en un passé et un futur, générant la dualité. Au niveau graphique, le nombre 2 est en lien avec « la ligne » qui rejoint deux points. Les nombres pairs sont associés à une énergie de nature féminine. Le 2 correspond à l'âme. Le nombre deux évoque les couples d'opposés complémentaires, la ligne verticale et la ligne horizontale, le jour et la nuit, le masculin et le féminin etc. Il est les deux clefs, la clef et la serrure, qui créént la vie. Sa racine carrée n'a pas de fin.

Le levé du Soleil sur 12 mois

1-La tradition germanique des Runes. 2 = La maison, la Source.

La Rune 2 se nomme Ur prononcé Ourr.

Son numéro : Deuxième rune du Futhark, elle est donc logiquement la rune de la vie qui commence à se manifester et à prendre forme, des préparations, des choses en gestation, d'un accouchement qui arrive et de la gestion de ce qui vient d'être créé. Le deux évoque une énergie féminine, une séparation ou une différentiation entre deux éléments, une association entre deux éléments et une force de vie fécondante.

Résumé et essence de la rune : Je suis la vie qui s'exprime et le lien intuitif joyeux avec la Source de toute vie qui coule par moi avec fluidité et de façon naturelle afin de porter, prendre en charge et nourrir ce qui doit l'être. Je suis la matrice, le réservoir, la nature, la Terre-Mère ou la structure faite d'informations et d'énergie qui agit comme un moule à partir duquel tout peut être créé. Je suis l'eau qui transporte lentement l'information afin que de nouvelles formes soient créées. Je suis l'Eternel Féminin qui s'incarne, qui génère la vie et qui porte la vie. La seconde rune symbolise une force féminine de vie qui nourrit, qui prépare et qui permet à ce qui est prêt d'accoucher. Elle représente une connaissance intuitive profonde des choses de la vie et de l'âme humaine, la capacité à mémoriser et à voir ce qui a été mémorisé, une foi comme quoi la vie trouve toujours le chemin qui est juste pour elle en prenant son temps et une capacité à sélectionner et transmettre si nécessaire des informations. Elle permet enfin d'organiser et de gérer les flux d'information tout comme la terre canalise le mouvement d'une rivière. Quand elle est bien canalisée, Uruz est une rune de puissance fécondante lente, paisible, joyeuse et persévérante. Elle est synonyme d'humilité et de sens de service à la vie.

L'aspect sombre de la rune : Il est symbolisé par la lourdeur, la passivité et la lenteur des bovins ou par leurs brusques accès de colère. Dans son côté sombre, la rune évoque une difficulté à accoucher, une lenteur qui traine en longueur, une confusion intérieure, un manque de vision, des choses cachées ou une difficulté à voir se qui est en devenir dans l'invisible.

Son phonème : Cette rune est à la fois associée au son U et au son OU. Le son U est le son que l'on produit parfois pour faire avancer une vache.

Mots clés : force physique du taureau, écoute, réceptivité, amour maternel, protection maternelle, refuge, abri, nourriture, se ressourcer, bien-être, processus lent, évolution naturelle et lente, production de quelque chose, supports d'informations, préparation de quelque chose, accouchement, joie du lien avec la vie.

2-La tradition du Tarot Italien. Le résumé et l'essence de l'arcane : La Grande-Prêtresse.

Je suis la gardienne des mystères et de la vie qui avance avec fluidité. Porteuse d'imagination, de foi et d'une sensibilité extrême, je sais, grâce à la pratique du silence intérieur et à mon intuition, accéder aux connaissances de la vie et de l'âme pour les restituer sous forme d'informations, de clefs et de conseils. Je suis la porte de l'invisible qui lève les voiles afin de voir ce qui est là. Je donne l'accès à la légitimité, à la vérité, à la connaissance, aux secrets, aux bonnes clefs, aux réponses, à la conscience et à la réalisation. Je permets de voir la dualité inhérente au monde de la matière et de stocker l'information grâce à différents supports.

Cela me permet de nourrir et me nourrir correctement sur tous les plans, d'approfondir, d'expérimenter la vérité des choses, de voiler ou de dévoiler ce qui doit l'être, de suivre mon intuition, de conseiller, de préparer les choses et les événements, de faire naître ce qui est prêt et de générer un développement et une situation féconde. J'ai souvent besoin des autres pour m'exprimer et j'aime collaborer. J'apprends à trouver un équilibre entre ce que je donne et ce que je reçois.

3-La tradition du Yi-King Chinois. 2 = L'éternel Féminin. Le réceptif.

Résumé du nombre : *Dans un état d'écoute, de réceptivité et de foi qui sait attendre, laissez-vous guider sur votre chemin par votre intuition, visualisez ce que vous voulez qu'il arrive et soyez au service de la vie avec naturel, fluidité et dévouement, en partageant les clefs que vous trouvez à travers des guidances.*

Explication technique : Quand les objectifs ont été fixés et quand l'intention a été définie, quand un centrage dans le cœur, dans l'amour, a été effectué, quand la force et la confiance en soi sont acquises, il est nécessaire de se relier aux courants d'amour qui inondent l'univers, d'écouter la Nécessité et la vibration de la vie puis de donner corps, dans la matière, grâce au moule de la foi, aux impulsions créatrices de la volonté. C'est pourquoi après « Le pouvoir créateur » vient « l'Eternel Féminin ». L'Eternel Féminin est le complément féminin du pouvoir créateur. Il est le moyen par lequel le créateur se manifeste dans la matière. Ainsi, l'intuition est le complément féminin de la conscience, la foi est le complément féminin de la confiance en soi, l'imagination est le complément féminin de l'impulsion créative.

« L'Eternel Féminin » est la force de l'amour, originelle et immuable, qui s'est incarnée. Il est l'âme, ce corps qui est composé une multitude de forces puissantes, plus ou moins autonomes, imprégnées d'énergie et dotées de volonté. L'Eternel Féminin correspond aussi aux mondes de la Terre, qui sont les opposés vibratoires de l'Esprit et les conséquences de toute création. Il permet la mise en forme, la matérialisation et l'enfantement des impulsions de l'Esprit afin de créer la vie sur Terre sous ses nombreuses formes. Il permet de se sentir en vie dans la joie, d'être la vie joyeuse qui coule en soi et de servir la vie. Il correspond ainsi à la Vie, aux cycles de la Vie et à la Nature qui reproduit et prend soin de la Vie.

Cette complémentarité permettant la vie se retrouve dans les relations entre L'Esprit et l'âme, entre le spirituel éternel et le matériel temporel en soi, entre le masculin paternel et le féminin maternel, entre l'homme et la femme, entre le parent et l'enfant, entre le roi et son ministre, entre la Nécessité du Tao et l'être humain, entre l'avancée et la retraite, entre la justesse et l'erreur. La jument parcours les plaines en suivant le cheval.

Elle allie la force et la souplesse du cheval avec la douceur et la docilité soumise de la vache. Si le principe féminin est équivalent en force, en valeur et en importance au principe masculin, il doit se placer sous la conduite et l'impulsion du principe créateur masculin, dans un juste lien de subordination, pour être en harmonie avec l'ordre cosmique et générer l'abondance et la vie. Ainsi, la fermeté yang est le maître de la souplesse yin. Si l'élément yin cherche à prendre la place de l'élément yang, cela perturbe l'ordre cosmique et conduit à une situation improductive, à l'égarement et à l'isolement. Et parce que le yin représente le vide et le yang le plein, c'est en étant creux et vide que l'on accède au spirituel. L'élément yang ne peut engendrer la vie que par l'action formatrice de l'élément yin.

L'Eternel Féminin porte et nourris tous les êtres. Elle engendre l'imagination, le sens de l'équilibre, l'endurance, l'intuition, l'émotion, l'aptitude à être en lien émotionnel, l'amour maternel et la capacité à se ressourcer, à ressentir un état de bien-être et à se sentir porter par la vie dans un état de quiétude et de confiance naturelle. Par sa réceptivité, sa sensibilité, son humilité, son naturel, son don de soi, sa fidélité et sa souplesse, l'être humain se soumet spontanément à la Nécessité, aux lois divines, aux impulsions de la puissance créatrice, en s'adaptant avec dévouement. L'idéogramme de cet hexagramme représente une plante qui pousse dans la terre et deux mains qui tiennent une corde ou qui sont placées de chaque côté d'un axe vertical. Cela évoque la capacité de prendre soin de la vie et la réceptivité à l'énergie qui circule dans les mains.

Interprétation classique : La situation demande ici d'écouter et de vous écouter, d'accepter ce qui est, d'être réceptif, de réagir avec naturel, de rester à l'arrière-plan, d'être patient et de vous adapter aux exigences du moment, en vous laissant porter par les événements. L'heure n'est pas à la prise d'initiatives mais au parachèvement des affaires en cours. Vous n'êtes pas en mesure de voir les causes ou toutes les facettes de la situation. Acceptez que certaines choses vous soient cachées, ou en gestation, et restez souple, fluide avec la vie, sans mettre de barrières. Il est judicieux de chercher à servir, à assister, à vous adapter, et non à diriger, à agir de façon autonome ou à imposer vos points de vue, car vous risquez alors de vous égarer. Il est également judicieux de tisser des liens autour de vous, de vous associer, de vous faire des ami(e)s et de trouver des personnes aptes à diriger les choses, des personnes qui peuvent vous aider concrètement à atteindre vos objectifs. Il est important d'être réceptif aux besoins de vos proches, de les laisser prendre l'initiative et diriger la situation. Votre bonheur est ici en lien avec d'autres personnes. Même si l'époque peut comporter une part de confusion et d'incertitude, gardez confiance, laissez-vous porter. Fiez-vous à votre intuition. Votre bien-être passe également par votre relation à la Terre-Mère. Soyez en harmonie, avec gratitude, avec la Mère Nature. Ressourcez-vous dans la nature pour sentir l'énergie joyeuse de la Terre, du Soleil et de l'air. Si nécessaire, prenez un temps de solitude pour faire le point et voir quelle orientation vous voulez donner à votre vie. Prenez soin de la vie, des plantes et des animaux tout comme la vie prend soin de tout. Votre bien-être passe aussi par une capacité à tenir compte de vos rythmes naturels, à ressentir ce qui vous nourrit correctement sur tous les plans, à vous ressourcer, à créer une atmosphère positive et à ressentir ce qui se passe dans votre corps grâce à l'écoute et au toucher. En développant votre joie, votre sensibilité et votre humilité, vous serez guidé sur le chemin qui est juste pour vous.

C-Selon trois traditions modernes

1-Le Diamant de Naissance. 2 = La Grand-mère Grande Prêtresse.

Symbolique : L'Hélium. La ligne. L'eau du bien-être. L'éternel féminin, la force du féminin, l'âme, le lien avec la Source, la manifestation de la conscience, le bien-être, la bonne hygiène de vie. La maison, la nuit, les rêves, l'inconnu, le mystère, les secrets, la dualité ou la complémentarité. La sensibilité, le ressenti, l'émotivité, la relation. La Lune, Saturne, Neptune. La Grande-Prêtresse. La Grand-mère. Les deux yeux/oreilles/mains. Des liens émotionnels forts ou un événement riche en émotions. Un nouveau partenariat. Il peut par exemple être obtenu et réduit à partir du 20 et du 11. **L'autre.**

Les besoins et capacités qui demandent à être exprimées :
-Besoin de générer du bien-être du corps et de l'âme et d'intimité avec soi, autrui et la vie.
-Besoin de trouver (d'extraire) les bonnes informations, les bonnes clefs, de les stocker et de les gérer (gérer de l'administratif), de voiler (discrétion et confidentialité) ou de dévoiler et parfois de libérer des secrets de famille.
-Besoin de voir dans l'invisible, de voir l'au-delà, d'accéder à l'inconnu et à ce qui est caché, de travailler sur les croyances, sur l'inconscient, sur les souvenirs et sur les mémoires.
-Besoin d'approfondir, de profondeur et de sagesse.
-Besoin de préparer ce qui doit l'être, de faire accoucher ou naitre une situation en gestation, de ressentir ce qui est important, d'exprimer son ressenti, d'utiliser l'imagination, de visualiser, de faire appel à la foi, d'exprimer et de gérer l'émotion.
-Besoin d'expérimenter la complémentarité, l'union heureuse, le partenariat harmonieux et le lien émotionnel et affectif fusionnel.
-Besoin de vivre en harmonie avec la fluidité de la vie selon son rythme en suivant son intuition.

Déséquilibre en excès : Dualité. Dissimulation. Mensonges. Répand de fausses informations. Blessure liée à une mémoire, au passé, à un secret, à des choses cachées ou à un accouchement. Stérilité, pessimisme, passivité, paresse, repli sur soi. Mauvaises habitudes, excès d'émotivité. Solitude. Tristesse. Recherche d'amour fusionnel vécu dans le passé dans l'au-delà.

Déséquilibre en manque : Manque de bien-être, d'information, de sensibilité, d'émotion. Difficulté à s'associer et à coopérer avec d'autres personnes, à créer des relations émotionnelles intimes, à utiliser son imagination, à avoir la foi, à ressentir ses émotions ou à les digérer et les dissoudre, à accoucher de soi-même, à bien préparer ce qui doit l'être, à faire naître les choses, à voir dans l'invisible, à ne pas dissimuler les choses, à trouver les bonnes clefs et à se libérer du passé ou de secrets (de famille/de perte d'enfant. Problématique à la Grand-mère/à la mère âgée. **Mémoires karmiques :** Mémoire de vie dans un lieu reclus, secrets de famille, situation avec beaucoup d'émotions et du stress émotionnel, mémoire de religieuse, d'écrivain, de scribe, de voyante, de guérisseuse. Vie passée paisible où l'on s'est beaucoup occupé des autres. La recherche de connaissances et la foi ont pu être une préoccupation importante. L'apprentissage de la vie à deux dans l'harmonie, collaborer et prendre soin de soi et d'autrui sont essentiels.

2-Le Design Humain. 2 = La Porte des connaissances supérieures.

Explication technique : Circuit de la connaissance. Centre du Cœur ou G. Elle est liée à la porte 14, les possessions en grande quantité ou le Grand Avoir. Sa maîtrise conduit à la foi en la vie, à vivre aligné(e) avec les rythmes naturels de la vie et à la confiance. Son thème principal est sa capacité à recevoir du soutien et à prendre soin de soi et d'autrui. C'est l'Hexagramme le plus féminin de tous, le plus Yin, donc potentiellement le plus inconscient et générateur de l'illusion d'être séparé de la Source de toute Vie en tant qu'entité indépendante. Ra l'apelle le siège du pilote ou du conducteur qui peut être associé au Moi Supérieur qui est le GPS du véhicule. Il y a ici un intense besoin d'accéder à des connaissances supérieures et de trouver les bonnes clefs afin de parcourir un chemin qui passe par la connaissance, la compréhension, l'acceptation et le pardon et qui aboutit à l'amour qui prend soin de ; à l'amour inconditionel de la Source de toute Vie générateur de bien-être et de guidance intérieure.

Proposition d'interprétation : Votre hypersensibilité vous permet de vous laisser guider en fonction de votre ressenti vers ce qui vous fait du bien et votre malléabilité vous permet de vous adapter en harmonie avec la fluidité de la vie en fonction de ce que la vie vous offre. Le centre du Soi, qui a une forme de Diamant, peut représenter un panneau routier vous indiquant la direction à suivre. Vous avez en vous comme une boussole ou un GPS qui vous indique la direction dans la vie mais pas forcément comment parvenir à votre destination. L'important est de vous laisser guider par votre but, de vous laisser porter par votre vision et de vous imaginer y être déjà arrivé. Ce sens de l'orientation fonctionne que vous soyez littéralement égaré ou lorsque les autres vous demandent de les guider. Vous savez où vous vous dirigez, quels que soient les obstacles qui se présentent. Une fois que vous avez trouvé votre chemin, vous vous dévouez avec dévouement à sa poursuite. Vous adoptez parfois des directions défiant toute attente ou toute explication habituelle mais comme vous percevez des signes qui sont invisibles à tout autre, vous semblez toujours connaître la marche à suivre, ce qui est un atout fondamental. Vous êtes ainsi capable d'indiquer aux autres, avec expertise, quel est le meilleur chemin à suivre ; et des mois ou des années plus tard, ils reviennent vous remercier, bien après que vous avez oublié ce que vous leur aviez dit. Si votre centre G, le centre du Soi, est défini dans votre carte du Design Humain, votre grande foi est une force constante qui vous apporte une aide immense. Cependant, si ce centre n'est pas défini, vous prenez conscience que votre capacité à trouver les bonnes clefs et la bonne direction fonctionne mieux pour les autres que pour vous-même ; ou alors, cela vous prend un peu plus de temps pour atteindre votre destination. En vous fiant à votre Guide Intérieur et au courant de la vie en vous, vous finissez toujours par atteindre l'état d'être ou l'endroit où la vie voulait vous amener.

3-Les Clef Génétiques. Clef 2 = le retour/la reconnexion à la Source. Le Saint Esprit.

Son dilemme où il doit faire des choix : Son agenda. **Planète :** la Lune, Saturne et Neptune.
Son partenaire de programmation :   Clef 1, le pouvoir créateur. **Corps :** Le sternum.
Son anneau de codon : L'anneau de l'eau (2, 8). **Acide aminé :** Phénylalanine.
Son chemin de transformation : Le chemin de l'orientation. **Signe astral HD :** Taureau

L'ombre de cette porte : Le mal être, la dislocation, la désorientation.

Cette clef correspond à l'ancrage de la lumière dans la matière et nous révèle que la vie a un plan dont on fait tous partie. Lorsque la conscience humaine a été créé, elle était unifié à la Source de toute vie et bénéficiait des enseignements de la Source qui sont de véritables trésors car ils révèlent la vérité au sujet de notre vraie nature. Selon le créateur des clefs génétiques, il y a eu une interférence au niveau du Yi-King, il y a très longtemps. Le Yi-King ne devrait pas commencer par le nombre 1 associé dans son ombre à la méfiance, à la séparation et à la force mais par le nombre 2, l'éternel féminin, la Source de toute Vie, qui est associée à la foi en la vie, à l'unité intérieure et à la capacité à se rendre à la vie. Le nombre 1 a pris la place du nombre 2 alors qu'ils devraient être inversés. Le masculin créateur et générateur d'évolution, en tant qu'objectif, a pris la place du féminin. Le féminin c'est l'être tandis que le masculin est le devenir, l'évolution, qui a un agenda, un objectif. L'évolution est en soi un objectif mais il est issu de l'être. C'est notre façon de percevoir et nos perceptions qui nous coupent de la vérité ou qui nous font croire que l'on est séparé de la vérité et de la vie mais en réalité, on ne peut pas être séparé de la vie et de la vérité de la vie.

L'une des traductions premières chinoises de cet hexagramme est le mot champ, en référence aux champs universels d'où nait la vie et aux champs quantiques. Il a ensuite été associé à une vache dans un champ. S'orienter dans la vie de façon fluide à l'aide de la boussole de l'intuition est le résultat d'une connexion harmonieuse au champ universel de vie et aux champs quantiques d'évolution et c'est la déconnexion avec ces champs qui génère une perte d'orientation. La déconnexion de la Source de toute vie est la blessure originelle et la cause première de notre mal-être.

Dans les fréquences de l'ombre de cette clef, il y a une peur d'avoir pris la mauvaise direction, de s'être trompé de chemin ou de prendre la mauvaise direction. Nous nous croyons ici que les erreurs existent, que nous contrôlons les choses et que l'on en sait plus que la vie alors qu'en réalité la vie rêve et grandit à travers nous et sait où elle va. Et pourtant, ici, on se sent séparé de la vie du fait que l'entité biologique, le corps humain, dans lequel on se trouve, limite nos perceptions. On a l'impression que la vie ne va nulle part et qu'elle n'a pas de sens. On a l'impression d'être perdu(e) et d'être déconnecté de la vie mais c'est juste une impression, qui est due au manque d'une dimension spirituelle dans sa vie qui se traduit par un agrippement aux histoires que l'on se raconte. Le résultat est hélas un état de mal-être et de souffrance. Cette clef envoie des fréquences qui nous poussent à vouloir nous reconnecter à la Source de toute vie et à « rentrer à la maison », où existe le bonheur. Le symbole de la Rune 2 est d'ailleurs un tipi ou une maison. Nous sommes alors des enfants perdus qui cherchent leur maman, la Source. Et en mode réprimé, avec cette ombre, on se sent perdu et désorienté à cause d'une déconnexion avec son plan d'évolution. L'état de déconnexion de la Source génère une tristesse et un mal-être qui est nourrit par le fait que l'on recherche sans arrêt cette unité et cette union dans le monde extérieur alors que ça se trouve à l'intérieur.

Cette ombre, par réaction, génère ainsi parfois une tendance à vouloir organiser et contrôler la vie et à s'interposer entre son harmonie intérieure et son activité extérieure. Cette ombre incite alors à s'occuper très activement à vivre sa vie dans le monde extérieur et à oublier comment juste être, comment recevoir et comment faire confiance à la vie. Le lien intime avec la Source de toute Vie est toujours là, à l'intérieur de nous, mais on ne peut le redécouvrir que grâce à l'amour et c'est pour cela que l'on recherche en permanence l'amour. Une civilisation ne peut durer si le féminin n'est pas honoré avant toute chose, si l'amour n'est pas placé au cœur de la vie et si ce n'est pas le cas, la dite civilisation finit par se désagréger et disparaitre.

Cette ombre génère le sentiment que l'on est très important, que l'on doit aider les autres, qu'il y a quelque chose que l'on peut faire pour que l'autre aille mieux et qu'il y a un objectif d'évolution à faire exister. Mais cet objectif d'évolution nait du mental, des émotions, d'un besoin de remplir un vide et d'un manque de confiance en la vie. Il est rare de rencontrer une personne qui ne cherche pas à vous aider, qui n'a pas d'objectifs, d'intentions et qui est juste là à partager un lien de cœur à cœur dans l'amour. Ce besoin d'évolution est notre malédiction car notre être véritable n'évolue pas, il est éternellement lui-même. Le Yin, le féminin, le vide rempli de lumière et d'amour, ne peut pas évoluer, c'est le yang, le masculin qui a cet objectif. Et chacun(e) doit faire face, à l'intérieur, à ce vide, à cette vacuité, pour se reconnecter à la Source en lui/elle. Le sens et la raison d'être de la vie et de sa vie ne peut se trouver que dans le cœur, que dans l'expérience mystique d'être en mouvement en parfaite synchronicité avec la vie.

Tandis que vous faîtes l'expérience du déboussolement et de la désorientation au niveau du temps et de l'espace avec les fréquences inférieures de cette clef, vous faîtes l'expérience de la réorientation avec les fréquences intermédiaires. Cette capacité à vous orienter nait de questions comme : « Comment je fais pour trouver mon chemin dans la vie ? Qu'est ce que je dois faire ? Qu'est ce que je peux faire de ma vie ? Comment est ce que je sais que c'est la chose juste à faire ? Le fait même de poser ses questions indiquent quelque part que vous êtes perdu(e), que vous avez perdu notre chemin et que vous êtes mal, que vous souffrez. La nature et l'eau, par exemple, ne se posent jamais ce genre de questions. Ils manifestent simplement leur existence. Ils vivent leur vie. Les chinois disent qu'il faut alors être comme l'eau et suivre le chemin de l'eau quand on se pose ce genre de questions. L'eau se laisse guider par la vie et suit le chemin de moindre résistance. Il s'agit alors de vous laisser imprégner par ce qui vous traverse, de le reconnaitre, de l'acceuillir, de le réceptionner, de l'écouter, de vous donner à lui/elle, de vous ouvrir à la vie en vous, de la ressentir, d'avoir confiance en la vie, d'être cette confiance en la vie et de vous laisser guider, avec amour en laissant la vie vibrer en vous, en tentant des choses. Vous êtes la vie et cela doit devenir une évidence pour vous.

Alors, petit à petit, vous vous détendez et vous sentez ce que vous pouvez faire et vous tentez votre chance. Vous faîtes confiance à la vie et vous finissez par trouver un chemin. Chaque être humain atteint un jour un état où il/elle est si fatigué de chercher sa maison à l'extérieur et si déçu(e) du monde extérieur qu'il/elle finit par se tourner vers l'intérieur et de chercher la cause de ses souffrance à l'intérieur. Il/elle remonte alors la rivière jusqu'à la source.

Cela amène à une transformation et à une guérison et à une restauration du bien-être. La nature nous rend notre énergie de vie et nous nous ouvrons à la vie et à l'amour, car la vie est amour. Le fait d'accepter complètement l'instant présent, ce que l'on pense et ce que l'on ressent, produit également cet effet où la vie et l'amour reviennent en soi. Plus vous acceptez l'instant présent et plus vous voyez que chaque instant est parfait, que la vie est parfaite et plus vous pouvez vous orienter facilement. Plus vous lâchez vos objectifs issus du mental, votre vouloir faire, vos « il faudrait que » et vos préoccupations à propos de votre vie et de vos proches, plus vous rayonnez votre présence aimante. Votre vibration anime alors votre environnement en ouvrant les courants des champs quantiques, en créant des vortex qui attirent ce qui veut se manifester. La magie peut alors se manifester et transformer ce qui doit l'être et vous pouvez alors devenir une force d'orientation pour toutes les formes de vie existantes, en ne faisant rien mais juste en étant, en étant la vie, en ouvrant votre cœur. Vous devenez alors un canal de transformations et vous permettez à autrui de voir qu'ils sont en sécurité même si ils ont peur car ils retrouvent la confiance en la vie, qui finit toujours par trouver un chemin, comme l'eau. Votre don avec cette clef est de restaurer la vie et l'amour, la confiance en la vie et en l'amour et de montrer aux autres le chemin vers l'intérieur, jusqu'à leur propre source faite de vie et d'amour. Orienter réellement qu'quelqu'un, c'est juste être vie et amour, être comme l'eau, être creux et vide et les inciter à être de même, intuitif, fluide et en vie. Les gens n'ont pas besoins d'objectifs, de conseils ou d'aide mais juste de vie, de confiance en la vie et d'amour. Les mots ne deviennent nécessaires que pour expliquer aux autres ce que l'on fait quand des explications sont nécessaires.

Les lois de l'évolution vous amènent inévitablement sur un chemin vivant qui va vers la conscience de votre unité et vers l'expression de votre spécificité et un indicateur que vous avancez sur le chemin est la vie est la présence de coïncidences et de synchronicités. Tel est le message de cette clef numéro 2.

Cette clef dispose d'une boussole interne permettant à tous les animaux de s'orienter grâce à l'activité de différents éléments atomiques comme le fer. Chez l'être humain, elle génère en plus un champ quantique qui unifie la conscience et la matière et vous permet se sentir intuitivement ce que la vie veut faire de vous. Ce second superpouvoir correspond à l'expérience de l'illumination et de l'éveil à la Source de toute Vie, à l'éternel féminin ; et l'Eternel Féminin est au-delà de toute compréhension et de la raison et de toute logique. Il décroit la nature originelle de la conscience qui génère la vie avec fluidité. D'autres lois s'appliquent alors et par exemple, ici, 1+1=3 car quand un homme et une femme se rencontrent, il y a la relation. Quand vous êtes à la maison, vous savez que vous êtes chez vous. Toute recherche alors prend fin. Vous vous souvenez. La vie ça sert à vivre. La vie c'est l'amour. La vie porte en elle une histoire qui veut se vivre à travers vous. C'est ca l'évolution, vivre votre histoire. C'est votre voyage, votre odyssée. On finit tous par retourner à la maison et cet état d'être à la maison est une fréquence vibratoire qui vibre depuis notre ADN.

Quand le corps meurt cet état prend fin mais la conscience demeure et cette conscience est légère, délicate, féminine. Nous sommes comme les arbres. Un arbre semble mourir chaque année à l'automne mais il renait au printemps et certains vivent des milliers d'années. Cela aide à comprendre ce qu'est l'unité, entre ce qui est éternellement et ce qui change en permanence. L'unité ne peut pas être comprise. Elle est notre essence, notre demeure, notre maison, notre foyer.

Tous ces mots amènent à cette expérience d'éveil à la réalité, où il y a tout, tout simplement. C'est notre état naturel, notre innocence originelle. Toute vie amène là. Chez l'être humain, cela correspond à une fréquence vibratoire qui existe à l'intérieur du corps, dans chaque cellule du corps, dans l'ADN. Ce superpouvoir de l'unité à besoin du corps et célèbre le corps. Les deux premiers nombres décrivent tous les deux la Source de toute Vie dans son expression masculine et féminine mais en réalité, ils sont tellement imbriqués l'un dans l'autre qu'il est difficile de les distinguer. Les traditions de la Chine et de l'inde ancienne l'avaient très bien compris. Le symbole chinois du Tao illustre cela et en Inde, ils décrivent la source non pas comme l'unité mais le « pas deux ». Il n'y a plus deux choses ni de séparation mais une chose qui s'exprime tantôt de façon masculine et tantôt de façon féminine. C'est le l'éternel et le changeant, la conscience et la forme, l'énergie et la matière, la structure et la beauté, la vie et l'amour. Ils dansent ensemble en permanence.

C'est cependant par le féminin que l'on accède à la Source, qu'on perçoit la Source et toute Femme est un symbole vivant de la Source, un symbole sacré qui doit être reconnu comme tel. Le féminin est un mystère et il contient en elle le masculin, qui nait à partir d'elle. Le sexe féminin est un symbole de la Source de toute Vie car c'est de là d'où arrive la vie et c'est pour cela que les humains mettent tant d'émotions dans cette partie du corps car il fait echo au désir de retourner à la Source.

De façon pratique, cette clef génétique et les autres également vous montrent que la vie ne fait pas d'erreurs et que vous ne pouvez pas faire d'erreurs. Elles nous invitent à acceuillir l'univers en vous dans votre vie quotidienne et à le vibrer dans la matière.

Elles vous invitent à la détente, à avoir confiance en tout, en la peur, en l'amour, en la sexualité, en vos besoins, en la joie, en l'ennui, en la tristesse, en le monde parfois corrompu et chaotique et en chaque ombre car elle contient un cadeau, un don et des capacités. Elles vous invitent à être confiance en la vie et à vous souvenir de cette sensation de confiance, de foi en la vie qui vous apporte tout ce dont vous avez besoin et qui vous guide intuitivement pour tenter des choses. Sachez que vous ne pouvez pas vous perdre et que vous ne pouvez pas vous tromper parce que vous êtes la vie. L'unique façon d'accéder à cette état d'unité est de vous dissoudre dans la vie, de vous rendre à la vie, comme l'eau, en laissant vos frontières et vos attachements se dissoudre dans la vie, en vous laissant glisser et fondre dans votre vie et en devenant un avec elle, avec ce rêve qu'est la vie chaque jour et qua la vie créé chaque jour. Vous devenez alors la fluidité de la vie qui suit son chemin vers elle-même.

Chapitre 3 : Le nombre 3

A-Son nom, son graphisme et sa symbolique : Le nom du nombre trois commence dans une majorité de langues par les lettres T et R. Le graphisme du nombre 3, en japonais et en chinois, consiste en trois petites lignes horizontales superposées l'une au dessus de l'autre. Le nombre 3 témoigne ainsi d'une compréhension de la réalité telle qu'elle existe et suggère qu'il y a trois « quelque chose », par exemple trois étages, trois énergies principales, trois étapes principale.

Au niveau de la structure d'un être humain, il y a le corps spirituel, c'est-à-dire la conscience reliée à la Source de toute Vie, l'âme qui gravite autour sous la forme d'un ensemble de forces ou qualités et le corps physique et les facultés permettant d'exister dans la matière. Là où le 1 symbolise la Source de toute Vie qui s'exprime et l'univers dans laquelle elle s'exprime et le deux la vie qui en découle avec ses nombres et ses cycles, le 3 symbolise le mouvement de la vie et tout mouvement a un début, un milieu et une fin ou une transformation.

Le 1 symbolise le moi conscient, le 2 l'autre ou le moi inconscient et le 3 la relation entre moi et l'autre, entre le conscient et l'inconscient. Le 1 symbolise l'unité, le 2 la dualité et le 3 la multiplicité. Le temps lui-même est structuré par un passé, un présent et un futur. On existait avant de s'incarner sur Terre, on s'incarne sur Terre pendant un temps plus ou moins long puis on existe à nouveau dans l'au-delà après la mort du corps physique. L'Homme existe à la surface entre le ciel au dessus et l'intraterre en dessous. Dans le ciel, il y a la galaxie, le système solaire et la planète Terre. Cette compréhension de la trinité inhérente à la vie permet une adaptation. Le 3 est le résultat de l'union du 1 et du 2 et l'harmonie parfaite.

Au niveau graphique, le nombre 3 représente ainsi les trois dimensions principales de l'expression de la vie, les trois dimensions de la réalité qui sont reliées par une ligne verticale qui représente, elle, l'évolution de la conscience dans ces trois plans. Toujours au niveau graphique, le nombre 3 permet de dessiner un triangle grâce à 3 points. Il est également symbolisé par la croix solaire, c'est-à-dire une croix dans un cercle, où l'âme et l'intelligence, le temps et l'espace, sont réunifiés dans le corps.

Au niveau du langage des runes, la lettre T représente le ciel et le fait de suivre les lois du ciel tandis que R représente le voyage du corps et de la conscience, un autre mot pour voyage de la conscience étant un enseignement. Le nombre 3 et ses multiples correspondent à la note Sol, qui symbolise la communication et l'expansion dans l'espace. Le 3 permet ainsi d'apprendre et de comprendre la structure fondamentale de la réalité. Il correspond à une énergie mentale d'intelligence en mouvement de nature masculine, qui caractérise la troisième dimension, la dimension de la matière.

B-Selon trois traditions anciennes :

1-La tradition germanique des Runes. 3 = l'épine, la Femme.

La Rune 3 se nomme Thorn prononcée à l'anglaise.

Son numéro : Troisième rune du Futhark, elle symbolise l'union et la synthèse du 1 et du 2, de deux forces complémentaires comme par exemple le masculin et le féminin, la volonté et la foi, l'homme et l'animal, l'âme et la matière. Elle est donc une nouvelle unité, une nouvelle structure, une nouvelle intention et un moyen de créer une forme nouvelle à partir de deux éléments différents mais complémentaires.

Résumé et essence de la rune : Je suis la puissance organisatrice et l'intelligence en mouvement ; forces qui sont capable de vaincre le chaos, les obstacles et toute force hostile, de protéger ce qui doit l'être, de créer des formes nouvelles dans la matière, de faire naître des événements et d'être adapté instinctivement là où je suis en trouvant les solutions qui fonctionnent.

L'aspect sombre de la rune : Il est symbolisé par la disharmonie, les mensonges, le conflit, la violence, la perversité et la misère qui est générée quand l'énergie instinctive sexuelle et l'intelligence s'exprime de façon stupides et sauvage, quand elles ne sont pas reliées au cœur et canalisées. **Son phonème :** Cette rune est associée au son th comme les mots anglais thorn, think ou thank you. Il ressemble un peu au son de.

Mots clefs : Pulsion en mouvement, force dirigée par une intention, puissance organisatrice, intelligence instinctive en mouvement qui lutte pour prendre forme, utilisation intense d'une arme, de l'intelligence ou de l'énergie sexuelle pour créer un événement, maîtrise intelligente de l'énergie, protection, changement, surmonter une difficulté, adaptation.

2- La tradition du Tarot Italien. Le résumé/l'essence de l'arcane. 3 = l'impératrice.

Je suis la synthèse de la conscience créatrice et de la fécondité silencieuse, de la volonté divine et de la volonté humaine. Je suis la vie, la mère nature et l'éternel féminin en action dans la joie afin de prendre soin de la vie avec efficacité. Synchronisant mes pensées, mes paroles et mes actions, je combine prise de conscience, ingéniosité, intelligence relationnelle, autorité, organisation, sens de la forme et élégance pour organiser mon environnement afin de m'adapter. Je produis les idées et les formes qui se matérialisent, s'assemblent et se structurent ensuite, devenant des actions dans l'Empereur. Je permets la circulation de l'information, la communication, la compréhension, le mouvement, de nouvelles rencontres, les échanges commerciaux, l'émergence d'une solution et l'adaptation dans la joie. Je gère efficacement la situation.

3-La tradition du Yi-King Chinois. 3 = Les débuts difficiles. La difficulté initiale.

Résumé du nombre : Une nouvelle situation, intense et désordonnée, lutte pour prendre forme et pour cheminer vers un ordre nouveau, grâce aux efforts appropriés et à une organisation du chaos initial. Utilisez votre intelligence pour surmonter un début difficile, trouver des solutions et vous adapter.

Explication technique : Le masculin et le féminin se rencontrent, pour la première fois, afin d'engendrer la vie. Grâce à l'effort initial et au mouvement, ils génèrent la naissance de quelque chose de nouveau où tout doit être coordonné et organisé. Les premiers pas nécessitent toujours un effort particulier. C'est pourquoi après « L'Eternel Féminin » vient « Les débuts difficiles ». Cette naissance, ce renouvellement de la vie, est représentée ici par une jeune plante. Elle jaillit de la terre depuis sa racine. Elle rencontre un obstacle qu'elle doit reconnaitre puis surmonter, en s'adaptant au terrain avec souplesse et intelligence.

      Kan, l'eau, demande d'avancer avec fluidité et ténacité, de gérer les émotions et toute angoisse, d'avoir conscience des risques et des dangers et de suivre le chemin de moindre résistance avec authenticité. Ken, la montagne, demande d'organiser avec un plan dans la durée, de fournir des efforts, d'écouter le silence, d'avancer avec calme et sagesse, d'être persévérant et ordonné, de faire preuve d'honnêteté et de maîtrise de soi, d'accomplir ses devoirs avec responsabilité et de cheminer vers sa vérité profonde. Kouen, la terre, demande de se nourrir et se ressourcer, de générer du bien-être au juste rythme, de concrétiser dans des formes matérielles, d'être réceptif, naturel, dévoué, humble, malléable et plein de compassion et de se laisser porter par la vie. **Tchen**, le tonnerre, demande de se mettre en mouvement, de gérer des projets, de trouver des solutions, de s'adapter à l'imprévu, d'exprimer sa spécificité librement, de progresser et d'aboutir à une renaissance. Tchen, le tonnerre, va vers le haut et rencontre Kan, la pluie, qui va vers le bas. Cela évoque l'image de la tempête, du chaos primordial d'où nait la vie qui lutte pour prendre forme, mais aussi le vacarme turbulent du mental. Cette étape chaotique, intense et indispensable, ne dure que le temps nécessaire de la croissance. La situation évolue ensuite à son rythme vers l'hexagramme 50, l'ordre cosmique, par l'apprentissage des lois et principes qui sous-tendent toute vie. De même, dans la vie humaine, les situations bien organisées sont au départ précédées d'une période chaotique. De la confusion et de la vie qui jailli finit par naitre un ordre nouveau.

Interprétation classique : La vie est ici en plein renouvellement. Une nouvelle situation est en train de naître. Un nouveau projet démarre dans une intense activité, dans un débordement de créativité, dans un certain désordre et une certaine confusion, parce qu'il y a une large part d'inconnu, de nombreuses résistances et des difficultés à surmonter. L'environnement est chaotique et de nombreux détails doivent être réglés. Vous ignorez quels sont les risques présents et sur quoi débouchera la situation. Tout est possible car la situation est riche de potentialités qui cherchent à prendre forme. Il y a beaucoup à faire car la vie veut avancer mais des difficultés surviennent. Vous cherchez à vous tirer d'affaires. La passion, l'impatience et l'enthousiasme peuvent alors alterner avec le découragement, de la douleur et de l'abattement. La situation évolue lentement au début mais elle finira par s'améliorer. La capacité à être réaliste, à reconnaître les difficultés, à bien calculer les risques, à prendre les choses en main avec discernement, à effectuer des choix justes au juste rythme, à modérer votre élan et à prendre la bonne direction est essentielle pour préserver l'espoir.

Toute action précipitée ou prématurée peut aboutir à l'échec. Il est sage d'apprendre avant d'entreprendre. Il est indispensable de garder votre objectif en ligne de mire, de rester fidèle à vos valeurs, d'être ferme dans la difficulté, de consolider vos fondations, de vous concentrer sur l'essentiel et donc de hiérarchiser les priorités, de trier les différents éléments avant de les rassembler, de planifier des étapes, de faire preuve de rigueur et de surmonter chaque obstacle quand il se présente. Seule une action progressive et organisée donnera des résultats. La situation étant nouvelle, il est judicieux d'abandonner les idées anciennes, mais aussi de recruter des assistants compétents ou des personnes plus expérimentées, pour aider à donner corps au projet, tout en étant présent pour veiller à l'évolution de la situation.

Ainsi, en agissant de façon juste, en comprenant les exigences de la situation et en vous adaptant à la Nécessité, vous pouvez juguler la tempête et organiser petit à petit un nouvel ordre. En vous ou dans vos relations, il peut y avoir un certain désordre, une crise d'identité et de la confusion, car des éléments nouveaux et inconnus cherchent à s'exprimer. Acceptez la situation sans la combattre. Sentez-vous libre de solliciter des conseils et de l'aide. Observez comment ces éléments s'expriment chez d'autres personnes afin de prendre du recul mais restez centré(e) sur vos valeurs et gardez votre intégrité. Faire preuve de persévérance, d'endurance et de sagesse dans cette phase de croissance difficile amène un succès gratifiant et une sublime réussite.

C-Selon trois traditions modernes

1-Le Diamant de Naissance. 3 = la mère, la Femme.

Symbolique : Le Lithium. Le triangle. Le corps spirituel, l'âme et le corps physique. L'air et l'intelligence du mouvement. Le mouvement à trois temps (passé, présent, futur), la difficulté d'adaptation, l'adaptation, la communication, l'expression de soi dans l'environnement, la jeunesse. Mercure, Vénus avec un peu de Soleil, de Mars et de Jupiter. L'Impératrice. La Mère. La belle Femme, les frères et sœurs, le voisinage. La naissance d'un enfant ou de nouvelles idées. Une transaction commerciale. La mise en forme. Il peut par exemple être obtenu et réduit à partir du 30, du 21 et du 12. **L'expression heureuse et intelligente du moi.**

Les besoins et capacités qui demandent à être exprimées :
-Besoin d'être écouté(e)/entendu(e)/compris(e), de communiquer, d'informer et de vous exprimer, avec autorité, intelligence, élégance et cohérence
- Besoin de synchroniser vos ressentis, vos pensées, vos paroles et vos actions
-Besoin d'apprendre, de comprendre, de vous organiser efficacement, de tout coordonner, de maîtriser tous les paramètres de votre environnement, d'être une super maman ou une super assistante (de direction) qui gère tout.
-Besoin d'être légitime, de mettre en forme, d'exprimer une certaine créativité, de faire du commerce ou de la communication, de générer de l'argent, de travailler avec des femmes.
-Besoin d'être en mouvement, de vous adapter et d'être adapté intelligemment
- Besoin de plaisir et de joie, besoin de changement et de variété, de confort matériel.

Déséquilibre en excès : Instabilité, dispersion, confusion mentale, tendance à mentir et à vivre dans la fiction, légèreté, superficialité, arrogance et absence de sens, sans gêne. Suradaptation. Agitation permanente. Tendance à trop réfléchir. Besoin de tout contrôler. Stress, risque de burnout car court dans tous les sens et s'occupe de trop de monde/de trop de choses.

Déséquilibre en manque : Sentiment de ne pas être écouté(e) et entendu(e). Manque de confiance en son intelligence. Impression d'être bête. Difficulté à apprendre, à comprendre, à faire des études, à s'exprimer, à communiquer, à se mettre en mouvement et à s'adapter. Problématique avec le féminin ou avec la mère. Solitude intérieure. Rejet du féminin.

Mémoires karmiques : Mémoires de vie dans un lieu avec beaucoup de monde, de commerçante, de princesse ou d'aristocrate. Ce qui a été dit ou pas dit a eu des conséquences importantes. La langue a pu être coupée ou la parole réduite au silence. Vie agitée, avec beaucoup de mouvement. La relation à la mère et les relations aux femmes ont pu être une préoccupation importante. L'expression de soi, le développement d'une bonne communication, d'une parole impeccable et de l'honnêteté et le respect sont essentiels.

2-Le Design Humain. 3 = La porte de l'organisation, de la création d'ordre :

Explication technique : Circuit de la connaissance. Centre sacré. La porte 3 est liée à la porte 60, les limitations. Sa maîtrise permet la capacité d'être synthétique. Son thème principal est l'adaptation qui peut passer par l'innovation. Cet hexagramme apporte l'énergie pour générer du changement à partir du ventre, du central sacral, en créant des formes nouvelles. Il est fertile et très propice à la reproduction. La création d'une nouvelle entité humaine peut être l'une des possibilités pour générer du changement. L'autre façon de générer du changement, qui s'effectue à travers les contacts, est simplement l'expression de soi dans la forme, en utilisant des savoirs, des savoirs-faire et des savoirs-être. On a ici l'énergie et l'intelligence pour faire ce qu'il y a à faire afin de s'adapter mais au départ, quand une activité démarre et prend une direction, le cheminement et l'aboutissement ne sont pas forcément clairement définis et il peut régner une certaine confusion de part une forte présence du mental. D'après Ra, cette porte détermine quel matériel génétique nous héritons de nos parents.

Proposition d'interprétation : Vous avez l'art de planter des graines pour favoriser les nouveaux départs et les recommencements et pour gérer intelligemment les épreuves ou les difficultés qu'ils impliquent. Vous avez conscience qu'à chaque fois qu'une chose nouvelle est introduite, elle peut rencontrer de la résistance et des difficultés. Un impératif fondamental est donc de vous organiser, d'élaborer de nouveaux plans, de préparer l'infrastructure et vous assurer que tout est prêt pour la transition que vous cherchez à faire avancer. Vous savez que la préparation est presque aussi importante que l'exécution et que toute chose ne peut se développer que sur des bases solides, que ce soit sur le plan personnel ou professionnel. Votre défi est d'attendre le feu vert de votre autorité quand tout est prêt, de trouver les moyens d'apporter du changement d'une manière qui soit acceptée et assimilée par vous-même et par les autres et de faire preuve de la patience nécessaire pour que vos plans se développent et s'épanouissent. Vous devez aussi apprendre à apprécier que les projets issus du début évoluent spontanément et en leur temps et qu'il est donc inutile d'exercer une pression et de faire les cent pas en attendant que les choses se fassent. Soyez également conscient(e) que les nouveaux départs ne peuvent prospérer qu'une fois que les anciennes déceptions, les échecs et les rancœurs ont été honnêtement traitées, c'est-à-dire comprises, acceptées, pardonnées et déchargées de toute émotion toxique, donc qu'une fois que le passé a été laissé de côté. Si vous respectez toutes les exigences du processus naturel de développement, vous serez étonné de l'épanouissement que vous pouvez ressentir à organiser la vie. Les projets peuvent être lancés ou relancés avec une nouvelle énergie. Les relations peuvent sembler toutes neuves et source de joie.

3-Les Clef Génétiques. Clef 3 = à travers les yeux d'une femme/d'un enfant.

Son dilemme où il doit faire des choix : L'agrippement et la résistance. **Signes astraux :** Bélier/Taureau. **Son partenaire de programmation :** Clef 50, le Chaudron. **Corps :** Nombril.
Son anneau de codon : L'anneau de la vie et de la mort. **Acide aminé :** Leucine
Son chemin de transformation : Le chemin de l'adaptation innovante, de l'innovation.

L'ombre de cette porte : Le chaos. La fiction du mental.

Le changement fait parti de la vie et la vie se transforme tout le temps. Le changement et l'impermanence sont des constantes dans l'univers. Cette clef génétique traite de la capacité à initier le changement et à permettre au changement de se produire, dans votre corps, dans votre tête, dans vos croyances, dans votre cœur, au sein de votre âme, dans votre éveil spirituel et dans votre vie. Le Yi-King a été nommé le livre des changements ou des transformations et l'hexagramme 3 les débuts difficiles ou les difficultés initiales d'adaptation au changement. On est ici au début du chemin des 64 hexagrammes.

Ces difficultés initiales sont dues à la tendance à s'agripper au passé et aux structures existantes qui sont constitués de points d'ancrages, d'éléments d'ancrage ; votre nom, votre corps, vos croyances, votre lieu de vie, votre activité, vos relations et vos enfants si vous en avez. Il y a une forme d'addiction à tout cela. Tout cela génère une illusion de sécurité mais la mort finit toujours par arriver au bout du chemin terrestre et par faire disparaitre tout cela. Les difficultés d'adaptation sont également dues à la tendance à résister au changement et à la vie à travers différentes stratégies. Elles sont enfin dues à une tendance à fuir et éviter l'amour. Comment aimer et s'engager sans s'agripper, c'est là tout le dilemme de cette clef.

Ces tendances à l'agrippement et à la résistance interfèrent avec le changement et cela est du au fait que l'amour est encore associé à des peurs. Il est incomplet, conditionnel, imprégné de peurs, manipulé par l'ego et c'est cela qui créé l'ombre de cette clef, le chaos. A l'origine, le mot chaos ne voulait pas dire désordre mais espace originel primordial. Le chaos est toujours déjà là, caché dans l'inconscient et on s'en aperçoit très rapidement dès que quelque chose menace d'enlever, de faire disparaitre l'un de nos éléments d'ancrage.

Il se manifeste comme de la confusion, une difficulté à prioriser les actions à entreprendre, de l'inconfort, un sentiment d'insécurité, de la nervosité, de l'angoisse et des peurs plus ou moins profondes. Il s'agit de voir cela clairement et de permettre à l'amour inconditionnel de dissoudre tous ces points d'ancrage. Il s'agit avec courage d'accepter l'amour donc d'arrêter de le fuir, d'arrêter de fuir dans des distractions, de se raconter des histoires, des fictions et de placer comme premier objectif de vie le fait de permettre à plus d'amour d'exister dans votre vie. Une fois cette difficulté initiale surmontée, la vie devient beaucoup plus facile et agréable. On pose ses priorités, ses limites et on utilise alors le chaos pour créer du changement. Elle débouche sur une sensation d'espace, de joie, de créativité, d'innovation et de liberté de mouvement.

Son cadeau : Les dons et capacités de cette porte : L'adaptation innovante.

Pour pouvoir survivre, vivre et avancer, il est nécessaire de vous adapter intelligemment au changement et d'innover, en faisant preuve de créativité et en étant en mouvement. Cela implique d'exprimer votre intelligence et votre pouvoir personnel. Toute la vie et la nature respire, bouge, vibre, s'adapte et est en mouvement rythmique et bien souvent, ce mouvement est un mouvement tournant, un mouvement de rotation, un spin.

On dit que la nature a horreur du vide et la vie sait toujours s'adapter pour remplir le vide apparent parce qu'elle expérimente, teste, échoue puis finit par réussir. Elle le fait à travers la coordination et la coopération et elle finit toujours par trouver son chemin. Si on considère les innovations, il y a eu de nombreuses expériences et de nombreux échecs avant qu'il y ait une réussite et c'est cette phase d'expérimentation qui est chaotique. Il est donc nécessaire d'accepter le chaos et de s'y investir. Les enfants et votre enfant intérieur sont les meilleurs maîtres en la matière car les enfants ont une capacité naturelle à plonger dans le chaos à travers le jeu, l'expérimentation et en s'inventant des histoires dans lesquelles ils s'investissent.

L'innovation consiste souvent à prendre comme point de départ un repère et à y ajouter des éléments nouveaux parce qu'une nouvelle idée ou impulsion émerge. C'est alors uniquement le mental qui juge et décrète que c'est une erreur alors que c'est juste un changement, une expérience. Derrière les expériences de vie, il y a un ordre caché et les lois d'évolution, représentées par l'hexagramme 50. La vie a un but, celui de manifester son existence et l'univers est sans arrêt en train d'évoluer et d'involuer, respirant comme un organisme vivant.

Ainsi, rien ne se fait au hasard. L'objectif d'une graine est par exemple de devenir une fleur ou un arbre, selon sa programmation. L'objectif d'un être humain est de triompher sur la mort et d'accéder à sa perfection, à son immortalité. Cela ne peut s'effectuer qu'en agissant avec coordination et de façon harmonieuse, en harmonie avec les lois de l'évolution. La vie ne s'arrête jamais. L'un des secrets de l'innovation est la cohérence et il est nécessaire de créer un ilot de cohérence au sein du chaos de la vie pour avancer. L'une des façon de créer cette cohérence est de vous relier à votre idéal qui vous donne le cap, à un idéal de vie tenté d'amour et qui génère de la joie et du bien-être du fait qu'il est au service de la vie puis de le traduire en objectifs, organisation/stratégie, actions et réussites et enfin de permettre à votre vie de se dérouler au juste rythme tout en restant dans l'instant présent.

Ce superpouvoir nait de l'excitation/joie de l'enfant intérieur à jouer et créer pour remplir un vide en découvrant et en explorant un nouveau jouet, un nouvel outil, un nouveau lieu, une nouvelle relation, une nouvelle activité, une nouvelle expérience ou une nouvelle étape de vie. Dans son « Livre du Bonheur », Bô Yin Râ évoque, lorsqu'il parle du secret du bonheur, un enfant en train de créer un château de sable sur une plage puis à battre joyeusement des mains une fois sa création achevée. Il explique ensuite que l'état de bonheur est la joie qu'un créateur/créatrice tire de sa création. L'enfant créé et innove parce qu'il a l'esprit ouvert et le cœur ouvert et parce que les deux sont connectés, parce qu'il n'a ni lois, ni barrières ni travail à faire ; il a juste à s'amuser et il a confiance en la vie car il est la vie. Chez un être humain, créer sa forme parfaite en harmonie/union avec la Source de toute vie est ce qui génère le bonheur suprême. La Source de toute vie existe dans un état permanant d'orgasme, d'enchantement, d'extase et de bonheur à créer la vie et c'est cela qu'on apelle l'innocence, c'est l'envie de créer dans la joie et l'amour. La vie et la conscience sont innocentes. Elles jouent, expérimentent et créént. L'être humain, qui est une création de la vie, est lui aussi innocent, sauf quand il a peur, cesse d'avoir confiance en la vie génère alors du chaos.

Il existe une innocence inconsciente et ignorante comme celle chez le nouveau né qui manifeste son existence et une innocence sage qui agit en conscience et que l'on retrouve souvent chez les personnes âgées/sages et la seule différence entre les deux est la conscience et notament la conscience de l'amour car la véritable sagesse dépend de l'amour.

Et entre l'enfance et la vieillesse, il y a la pièce de théâtre, le jeu de la vie, le film de la vie qui se déroule et qui sur Terre est souvent dramatique. La conscience innocente que tout cela n'est qu'un jeu permet de prendre de la distance, d'accepter sa propre mort, de voir que la conscience ne meurt jamais et que la vie existe toujours et pour toujours et de profiter du mystère de la vie sur Terre pendant qu'elle est là, avec joie et innocence.

Chapitre 4 : Le nombre 4

A-Son nom, son graphisme et sa symbolique :

D'où viens le nom quatre et pourquoi utilise-t-on ce graphisme 4 pour illustrer ce nombre. Je trouve l'explication du chercheur anglais Hugh Grant tout à fait plausible. Il dit que le nombre 4 fait référence aux 4 gardiens, aux 4 étoiles qui paraissent fixes, qui sont réparties uniformément le long de l'écliptique et qui encadrent le mouvement apparent annuel du Soleil autour de la Terre. Ces étoiles sont Regulus dans la constellation du Lion, Antarès dans la constellation du Scorpion, Formalhaut dans la constellation du Verseau et Aldebaran dans la constellation du Taureau. On peut les rejoindre par une croix qui passe par le centre de la Terre, d'où le symbole de la Terre qui est représentée par une croix dans un cercle. La ligne rejoignant le point gauche de la croix (Antarès) au sommet de la croix représente la direction du mouvement visible de l'étoile dans le ciel nocturne.

On peut trouver un élément de réponse par rapport à son nom dans le langage des runes quand on a interprété le graphisme comme précédemment. Si on l'écrit katr, « k » signifie des liens, un couple ou un petit groupe ayant des liens mais aussi une torche ou une flamme et « a » signifie un territoire à garder, ce qui encadre et la puissance divine qui se manifeste. La lettre « t » est le dieu du ciel qu'il faut suivre et « r » un voyage du corps et de la conscience, un système d'information organisé ou un espace organisé dans lequel on se déploie. « <u>Katr » peut ainsi s'interpréter par le groupe de torches ou étoiles qui encadrent le ciel dans l'espace.</u> Le graphisme du 4 et l'origine du nom date sans doute de la fin de l'époque diluvienne, vers 9600 ans avant Jésus-Christ. La figure du 4 est renforcée par l'étoile polaire qui était dans l'axe du sommet de la croix il y a environs 11 000 ans. Au niveau graphique, le nombre 4 permet de dessiner une figure à 4 angles comme un carré ou un rectangle.

<u>Le nombre 4</u> est associé <u>aux structures de la vie</u> : aux 4 éléments matériels (Feu, Terre, Air et Eau), aux 4 saisons, aux 4 directions, au moteur à 4 temps, aux 4 piliers de l'ego (avoirs ou possessions matérielles, savoirs ou possession d'information, vouloir personnel et pouvoir) et aux 4 piliers du développement spirituel ou conditions de Dieu (Joie, amour/conscience, action/efforts et service à l'univers).

1-La tradition germanique des Runes. 4 = la puissance divine manifestée.

La Rune 4 se nomme Ase prononcé Aze.

Son numéro : Quatrième rune du Futhark, elle symbolise l'association de la vie instinctive et intelligente en mouvement ou de l'intelligence en action (le 3) avec la création organisée grâce à l'usage magique de la parole (le 1). Cette association a pour objectif l'organisation et la gestion de la matière où chaque être et chaque chose sont à leur place. Le 4 symbolise l'union du ciel et de la terre, du divin et de l'humain, des deux pôles de l'axe vertical avec les deux pôles de l'axe horizontal.

Résumé et essence de la rune : Je suis d'une part la structure, l'espace, capable de recevoir la conscience, la puissance et l'inspiration divine afin que celles-ci s'ancrent dans la matière depuis « La Source de toute Vie ». Je suis ensuite la puissance structurante elle-même qui dirige le monde grâce à l'autorité et à la parole, à la connaissance et à l'action magique organisée. Ce qui paraissait impossible devient possible et se concrétise grâce à une concentration extrême de l'attention dirigée par une volonté déterminée. J'incarne le verbe et l'expression du pouvoir par la parole efficace et par la transmission de ce « pouvoir sur la matière ». Je symbolise enfin la puissance de vie transmise de génération en génération à travers les gênes et l'expression de cette puissance de vie à travers un rôle au sein d'un espace structuré comme par exemple celui de la cellule familiale.

L'aspect sombre de la rune : Il est surtout symbolisé par une puissance furieuse mal contrôlée, par la colère à cause d'éléments du passé qui n'ont pas été acceptés, par une obstination synonyme d'ensorcellement, par l'abus de pouvoir ou par une impossibilité à prendre sa place parce que l'on n'exprime pas son pouvoir, par la fourberie, par une personne qui veut régenter les choses à votre place ou par un mauvais usage de la parole (mensonges ou mauvais conseils). Une organisation fluide est à rétablir.

Son phonème : Cette rune est associée au son a comme dans le mot patte ou dans le mot anglais hat.

Mots clés : L'utilisation de la voix et du pouvoir personnel pour maîtriser une situation, l'expression puissante de l'autorité par des paroles officielles (demandes, prières, négociations, conseils avisés), l'inspiration divine, l'accord des dieux, écoute et communication, l'intelligence stratégique, la structure et aptitude à structurer, l'ancrage, la concrétisation des inspirations, prendre sa place dans une structure, la parole incarnée, l'ancrage des idées, l'organisation de la vie et la création d'événements dans la matière.

2-La tradition du Tarot Italien. Le résumé et l'essence de l'arcane : 4 = l'Empereur.

D'un certain point de vue, je lie ma volonté personnelle à la Volonté divine. Je renonce à ma volonté personnelle au profit de la Volonté divine et des besoins de la collectivité. J'exprime alors le pouvoir, l'autorité et la puissance sans m'approprier cette puissance.

J'associe présence, engagement, puissance, légitimité, silence, accès à la connaissance, objectifs, expression de la parole et action concrète, tout cela étant organisé efficacement, en accord avec la volonté divine pour gérer la matière. Ma volonté, ma puissance de travail, mes capacités d'organisation et mon autorité me permettent alors de prendre ma place, de structurer, de diriger et de m'imposer.

Elles me permettent de construire ma vie et d'apporter ordre et stabilité. Régisseur légitime de l'ordre du monde matériel, je définis les règles, je décide, je gouverne, je maîtrise et je règne dans mon monde avec efficacité, bon sens et pragmatisme. Je maîtrise les situations, génère de la prospérité et bâtis mon empire avec rigueur, discipline et détermination, au nom de la « Source » ou du « Dieu » que je sers, ou je participe à l'empire de quelqu'un d'autre. Je suis responsable et gère les responsabilités que la vie me confie.

3-La tradition du Yi-King Chinois. 4 = L'inexpérience de la jeunesse. L'apprentissage.

Résumé du nombre : L'apprentissage de la jeunesse : situation du maître qui exprime son autorité et prends sa place, qui éduque et structure en mettant de l'ordre dans le chaos ou du débutant qui effectue un apprentissage et intègre un enseignement afin d'acquérir des compétences et plus de maturité.

Explication technique :

Après la naissance vient la jeunesse où le développement doit être structuré. Les difficultés initiales ont été surmontées et la croissance se poursuit mais il règne encore une certaine obscurité. Une situation nouvelle, nécessitant, une formation, un enseignement, une éducation survient. Dans tout apprentissage comme dans toute évolution de la personnalité, il y a un enseignant expérimenté et un élève, un maître et un disciple.

Pour qu'un enseignement porte ces fruits, l'élève doit être curieux, ouvert d'esprit, conscient de son manque d'expérience, être motivé pour apprendre, éviter les questions nées d'un manque de réflexion, du doute ou de la méfiance, adopter un comportement juste, assimiler avec persévérance, combler ses lacunes progressivement et rechercher lui-même l'enseignant et non l'inverse. L'enseignant doit lui apporter des réponses claires et précises qui dissipent le doute et permettent des prises de décisions. Ken, la montagne, demande de structurer, de fournir des efforts, de cultiver le silence intérieur, le calme et la sagesse, d'être ferme et ordonné, de s'organiser dans la durée, de faire preuve d'honnêteté et de maîtrise de soi, d'accomplir ses devoirs et de cheminer vers sa vérité profonde.

Kouen, la terre, demande de se nourrir, se ressourcer et de générer du bien-être au juste rythme, d'être réceptif, naturel, dévoué, humble, malléable et plein de compassion. Tchen, le tonnerre, demande de se mettre en mouvement, de gérer des projets, de trouver des solutions, de s'adapter à l'imprévu, d'exprimer sa spécificité librement, de progresser et d'aboutir à une renaissance. **Kan**, l'eau, demande d'avancer avec fluidité, de gérer ses émotions et toute angoisse, d'avoir conscience des risques et des dangers et de suivre le chemin de moindre résistance. Ken, la montagne et Kan, l'eau et le danger, symbolisent ici une falaise dangereuse, une personne qui s'arrête à son bord, perplexe et la source qui jailli de la montagne, cherchant son chemin sans savoir où elle va.

Comme sa nature est profonde, réceptive, souple et toujours en mouvement, elle parvient à surmonter les obstacles et à progresser, ouvrant des voies nouvelles, d'où son succès et sa réussite. C'est l'innocence naïve qui jailli de la vérité, une énergie de « folie juvénile » qui demande à être canalisée dans la durée, la jeunesse débordant d'énergie, merveilleuse mais sans expérience et parfois maladroite, mais aussi l'immaturité, l'ignorance, la folie juvénile et l'intelligence terrestre, capable de gérer les affaires du monde mais qui n'a pas accès à l'éternité. C'est aussi l'autorité et l'expertise de l'enseignant sachant transmettre.

Grâce à l'enseignement approprié et à l'harmonie avec le Tao, l'obscurité fait place à la clarté et la croissance peut alors continuer. L'idéogramme ancien représente un jeune sanglier dans un buisson dense ou dans une cage de bambou.

Interprétation classique : Vous savez gérer bien des aspects de votre vie mais face à la situation inédite qui se présente actuellement, vous êtes un débutant qui ne sait pas comment s'y prendre. Vous êtes alors comme un « jeune fou ». Vous n'avez pas tous les éléments ou l'état d'esprit pour réussir.

La confusion que vous ressentez peut être due à la force vitale générée par vos hormones, à un manque de réflexion, de profondeur, d'expérience, de maturité, d'éducation ou à la présence excessive du mental. Vous avez besoin d'acquérir ou de mettre à jour des compétences, des qualifications ou une éducation, d'assimiler ce que vous avez appris avant de poser de nouvelles questions, d'utiliser l'information avec discernement, de faire preuve de profondeur et de travailler avec persévérance et régularité. Et vous avez besoin d'être guidé et conseillé par un enseignant expérimenté.

En recherchant l'enseignement approprié, en reconnaissant que vous avez des choses à découvrir, en affichant votre motivation et votre ouverture d'esprit et en acceptant d'apprendre, vous pouvez bénéficier de l'expérience de la personne qui vous guide, acquérir plus de clarté, vous développer et murir. Il n'y a pas de blâme à manquer d'expérience. Mais si vous n'écoutez pas, si vous faîtes des réflexions inappropriées, si vous demandez à l'enseignant de justifier ses réponses ou si vous posez deux où trois fois la même question, parce que la réponse donnée ne vous convient pas, l'enseignant, ou le Yi-King, vous signale avec bienveillance mais fermeté que votre démarche est inopportune, et il ne vous répond pas. Si la réponse donnée par le Yi-King ne vous parle pas, c'est que votre question était inappropriée ou «hors-sujet». Soyez plus clair dans votre question ou réfléchissez au problème profond qu'elle sous-tend. Un enseignant face à un élève pas sérieux, qui n'écoute pas ou qui est sans cesse en train d'argumenter, est conseillé de se consacrer à des activités plus productives. Un enseignement ne peut s'exercer dans la contrainte. Enfin, les exercices pratiques et la répétition favorisent la bonne intégration de l'enseignement. Le maître et le jeune fou existent aussi en vous. Ils vous apprennent à équilibrer la force de l'instinct ou l'impact des sens avec l'analyse et la raison. La fougue et la force vitale de la jeunesse, l'innocence, «l'esprit du débutant», la «chance du débutant» et la sagesse du maître, bien combinés, favorisent ici une belle réussite.

C-Selon trois traditions modernes

1-Le Diamant de Naissance. 4 = le père, l'Homme.

Symbolique : Le Béryllium. Le carré. L'organisation de la Terre. Les 4 éléments matériels, les 4 saisons, les 4 directions et le moteur à 4 temps. Le pouvoir du verbe incarné. La puissance qui créé de l'ordre et fixe des limites. La puissance organisatrice. La construction. Le maître et l'apprenti. La matière. Le travail. Bonne situation professionnelle. La santé. Pouvoir, incarnation, construction, stabilisation. Mars, Soleil, Jupiter et Saturne. Taureau, Lion, Scorpion et Verseau. L'Empereur. Le Père. L'Homme. La solidité. Une activité nécessitant un gros investissement en énergie. Une construction. Le dirigeant éclairé. Il peut par exemple être obtenu et réduit à partir du 31, du 22 et du 13. **Le travail du moi.**

Les besoins et capacités qui demandent à être exprimées :
-Besoin d'affirmer votre autorité et votre puissance avec confiance
-Besoin de prendre votre place et de jouer votre rôle économique, d'être responsable
-Besoin de vous enraciner, de consolider, de bâtir votre empire ou de participer à l'empire de quelqu'un d'autre, de travailler dur, d'être fiable, légitime et utile.
-Besoin de mettre de l'ordre, de construire, de structurer, d'organiser, de maîtriser une structure, de gérer la matière et de gérer/protéger un territoire, de sécuriser
-Besoin d'être logique et rationnel, de prendre en compte les règles et les lois, de faire appliquer la loi, de cadrer, d'ordonner, de diriger et d'exercer le pouvoir.

Déséquilibre en excès : Blessure lié à l'autorité. Orgueil, dirigisme, interventionnisme, domination, incapacité à reconnaitre les droits d'autrui, abus de pouvoir, tyrannie, despote, rigidité, routinier, entêtement, inertie, lenteur, blocages, trop de limites. Veut posséder le territoire d'autrui. Matérialisme et état misérable. Peur d'être dépossédé. Consacre trop d'énergie et de temps à l'activité extérieure et à la matière.

Déséquilibre en manque : Manque de repères et de structure du à l'absence du père. Manque de confiance en soi, d'autorité et de puissance. Sentiment d'impuissance. Difficulté à travailler, à prendre en compte tous les détails, à prendre sa place, à gérer son territoire, à accepter l'autorité, à construire sa vie, à bâtir son empire. Difficulté avec l'argent. Problématique avec le père ou avec un symbole d'autorité. Problématique de territoire.

Mémoires karmiques : Mémoire de vie dans un lieu avec beaucoup de monde, mémoire de bâtisseur, de prince, de dirigeant, de roi ou d'empereur. L'autorité et la vie professionnelle ont pu être contrariées. La relation au père et les relations aux hommes ont pu être une préoccupation importante. Le pouvoir exercé par les hommes a pu avoir des conséquences importantes, avec des restrictions imposées et des abus de pouvoir. La démarche de prendre sa place, de jouer son rôle économique dans le monde, d'exprimer son autorité et sa puissance de façon juste, de travailler en faisant de son mieux et de bien gérer sa santé et l'équilibre entre vie professionnelle et vie privée sont essentiels.

2-Le Design Humain. 4 = La porte de création des solutions mentales.

Explication technique : Circuit de la compréhension. Centre Ajna. Cette porte est liée à la porte 63, après l'accomplissement ou déjà accompli. Sa maîtrise permet une juste expression du pouvoir grâce à la compréhension structurée de l'information. Son thème principal est une capacité à apporter des réponses claires pour satisfaire des besoins individuels, familiaux ou collectifs. Afin de réduire une pression intérieure génératrice de méfiance et de doute, l'énergie de cette porte vise à poser un ordre nouveau à travers la formulation d'un commandement aboutissant à une action efficace ou une réponse qui soit la bonne réponse, basée sur une vision logique et définie d'un territoire, sur une observation concrète des faits et sur une analyse du réel apparent. Il y a le risque de croire, alors qu'on ne sait rien, qu'on a une réponse qui est capable d'anéantir le doute, qui est une réalité, un fait et qu'elle est capable d'incarner une solution, alors qu'elle n'est peut-être qu'une hypothèse, qu'une possibilité, qu'un potentiel, que la première étape d'une prise de conscience plus juste. **Proposition d'interprétation :** Un mental très actif, une conscience aigue du rôle que vous avez à jouer et de vos responsabilités ainsi qu'un besoin d'être utile vous incite naturellement à vouloir tout gérer et tout arranger, tout le temps, de toutes les façons possibles et par tous les moyens.

Vous avez besoin d'avoir quelque chose à organiser, à gérer ou à résoudre, que ce soit un projet, une difficulté au travail ou une crise dans la vie d'autrui. Rien ne vous rend plus heureux/heureuse que lorsqu'on vous donne un problème à résoudre. Les difficultés servent de carburant au mécanisme de résolution de problèmes générés par cette Porte 4, que ceux-ci soient réels ou supposés. Vous trouvez ainsi parfois des solutions à des problèmes inexistants.

Vous devenez facilement anxieux/anxieuse lorsque vous n'arrivez pas à comprendre quelque chose ou à trouver une solution. Vous ressentez une pression, une urgence et êtes parfois obsédé au sujet de la valeur de vos solutions ou quand il y a une absence de solutions.

Il est donc important pour vous d'apprendre à vous détendre et à relativiser ! Un esprit puissant et brillant peut être un don précieux mais aussi une malédiction quand il prend trop de place. Avoir réponse à tout n'est pas forcément un compliment. Parfois, les gens ne cherchent pas de solutions mais veulent juste se libérer la tête ou être écouté. Vous avez donc besoin de séparer le bon grain de l'ivraie et de vous concentrer sur les questions importantes. De quelles solutions avez-vous vraiment besoin ? Quel est le besoin réel ? En priorisant les choses et en faisant preuve de discernement, vous accédez à davantage de satisfactions et êtes capable de développer une réelle maîtrise de la vie dans la matière.

3-Les Clef Génétiques. Clef 4 = la panacée universelle. Le réaliste.

Son dilemme où il doit faire des choix : Les raisons. **Signe astral HD :** Lion.

Son partenaire de programmation : Clef 49, la révolution. **Corps :** Néocortex

Son anneau de codon : L'anneau de l'union qui régit les relations (4, 7, 29, 59).

Son chemin de transformation : Le chemin de la compréhension. **Acide aminé :** Valine

L'ombre de cette porte : <u>L'intolérance et l'abus de pouvoir.</u>

La clef 4 est l'un des piliers de notre structure génétique. Son ombre est la tendance à réagir avec intolérance en comparant sans cesse ce qui est avec ce qui devrait être, avec une opinion ou une croyance, à être facilement irrité, à être emmêlé dans des émotions, à être dans la réaction, à abuser du pouvoir en conséquence et à générer de la misère. Cela est du à la tendence à donner à votre mental et à vos émotions le pouvoir de décider et régir votre vie et à vivre dans une construction mentale artificielle constituée d'opinions, de croyances, de raisons ou d'idées qui en fin de compte cachent la vérité ; avec comme « cause racine » une sensation d'insécurité, la peur de l'autre, un manque de confiance en la vie et une logique pervertie par un manque de compréhension des choses.

Ici, vous vivez une obsession de comprendre et de savoir pourquoi les choses sont telles qu'elles sont, vous cherchez des réponses et vous en inventez. Vous prenez ensuite vos conclusions pour la vérité et vous les imposez parfois aux autres. Et en même temps vous êtes identifiée(e) à vos émotions. Cela génère le besoin de choisir votre camp et de trouver un(e) coupable, une tendance à juger/blâmer/culpabiliser et l'habitude de vous justifier. Le racisme est un exemple typique de cette mécanique. L'intolérance existe vis-à-vis d'autrui mais surtout vis-à-vis de vous-même, avec une grosse difficulté notament à supporter votre propre mental et vos émotions. Si vous faîtes l'expérience de poser ce livre, de prendre un réveil, de le programmer à maintenant plus une heure et d'aller vous asseoir en silence en fermant les yeux sans rien faire pendant une heure, vous allez vite voir comment vous réagissez, comment vous êtes intolérant(e) au silence, à la vérité, à vos propres pensées ou à tout inconfort. Cette clef est liée aux relations et si elle n'existait pas, nous vivrions des relations sans raisons particulières, sans attentes et sans blâmer autrui ; juste des relations d'amour.

La vie serait très différente ! Cette clef peut vous rendre dingue mais elle vous pousse à questionner les événements, le monde extérieur et à découvrir les règles qui régissent votre être, votre territoire et la vie. Le jour où cette clef génétique aura mutée, l'humain ne cherchera plus à vouloir tout comprendre et expliquer scientifiquement comme il l'a fait ces 500 dernières années. Nous vivrons le monde en l'acceptant tel qu'il est, sans chercher de raisons.

Chaque don d'une clef est une forme de génie qui fracture l'ego depuis l'intérieur grâce à la lumière. Toute l'énergie mentale actuellement utilisée à travers la planète ne résoud en rien les grandes questions. Même si nous avons découvert beaucoup de choses, l'essentiel nous échappe toujours et nous ne comprenons pas réellement comment la vie et l'univers fonctionnent au niveau fondamental. On ne comprend pas du fait que l'on cherche des raisons et des savoirs et ça ne suffit pas pour comprendre. La compréhension de nait pas à partir de connaissances mais à partir d'un état de conscience et d'une expérience de la vie.

Un jour, chaque personne réalisera que l'univers est éternel, qu'il respire éternellement et que le temps n'a ni commencement ni fin. Cela génèrera comme un court-circuit et une compréhension intuitive instantanée de la vie ; une compréhension du fait que la Source de toute Vie et la conscience sont partout et que tout est lumière et amour sous différentes formes s'exprimant par vagues selon le rythme et le nombre. Cela ouvrira nos cœurs et tuera tout questionnement. Cela arrêtera le mental et nous montrera comment à accéder à l'énergie libre qui existe partout. Cela mettra fin à l'intolérance car l'énergie et la nourriture sont en accès libre quand il y a la compréhension réelle de la vie.

Cette compréhension de la vie est une compréhension de l'amour et de comment fonctionne cette force. On n'a rien compris tant qu'on n'a pas compris l'amour et la conscience. Nous avons surtout évolué à être une espèce qui passe son temps à penser et à être dans la peur ou l'émotion et qui ne perçoit que très rarement la magie de la vie. La véritable compréhension provient du plan causal, pas du mental qui pense, mais d'une union entre le cœur et le mental. Elle a lieu uniquement quand le cœur est ouvert et rempli d'amour et quand la conscience est éveillée car c'est seulement ainsi que la vérité des choses peut être perçue et vue comme une évidence. Il n'y a alors plus de raisons de questionner ; de la même façon que quand vous avez été complètement amoureux(se) et passionné(e), il ne vous est pas venu(e à l'idée de questionner si vous étiez réellement « amoureux/se/passionné(e) ou pas », parce que votre mental n'avait aucun pouvoir pour le faire. La vérité est inquestionable et incontestable. Elle est évidente. C'est seulement quand l'amour disparait que les questions et les doutes émergent. Les chinois ont nommé l'hexagramme 4 « la folie juvénile » ou « les jeunes idiots » en référence à l'état actuel de l'humanité avec son problème d'intolérance. Le don de la compréhension survient quand le mental est remis dans sa niche et du coup quand il cesse de vouloir comprendre et contrôler notre vie et les décisions que l'on prend chaque jour et quand on cesse de s'identifier aux émotions. Votre mental peut juste analyser et mesurer, chercher de l'information et s'amuser. Il ne peut pas par exemple vous dire quoi manger, où habiter, quoi faire ni qui aimer mais votre cœur et votre conscience si. Seule votre conscience peut permettre à une autre personne d'exister dans votre cœur. Quand on cherche des réponses à l'extérieur alors qu'elles sont à l'intérieur, on est des idiots. La lumière que l'on cherche est dans notre propre corps, enfermée dans notre ADN.

Pour la défermée et la refaire circuler, il faut juste encoder les bonnes instructions, voir à travers nos ombres, voir le mental puis la conscience qu'il y a derrière. Le bonheur ne survient jamais du fait que l'on trouve des réponses. Il survient quand on est tellement fatigué des réponses qui n'apportent pas la paix ou la sécurité que l'on décide juste de vivre à fond les questions. Notre vie elle-même est alors la réponse à toutes les questions. On comprend les gens et la vie. On se détend et l'on met sa vie au service de la vie et du monde.

Le superpouvoir/puissance (Siddhi) de cette porte : <u>Le pardon et la puissance divine incarnée.</u> Le mot panacée, utilisé pour décrire ce nombre, signifie un remède universel contre tous les maux et c'est ce que propose ce nombre. C'est aussi ce que permet le pardon. Parmi les 7 clefs qui jouent un rôle crucial dans l'éveil de la conscience, il y a le superpouvoir du pardon. Pour vraiment comprendre ce superpouvoir, il est nécessaire d'ouvrir votre cœur à l'amour et de voir comment la conscience se manifeste dans le monde des formes. Le pardon survient réellement quand il y a une reconnaissance et une acceptation de l'ignorance de l'ego, une compréhension de la vie et une vision de la vérité et de notre innocence ; une vision que ce qui s'est passé ne pouvait pas être autrement pour plein de différentes raisons.

Le pardon n'est pas quelque chose de personnel mais la réalisation que rien n'est personnel. Cette réalisation devient une évidence quand la vérité est perçue. Il survient quand les histoires dramatiques qui contrôlent nos vie sont abandonnées et lâchées parce qu'on en a tellement marre que l'on dépose les armes et que l'on se rend à l'amour et à la vie. Cela se produit quand la partie votre mentalité qui cherche sans arrêt des raisons et des réponses meurt. C'est par le don que l'on se fait qu'il y a pardon. Il y a pardon par le don. Cela ne peut avoir lieu que quand le cœur et le mental sont réunifiés car alors la vérité de choses devient visible. Vous êtes pardonné(e) par vous-même. Vous vous pardonnez vous-même et cela arrive quand ça arrive. Vous ne pouvez pas fabriquer du pardon mais juste prendre la décision de le vivre et le vivre. C'est alors que vous vous rendez-compte à quel point vous vous étiez piégé dans votre système de croyances, dans vos structures, vos désirs, vos peurs, vos ressentiments, vos ambitions et vos rêves égoïstes non réalisés. Le don de la compréhension nait du processus de décider de prendre vos responsabilités et alors vous réalisez que vos ressentiments, vos déceptions et vos douleurs dans vos relations naissent d'un amour de vous-même incomplet car pollué par des conditions. Cela vous amène inévitablement à vous pardonner. C'est seulement quand vous vous pardonnez complètement que vous pouvez commencer à renvoyer de l'amour à tout envoi de non-amour. C'est ce qu'expliquait Jésus dans ses enseignements et c'est la puissance de son message. Ce superpouvoir à la capacité de mettre fin à toutes les guerres et d'amener la paix sur Terre car il modifie la façon de fonctionner du cerveau humain et tout cela est programmé dans notre ADN. Et d'après RR, contrairement à ce que croit le mental, qui est en addiction aux drames de l'existence et qui s'imagine que la paix risque d'être ennuyeuse, la nouvelle ère du Verseau sera vraiment très agréable à vivre.

Remarque de l'auteur sur les nombres 3 et 4 : Nombre 3 : En numérologie, le nombre 3 est associé à la circulation de l'information. Il serait plus juste de dire que l'ombre du nombre 3 est la déformation de l'information, le mensonge et la fiction qui prétend être la vérité, que le don du nombre 3 est l'adaptation créative et que le superpouvoir du nombre 3 est l'intelligence universelle créative, l'intelligence de la Mère. Certes le mensonge génère souvent du chaos et l'innovation est une forme d'adaptation.

En numérologie cependant, le nombre 3 est plutôt là pour s'adapter à son environnement immédiat. C'est plutôt le nombre 14 qui cherche à inventer, à innover et améliorer les choses pour créer un futur meilleur. Le 14 a un niveau d'intelligence bien au dessus du 3. J'ai vécu le choc de rencontrer un jour un extra-terrestre, de type Grand Blanc et il sentait/vibrait l'intelligence pure et l'amour et ça n'avait rien à voir avec l'intelligence d'un être humain. **Nombre 4 :** En numérologie, la qualité du pardon est associée au nombre 12 et au signe des Poissons, pas spécialement au nombre 4. Le nombre 4 est associé à l'expression divine du pouvoir, de la puissance en vue de bâtir ce qui doit l'être ; un temple, une famille, une civilisation, un empire, une vie ou une humanité nouvelle. C'est l'énergie du Père qui explique, assume ses responsabilités, donne le cap et exprime son pouvoir dans l'action. Il serait plus juste de dire que l'ombre du 4 est l'abus de pouvoir ou l'autorité déconnectée du cœur et de la justesse, que le don du 4 est son sens de l'organisation, de l'ordre et de la construction et que son superpouvoir est la puissance divine réalisatrice, la puissance du Père. Quand on exprime sa puissance divine, tous les maux sont remédiés, solutionnés et guérit.

Chapitre 5 : Le nombre 5

A-Son nom, son graphisme et sa symbolique : Je n'ai pas trouvé d'informations pertinentes quand à l'origine du nom du nombre cinq ni du nom « quinque » qui veut dire cinq en latin, ni de « pemp » qui veut dire 5 dans les anciennes langues celtiques. Quand à son graphisme, il semble être lié aux 5 planètes visibles depuis la Terre, Mercure, Vénus, Mars, Jupiter et Saturne et à leur mouvement dans le ciel, tantôt direct et tantôt rétrograde avec un temps où la planète semble rester sur place. Au niveau graphique, le nombre 5 permet de dessiner une étoile à 5 branches, le pentagramme, qui représente l'être humain avec ses jambes, ses bras et sa tête. Il est associé aux 5 sens et aux 5 grandes vertus qui sont la vérité, la sagesse, l'amour, la justesse et la bonté.

B-Selon trois traditions anciennes :

1-La tradition germanique des Runes. 5 = Le voyage du corps et de la conscience.
La Rune 5 se nomme Rhaid prononcé Rêde.

Son numéro : Cinquième rune du Futhark, elle symbolise le mouvement organisé du corps et de la conscience, l'expression de soi et l'union des quatre éléments (le feu, la terre, l'air et l'eau) orienté vers un nouvel objectif. La volonté chargé de puissance, parce qu'unie à la Source de toute vie, domine les 4 éléments et s'exprime de manière positive. Le chiffre 5 est souvent représenté par une étoile à 5 branches, qui symbolise l'harmonie du corps, de l'âme et de l'Esprit ou par un pentagramme. Il est également représenté sous la forme d'une roue entourant une croix et il symbolise alors le soleil, c'est-à-dire la conscience, en mouvement. Le 5 est aussi associé à la conscience du lien qui existe entre l'intérieur et l'extérieur de soi, à l'expression du cœur et de la lumière en soi, à l'unité dans la diversité, à la connexion entre le ciel et la terre afin d'agir selon la volonté divine, à la royauté, à la connaissance du sens et de la loi, à la nouveauté, à la créativité sur un territoire spécifique, à la progression et à la transmission (éducation, enseignement).

Résumé et essence de la rune : Je suis le mouvement de la vie qui s'exprime par le rythme, le nombre et la danse à travers l'espace, grâce à l'union du ciel et de la terre, de la volonté personnelle avec la volonté du ciel. La vie elle-même est un voyage. Ce mouvement de vie me permet d'avancer et me guide vers une certaine destination. Je suis le voyage du corps et de la conscience sur différents plans. Par le corps et la conscience, je chevauche le long d'un parcours initiatique, jusqu'au centre de moi-même, grâce à des repères et des valeurs.

J'accède à la connaissance des lois divines, des lois religieuses et des normes officielles mais aussi à l'organisation des connaissances, qui décrivent l'ordre des choses, en religions ou en systèmes d'informations. J'incarne ainsi la vision de ce qui est, l'observation pertinente, la vision juste, le bon conseil, le jugement fiable, le système de guidage qui permet d'atteindre sa destination mais aussi une éthique, des règles bénéfiques et un code d'honneur. Je peux ainsi donner du sens à ce qui est puis manifester toutes les possibilités d'expression de moi en tant qu'enfant issu de la Source de toute vie. Je peux également agir grâce à la force de la prière et de la bénédiction qui demande aux dieux ce qui est en harmonie avec mon évolution. J'incarne enfin la bonne santé du corps et de l'âme. Raidh représente la religion germanique nommée l'Asatru et symbolise le grand voyage qui mène au retour à l'unité intérieure.

L'aspect sombre de la rune : Il y a un manque de conscience et de sens, un égarement, un enfermement dans des systèmes de croyances déséquilibrants, un souci au cours d'un voyage ou d'un déplacement, un voyage tumultueux, un retard de livraison, une négociation difficile ou une situation qui n'avance pas, qui ne tourne pas rond ou qui n'évolue pas au bon rythme. Dans certains cas il peut exister une expédition guerrière organisée visant à piller et à tuer. Les nombres 68/14/5 correspondent au total du début officiel de la première guerre mondiale (28/07/19+14), de la seconde guerre mondiale (01/09/19+39) et de l'invasion de l'Ukraine par la Russie (24/02/20+22) suite à tous les événements qui ont précédés. Cette combinaison de nombre se retrouve cependant 12 fois chaque année.

Son phonème : Cette rune est associée au son r comme les mots anglais red ou raid.

Mots clés : Trouver le moyen ou le véhicule pour avancer dans la vie ou pour atteindre une destination, jouer son rôle dans la vie, agir avec conscience et sens, déplacement, chevauchée, aventure, transfert, voyage du corps ou de l'esprit, voyage agréable, voyage initiatique, formation, enseignement permettant d'atteindre un objectif, vision juste car reliée au cœur, guider ou être guidé, rituel à effectuer ou procédure à appliquer en solo ou en groupe pour générer du sens et de l'ordre, légalisation d'une situation, gestion maîtrisée du corps et de la conscience, faire ce qu'il faut au bon moment, accéder à de nouveaux horizons, union du ciel et de la terre en soi, union de deux éléments, situation qui avance, changement, nouveauté, élément inconnu, discussions, négociation, arrivée d'un message ou d'un messager.

2-La tradition du Tarot Italien. Le résumé/l'essence de l'arcane : 5 = Le Grand-prêtre.

Alliant autorité et bienveillance, je créé et nourris des relations profondes avec les personnes présentes dans mon environnement. Je trouve, j'intègre et je restitue des enseignements. Je fais éclore le sens du sens sacré afin d'accéder à l'essence et à la « Source de toute Vie » (au divin pour les croyants), tout comme mon complément, l'Etoile, qui permet l'expression des sens naturels du corps afin d'accéder à la joie.

Je maîtrise un système d'information et développe une expertise. Je relie le ciel et la terre, montre le chemin qui mène au centre du cœur, donne du sens et des conseils, réconcilie les opposés, créé des alliances, apporte du soutien, des solutions et de l'assistance, rassure, réconforte et guide mon âme et les autres vers l'épanouissement, tel un responsable spirituel ou tel un médecin du corps et de l'âme. J'incarne une autorité morale et légitime liée à un système structuré de connaissances, à une forme de sagesse ou à une religion. Je représente l'action légitime conforme aux exigences de l'environnement et en accord avec le système en place.

3-La tradition du Yi-King Chinois. 5 = L'attente stratégique. L'enseignement.

Résumé du nombre : Le ciel va apporter la pluie à la terre. Un processus est en cours, avec son rythme, ses rituels et ses habitudes, nécessitant une attente stratégique active, qui se nourrit et se maintien en forme efficacement sur tous les plans, pour être prêt à agir quand l'heure viendra.

Explication technique : La jeunesse a besoin d'être correctement instruite, de savoir se nourrir et de développer ses compétences, ses valeurs, sa force et sa confiance en elle. Cela demande du temps. Elle a besoin d'apprendre à savoir attendre le moment juste pour agir et à donner du sens. C'est pourquoi après « L'inexpérience de la jeunesse » vient « L'attente stratégique ». L'attente en prenant soin de la vie éloigne toute frustration et nécessite des efforts continus dans le temps. L'attente n'a de sens qu'en étant synchronisée avec l'évolution des choses et qu'avec un minutage adapté. Et quand l'attente est terminée, on doit agir avec clarté, énergie et efficacité. Dans notre société moderne, avec son rythme très rapide, sa recherche de résultats à court terme et son impatience, la capacité à attendre est un art d'une grande valeur. **Li, le feu,** demande d'avoir la clarté pour comprendre la situation, la vigilance pour reconnaitre le danger, puis d'agir énergiquement, au bon moment, dans l'intensité de l'instant présent, en donnant le meilleur de soi-même, pour obtenir des résultats. **Kan, l'eau,** la puissance du féminin, demande d'avancer avec fluidité, d'accepter les gens et les situations comme ils sont, de tenir compte de ce qui est invisible, de gérer les émotions et toute angoisse, d'avoir conscience des risques et de suivre le chemin de moindre résistance. **Touai, le lac,** demande de gérer ses ressources, d'exprimer son intelligence relationnelle et d'être dans la joie, l'harmonie et la justesse. Kien, le Ciel, demande d'avoir un objectif clair, d'exprimer son pouvoir créateur, d'avoir confiance en soi, de mettre en place une organisation efficace, de faire preuve de maîtrise de soi et d'être centré dans son cœur. **Kan, l'eau**, le danger et **Kien, le ciel**, la créativité, le ciel qui finira par faire tomber la pluie qui nourrit les Hommes, mais aussi la rivière en crue avec ses dangers. La créativité est ici tenue en échec, pour l'instant, par des éléments de la vie, par la rivière. Il n'est alors pas judicieux de vouloir la traverser ni de se précipiter dans le danger. Mais la situation est prometteuse car la pluie finira inévitablement par tomber quand ce sera son heure, tout comme la rivière en crue finira par revenir à un niveau permettant une traversée sereine.

Interprétation classique : Dans la situation actuelle, un délai et donc une période d'attente stratégique indispensable doit s'écouler avant que l'univers puisse répondre à vos besoins et aspirations, avant que le destin se mette en marche, avant que les circonstances soient favorables et avant que vos actions puissent porter leurs fruits. Tout est en pleine transformation et de nombreux éléments échappent à votre contrôle.

Il peut y avoir des dangers dus à la présence d'éléments extérieurs à la situation. Une nouvelle situation se prepare dont l'issue est inconnue. Ce qui vous préoccupe, le résultat que vous attendez, une menace que vous craigniez ou ce que vous désirez est immergé dans ces changements en cours, changements dont vous ne voyez ni ne maîtrisez tous les paramètres. Votre confiance est ainsi mise à l'épreuve.

Faire preuve d'impatience, vous angoisser ou stresser ne fait que générer le doute, nourrir un état de peur ou de confusion et altérer votre vision juste.

Il est donc nécessaire de gérer l'impact de l'extérieur et l'influence de la société et d'attendre, avec une stratégie qui consiste à voir la situation sous un aspect positif, à vous préparer et à vous nourrir efficacement sur tous les plans pour régénérer vos forces physiques et morales, en vous faisant plaisir et en prenant soin de vous et de vos proches. Sur le plan du corps, se nourrir correctement signifie veiller à une alimentation saine permettant d'avoir un corps sain et vigoureux. Sur les plans de l'âme, il est nécessaire de cultiver la sincérité et l'harmonie, l'acceptation de ce qui est, le discernement, l'espoir et la foi, le courage et l'optimisme, la joie et la bonne humeur, la sociabilité et l'ouverture d'esprit et de rester positif.

Sur le plan de l'esprit, il est nécessaire de nourrir une certitude intérieure, une assurance ferme et une confiance inébranlable dans l'atteinte de votre objectif, quand ce sera le moment. Il est également nécessaire d'avoir une vision claire, sans illusions ni suppositions, en focalisant sur les faits. Cette clarté intérieure permet de rester calme et maître de vous-même, de donner du sens, d'avoir conscience du temps juste pour agir et de discerner le chemin menant à la réussite. Vous serez alors bien préparé et aurez alors la force pour prendre les bonnes décisions au bon moment, pour gérer efficacement la situation et pour faire preuve de persévérance. Ainsi avec un comportement quotidien juste et décontracté, en faisant de votre mieux dans l'instant présent et en vous adaptant au sens de la situation, vous réussirez et votre destin pourra s'accomplir. Dans les relations personnelles et les organisations, la situation nécessite une attente stratégique avec de la bonne humeur.

Chaque personne doit réaliser que des facteurs extérieurs indépendants des volontés individuelles sont à l'œuvre et que toute action individuelle prématurée conduirait au danger et à l'échec. Il est alors judicieux de se soutenir, de se rassurer et se nourrir mutuellement sur tous les plans jusqu'à ce que la situation se transforme et que le moment opportun et évident pour agir survienne. Une action énergique organisée et efficace permet alors la réussite.

C-Selon trois traditions modernes

1-Le Diamant de Naissance. 5 = Le Grand-père, l'expert.

Symbolique : Le Bore. Le pentagone. Les 5 sens et les 5 doigts d'un membre. Le cinquième élément = espace et amour. La conscience de l'espace. Le voyage du corps et de la conscience jusqu'au centre de son cœur, l'attente stratégique, l'expression du libre arbitre et de l'amour. L'expert. La bonne éducation. La bienveillance, la bonté. Les règles de vie et les rituels. L'intégration sociale. L'éducateur. Le sens pédagogique et les dons oratoires. Le voyageur et les voyages. L'autorité morale. Jupiter, Soleil et Neptune. Le Grand-Prêtre. Le Grand-père. L'officialisation de quelque chose. Un changement. Il peut par exemple être obtenu et réduit à partir du 32, du 23 et du 14. **La conscience/l'expansion du cœur grâce au libre arbitre. L'envergure. Le guide accompagnateur du voyage extérieur et intérieur.**

Les besoins et capacités qui demandent à être exprimées :
-Besoin de donner du sens, de relier le ciel et la terre, d'exprimer la foi, d'être légitime.
-Besoin de maîtriser l'espace, des systèmes d'information et des rituels, de connaître, d'être expert afin d'être intégré socialement .
-Besoin de se former, de trouver les bons enseignements, de les intégrer et de les restituer, de transmettre, d'exprimer un sens pédagogique ou un sens du conseil
-Besoin d'exprimer la bienveillance, de protéger, de bénir, d'unir, de rassembler des gens, d'officialiser. Besoin de conseiller, de rassurer, de guider, de former,
-Besoin de mouvement, de mobilité, de s'expanser dans l'espace, d'occuper l'espace et d'agir librement
-Besoin d'explorer des cultures, des philosophies et des enseignements
-Besoin d'expérimenter les voyages du corps et de la conscience
-Besoin d'être un médecin du corps et/ou de l'âme, besoin d'être utile, de participer
-Besoin de faire parti d'un groupe, d'une société, d'une communauté

Déséquilibre en excès : Blessure d'humiliation. Tendance à croire que tout va bien. Besoin de tout savoir et d'avoir toujours raison. Tendance à tout le temps comparer et besoin de changement compulsif. Spécialiste des généralisations abusives. Etroitesse d'esprit. Excès de conformisme envers les règles et les lois l'empêche d'évoluer. Déni. Gonflé(e), envahissant(e), étouffement, sans gêne, opportuniste, prosélytisme, impose ses idées, abus de confiance, rend l'autre otage de son système de valeurs, irresponsable, irrespectueux de la liberté d'autrui, mauvais conseils, gloutonnerie, excès sexuels, fanatisme, intolérance, racisme, dogmatisme, corruption, abus de son libre arbitre, misère spirituelle.

Déséquilibre en manque : Difficulté à écouter sa conscience, à exprimer son libre-arbitre, à donner du sens, à se sentir légitime, à recevoir la bonne éducation, à bien se former, à accepter le système éducatif et à s'intégrer socialement, à se protéger et à se sentir protégé ou béni par la vie, à faire preuve d'ouverture et de bienveillance, à accepter le changement et à s'expanser. Problématique avec le grand-père ou avec un enseignant.

Mémoires karmiques : Mémoire de vie dans un lieu avec beaucoup de monde, mémoire de religieux ou de religieuse, de prêtre ou de prêtresse, de conseiller ou d'enseignant ou d'érudit. La relation au grand-père et les relations aux représentants de la société ont pu être une préoccupation importante. Le pouvoir exercé par les représentants de la société a pu avoir des conséquences importantes. Mémoire d'abus de confiance. La recherche de connaissances et la foi ont pu être une préoccupation importante. Les voyages et les déplacements ont pu jouer un rôle important. Une juste expression du libre arbitre et l'acceptation des différences (religion, race, culture) sont essentielles.

2-Le Design Humain. 5 = La porte de l'attente ou des rythmes fixes et des rituels.

Explication technique : Circuit de la compréhension. Elle est liée à la porte 15, celles des extrêmes, de l'instinct et de l'humilité. Cette porte est étrangement située dans le centre sacré et elle est associée à un mécanisme universel d'ordonnancement de la vie grâce à des normes, des règles, des rituels et des habitudes. Son thème principal est l'expression fluide qui prend en compte l'univers. Sa maîtrise permet de sortir du temps linéaire et d'apprendre la patience. Chaque chose à son temps et l'apprentissage de l'attente permet de se synchroniser avec les rythmes de la vie.

C'est la porte des rythmes de la vie qui forment un schéma structuré et qui génèrent une fluidité de vie. Elle est associée à un besoin de vivre selon des rythmes fixes structurés par des rituels, selon une certaine routine et selon certaines habitudes synonymes de bien-être et de conformité. Cette porte a une nature particulièrement mécanique et le rôle de la conscience est surtout ici d'écarter toute impulsion perturbatrice non-conforme aux habitudes officielles et d'éviter toute déviation de la norme, c'est-à-dire du rythme de vie qui convient et des habitudes journalières établies. Elle donne le pouvoir de vivre selon le rythme de la société, d'adapter ses rythmes à ceux de la société et de s'intégrer socialement en étant conforme.

Proposition d'interprétation : Quand vous savez faire preuve de patience et faire confiance à votre autorité, vous avez le don du bon timing, c'est-à-dire de vous aligner au timing universel. Vous êtes capable de prendre votre temps, d'attendre le moment opportun et d'identifier le bon moment pour agir. Cette conscience aigue qu'il faut attendre le bon moment peut générer une agitation qui réclame de l'action ou qui s'inquiète que quelque chose puisse ou ne puisse pas se produire. Vous ressentez facilement le potentiel de ce qui peut être fait et avez parfois des difficultés à attendre que le coup d'envoi soit donné. Si vous êtes dans la frustration, vous ne supportez alors pas d'attendre et avez l'impression que vous devriez être en train de faire quelque chose. Il est alors nécessaire de vous détendre et de patienter. Votre sensibilité au temps des choses vous rend sensible aux saisons et vous donne le besoin de fonctionner avec des rituels, comme prendre une boisson le matin avant de démarrer la journée. Vos routines et rituels vous permettent de rester en phase avec les rythmes naturels de la vie qui maintiennent votre dynamique. Vous avez conscience que l'univers à lui aussi ses routines. Quand vous faîtes confiance à votre sens inné du timing, que vous fixez vos intentions et vos objectifs à long terme et que vous êtes naturel, vous trouvez une confiance que les choses se déroulent en leur temps, au bon moment.

3-Les Clef Génétiques. 5 = La fin du temps. Le philosophe. Le ritualiste rythmique.

Remarque : C'est ici le second des hexagrammes qui a été altéré par décision d'un des l'Empereurs de Chine et ses grands prêtres. L'impatience et la patience sont dans leurs essences liées aux nombres 11 et 7 pour l'impatience et aux nombres 9 et 2 pour la patience. Néanmoins, je vous propose une synthèse des textes de l'auteur des Clefs Génétiques selon sa vision des choses.

Son dilemme où il doit faire des choix : Se rendre. **Signe astral HD :** Sagittaire.
Son partenaire de programmation : Clef 35, le progrès. **Corps :** le plexus sacré.
Son anneau de codon : L'anneau de la lumière (5, 9, 11, 26). **Acide aminé :** Thréonine.
Son chemin de transformation : Le chemin de la patience

L'ombre de cette porte : L'impatience, l'abus de confiance, la corruption.

Cette clef contient les codes permettant à la vie de se déployer dans l'espace dans la forme et les rythmes permettant à la vie de s'exprimer. Il y a ici la mémoire que l'être humain est génétiquement programmé pour avoir une durée de vie moyenne de 120 ans et que le temps nous est compté, ce qui génère la peur de ne pas avoir assez de temps pour vivre et faire ce qui doit être fait. L'ombre de cette clef peut se manifester à travers une impression que la vie n'a pas de sens due à un manque de confiance et de conscience vis-à-vis des rythmes universels de la vie et à une inconscience de l'ordre caché derrière la vie qui existe dans l'univers.

Cela se manifeste alors à travers l'ombre de l'impatience. L'impatience nait de la peur et du conditionnement. Elle est la conséquence d'une déconnexion entre votre conscience et votre rythme naturel de vie au niveau biologique et elle vous coupe des rythmes naturels de la vie. Elle génère soit du pessimisme puis une crise soit une tendence à vouloir forcer les événements ce qui finit également en crise. Elle est enracinée dans l'agitation et générée par une perte de confiance en la vie. Toute action naissant de l'agitation n'est pas en harmonie avec l'ensemble. Quand vous laissez rentrer l'impatience en vous, c'est que vous avez arrêté d'écouter l'univers, la vie, votre vie et d'avoir confiance en elle.

Cette ombre est particulièrement d'actualité dans notre monde occidental actuel où tout va très vite du fait qu'il est dans une culture « presse bouton » et « tout tout de suite ». Tout cela fait de nous une espèce impatiente et cette impatience est une réponse au contexte génétique et aux conditions environnementales. L'impatience hélas fait ainsi partie de la culture occidentale actuelle. Vous pouvez vite vous rendre compte de cela si vous allez vivre dans un pays où la vie se déroule simplement, comme il y a des siècles, aux rythmes de la nature. Le désir et l'impulsion à vouloir gagner de l'argent change vraiment les façons de vivre. Plus on prend le temps de faire des pauses et juste d'observer ce qui se passe autour et plus on apprécie la vie et plus on est capable de faire preuve de bienveillance et de gentillesse, de bonté. La bonté nait de la patience alors que l'impatience engendre l'intolérance, l'ombre de la Clef 4 puis le conflit qui est l'ombre de la clef 6.

L'impatience est souvent confondue avec l'enthousiasme qui est lui non bridé, optimiste, positif, teinté de liberté et d'innocence. Elle est liée au mental qui s'agrippe et qui génère l'illusion du temps. Dès que l'enthousiasme devient impatient, les choses se compliquent, deviennent disharmonieuses, remplies de stress, de tension, de nervosité et font baisser la fréquence vibratoire. L'activité n'est alors ni fluide ni épanouissante. Il est essentiel de voir ce qui déclenche l'impatience chez vous et d'évaluer votre niveau d'impatience. Les enfants sont par exemple particulièrement doués pour appuyer sur votre interrupteur de l'impatience. L'impatience est là pour vous apprendre à baisser les armes et à vous rendre afin d'accéder à un état où vous êtes est juste heureux d'être là où vous êtes, ce qui permet de retrouver une vie simple. La seule façon d'échapper à l'impatience est de sortir du mental et son environnement temporel et c'est ce qui se produit dans les fréquences supérieures de cette clef.

La patience s'apprend et elle est basée sur la confiance en la vie qui permet d'avancer harmonieusement dans le flux des événements. Elle est un apprentissage, un enseignement de la vie où vous apprenez à vous rendre compte que la patience finit toujours par payer et donner d'excellents résultats et que vos gènes peuvent s'exprimer sous des formes fréquentielles supérieures. Elle génère une ouverture du cœur et permet aux fréquences supérieures de pénétrer dans l'ADN et ainsi d'avoir accès à des expériences de conscience supérieures. Il existe une patience extérieure, de surface qui consiste à apprendre à attendre, à respirer lentement et à rester immobile et une patience profonde, intérieure, qui ralenti, apaise et recentre. On peut découvrir cette patience profonde par la pratique de la contemplation et la méditation, en accédant à un espace intérieur.

On découvre alors que la patience est la base, la fondation, l'avant-garde de l'amour et qu'elle transforme chacune des 64 ombres des 64 clefs en leurs en leurs dons. Elle donne accès aux champs quantiques et aux structures de l'espace, représentées par l'hexagramme 50, le chaudron, dans lequel la vie peut bouillir et l'alchimie de la vie se dérouler. La patience devient alors un trésor dont il faut prendre soin. La patience est par exemple précieuse lorsque survient un conflit relationnel. La stratégie qui fonctionne est alors d'accepter, de reconnaitre, de faire preuve de respect, de pardonner, d'être patient(e) puis de laisser l'univers, Dieu, la Source de toute vie s'occuper du reste. Tout ce que l'on peut faire c'est aimer l'autre, lui envoyer de bonnes vibrations (pensées, ressentis, sentiments, émotions) puis d'attendre avec confiance que le destin façonnera le juste chemin avec le temps. Certaines difficultés mettent des années et parfois plusieurs vie à se résoudre mais quand on a la patience, cela n'a pas d'importance car on a le temps. La patience et l'attente stratégique sont alors les enseignements les plus précieux et l'expertise suprême. Plus vous êtes patient et plus votre cœur s'ouvre, plus vous êtes dans un état d'amour, un état amoureux, plus vous vous éveillez à la vie, à l'univers, plus vous vous rendez compte qu'ils gèrent tout parfaitement bien et plus votre vie devient facile, fluide et harmonieuse.

C'est dans cette clef qu'est caché le secret de l'illumination, de l'éveil dans le corps, ce qui se produit quand votre fréquence dans l'ADN atteint celle de la lumière, la vitesse de l'être. La patience est l'alliée suprême du chemin spirituel, avec l'amour, dont elle est la fondation. La patience n'est pas forcément une qualité « sexy » mais une personne capable de faire preuve de patience est capable de tout. La patience nous permet de voir les choses à long terme. Elle dissout le temps. Elle aide à se relever et à récupérer quand l'on chute, quand on fait des erreurs ou quand notre attention s'égare quand que les sollicitations du mental, des émotions ou du monde extérieur nous impactent. Elle permet d'apprendre. Elle créé le chemin qui permet l'apprentissage et ouvre la voie à l'épanouissement dans le temps. Notre vie est conditionnée par le temps linéaire. Nous sommes le produit de nos pensées, croyances et actions passées et nous créons notre futur dans chaque moment présent. Le futur porte en lui la promesse d'un éveil mais l'éveil ne peut avoir lieu que maintenant, dans cet instant présent. Il s'agit alors d'amener le futur dans le présent comme en l'attrapant et en le tirant vers soi. Nous tirons aussi, le plus souvent inconsciemment, le passé dans notre présent à travers les mémoires ancestrales et de vies passées. Il est alors possible de transformer les choses en ne retenant, en ne se souvenant que le meilleur de ce qu'elles ont été. Seul le présent existe réellement et c'est là où le passé et le futur se rassemblent. La Source de toute vie s'incarne à travers différents maîtres spirituels, depuis l'intemporel vers les lignes de temps, et dispense des enseignements de vie et d'éveil. Quand on meurt, on finit par retourner dans l'intemporel, dans l'illimité qui n'est pas ailleurs dans le lointain mais juste là, à l'intérieur de soi. Rien ni personne ne meurt car la vie est éternelle. L'intemporel est la nature même de la conscience qui est non née et qui ne meurt pas. Il y a juste des changements. L'essence reste la même. L'essence demeure éternellement. De même, quand un être cher meurt, ce qu'il y a de meilleur en lui ou en elle demeure dans notre cœur. La vie est comme une série télé qui se déroule et au niveau collectif, nous entrons graduellement dans une nouvelle ère, l'ère du Verseau (voir le livre maitriser l'analyse et l'interprétation d'un thème astral chapitre astrologie mondiale), où les choses seront différentes par rapport à maintenant.

La relation au temps et à l'espace seront différentes comme cela commence à être le cas si on considère la relation à l'espace et au temps d'une personne vivant au siècle 16 par exemple et d'une personne comme vous et moi vivant au siècle 20 (au moment où j'écris ces lignes nous sommes le 09/01/2025). La contemplation du mot « éternité » et le fait de considérer que vous êtes « éternel(le) » vous fait avancer sur ce chemin et amène à un épanouissement. Cet hexagramme étant en lien avec les rituels et les prières, Richard Ruud propose dans son livre « les 64 chemins », une prière, extraite de son recueil de poésie intitulé « La Source des rêves ».

Chapitre 6 : Le nombre 6

A-Son nom, son graphisme et sa symbolique : Le nom et la forme du nombre 6 serait lié aux groupe d'étoiles de la constellation du Taureau nommé les pléiades. Ces étoiles sont considérées comme un groupe de sœurs et les habitants des pléiades comme nos frères et sœurs. Le nom du nombre six, prononcé « sisse », signifierait sœur mais aussi « spiraler », c'est-à-dire bouger en spirale. La forme du six évoque un départ d'un lieu, un retour à ce lieu puis un second départ ailleurs mais aussi un mouvement spiralé qui correspond au mouvement des étoiles du groupe des pléiades autour de l'étoile centrale du groupe, c'est à dire Alcyone. Il est dit par les peuples anciens qu'avant le Dryas récent, des habitants originaires des Pléiades peuplaient la Terre et que des gens des pléiades venaient régulièrement sur Terre. Le mot six, qui peut être prononcé siks en anglais et zeks en allemand, peut facilement être utilisé pour raconter l'histoire des Pléiadiens en relation avec la Terre. La lettre S (rune 16) est la foudre et parfois une catastrophe, les runes i (rune11) et E (rune 19) sont liées au recentrage dans le cœur et K (Rune 6) implique un conflit (voir le texte du Yi-King) et un choix à faire aboutissant à « S » qui ici est un changement de structure et un retour. Le graphisme du S et du 6 se ressemblent et leur différence évoque un mouvement de retour suite à une catastrophe. Cela est expliqué dans mes livres « Le Dossier extra-terrestre » et « L'histoire officielle et l'histoire alternative de la planète Terre ». Au niveau graphique, le nombre 6 est en lien avec un espace ou un cristal à 6 côté et une étoile à 6 branches.

B-Selon trois traditions anciennes :

1-La tradition germanique des Runes. 6 = la flamme du désir et de l'amour.
La Rune 6 se nomme Ken prononcé « quenne ».

Son numéro : Sixième rune du Futhark, elle symbolise un mouvement d'union entre deux énergies complémentaires masculines et féminines, ce qui est parfois représenté par une étoile à six branches. Combinaison de 5+1, de 4+2 ou de 2x3, le 6 est un symbole à la fois de créativité dans la forme, d'engagement, de choix, d'associations multiples, d'équilibre, de sensibilité à la beauté, de désir et de limites structurantes.

Résumé et essence de la rune : Je suis une flamme canalisée, domestiquée et maîtrisée, reliée à la terre et au ciel. Quand je brille harmonieusement, je génère de la chaleur, de la lumière et une impulsion consciente permettant de créer des formes matérielles, de tisser des liens et de faire naitre les justes proportions, le bon agencement, l'organisation harmonieuse, l'équilibre, l'harmonie, la beauté et la joie. Je suis le feu qui s'attache à la torche afin d'exprimer sa lumière et d'atteindre un objectif qui a été choisi parmi une multitude de possibles.

Quand la lumière est là, ce que je désire devient une évidence et je fais alors les bons choix, créant ainsi de l'harmonie dans ma vie. Je suis parfois la flamme du désir qui pousse à l'union de deux éléments complémentaires qui deviennent une nouvelle unité. Je suis un feu qui transforme et qui incite le 1 à se sacrifier pour s'unir à un autre élément que lui-même. Je suis une personne éclairée qui maîtrise un art. Cette rune était autrefois associée aux maîtres du feu et aux maîtres de forges capables de créer des formes à partir du métal en feu.

L'aspect sombre de la rune : Il est symbolisé par l'ignorance, l'aveuglement, la disharmonie, des soucis de santé et le conflit parce que deux volontés vont dans deux sens opposés, parce que les justes limites n'ont pas été fixées, parce que le feu ou le métal n'est pas suffisamment purifié ou parce que si une personne n'est pas à l'écoute d'elle-même, de son cœur et de ces vrais désirs et qu'en conséquence elle ne fait pas les bons choix. Un feu intérieur qui n'est pas canalisé harmonieusement génère des déséquilibres, des blessures, des inflammations, des pulsions sexuelles incontrôlées et un abus des plaisirs, avec la perte d'énergie qui s'ensuit. Il brule et ravage et symbolise alors une destruction et une rupture. Le feu parfois s'éteint ou doit être éteint. Des formes ou des relatons ou ce qui n'apporte plus de joie doivent disparaitre afin de laisser une place à des éléments nouveaux.

Son phonème : Cette rune est associée au son k comme dans le mot ski ou King.

Mots clés : un feu qui éclaire, la réceptivité qui permet d'être artistiquement inspiré, une rencontre, une union, l'union de deux éléments complémentaires, ce à quoi vous êtes attaché, ce qui s'allume, ce qui est visible, votre carburant, une personne déclare sa flamme, la flamme du désir, la lumière de la connaissance, la création de liens, la vision des liens existants, la transmutation de la matière, la transformation de la forme, la beauté des formes, la décoration, la joie du cœur, le plaisir sexuel, une multitude de possibles, un choix, la vision et l'écoute de son cœur et de ces vrais désirs, la création de formes matérielles, la transformation de matières premières par le feu, des connaissances artisanales ou artistiques, un rassemblement en un lieu éclairé, un partage entre plusieurs personnes, un rituel du feu, de belles rencontres qui éclaire votre vie.

2-La tradition du Tarot Italien. Le résumé et l'essence de l'arcane : 6 = l'amoureux (se).

J'exprime mon cœur, ce qui me met en joie, mes désirs, mes sentiments, l'amour incarné ainsi que mon intelligence relationnelle et mon sens artistique pour créer des liens, pour partager avec douceur et tendresse, pour m'engager dans une relation de couple, pour travailler collaborer, travailler en équipe et pour m'adapter socialement. Charmant(e), séduisant(e), conciliant(e), sociable et diplomate, j'écoute mes vrais désirs et ceux des autres afin de faire les bons choix parmi une multitude de possibles. J'entre en conflit et fais de mauvais choix quand je ne m'écoute pas ou quand je me centre trop sur l'autre. Quand je me relie à mon cœur et à mon ange intérieur, quand j'écoute mes vrais désirs et quand je fais mes choix avec Amour de moi-même et de la vie, je génère de la joie, de l'harmonie, de la beauté et deviens alors un artiste sur terre. Je crée mon bonheur, fait de ma vie une œuvre d'art et vais vers le Chariot, symbole de triomphe.

3-La tradition du Yi-King Chinois. 3 = Le conflit. Arbitrer un différend.

Résumé du nombre : Vivez une intense activité relationnelle en étant en résonance émotionnelle intime avec autrui. Deux volontés qui n'écoutent pas leurs cœurs et leurs vrais désirs vont dans deux directions différentes et génèrent un conflit qui nécessite de s'investir dans son dénouement avec diplomatie, en effectuant un ajustement, un choix, en trouvant un compromis et une solution, afin d'apporter l'harmonie et la joie.

Explication technique : Quand la jeunesse n'a pas encore acquis la maturité nécessaire, une communication adaptée, une capacité d'attendre et la justesse, cela engendre des disputes. C'est pourquoi après « L'attente stratégique » vient « Le conflit ».

Le trigramme Li demande d'être dans son cœur, dans l'instant présent, d'avoir la clarté et la motivation pour comprendre les causes premières des difficultés actuelles et pour voir ce que demande la situation. Puis il demande d'agir, pour trouver l'aide nécessaire à la résolution du conflit et pour obtenir un résultat. Souen demande de communiquer intelligemment, avec les mots justes, de s'adapter au contexte, de guider ou d'être guidé puis de remettre la situation en mouvement. Kan demande profondeur, lucidité et gestion des émotions, pour rétablir un mouvement fluide. La lucidité à l'intérieur et la fermeté à l'extérieur, accompagnées par un langage approprié, permettent alors de transcender les tentatives de prise de pouvoir, les calculs manipulateurs et de rester dans l'harmonie. Le trigramme extérieur de l'idéal, Kien, le ciel, la force créatrice, la fermeté, la recherche du pouvoir et le trigramme intérieur des choses matérielles, Kan, l'eau, l'illusion, la manipulation calculatrice, l'impact des mémoires généalogiques ou le danger se rencontrent mais vont dans deux directions opposées et s'opposent en vous. Faire usage de la force au milieu du danger ou associer pouvoir ferme avec illusions et revendications conduit alors au conflit. Il n'est alors pas judicieux de vouloir traverser le fleuve à tout prix.

Interprétation classique : Il y a un conflit potentiel qui doit être désamorcé car sinon, un conflit se produit alors dans le cadre d'une relation, dans un contexte spécifique. Deux cultures, deux philosophies de vie, deux approches ou deux points de vue radicalement opposés engendrent de l'incompréhension. Il y a des problèmes non résolus qui ne sont pas pris en compte. Nourrir le conflit et la polémique, en s'obstinant à défendre sa position, ne fait qu'alimenter un mal-être et une disharmonie, attirer le danger et provoquer l'infortune où il y a alors toujours deux perdants.

La violence et l'emportement sont les derniers refuges de l'incompétence. Une personne avisée, en harmonie avec le Tao, anticipe les litiges en écoutant les différents paramètres d'une situation. Elle n'agit pas de façon égoïste au détriment d'une autre personne. Elle écoute ces vrais désirs et entend les besoins d'autrui, discerne les peurs, les tensions émotionnelles, les difficultés et les oppositions éventuelles. Elle observe la présence de situations répétitives créées par des mémoires non transformées.

Elle communique avec les mots et les attitudes appropriées, agit avec souplesse et modération, préserve une éthique, compare avec justesse les droits individuels et le bien-être collectif puis planifie soigneusement l'évolution des choses pour préserver l'harmonie.

Elle cherche avec sincérité les véritables causes susceptibles de créer un conflit, c'est-à-dire la racine ou la source des difficultés existantes, puis la stratégie qui permet de retrouver la paix. Elle trouve le juste compromis pour que se concrétise la meilleure solution possible. Cela implique une volonté de conciliation, des choix, un dialogue, de l'adaptabilité, de la bonne foi et souvent une réévaluation de sa position pour que chaque partie reçoive quelque chose.

Quand un manque de réalisme ne permet pas de voir toutes les facettes d'une situation, quand l'union des forces présentes et l'harmonie collective font défaut, il n'est pas judicieux de planifier des entreprises ambitieuses, de chercher à atteindre un objectif important, de vouloir faire fructifier une affaire ou d'imposer ses choix par la force. Il y a trop d'oppositions, de concurrence, de rivalités, de peurs ou de réactions hostiles. La situation n'est alors pas propice pour réaliser une œuvre, pour amener des changements ou pour mettre en place des innovations.

Il y a pourtant ici une personne sincère, convaincue de son bon droit, persuadée d'avoir raison et d'effectuer des choix justes. Elle a un projet bien préparé, souhaite allez de l'avant et imposer ses points de vues. Ce chemin amène cependant des obstacles, des oppositions et abouti à un conflit car la partie adverse se sent elle aussi dans son bon droit.

Cela oblige à réévaluer les choix initiaux et à débattre avec objectivité. Tout emportement agressif, vouloir s'imposer par la prise de pouvoir ou toute tentative d'obtenir des résultats par la ruse ou par des moyens détournés ne feraient que générer une ambiance contre-productive, accroitre les inimités, nourrir les blessures et aboutir au désastre. Il est ici judicieux d'amener le conflit devant un médiateur qui a la confiance de tous, devant une autorité impartiale et compétente, capable de trancher avec justesse et de trouver un arrangement.

Dans vos relations, vos arguments ne sont pas assez solides pour que vous puissiez atteindre votre objectif. Prendre une décision ou entreprendre des démarches selon votre point de vue exclusif aboutirait à une impasse. Il est donc nécessaire de revoir et d'ajuster votre point de vue, de définir un objectif qui est juste pour les deux parties du fait qu'il prend en compte les intérêts de chacun, de faire preuve de prudence et de modération, de communiquer avec sagesse, de prendre en compte tous les détails de la situation, d'éviter la confrontation et de faire appel à une personne désintéressée capable de vous aider à trouver un compromis, un terrain d'entente et une solution à l'amiable. Le retour à l'harmonie permet alors en son temps d'entreprendre différemment et avec succès.

C-Selon trois traditions modernes

1-Le Diamant de Naissance. 6 = Le couple, les liens, l'intense activité relationnelle.

Symbolique : Le Carbone. L'étoile à six branches. L'hexagramme. Le lien. Le mouvement de la lumière. La flamme du désir, la flamme de l'amour, le conflit, l'amoureux, les amoureux. Vénus. Le désir, l'amour des câlins et des plaisirs sensoriels, l'attachement, l'intense activité relationnelle, le couple, la famille, les relations sociales, la sociabilité, la vision de la beauté, la révélation de la beauté, l'art, la créativité esthétique/relationnelle, le choix, la gentillesse, la diplomatie, le romantisme. Une relation amoureuse ou une création artistique. La responsabilité d'une relation. Il peut par exemple être obtenu et réduit à partir du 33, du 24 et du 15. **L'adaptation/l'ajustement relationnel/social du moi.**

Les besoins et capacités qui demandent à être exprimées :
-Besoin d'écouter votre cœur et vos vrais désirs pour faire les bons choix, ceux qui génèrent de la joie et besoin d'apporter de la joie aux autres, de servir.
-Besoin de voir/explorer différentes possibilités (de choisir/d'être choisi(e)
-Besoin d'exprimer un sens artistique ou une sensibilité à la beauté, de créer des formes, d'embellir, de faire de votre vie une œuvre d'art, d'être un/une artiste (de la vie).
-Besoin de créer des liens, de vivre une intense activité relationnelle/sociale/familiale, de faire le lien entre différents éléments, de vous engager dans une vie de couple et de famille, d'être amoureux/se, d'exprimer vos désirs, vos goûts et votre sensualité.
-Besoin de couleur, d'harmonie, de douceur et de gentillesse, de joie et de bonheur.

Déséquilibre en excès : Blessure sentimentale et ou familiale. Relation forcée. Dépendance d'autrui pour se sentir en joie. Veut top faire plaisir, focalise uniquement sur les apparences. Tendance à se sentir trop responsable de ses relations familiales, affectives et sociales et à faire des problèmes des autres ses propres problèmes. Séduction, passions amoureuses, hésitation, difficulté à agir, immaturité infantile, infidélité, fusion pathologique, dépendance affective, fashion victim, naïveté qui voit tout en rose, idéalisme, confusion, ignorance. Comédia del arte, tendance à inventer des histoires et à vivre dans la fiction, jalousies, caprices, chantage affectif, difficultés relationnelles et/ou familiales. Divorce.

Déséquilibre en manque : Difficulté à accepter l'autre tel qu'il est. Sentiment de ne pas être aimé/beau/belle. Difficultés à écouter son cœur et ses propres désirs, à faire les bons choix, à choisir, à être centré en soi car se centre sur l'autre, à exprimer un sens artistique, à s'engager en couple, à accepter la responsabilité d'une relation, à assumer ses responsabilités familiales et à vivre en harmonie avec autrui en exprimant une intelligence relationnelle.

Mémoires karmiques : Mémoire de vie agréable dans un lieu beau avec beaucoup de belles personnes, où existait une intense activité relationnelle, mémoire d'artiste ou de personne marié(e) et très liée à sa famille. Le couple, la famille et les relations ont pu jouer un rôle important. La recherche d'un ou d'une partenaire ou de plaisir et l'infidélité a pu être une préoccupation importante. Mémoire de harem. Il y a pu exister un mariage forcé/malheureux, un environnement familial toxique ou une vie d'esclave. Des comportements amoureux déplacés et une séduction excessive ont pu avoir des conséquences importantes. Il peut exister des relations à réparer. Ecouter son cœur et vivre dans l'harmonie avec les autres sont essentiel.

Explication technique : Circuit de la défense. Centre du Plexus Solaire. Elle est en partenariat avec la porte 59, qui elle est associée au sacré, à la communion et à la dispersion. Son thème principal est la joie, l'équilibre émotionnel et l'harmonie intérieure. Sa maîtrise conduit à la diplomatie. Cette porte complexe donne accès à la fois aux sensations, aux émotions et aux sentiments. Elle porte en elle de nombreuses possibilités et il n'est pas simple de trouver la conscience se déplaçant dans la vague de cette énergie. Elle impulse un désir de lien avec l'autre, un besoin d'accouplement et un désir de reproduction pour créer un objet d'amour, pour produire de la vie et des formes.

La tension génère une attraction. La friction génère chaleur et plaisir. Associé au désir de reproduction se trouve un sens « du bon moment pour agir » mais aussi un besoin d'identifier la différence et d'être attiré par elle. L'être humain est génétiquement programmé pour trouver un/une partenaire ayant un minimum de « différence génétique » afin de produire la vie et afin qu'il n'y ait pas d'anomalies génétiques. Trop de similitude génétique génère des conflits aboutissant à des déséquilibres génétiques mais trop de différence génère de la tension et du conflit relationnel. Cette porte permet de trouver un juste milieu entre les deux et de transformer la tension initiale en ouverture relationnelle. Elle est liée à l'équilibre acido-basique qui permet de conscientiser les contenus d'un espace, en identifiant ce qui est à l'intérieur d'un espace et ce qui se trouve à l'extérieur. Elle apporte un début de conscience des frontières, un sens de ce qui est dedans et de ce qui est dehors et surtout une conscience des liens, des couleurs, des tons et des nuances. Elle rend particulièrement sensible au toucher et aux intonations de voix. Elle est étroitement associée à la dualité et fonctionne selon le couple joie/souffrance, plaisir/douleur, gain/perte et espoir/désespoir. Elle permet de s'adapter afin de pouvoir interagir avec autrui et de créer des liens.

Proposition d'interprétation : C'est une porte fortement émotionnelle, qui montre que les émotions gouvernent l'environnement dans lequel vous vous trouvez. Ce que vous éprouvez décide facilement de ce que tous les autres vont ressentir. À clarté d'émotions, clarté d'environnement, tandis que si vous nourrissez des émotions troubles, il y a alors des complications garanties dans vos relations! Vous êtes souvent en équilibre entre d'un côté un besoin de liens, d'alliances et d'intensité émotionnelle et de l'autre de douceur, de paix et d'harmonie, où les choses sont résolues. Du coup votre simple présence peut à un moment donné enflammer les cœurs et l'instant suivant les calmer. Cela dépend de votre état de clarté intérieure et de la façon dont vous mesurez le niveau de mérite d'une situation.

Vous avez tantôt besoin d'une certaine quantité de friction pour soutenir divers processus créatifs et tantôt besoin de jouer un rôle de pacificateur. Vous avez conscience que beaucoup de choses dans la vie ne sont pas rationnelles du fait qu'elles sont impactées par des émotions et que votre rôle est alors d'éclairer les choses, d'apporter de la clarté. Vous avez parfois l'impression de jouer un rôle d'équilibriste qui vacille entre des extrêmes et de vous trouver dans des situations où vous avez qu'une envie, c'est d'en sortir. Vous cherchez alors le juste milieu, celui qui vous permet de parvenir à vos fins, quitte à faire des compromis pour résoudre les problèmes de façon créative, juste et équitable. Vous jouez facilement un rôle d'arbitre que ce soit au travail ou dans vos relations personnelles. Si vous vous laissez aller à des excès, dans quelque domaine que ce soit, vous perdez alors votre harmonie intérieure et votre équilibre. Une trop grande indulgence peut alors avoir des conséquences sous de multiples formes, allant de l'avidité à l'addiction et la dépendance affective, d'une suralimentation à ne penser qu'au sexe. Cette porte de la résolution de conflits encourage un équilibre intérieur, une conscience de vos émotions et la responsabilité d'apporter un équilibre dans votre vie. Bien vécue, une intelligence relationnelle et une maturité émotionnelle vous permet de choisir des terrains fertiles ou les graines ont tout le potentiel de germer et de prospérer, ce qui vous permet de faire de votre vie une œuvre d'art ou de simplement vivre une belle vie. Au niveau corporel, cette porte correspond à la régularisation le pH de notre chimie corporelle afin de trouver ce subtil équilibre entre un milieu acide et un milieu alcalin qui est si important pour le bien-être.

Son dilemme où il doit faire des choix : La protection. **Son partenaire de programmation :** La Clef 36 : la nervosité, la turbulence. **Acide aminé :** Glycine. **Corps :** Le Ph et le plexus mésentérique. **Son anneau de codon :** L'anneau de l'alchimie (6, 40, 47, 64). **Son chemin de transformation :** Le chemin vers la paix. **Planète :** Vénus. **Signe astral HD :** Vierge.

L'ombre de cette porte : <u>Le conflit relationnel.</u>

Cette clef est la grande expérimentatrice des émotions et des relations à une échelle individuelle et collective. Toutes les ombres de toutes les clefs et celle-ci en particulier, sont enracinées dans la fréquence du conflit et cela est du à la friction générée par la dualité, à la différence entre les sexes, à un déséquilibre entre énergies masculines et féminines et à une difficulté à gérer les émotions intenses.

Quand vous vibrez à la fréquence de l'ombre de cette clef, vous êtes complètement identifié, agrippé et soumis(e) à vos émotions. Il y a un stress émotionnel.

Vous avez la croyance et la peur que l'autre puisse vous contrôler, qu'il a du pouvoir sur vous et sur vos émotions, qu'il profite de vous et vous fasse mal, qu'il vous prenne quelque chose, du temps, de l'énergie, de la joie, de la vertu, de l'argent, votre liberté ou au pire votre vie, par exemple. Vous avez peur d'être potentiellement une victime. Il y a la croyance que l'autre peut détruire votre paix et qu'en conséquence vous devez vous protéger grâce à différentes stratégies ; en disant non, en rejetant, en jugeant, en fuyant, en fixant des limites et des frontières ou en étant adorable et en faisant tout le temps plaisir aux autres.

Les humains sont collectivement obsédés par le besoin de se protéger les uns des autres. Vous défendez vos idées, vos principes, vos croyances, vos opinions, vos territoires, vos ressources et votre cœur contre un danger potentiel. Une grande quantité d'énergie et d'argent sont dépensées pour se faire croire que l'on est en sécurité. En réalité cependant, l'autre ne fait que refléter et révéler un conflit beaucoup plus profond, engrammé dans votre code génétique, dans la partie la plus ancienne de votre cerveau et dans vos mémoires ; un conflit que vous avez à l'intérieur de vous et qu'initialement vous ne voulez pas voir parce que vous êtes dans le déni. Ces conflits sont souvent dus à des blessures du cœur. C'est quand vous acceptez de voir que le conflit est à l'intérieur de vous, quand vous prenez la responsabilité de vos émotions et quand vous acceptez d'abandonner vos résistances et vos protections que vous pouvez changer vos comportements générateurs de conflits extérieurs. Cela ne peut se faire qu'en lâchant vos douleurs, en ressentant, en reconnaissant, en acceptant, en pardonnant et en mettant de l'amour là où il y a des blessures et des peurs. Le cœur peut uniquement guérir quand il est ouvert à nouveau, quand il redevient vulnérable. Le conflit est la matière première de votre chemin d'évolution et c'est l'endroit où vous devez le plus focaliser votre attention. Il s'agit ainsi d'examiner vos relations avec courage, avec une ouverture d'esprit et avec le cœur car elles contiennent les graines de votre paix intérieure. Il s'agit de voir que l'autre n'est pas responsable de ce que vous ressentez et que c'est vous la personne responsable. Il s'agit ensuite de prendre soin de vous avec amour et bienveillance et de remettre votre cœur en vie en disant oui à ce que la vie vous propose si cela génère de la joie et non avec diplomatie dans le cas contraire.

C'est quand vous guérissez à l'intérieur que vos relations cessent d'avoir de l'impact et du pouvoir sur vous car soi l'autre personne change soit elle disparait de votre vie. L'enseignement de cette clef est capable de faire exploser votre illusion qu'il y a quoi que ce soit à l'extérieur de vous.

Son cadeau : Les dons et capacités de cette porte : <u>La diplomatie, la gentillesse.</u>

Le cadeau de cette clef permet d'avancer du conflit à la paix et la joie grâce au chemin de la diplomatie. Ce don de la diplomatie est une capacité à ajuster vos comportements pour créer des échanges harmonieux avec autrui. Il résulte d'un équilibre restauré entre le masculin et le féminin, entre le donner et le recevoir, entre l'écoute et l'expression mais aussi d'une capacité à exprimer honnêtement ses ressentis au bon moment. Il peut se manifester dès que vous lâchez vos défenses et que vous ouvrez votre cœur. La diplomatie n'a ici rien de stratégique. C'est une capacité à ressentir le cœur de l'autre, son niveau d'ouverture et sa vulnérabilité, à le comprendre en étant en empathie avec l'autre et à faire preuve de tact et de gentillesse. Il y a alors une véritable capacité à communier avec l'autre de cœur à cœur.

Il y a derrière une capacité à prendre soin de soi, de son cœur et à se sentir en sécurité malgré les peurs au point de ne plus avoir peur d'avoir peur. Vous arrêtez alors d'être une victime de la peur et de vous permettre d'être inconsciemment manipulé(e) par les peurs d'autrui. Vous prenez la responsabilité de vous-même ce qui vous fait changer de fréquence, permet à votre cœur de respirer à nouveau et de faire circuler l'amour dans votre vie. Un système d'alerte vous permet de détecter tout conflit potentiel et de l'éviter grâce à la diplomatie, l'honnêteté et la justesse. Le fait de libérer l'énergie de cette clef ouvre la porte à plein de possibilités, génère une créativité artistique et vous donne le courage d'exposer votre cœur et de prendre le risque d'être rejeté(e) ou de faire face à de la colère et de la peur.

La diplomatie permet alors de s'exprimer avec tact, de savoir quand écouter et quand parler, quand faire une pause et quand avancer. Ce don permet alors de faire tomber les barrières entre les gens, de dénouer et d'ouvrir les cœurs d'autrui et de rétablir la paix du cœur. Il attire ainsi dans votre vie les personnes dont vous pouvez libérer les cœurs. Vous êtes alors un générateur de paix et de joie dans le monde et un témoignage que l'être humain véritable est gentil, aimant, amical et digne de confiance. La créativité et l'intelligence relationnelle sont ensuite mises au service de la vie et permettent de faire de votre vie une œuvre d'art remplie de beauté et de magie et d'agir pour créer du bonheur dans la vie d'autrui.

Le superpouvoir/puissance (Siddhi) de cette porte : <u>La joie, la beauté et la paix.</u>

Quand il y a la paix, il n'y a plus aucun conflit et l'on n'est plus victime du monde extérieur et des autres. L'harmonie et la fluidité règnent. Les indiens Hopi ont un proverbe qui dit que le plus grand de tous les pouvoirs est celui de la paix intérieure car la paix intérieure est la volonté du Grand Esprit. La paix est ici décrite comme la raison d'être et l'aboutissement de l'évolution et selon Richard Rudd, c'est seulement quand une personne a trouvé la paix que son évolution peut être terminée.

Pourtant, dans le monde actuel, l'idéal de paix est considéré comme étant un fantasme de rêveurs naïfs et cela continuera tant que chaque personne n'aura pas compris que la paix ne peut s'établir qu'à l'intérieur de soi et que c'est sa nature profonde qui peut être perçu en écoutant la vie en silence et le silence à l'intérieur de soi. La paix ne peut se répandre que grâce à l'amour dans le cœur et c'est ce vers quoi évolue l'humanité, petit pas par petit pas.

La défense ultime est l'état de vacuité qui ouvre la conscience et révèle que c'est le besoin de se défendre qui maintient l'illusion d'être séparé d'autrui, l'illusion que soi et autrui existent en tant qu'entités distinctes et l'illusion qu'autrui est autre chose qu'une partie de soi et du tout. L'éveil de la conscience permet de réaliser qu'on se défendait contre une fiction, contre quelque chose qui n'existe pas. Il permet de réaliser que l'essence de la forme est la conscience et de transcender la dualité.

La paix et la joie sont reconnues comme étant là quand toutes les ombres ont été transformées, quand l'amour a brulé tout le karma présent dans l'ADN, quand toutes les frontières ont été dissoutes et quand le dévouement, le don de soi et le sens du service à autrui se manifestent. L'énergie émotionnelle sous-jacente génératrice de demandes s'est transformée en paix et est expérimentée en tant que tel grâce à la communion avec soi-même et avec la Source de toute Vie en soi. Il y a transcendance de la forme. Il se produit alors une alchimie intérieure qui transforme l'être humain et génère une multitude de formes, de couleurs et de cultures qui forment le tableau de l'humanité cohabitant en paix et la beauté de la vie.

Chapitre 7 : Le nombre 7 aussi écrit 7

A-Son nom, son graphisme et sa symbolique : Le nom du nombre 7 vient du fond des âges, bien avant le déluge. Il serait lié au mot celte « saith », qui signifie flèche mais aussi étoile.

Il serait également lié au dieu de la mythologie égyptienne « Seth » qui était le frère d'Osiris. En Mésopotamie, Seth était appelé Enlil, « le gérant du ciel » et du système solaire donc de l'espace tandis que son frère ainé était Enki « le gérant de la Terre » et bienfaiteur de l'humanité. Seth venait des étoiles et savait manier les orages, la foudre, les armes basées sur le son, la lumière et les fréquences et était tout sauf pacifique. C'était un soldat, un guerrier Anunnaki. Il y a eu plusieurs guerres impliquant Enlil, son père Anu et le fils d'Enki Marduk et il est dit que Seth a tué son frère Osiris qui a ensuite été ressuscité par technologie de clonage en utilisant l'énergie des pyramides. 7 est ainsi associé dans son côté sombre au combat, à la guerre et aux armes et on retrouve cela dans de nombreuses traditions terriennes comme nous verrons plus loin. Le graphisme même de la rune 7, écrite X, évoque une cible pour s'entrainer à viser correctement. Le nom du septième hexagramme du Yi-King est l'armée et la septième carte du Tarot est un soldat sur son char, le général en chef de l'armée.

Le nombre 7 serait lié à l'étoile de Sirius dans la constellation du Chien, autre étoile dont les habitants auraient eu des liens étroits avec les habitants de la Terre au point que les Dogons, peuple africain du Mali, se disent liés à Sirius et connaissaient l'existence des deux étoiles de Sirius, qui est une double étoile, depuis bien longtemps avant que l'astronomie moderne ne les découvre. Sirius n'est qu'à 8 années lumière de la Terre ce qui est proche d'un point de vue astronomique. Les anciens avaient repéré, sur des temps infiniment longs, que Sirius changeaient de couleur, passant de blanche à rouge (le rouge est associé à Mars, qui a été réduite à un désert aride suite à une guerre) et redevenant blanche. Ils la comparaient à un chien (dog en anglais). Le graphisme du nombre 7 ressemble au nombre 1 et pour le différentier, on met souvent une barre horizontale au milieu.

Le graphisme peut symboliser un outil, une arme, une flèche ou le trajet d'un mouvement qui va vers le haut puis en arrière ou un mouvement horizontal qui finit par plonger vers le bas. Le nom mésopotamien pour l'étoile Sirius signifie flèche ou pointe de flèche. La ligne horizontale évoque un objet qui est planté dans la barre verticale et qui interrompt le mouvement de vie. On peut facilement interpréter les trois runes s, e et t comme signifiant une catastrophe où à la foudre (s) lié à un cheval (e) venant du ciel (t) et c'est ce qui est arrivé à la Terre mais aussi à la planète Mars ; le cheval du ciel crachant de la foudre étant un vaisseau spatial de guerre.

En numérologie moderne, 7 est associé à une unité, à un groupe formant une unité. Il y a 7 jours de la semaine qui représente le quart d'un cycle de la Lune autour de la Terre, 7 notes de musique et 7 couleurs de l'arc-en-ciel. Dans son côté lumineux, le 7 est associé à l'apprentissage de l'union harmonieuse du masculin (4) et du féminin (3) et à l'alignement harmonieux entre l'intelligence, l'âme et le corps, où chaque pensée, émotion et action jaillit de la puissance de l'amour inconditionnel. C'est l'amour en action.

B-Selon trois traditions anciennes :

1-La tradition germanique des Runes. 7 = le cadeau du don de soi.

La Rune 7 se nomme Gyfu prononcé guifou. Elle a donné naissance au mot « gift = cadeau/don) en anglais.

Son numéro : Gyfu est la septième rune du Futhark. Le chiffre 7 peut être obtenu en additionnant les chiffres 1 et 6, 2 et 5 ou encore 3 et 4. Il évoque ainsi l'union du ciel et de la terre, les impulsions du feu initial (1) qui prennent forme (6) ou les sens qui sont orientés dans une direction précise, les richesses du féminin (2) qui s'expriment en conscience (5) et les idées ou la puissance de l'énergie en mouvement (3) qui se concrétisent et structurent la matière (4) ou encore la puissance intelligente et les structures (4) qui se mettent en mouvement (3). Il est ainsi considéré comme un nombre dynamique, sacré, mystique et magique. Il est associé aux sept couleurs de l'arc-en-ciel et à l'ordre invisible du monde.

Résumé et essence de la rune : Je suis le résultat d'une union entre une force masculine et une force féminine. Je suis une intention qui est nourrie par la volonté et par les sens puis orientée par des capacités d'organisation afin d'atteindre un objectif et un résultat. Je suis une volonté qui donne à la vie avec générosité le meilleur de moi-même et j'incarne les talents, les dons et les capacités que la vie m'a données et que je peux exprimer. Il y a des liens qui se structurent et qui sont nourris par l'amour et la générosité. Il y a un échange harmonieux, un partage équilibré, un rééquilibrage. Je suis enfin la structure permettant de porter la lumière, la torche. Il est judicieux d'effectuer une offrande, de donner ou de recevoir. Il y a un élément qui donne, ce qui est donné et un élément qui reçoit. Le fait de donner peut-être considéré comme un sacrifice positif. Deux éléments (deux personnes, le plan divin/humain, le plan humain et le monde d'en bas, le passé et le présent) s'unissent pour former une structure nouvelle.

L'aspect sombre de la rune : Il est symbolisé par un refus de partager, par une difficulté à donner ou à recevoir, par un échange déséquilibré ou source de déséquilibres, par une tendance à donner en attendant quelque chose en retour ou par un problème qui survient lors de l'échange. Ce qui est donné ou reçu peut être un cadeau empoisonné ou une cause de déséquilibres voir d'un violent conflit.

Son phonème : Cette rune est associée au son g (gagner ou gift en anglais).

Mots clés : une opportunité impliquant la nécessité de se décider, la réception d'un cadeau, la nécessité de donner le meilleur de soi, une mission à accomplir, une opportunité de rencontre, une période de chance, l'union de deux énergies complémentaires, une union sexuelle, un partage harmonieux, la nécessité d'utiliser ces capacités et d'organiser les choses afin d'obtenir un résultat, une relation qui se structure, des liens stables.

2-La tradition du Tarot Italien. Le résumé/l'essence de l'arcane : 7 = le chariot.

En avant toute ! Avec le Chariot, je m'autorise à choisir le bon objectif, à prendre les bonnes décisions, à m'engager, à être efficace et performant(e), à trouver la bonne route, le bon cap, la bonne direction et à atteindre ma destination. Avec l'aide de mon objectif, de mon ambition, de ma motivation, de ma force, de mon dynamisme, de ma détermination, de ma confiance en moi, de ma foi et de mon intelligence stratégique, je mobilise et organise mes ressources. Je me mets en mouvement. J'entreprends les actions, les démarches et les voyages qui me permettent de réussir dans tous les domaines. Je fais ce qui est nécessaire pour obtenir le meilleur résultat possible et pour accéder à une victoire légitime, tel un cocher, en entrepreneur ou un général qui mène, guide et accompagne ses troupes au combat. Je sais également prendre des temps de pause pour réfléchir, m'intérioriser et faire le point ou un bilan technique, prendre en compte tous les paramètres puis réajuster ce qui doit l'être.

3-La tradition du Yi-King Chinois. 7 = L'armée. La force collective.

Résumé du nombre : Etre comme un général qui mobilise armes et armées, avec discipline, un objectif juste et « SMART », une stratégie efficace, pour agir, vous engager dans une entreprise et obtenir des résultats et une victoire.

Explication technique : Quand un conflit s'étend, se généralise et qu'une bataille se prépare, il est nécessaire de mobiliser son armée et de rassembler ses armes. C'est pourquoi après « Le conflit » vient « L'armée ».

Le trigramme **Kouen** demande obéissance, dévouement, humilité, malléabilité, compassion et capacité à prendre soin de la vie en respectant le juste rythme. **Tchen**, le tonnerre demande de gérer des projets, de se mettre en mouvement, de trouver des solutions, de s'adapter à l'imprévu, de générer un état de liberté intérieure et d'aboutir à une renaissance. **Kan**, l'eau, demande d'avancer avec fluidité et souplesse, de tenir compte de l'invisible, d'avoir conscience des risques et des dangers, d'éviter la misère et la souffrance et de suivre le chemin de moindre résistance. Kan signifie l'eau et le danger. Kouen est la terre. L'eau s'accumule ici dans la terre. Cela symbolise la force militaire qui s'accumule au sein du peuple, mais aussi la présence du peuple dans le gouvernement.

L'armée ne se voit pas en tant de paix mais peut être mobilisée comme une source de puissance en tant de conflit interne, ou lorsqu'une force ennemie menace le pays. Une armée est la somme de forces individuelles qui deviennent une force collective en mouvement grâce à l'organisation, la discipline, l'ordre, le respect des règles, un objectif clair et une direction adaptée, comme sous l'effet d'une force de gravité qui attire vers un objectif. Pour qu'une armée soit puissante, elle doit être soutenue par le peuple et avoir l'objectif commun de défendre le territoire.

Pour cela, les dirigeants doivent assurer, en temps de paix, la prospérité économique et le bien-être du peuple. Et ils doivent réellement représenter le peuple qu'ils gouvernent. La discipline ne doit pas être imposée par la contrainte ou par la violence.

Pour que l'armée ne soit pas dangereuse et pour qu'elle soit efficace, elle doit être capable d'obéissance aux ordres d'une personnalité expérimentée, juste, forte, habile, éclairée, capable de discipline, de discernement, de stratégie, de susciter l'enthousiasme, de motiver ses troupes et de se faire obéir en toutes situations. Pour exercer ses responsabilités et son art avec succès, le général doit avoir l'entière confiance de son dirigeant et le soutien collectif de ses soldats. Il doit être capable de doser justice et humanité, souplesse et fermeté, maturité et compassion. Les objectifs doivent être clairs et compris par toutes les personnes concernées. Leur importance et leur valeur doivent être spécifiées. La guerre est le dernier refuge de la stupidité et de l'incompétence. Elle est un désastre qui génère la misère et des ravages. Elle ne doit être entreprise que pour la défense, qu'en ultime recours, telle une médecine toxique utilisée quand toutes les autres possibilités ont échouées. Pour qu'il y ait une unité et une force de conviction au sein de la force collective, le peuple doit s'investir en toute conscience. Et pour cela, la guerre doit répondre à un impératif évident et à une cause juste. Alors seulement une victoire est possible. Il est impératif que les commandants s'assurent que les civils soient protégés et qu'aucune injustice ou violence ne soit commise envers eux dans l'intensité des combats. Une paix durable peut et doit alors revenir quand la guerre prend fin. Les caractères chinois anciens formant cet hexagramme montrent deux bâtiments en terre et un drapeau militaire accompagné du chiffre 1, désignant un camp militaire et la présence du général en chef.

Interprétation classique : Il s'agit ici pour vous d'être un entrepreneur performant, de canaliser votre abondante énergie dans une direction appropriée ou symboliquement d'être comme un bon général qui mène ses troupes au combat et surtout à la victoire. Le temps est venu de participer à une action collective ou de diriger un groupe, une entreprise, une équipe, une force collective ou une personne composée de multiples facettes. Cela nécessite de l'autorité, une discipline, une organisation avec des règles adaptées, une stratégie, un objectif juste et légitime, une communication efficace, la présence d'un dirigeant compétent, l'adhésion des personnes présentes dans l'environnement et le soutien de l'autorité en place. La générosité, le partage, des messages clairs et la capacité à susciter l'enthousiasme permettent d'unir les membres du groupe, de les motiver et de les diriger efficacement. Pour mener à bien votre entreprise, vous devez être fermement convaincu du sens et de la justesse de vos objectifs et de vos actions. Vous devez les intégrer au sein du collectif, considérer votre rôle dans le contexte de la société, adopter une philosophie tenant compte de la vie dans son ensemble et supposer qu'une force collective vous soutient. Si vous vous sentez coupé de la société, il est temps de faire l'expérience de l'engagement, du travail en société ou de l'action collective mais aussi de vous rendre compte votre pouvoir de décision, votre engagement, le travail et l'activité en groupe sont des ressources puissantes au service de l'humanité et qu'elles vous permettent d'accroitre vos propres ressources et vos propres forces. Cela nécessite une ferme détermination et une conscience en éveil. Dans vos entreprises et vos relations, faîtes appel aux ressources proposées par la société et à l'action collective.

Sollicitez l'aide et le soutien des personnes qui vous entourent en sachant les convaincre de la nécessité d'agir. Considérez la situation comme représentative d'un phénomène social plus vaste que vous. Focalisez-vous vers un objectif juste et mettez en place l'organisation et la discipline nécessaire pour l'atteindre, sans perdre de vue votre centre et vos valeurs essentielles.

L'époque est propice pour élargir votre vision et vos objectifs de façon à englober l'évolution de la société et de l'humanité, pour synchroniser vos objectifs personnels avec des objectifs collectifs ou simplement pour entretenir vos capacités, vos compétences et votre performance. Vous pouvez alors vous sentir appelé à jouer un rôle au sein de l'action collective, comme membre ou comme dirigeant(e) éclairé(e).

C-Selon trois traditions modernes

1-Le Diamant de Naissance. 7 = le soldat, le sportif, l'entrepreneur/neuse, le guide ou dirigeant(e) éclairé(e), la victoire.

Symbolique : Le Nitrogène (Azote). La conscience et la structure de la lumière, du son, du système solaire et du corps (7 plans de conscience, 7 couleurs, 7 notes principales, 7 « planètes » visibles depuis la Terre, 7 chakras). Les faits tels qu'ils sont. La connaissance. L'équilibre actif entre le masculin et le féminin. Le cadeau, le don de soi. La foi en sa mission. L'intelligence et la conscience. L'armée, le chariot. Objectif, stratégie, action, résultat, victoire. Mars, Jupiter et Soleil. L'entreprise, le sport, l'armée, le centre d'entrainement spirituel.
Une victoire et une réussite. Il peut par exemple être obtenu et réduit à partir du 43, du 34, du 25 et du 16. **Les sacrifices, les victoires du moi et l'éveil spirituel du moi. 22/7= Pi.**

Nombres particuliers dont l'addition donne 7 : 25 et 52. 25 = Union du féminin et du masculin sacré, de la Grande-Prêtresse et du Grand-Prêtre ou nombre des Prophètes. 34 et 43 = Union du féminin et du masculin dans la vie et l'action, de l'Impératrice et de l'Empereur.

Les besoins et capacités qui demandent à être exprimées :
-Besoin de définir un objectif pertinent, un cap ou une destination précise
-Besoin de mettre en place la bonne organisation, la logistique, la stratégie pertinente/cohérente, de poser des actions, de faire les démarches nécessaires, d'obtenir des résultats/victoires, d'atteindre votre destination, d'être rapide et efficace et de réaliser des projets
-Besoin d'être comme un général qui mène ses troupes au combat, de partir en mission, d'être conquérant(e), de vous déplacer (taxi, VRP, livraisons), d'avancer, d'être motivé/engagé, d'exprimer une intelligence organisatrice et de faire preuve de courage
-Besoin de vous donner l'autorisation d'agir, de démarrer, de prendre les rennes de votre vie en main, d'être autonome, d'être maître de votre vie, d'avoir foi/confiance en vous et d'être spirituellement conscient(e).
-Besoin de travailler dans le monde de l'entreprise, du sport ou de l'armée/police
-Besoin d'exprimer une vivacité mentale puis une conscience spirituelle éclairée

Déséquilibre en excès : Blessure d'armes, de guerre ou lors d'un déplacement. Déplacement ou changement de lieu de vie forcé. Orgueil, dirigisme, domination, solitude. Blocages fonctionnels, obstacles, ne s'autorise pas à faire ce qui est nécessaire, coupé des autres, s'empêche d'avancer, pannes, impulsivité, n'a pas honte, agressivité belliqueuse, impatience, excès de vitesse, suractivité mentale, incapacité à se détendre, risque de burnout, fanatisme.

Déséquilibre en manque : Manque de compréhension, de vision et de foi, manque de spiritualité/sagesse et excès de mental, manque d'assurance, de confiance en soi, de joie et de courage. Sentiment d'être perdu, de ne pas savoir où aller ou quoi faire. Sentiment d'échec. Pauvreté, solitude, misère, difficultés à se poser, à se fixer des objectifs, à trouver sa route, à se motiver, à s'affirmer, à agir, à s'organiser de façon efficace et cohérente, à entreprendre, à maîtriser sa trajectoire et sa vie et à réussir.

Mémoires karmiques : Mémoire de vie dans un lieu où existait une intense activité. Mémoire de soldat, de sportif, d'entrepreneur ou de scientifique/d'intellectuel. La guerre et des conflits ou un exil forcé ont pu jouer un rôle important. La recherche d'une victoire a pu être une préoccupation importante. Des comportements violents ont pu avoir des conséquences importantes. Vous affirmer, faire un bon usage de votre intelligence organisatrice/ de votre force et vous perfectionner sont essentiel.

2-Le Design Humain : 7 = La porte du rôle du Soi ou de l'uniformité.

Explication technique : Circuit de la compréhension. Centre du Cœur ou G. Elle reliée à la porte 31 qui représente l'influence. Son thème principal est le soutien au pouvoir en place et sa maîtrise rend capable de conseiller et diriger les gens. Cette porte est fortement influencée par les conditionnements et par les demandes inconscientes du père et de la mère. Elle apporte une conscience des futurs possibles et logiques. Elle fournit l'énergie permettant de déterminer la direction logique à prendre ou le changement de direction à effectuer en se basant sur des schémas et des stratégies préétablies. Elle permet de diriger sa vie mais aussi de diriger un groupe en tant que chef. Elle permet de jouer un rôle de dirigeant et d'influencer autrui en donnant une direction à suivre.

Proposition d'interprétation :

Vous êtes un(e) leader naturel et un homme/femme de pouvoir, à la fois pour diriger votre vie personnelle et pour diriger les personnes présentes dans votre environnement professionnel. Vous savez agir avec efficacité et travailler vers une compréhension et la réalisation d'un but commun. Vous n'êtes probablement pas le maître absolu de votre monde, mais plutôt un général performant, ou un chef d'entreprise qui assume la responsabilité de l'organisation de ce monde. Intérieurement, vous êtes discipliné et organisé.

Vous savez que les buts peuvent s'atteindre lorsque vos recrues ou ceux qui viennent vous demander conseil s'accordent à votre façon de faire. Vous défendez la marche à suivre et espérez que les autres voient les choses comme vous. Avec cette autorité, il est vraisemblable que les gens viennent vous consulter pour vos conseils et vos connaissances et appliquent vos directives. Si vous savez être ferme mais juste, vous ne pouvez réellement avancer que sur la base d'un consentement commun. Si vous n'avez pas suffisamment de discipline intérieure, vous vous laissez influencer par les tendances, les sondages, une agitation collective ou par les goûts et les aversions de votre entourage. Cela ne veut pas forcément dire que vous avez des opinions rigides, mais qu'il est important pour vous de reconnaître et de défendre votre propre vérité. Et si cela implique d'aller à contre-courant de la foule, ou même de renoncer à votre rôle de leader, c'est exactement ce qu'il faut, à condition que vous soyez, à ce moment-là, aligné avec votre propre vérité.

Quelle que soit la façon dont vous vous y prenez, n'oubliez pas que le succès ne vient pas par la force, mais en sachant séduire les cœurs, les consciences et en nourrissant l'enthousiasme de ceux qui vous admirent.

3-Les Clef Génétiques. 7 = La vertu est sa propre récompense. L'alpha.

Son dilemme où il doit faire des choix : Les frontières. **Planète :** Mars. **Signe astral HD :** Lion.
Son partenaire de programmation : Clef 13. **Corps :** Diaphragme.
Son anneau de codon : L'anneau de l'union (4, 7, 29, 59). **Acide aminé :** Valine.
Son chemin de transformation : La guidance.

L'ombre de cette porte : <u>La division.</u>

Cette clef apporte un sens des objectifs, de la stratégie, de l'action, de la persuasion et des résultats et fonctionne avec des objectifs et un sens de la hiérarchie qui est encodée dans ceux de nos gènes ayant une origine reptilienne. Ces gènes programment certaines personnes pour être des leaders, des dirigeants et d'autres personnes pour les suivre. C'est la raison pour laquelle les sages Chinois ont nommé cet hexagramme l'armée. Mais au niveau de l'ombre, ces capacités sont facilement utilisées pour atteindre des objectifs personnels égoïstes et pour satisfaire un besoin d'attention et d'être vu(e) afin de grimper dans la hiérarchie. Le pouvoir est ici le pouvoir militaire, le pouvoir par la force des armes et de la manipulation ou du commandement. La hiérarchie est basée sur la division et génère de la division. Le dilemme de cette clef étant les frontières, si une personne n'est pas ancrée, positionnée et n'a pas clairement conscience de ses frontières, elle risque d'être embarquée dans l'histoire de quelqu'un d'autre. Si les intentions d'une personne ne sont pas enracinées dans le service aux autres, elle a ici tendance à diviser pour régner.

Si elles sont enracinées dans le service sans la conscience, la clarté, l'engagement, l'humilité, maturité, le soutien, la capacité à écouter et sans y être invité, les résultats peuvent être douloureux et générer des blessures.

L'ombre de la 7m clef ne peut inspirer le respect ou la loyauté car il est enraciné dans un désir de pouvoir plutôt qu'un désir de servir pour le bien de tous les êtres et il a un problème pour avoir confiance en autrui. Lorsque cette clef est réprimée, il peut exister une tendance à jouer un rôle de victime, à me pas s'affirmer, à se cacher et à vivre planqué(e), ce qui arrange la plupart des personnes reconnues comme étant des figures d'autorité du fait que leur autorité est le business qui les fait vivre. Cette clef pose la question de quelle lucidité vous avez sur les intentions/agendas d'autrui et de quel pouvoir vous donnez aux autres pour impacter votre vie. De nombreuses figures d'autorité vous maintiennent dans un lien de dépendance et sont agrippées à vous et vous à elles grâce à des stratégies de manipulation basée sur l'argent, les émotions ou les modes de pensées. Elles piègent les gens en leur faisant croire qu'ils ont besoin d'être dirigés. La peur de l'ombre de cette clef est celle de perdre son pouvoir, son statut et ses avantages financiers. C'est un univers du chacun pour soi que ce soit à l'échelle individuelle ou à l'échelle d'une entreprise, d'un business.

Son cadeau : Les dons et capacités de cette porte : <u>La guidance.</u> <u>L'atteinte des objectifs.</u>

Cette clef est conçue pour être un moyen de manifestation et de réalisation globale. Les personnes qui en disposent ont un impact sur les autres et une capacité d'influence de part un fort pouvoir personnel. Suivant comment ils utilisent la puissance d'influence de la clef, elles entrainent l'humanité soit vers plus de chaos soit vers une évolution et une complétude.

Le chemin est ici de passer de la peur à l'amour et de passer du service pour soi-même au service à tous. Une figure d'autorité juste et authentique est celle qui vous écoute et vous comprends, qui vous incite à vous donner vous-même la permission de lâcher vos souffrances, qui vous aide à reprendre votre pouvoir personnel, à maîtriser votre vie et à vous épanouir en atteignant vos objectifs et quand c'est fait elle vous dit au-revoir. Guider autrui avec justesse implique d'avoir clairement conscience de ses motivations, de guider autrui uniquement quand il y a une demande et de prendre le temps de clarifier la situation avant de s'engager. La meilleur guidance est parfois de ne pas guider et de permettre à la personne de trouver son propre chemin. Bien souvent, les gens n'ont pas besoin de guidance mais juste d'être écoué et entendu. La clef d'une guidance juste se trouve dans la qualité de présence, dans une capacité à faire le silence à l'intérieur et à être immobile de façon à pouvoir faire une place à l'invisible, à communier avec l'autre dans un même champ quantique, à être en résonnance avec l'autre et à percevoir l'autre en soi. Ce qui est juste peut alors émerger et il devient possible d'aider autrui à trouver leur propre chemin et à tracer leur propre route. Il y a alors la possibilité d'être comme un pouvoir sage caché derrière le trône qui se soumet à la vie en faisant confiance aux processus naturels d'évolution. C'est quand les individus expriment leur pouvoir personnel de façon juste et autonome qu'une organisation peut prospérer.

Quand on prononce le mot vertu, on pense à juste titre aux vertus de l'âme capable de faire disparaitre les vices de l'âme. La vertu est ici définit comme une capacité à incorporer et à manifester des qualités ; des savoir-être/faire/combiner. Il s'agit de votre lumière intérieure, le rêve illuminé de votre éternité caché dans vos os. Dans la tradition Bouddhiste, la vertu se développe par les pensées justes, les paroles justes, les comportements justes et les actions justes, c'est-à-dire remplie d'amour et de bienveillance et génératrices d'harmonie et de joie.

Elle se développe en prenant soin de soi et d'autrui, en étant dans le service aux autres et en se soumettant à la vie. Les deux trigrammes qui composent l'hexagramme 7, l'eau en bas et la terre en haut, évoquent l'eau cachée dans la terre qui émerge en tant que source. Ils évoquent la vie qui émerge de l'intraterre et les vertus qui émergent de l'intérieur.

Tout comme l'eau, les vertus et l'amour peuvent être accumulées puis se manifester concrètement dans notre vie depuis notre cœur pour réparer ce qui doit l'être et générer de l'évolution. Une armée de vertus apportent alors la victoire sur la négativité, d'être la meilleure version de soi-même. Elles permettent de faire triompher la lumière et chaque personne peut alors se rassasier à la fontaine des vertus. La pouvoir est ici celui de la conscience, de l'amour et de la sagesse. Ce pouvoir permet l'émergence de dirigeants éclairés, visionnaires et vertueux, le développement d'un système de leadership collectif et l'émergence d'une conscience supérieure à une échelle collective.

Chapitre 8 : Le nombre 8

A-Son nom, son graphisme et sa symbolique : Le mot français huit semble être une transformation phonétique du mot Celte « wyth », que l'on retrouve toujours dans la langue du pays de Galles, qui signifie 8. Si on décortique les lettres du nom du nombre 8 avec les runes, la lettre H évoque un chemin, un chantier qui mène à sa vérité profonde afin de trouver la paix intérieure. La lettre U évoque la Source de toute Vie.

La lettre I évoque la force de l'amour et l'alignement entre les deux extrémités du I, entre ce qui est en haut et ce qui est en bas et la lettre T évoque le ciel et la possibilité de créer son bonheur sur Terre en trouvant les ressources nécessaires. C'est précisément ce que propose et permet la civilisation, un cadre ordonné où l'âme peut s'exprimer pour cheminer, évoluer, manifester la meilleure version de soi et manifester sur Terre la volonté créatrice de la Source de toute Vie. Alors que les 7 premiers nombres évoque des choses visibles, la Terre, le Soleil, le mouvement, les étoiles qui encadrent l'écliptique solaire, les Pléiades et Sirius, le 8 va au-delà du visible et intègre l'ordre cosmique invisible constitué de lois agissantes. Le graphisme du 8 évoque deux cercles, un cercle céleste et un cercle terrestre, posés l'un sur l'autre et se rejoignant au centre. Cela évoque les lois du ciel et les lois de la Terre, garantes d'un ordre caché dans l'univers. Cela évoque également le feu en haut et l'eau en bas qui s'unissent pour créer la vie. Cela évoque l'individuel en bas et le collectif en haut. Le graphisme du 8 a cette particularité d'être symétrique à la fois horizontalement et verticalement, révélant un équilibre, une harmonie, une justesse. Il évoque une boucle se répétant à l'infini et symbolise ce qui est éternel. Le symbole de l'infini est un 8 couché, horizontal, ce qui évoque l'espace tandis que le 8 vertical évoque le temps. Le 8 symbolise ainsi la manifestation de la conscience dans la matière et les cycles éternels de la vie individuelle et collective, ce qui inclut la réincarnation des âmes. Le centre du 8 est un portail qui amène au 16, son octave et à l'expérience de l'éveil. Le mot nuit (N8) vient du mot 8 et suggère que 8 heures de repos sont nécessaires.

1-La tradition germanique des Runes. 8 = la bannière du clan.

La Rune 8 se nomme Wyn prononcé vine. Son symbole représente la bannière du clan tissée, son logo qui montre à quel groupe on appartient au sein de la civilisation.

Son numéro : Huitième rune du Futhark, Wynn symbolise alors l'union consciente du ciel et de la terre, du haut et du bas. Il représente la conscience de l'ordre des choses qui se manifestent dans le monde des Hommes et la conscience de la Source de toute Vie qui est créatrice de cet « ordre des choses » par amour et par plaisir. Le 8 symbolise la loi de l'équilibre, le sens de la justice et de la justesse, le point de rencontre entre un cycle matériel et un cycle spirituel, la conscience que tout est lié et les relations existantes entre tous les Hommes. Cette huitième rune est la dernière du premier groupe de huit runes qui forment la famille ou Aett de Frey. Elle termine le premier tiers du Futhark. Elle évoque ainsi le résultat des sept étapes précédentes.

Résumé et essence de la rune : Je suis une puissance rassembleuse, organisatrice, formatrice et créatrice de relations. J'attire et relie entre eux différents éléments puis les poussent vers une action harmonieuse génératrice de partage, d'équilibre et de joie. Ces différentes forces travaillent alors ensemble afin de créer et nourrir un clan, une énergie de groupe, une association, une structure civilisée adhérant à un ensemble de règles. Je suis la bannière du clan qui unifie et qui préserve l'intégrité du groupe. J'incarne la motivation profonde source de toute activité, c'est-à-dire la volonté de joie, le plaisir du cœur, du corps et de la conscience, l'harmonie, la justesse et la joie du partage dans un état de bonté du cœur grâce à des activités réalisées en commun et grâce aux liens qui existent d'une part entre le cœur et la conscience et d'autre part entre les êtres humains. J'incarne enfin l'action juste source de joie et la beauté synonyme de grâce.

L'aspect sombre de la rune : Il est symbolisé par un déséquilibre, par un refus d'être en lien avec autrui, par une situation plombée et décevante, par un problème relationnel, par un manque d'harmonie, de justesse, de conscience, de reliance et de joie ou par une joie provoquée artificiellement (alcool, drogues, substances chimiques).

Son phonème : Cette rune est associée soit au son v comme le mot français vie ou le mot anglais victory, mais parfois aussi au son w comme le mot whisky.

Mots clés : la joie d'être en vie, le sentiment d'être en harmonie avec ce qui est présent dans l'entourage, la civilisation et le groupe auquel vous appartenez, la voie juste, l'action en harmonie avec l'ordre des choses, les conséquences positives d'actions entreprises, un résultat positif, un plaisir partagé, le partage, la création de liens avec autrui, la connaissance des autres et l'acceptation des différences, les activités associatives, un partenariat fructueux, la motivation source de joie, le partage avec autrui, une soirée agréable, une fête, la joie et le bonheur, la grâce, la possibilité de jouir pleinement d'une situation et de récolter les fruits du travail précédemment accompli.

2-La tradition du Tarot Italien. Le résumé/l'essence de l'arcane : 8 = la justice.

L'ordre de la vie, ce qui signifie « la Nécessité », s'incarne dans la civilisation, dans la société, par la Justice, concrètement par la loi, où chaque pensée, désir, attitude et action a des conséquences. Je récolte et j'assume avec responsabilité les conséquences de mes actions. A la fois juge, jury et exécutant, j'agis pour rééquilibrer ce qui doit l'être en fonction de la loi. Et selon l'adage « Nul n'est censé ignorer la loi ». En tant que personne gardienne de la civilisation, j'observe chaque détail, je pèse le pour et le contre puis je tranche selon ma conscience. Je m'investi dans des activités associatives. Je rends visite à une administration. Je gère une structure ou des informations administratives, des systèmes d'informations et souvent des lois. J'équilibre ce qui ne l'est pas afin de générer harmonie, ordre, vérité et justesse. Je tranche pour rendre ma sentence. Je crée et perpétue la civilisation par mon intelligence relationnelle et par mes activités sociales. Je développe l'équanimité. Une rencontre importante a lieu.

3-La tradition du Yi-King Chinois. 8 = La civilisation.
(Le lien social. L'accord. L'union. L'association. L'ordre social. Tenir ensemble.)

Résumé du nombre : Perpétuer la civilisation soit en vous investissant dans une association, une entreprise ou une administration, comme créateur ou participant, avec justesse, équanimité et intelligence relationnelle, soit en faisant des choses avec au moins une autre personne.

Explication technique : La jeunesse apprend, gère ses conflits, se discipline, puis trouve un équilibre et participe à la civilisation. Quand l'armée se retire après avoir obtenu la victoire, les niveaux de tensions deviennent équilibrés. L'ordre social revient et permet de reconstruire la civilisation. C'est pourquoi après « L'armée » vient « La civilisation ». **Kan**, l'eau, demande fluidité, authenticité, gestion des émotions et des risques, d'aller au-delà des illusions, de s'adapter en fonction des nécessités du terrain et de rester toujours fidèle à son essence divine. **Ken**, la montagne, demande la qualité, la sagesse, la simplicité, le calme intérieur, la profondeur, la discipline, l'organisation dans la durée, la prudence et la maîtrise de soi.

Kouen, la terre, demande de servir la vie avec dévouement. La terre s'associe avec l'eau. Deux éléments de nature différente s'allient pour perpétuer la vie. Les cours d'eau, portés par la terre, s'unissent pour former un fleuve qui finit par se jeter dans l'océan. L'eau est partout soumise aux mêmes lois.

Elle adhère à la terre, suit sa nature et retourne d'où elle vient. Ainsi, les hommes s'associent, font des choses ensemble, coopèrent, créent des liens et s'entraident pour former une civilisation régie par une même justice. Tout comme l'océan uni tous les fleuves, les structures sociales, les associations formant la civilisation et des valeurs justes doivent unir les Hommes, faciliter les alliances, promouvoir l'entraide et l'esprit de solidarité et favoriser le sentiment d'appartenance. Ainsi, l'être humain prend conscience de l'ordre des choses. Il organise puis rassemble les parties de sa personnalité autour d'un centre directeur, pour progresser vers le meilleur de lui-même, afin de retourner à sa source originelle. Le souverain uni les hommes selon une vision collective pour créer un organisme social. La civilisation est alors le terrain propice au développement personnel. L'idéogramme ancien de cet hexagramme représente deux êtres humains qui marchent ensemble dans une même direction.

Interprétation classique : Prenez conscience qu'à l'intérieur de vous comme à l'extérieur, il y a une civilisation, puis organisez-vous pour participer activement à votre civilisation à travers un engagement au sein d'une alliance solidaire. Toute civilisation est construite selon des lois universelles et des lois humaines, qu'il est judicieux de connaitre. Ainsi, les rencontres se font et les liens se nouent en fonction d'opportunités. Les personnes qui ignorent ces opportunités s'excluent elles-mêmes de leur communauté. Comme elles partagent peu, elles ne sont pas non plus écoutées et n'ont que peu d'influence. Sans relations sociales structurantes, l'individu s'isole dans ses illusions. Observez comment une civilisation se créé et se perpétue quand des personnes se rassemblent, s'associent, passent des accords, créent des alliances, s'entraident et se complètent mutuellement dans un esprit de solidarité, partagent des expériences en commun et vont dans une même direction. Cela engendre un langage, des traditions, des valeurs communes, des lois et un ordre social qui sont les bases du progrès tant pour l'individu que pour la communauté. Prenez conscience que chaque personne fait parti de sa civilisation et entretient des relations sociales avec des personnes ou avec des associations, où chacun adhère librement.

Voyez qu'en créant des liens, en s'associant et en coopérant, chacun est nourri, complété puis trouve sa place et un sens à sa vie. Observez que l'union entre les membres de la civilisation perdure de façon harmonieuse grâce à des lois justes qui font respecter l'ordre et grâce à un centre qui permet de se regrouper, de se joindre et d'agir ensemble, telles les planètes autour du Soleil ou tel l'océan vers lequel se tournent tous les fleuves. Ce centre peut exister en vous en tant que valeur dominante, être une personne désignée pour diriger le groupe, ou être un objectif commun qui rallie les individus. Quand des personnes compétentes créent ensemble une association répondant à un besoin collectif, elle devient un centre de ralliement. Les personnes intéressées adhèrent et se rassemblent. Certaines personnes hésitent, s'unissent finalement au groupe et partagent des expériences qui consolident les liens. Ainsi, l'union fait la force. Vous pouvez agir ici soit en devenant un centre autour duquel d'autres se rassemblent, soit en adhérant à une association, soit en vous ralliant à un groupe et en participant librement à un projet dont les objectifs et les valeurs sont proches des vôtres.

Vous pouvez avoir l'opportunité de diriger un groupe, de rassembler des membres de la société et de contribuer au progrès commun par votre créativité. Une telle mission nécessite d'être à la hauteur de la situation, d'avoir des objectifs clairs et des motivations intègres, de planifier de façon organisée, de faire preuve de grandeur intérieure, d'un sens des responsabilités, de justesse, de vertu, de logique et de force de caractère, d'utiliser avec sagesse l'autorité conférée par le groupe, de permettre à chacun de rejoindre le groupe librement, de distribuer les richesses créent par le groupe équitablement et d'être en harmonie avec le Tao. Si ce n'est pas le cas, cela ne fait que générer confusion, déséquilibres et chaos.

De même, si vous ratez l'opportunité de vous rallier à d'autres parce que vous nourrissez vos inquiétudes, hésitez et arrivez trop tard, vous risquez de trouver la porte fermée, d'être exclu et d'éprouver du chagrin. Le Yi-King vous permet ici, exceptionnellement, de l'interroger une seconde fois, si vous souhaitez obtenir des précisions.

C-Selon trois traditions modernes

1-Le Diamant de Naissance. 8 = la justesse, l'équanimité et la beauté intérieure.

Symbolique : L'Oxygène. Les lois de la vie et du destin. L'infini à la verticale. Le Karma. La rencontre et l'union entre le ciel et la Terre, entre les cycles célestes et les cycles terrestres. La justesse, l'harmonie. La civilisation. Le tissage de la civilisation. La Justice et la sagesse. La joie du partage. Beauté plus structure. La recherche de la vérité. La capacité à trancher. Le point du juste équilibre ou la rupture d'équilibre. Vénus et Saturne. Gardien/Gardienne de la civilisation. L'expression juste et indépendante de sa puissance personnelle. Un changement dans l'expression de son pouvoir personnel ou dans sa situation financière. La bonne gestion de la matière et de l'argent. Il peut par exemple être obtenu et réduit à partir du 44, du 35, du 26 et du 17. **L'équilibre et l'évolution du moi entre matériel et spirituel. La responsabilité sociale.**

Les besoins et capacités qui demandent à être exprimées :
-Besoin d'ordre, de justesse, de justice, de vérité, d'évaluer, d'être juste et de faire ce qui est juste pour vous, d'être sérieux et responsable.
-Besoin d'équilibre, d'harmonie, de beauté+structure (déco, danse), de remettre les choses/les gens en ordre. Besoin d'être légitime et en règle, d'exprimer un sens juridique, de contractualiser
-Besoin d'exprimer un sens social, de créer des liens sociaux et une vie de couple, de partager dans la joie avec des membres de la civilisation
-Besoin de participer à la civilisation, par exemple en travaillant dans une structure administrative, une entreprise, une association ou avec des particuliers
-Besoin de regarder la vérité en face, de faire un examen de conscience
-Besoin de faire de votre mieux, de qualité, d'amélioration et de perfection
- Besoin d'être et de vivre en harmonie avec l'ordre des choses et les lois de la vie

Déséquilibre en excès : Déséquilibres, blessure d'injustice. Perfectionnisme excessif. Côté éternel(le) insatisfait(e). Côté plombé(e) et plombant(e). Inertie. Immobilisme. Insatisfaction. Culpabilité. Tendance à manipuler, à interférer, à se mêler de tout, à juger, à se plaindre de tout et à condamner. Sentiment d'être lésé(e). Injustice, partialité, victimisation, déséquilibre, côté justicier, gendarme et procédurier, froideur, dureté, mauvais contrats, avidité, illégalité, pinailleur, querelleur, abus de pouvoir, accorde trop d'importance soit au matériel soit au spirituel, retour de karma, problèmes juridiques ou avec le fisc. Tendance à résister à ce qui se présente en permanence.

Déséquilibre en manque : Difficultés à comprendre les lois de la vie, à trouver sa place au sein de la civilisation, à ne pas être emporté par les histoires des autres, à être ordonné, juste, vrai, équilibré, harmonieux, à voir ce qui est vrai et juste, à accepter l'ordre et les structures et à être responsable. Peur de ne pas rentrer dans les cases définies par la civilisation, de ne pas être pris(e) au sérieux, d'être accusée(e) de charlatanisme, d'être exclu(e) de la civilisation, d'être insuffisant(e) ou imparfaite, incompris(e) et seul(e).

Mémoires karmiques : Mémoire de vie dans un lieu où existait une civilisation structurée avec des lois strictes. Mémoire de personne de loi ou d'homme de pouvoir. Parfois, d'abus de pouvoir, d'esclavagisme ou de mauvaise utilisation de l'argent, de grande réussite et d'avoir tout perdu. Un procès a pu jouer un rôle important. La recherche de justice a pu être une préoccupation importante. Des comportements rigides ou une transgression de la loi et une punition ont pu avoir des conséquences importantes. Des comportements justes, honnêtes et responsables, une discipline, une utilisation juste de l'argent, du pouvoir et des connaissances et équilibrer vie matérielle et vie spirituelle sont essentiels.

2-Le Design Humain : 8 = La porte de la contribution (à la civilisation).

Explication technique : Circuit de la compréhension. Centre gorge. Cette porte est en lien avec la porte 1, le pouvoir créateur. Là où la porte 23 fragmente et désagrège, la porte 8 rassemble et contribue. Elle permet l'expression individuelle capable de contribuer au collectif, à la civilisation. Elle dispose d'une boussole intérieure lui permettant se sentir en même temps ce qui est juste pour elle et ce qui génère ordre, vérité et harmonie au sein du collectif. Elle propose mais n'impose rien, chacun étant libre d'adopter ou de rejeter ce qui est proposé. Elle a fortement conscience que tout ce qui serait imposé générerait de la résistance voir de la révolte et agit ainsi dans le sens d'une plus grande harmonie. Sa maitrise apporte le raffinement, la capacité à harmoniser le fond et la forme.

Proposition d'interprétation : Vous avez besoin de contribuer à une association, à une entreprise, à une administration ou à une structure utile à la civilisation, soit par votre participation directe soit grâce à votre inspiration, votre intelligence ou une action de promotion. Dit autrement, vous avez besoin d'aider et d'être utile. Vous n'aimez pas rester assis à ne rien faire ou être mis à l'écart de la civilisation. Vous cherchez sans cesse à améliorer les choses et à animer les autres par votre coopération.

C'est la raison pour laquelle cette porte vous confère la tendance à prendre les choses en mains et à entraîner les autres vers de nouvelles étapes. Vous avez naturellement une vision des différentes possibilités et la capacité à ressentir celle qui est la plus juste, la plus génératrice d'harmonie. Vous présentez alors parfois les différentes possibilités d'une façon très directive voire sévère. Cependant, donner constamment de votre temps et de votre énergie pour contribuer est une chose et vous engager et aller jusqu'au bout des choses en est une autre! Parfois, ce qui est important n'est pas forcément votre implication mais plutôt d'indiquer la marche à suivre. Il est donc parfois nécessaire de faire attention à ne pas automatiquement offrir vos services dans des projets qui risquent de vous épuiser. De même, si les gens ne sont pas ouverts à votre approche créatrice et novatrice, vous pourriez en irriter plus d'un! Vous êtes cependant la personne qui cimente les projets et les relations, qui rappelle à chacun la grande vision pour laquelle tout le monde œuvre et qui instaure à la fois le respect et la loyauté.

Son dilemme où il doit faire des choix : l'imitation. **Ennéagramme :** Type 4. **Signe astral HD :** Taureau. **Signe astrologique :** Balance. (Vénus/Saturne). **Son partenaire de programmation :** Clef 14. **Corps :** Reins. **Son anneau de codon :** L'anneau de l'eau (2, 8). **Acide aminé :** Phénylalanine. **Son chemin de transformation :** La justesse, le style.

L'ombre de cette porte : <u>La résistance des gens plombés, la médiocrité, la banalité.</u>

L'ombre de cette porte a comme racine la peur d'être coupable/imparfait en fonction de ce que pensent les autres ou de l'image que vous croyez qu'ils ont de nous et la peur d'être différent(e) et rejeté(e) si on est soi-même. Elle a pour cause l'investissement exclusif à créer et maintenir cette image afin de rentrer dans une case. Il y a ensuite une peur de la réussite personnelle et une tendance à faire des compromis avec ses rêves en les mettant de côté. Ces peurs tissent une toile d'araignée et une matrice qui vous plombent en vous maintenant dans un état d'inertie, d'immobilité, d'inflexibilité dans une zone de confort.

Elles vous empêchent de vivre des changements et de gouter à l'aventure de la vie de part une difficulté à sortir de votre zone de confort. Elles génèrent le besoin d'avoir une vie formatée, conditionnée, civilisée, ordinaire, comme tout le monde, banale, monotone, terne, superficielle, grise, médiocre, où vous êtes juste en sécurité. Le système éducatif normalisé contribue largement à générer cette tendance. Vous contribuez alors à maintenir les choses et la civilisation telle qu'elles sont sans rien ajouter de mieux ni de nouveau.

Vous obéissez aux lois du système, suivez les autorités extérieures et évitez de reprendre votre pouvoir. Vous faîtes vivre le système dominant ou « mainsteam » de part le compromis que vous avez fait. La médiocrité est ici un état de conscience médiocre, sans audace et sans extase où votre vie ne vous appartient pas, pas vraiment. Il y a une difficulté à parcourir le chemin le moins fréquenté, un chemin authentique et une tendance à imiter les masses et à être un(e) mougeon, un(e) hybride mouton et pigeon.

Il y a un besoin de paraitre être quelqu'un de bien aux yeux de la société et de faire ce qui est juste. Peut-être que vous faîtes parti des personnes qui vivent en réaction à cette peur de la médiocrité et qui se conduisent en rebelles mais initialement sans génie, sans extase, simplement en imitant d'autres rebelles, sans modifier la définition de qui vous êtes. Dans les deux cas, vous vivez comme plombé(e) dans un état d'être conditionné(e), dans un purgatoire, dans un style de vie « confortable » et conforme aux normes sociales.

Son cadeau : Les dons et capacités de cette porte : <u>La justesse, le style, l'élégance.</u>

Le terme justesse fait ici référence à la conaissance et à l'application des lois de la vie. Le terme style fait ici référence à la qualité d'un état de conscience qui transforme un potentiel en une réalité, une graine en un magnifique chêne. Ici, un processus de déconditionnement du système a lieu avec courage pour que vos dons puissent émerger. Vous avancez ici sur le chemin le moins fréquenté, sur votre chemin personnel, celui qui vous permet d'être vous-même sans tenir compte de ce que les autres pensent de vous, d'exprimer vos dons et de découvrir vos trésors afin de les partager avec le monde. Vous apprenez à penser librement, à vivre dans l'instant présent, à être spontané(e), à tenter des choses et à prendre des risques. Vos définitions de vous fondent, explosent et ouvrent des espaces de création dans une nouvelle dimension, générant une façon de vivre audacieuse. Il y a une rébellion envers l'image de vous-même et de l'image qu'on les autres de vous. Vous inventez une nouvelle identité.

La véritable élégance, le véritable style est rebelle car il se renouvelle en permanence du fait qu'il se redéfinit en permanence. Il n'est ni effrayé par le monde extérieur ni en rébellion contre lui. Il est en constante exploration, sans arrêt en train de franchir de nouvelles frontières, de pratiquer de nouvelles activités ou de pratiquer la même activité de façon nouvelle. Vous avez la capacité à vous mouler dans la bonne case et à utiliser toutes les options, toutes les nuances de couleurs à votre disposition pour vous exprimer avec justesse.

L'image de soi est comme court-circuitée. Il y a un génie de la non-imitation qui associe le fond et la forme, un génie qui brille, sui se surpasse, qui surprend et qui est capable de tout. Il y a un style authentique qui change constamment grâce à une énorme capacité à lâcher prise et à ne s'agripper à rien. Ce don permet, à l'intérieur de vous, de vous libérer des conditionnements culturels ou ancestraux, des images, des stéréotypes et d'ouvrir son cœur.

Il permet d'unir les extrêmes, de créer des ponts en les paradoxes, d'expérimenter des sauts quantiques, de faire des liens entre toutes choses et de faire danser ensemble les énergies masculines et féminines. Vous vous soumettez à des énergies créatrices qui vous dirigent et peu importe si cela génère une réussite modeste ou brillante. Vous manifestez et vivez vos rêves et vous faîtes ce qui vous apporte de la joie. Les incertitudes et la vulnérabilité de la vie sont totalement acceptées ce qui vous permet de rayonner grâce à votre propre style en jouant votre rôle dans le monde à votre façon en laissant la Source de toute Vie danser à travers vous. Vous pouvez alors trouver de la joie à libérer autrui de la matrice du système et à les aider à être des artistes de la vie, de leurs vies.

Le superpouvoir/puissance (Siddhi) de cette porte : <u>La splendeur, le génie artistique, la justesse parfaite, l'équanimité et la paix intérieure.</u>

Ce superpouvoir est celui du mystère de la création des formes grâce à l'alliance parfaite entre la structure et la beauté. Il est l'art de la maîtrise de la forme, de la couleur, du son et de l'image. Il rend capable de créer de l'art capable de produire un effet d'émerveillement, de sidération, de stupéfaction et d'enchantement où la fiction et la réalité se mélangent pour générer un véritable spectacle artistique grâce à l'émergence de quelque chose qui symboliquement pourrait être comparé à un diamant aux multiples facettes. Un diamant est rare, unique, géométriquement parfait. Il est un mais avec des facettes multiples. Ce superpouvoir universel qui allie forme et structure, justesse et beauté, agit en permettant aux choses de tenir et danser ensemble. L'un des noms de l'hexagramme 8 est « tenir ensemble ». Au niveau de l'humanité cette force permettant de faire tenir ensemble génère des civilisations. L'univers est tenu ensemble par cette force.

Au niveau du corps humain, le code génétique est un ensemble d'instructions qui permettent aux différentes parties de tenir ensemble pour former un être humain ou une autre forme de vie unique. Cet hexagramme est associé à l'hexagramme 2 qui représente l'eau, qui maintient ensemble la vie. Ce superpouvoir créé des œuvres d'art, des bijoux qui brillent dans l'espace-temps. Il est souple, imprévisible et constamment en transformation. Il est également faible dans le sens où il n'attire rien, pas d'attention, pas de karma, pas d'objectifs cachés et pas d'opposition. Il est comme un monopole vibrant dans l'infini à partir d'un point d'immobilité totale qui est représenté dans le nombre 8 là où les deux cercles se rejoignent. La rébellion ultime est ainsi de ne rien faire, de permettre à votre essence divine d'émerger et de laisser la Source de toute vie faire à travers vous pour participer à la danse sacrée de la vie dans la forme.

La permanence de la conscience éternelle s'allie à l'impermanence de la forme éphémère. L'être humain trouve sa véritable identité et quand il l'a trouve, il la perd car toute identité séparée disparait. Il croit être quelqu'un à un moment donné puis devient quelqu'un d'autre. Il se rend compte que la beauté est réelle mais que les formes sont des illusions. Il abandonne son personnage, son histoire, son scénario et il réalise qu'ils n'ont jamais vraiment existés et qu'ils étaient simplement un rêve, un rêve de la Source de toute Vie. Il devient alors comme la nature, comme la vie sauvage qui se créé en permanence. Il se repose alors dans sa présence éternelle, va là où les vents d'amour le porte et manifeste son existence en étant un(e) authentique artiste de la vie dans un état de joie intense et de paix profonde.

Chapitre 9 : Le nombre 9

A-Son nom, son graphisme et sa symbolique : Dans la langue française, le mot neuf évoque à la fois le nombre neuf et quelque chose de nouveau ! Dans la plupart des langues européennes, il commence soit avec la lettre N, qui signifie la répétition, le service, l'expertise, l'intelligence technique et l'action de baliser, de poser des limites et une structure qui encadre, avec la lettre D, la dernière lettre du cycle de 24, qui symbolise le jour éternel et le retour de l'union avec la Source de toute vie et de la lumière éternelle. Son graphisme ressemble à un 6 inversé. Le 6 crée des formes et se raconte des histoires, des fictions auxquels il croit afin de se créer une vie joyeuse fondée sur des relations harmonieuses. Si le 9 est l'inverse du 6 alors le 9 chemine vers sa vérité profonde pour accéder aux structures et à l'essence de la réalité. Il chemine vers sa vérité profonde, en allant à l'essentiel, pour trouver la sagesse éternelle et la paix éternelle de l'âme. Selon le chercheur anglais Hugh Grant, le graphisme du 9 symboliserait la Lune placée en dessous de la Terre avec une courbe qui les relie. Cela évoquerait le fait que la Lune est un satellite artificiel placé par une race d'extra-terrestre extrêmement avancé technologiquement qui a voulu stabiliser les champs électromagnétique et la vie sur Terre, qui étaient devenus chaotiques suite aux guerres ayant eu lieu dans la système solaire sous le règne des Anunnakis. Cela à alors permis de démarrer un nouveau cycle au nombre 10. (-430 000 à -3000). Pourquoi pas ! Dans son essence, le nombre 9 est lié à la planète Saturne, qui intègre l'ancien pour amener vers le nouveau.

B-Selon trois traditions anciennes :

1-La tradition germanique des Runes. 9 = la grêle et le flocon de neige.
La Rune 9 se nomme Hagl prononcé hagueule.

Son numéro : Le chiffre neuf avait une certaine importance pour les germains. Chez eux, la réalité est structurée en neuf mondes constituant l'arbre de vie, les neuf mondes d'Yggdrasil. Odin se pendit à l'Yggdrasil durant neuf jours afin de recevoir les clés des runes. Heimdal aurait eu neuf mères. Composé de 1+8, 2+7, 3+6, 4+5 et surtout 3x3, le 9 englobe tous les chiffres, les rassemble tous et les transcende. Il symbolise une totalité, le silence intérieur et le vide que l'on doit traverser pour accéder à l'éveil spirituel, la pratique de la spiritualité par la méditation, le retour aux sources, ce qui est immuable, l'aboutissement de quelque chose, la fin d'un cycle et l'aube d'un nouveau jour. Lorsqu'on l'additionne à un autre chiffre et que l'on réduit le résultat, le chiffre 9 disparait, tel un chemin qui s'efface derrière soi (exemple : 1+9=10=1, 2+9=11=2, 3+9=12=3 etc.). Le chiffre 9 est enfin associé au serpent en tant que symbole de la conscience de l'éternité et des cycles éternel d'incarnation et de retour à la lumière.

Résumé et essence de la rune : Je suis la profondeur et l'essence des choses, la structure de la réalité qui porte la vie. Je suis à la fois la tristesse qui est la conséquence de l'existence même de ce monde matériel mais aussi l'espoir et le chemin qui mène à la sérénité et au retour à la lumière. Ce chemin s'exprime souvent sous la forme d'étapes clés et de passerelles ou de passages entre différents mondes ou états de conscience. J'incarne le sens des structures, de l'organisation et de la gestion qui permettent de faire évoluer la vie. Je suis la graine contenant toutes les informations nécessaires à la création d'un arbre solide et le chantier permettant à la graine de devenir arbre. Je suis aussi les procédures et les lois qui permettent de créer cet arbre à partir de la graine. En tant que structure d'information, je représente les schémas structurels, les archétypes, mais aussi le passé, l'Histoire, les causes, les conséquences du passé et le destin en tant que force organisatrice qui est la conséquence d'une certaine structure d'être. Je symbolise enfin la lente évolution de la vie dans le temps et la sécurité (contre le mauvais temps) apportée par une structure. Avec cette rune, il est parfois possible qu'un élément perturbateur semblable à une douche froide ou une averse de grêle vous oblige à réagir et à vous réorganiser afin de créer une nouvelle situation.

L'aspect sombre de la rune : Il est symbolisé par une difficulté, un obstacle, un manque, des retards, une perturbation, par le froid et la rigidité, par l'abandon et le non amour, par la solitude et l'isolement qui sont parfois générés par la neige, par des mauvaises surprises et la malchance, par une conséquence difficile du passé, par un blocage, des frustrations et parfois par la destruction, le chaos et la confusion qui peuvent être causés par la grêle. Une averse de grêle oblige à s'arrêter, à attendre de meilleures conditions pour avancer à nouveau ou à organiser les choses de façon différente. Il y a des difficultés qui font évoluer.

Son phonème : Cette rune est associée au son h comme dans le mot hache ou comme dans les mots anglais « hail », la grêle ou « heal », guérir.

Mots clés : l'arrivée d'un événement, un événement subit brusque et imprévisible, la venue d'un élément nouveau qui provoque une interruption temporaire du cours normal des choses, la marche du destin, l'action du temps ou du climat, le silence intérieur, la sévérité silencieuse de l'hiver, l'observation honnête de ce qui est, un élément structuré qui tombe du ciel, la conscience des structures et de l'architecture des choses, travailler sur les structures et les objectifs à long terme, faire preuve de profondeur et voir l'essence des choses, se poser les vraies questions, une lente évolution par le travail et l'effort, apporter de la sécurité grâce à une bonne gestion, se protéger du froid et de la grêle, aller à l'essentiel, se préparer au changement, murir et évoluer.

2-La tradition du Tarot Italien. Le résumé/l'essence de l'arcane : 9 = l'Hermite.

Chaque chose arrive en son temps et je suis le temps. Quand j'apprends à écouter le silence, je peux observer que la sagesse chemine vers moi au rythme de l'éternité. Il est alors temps de questionner, de me mettre en chemin pour chercher ma vérité profonde, de fournir le travail et les efforts nécessaires avec détermination et persévérance, de chercher la paix intérieure et de voir que celles-ci sont entre mes mains, au plus profond de moi, en tant que lumière divine au centre de mon corps spirituel. Je suis simple, minimaliste, intègre, sérieux, expérimenté, mûr, profond, réfléchi, persévérant, parfois dur mais sage. J'aime une part de solitude hivernale et la sérénité silencieuse de l'hiver. Je vais à l'essentiel et je sais prendre le temps nécessaire.

J'éclaire autrui par la lumière de ma sagesse. Soit je me retire du monde pour me consacrer à ma vie intérieure, soit je suis en chantier pour construire (une œuvre, un édifice, une cathédrale ou mon temple intérieur), grâce à ma vision des plans, des structures et de l'architecture ainsi qu'à mes capacités de gestionnaire et d'organisateur. J'avance lentement mais surement, par étapes, vers plus de sérénité et devient la paix intérieure qui éclaire le monde comme un phare.

Résumé du nombre : Gérer, avec sérieux et discipline, en étant attentif aux petites choses et aux détails, les contraintes et les restrictions de ressources de l'hiver pour préserver votre sécurité et avancer vers votre vérité profonde et un état de paix intérieure.

Explication technique : Quand les alliances sont créées et que la civilisation prend forme, les Hommes peuvent gérer l'hiver et ces restrictions. Le nom de l'hexagramme signifie en Chinois ancien la petite domestication des animaux. Les caractères anciens de l'hexagramme représentent la taille d'un bâton, un toit, des cocons de soie et un champ. Cela évoque la capacité d'aller à l'essentiel et les moyens pour être en sécurité pendant l'hiver ; la domestication des animaux, la mise à l'abri et la gestion des graines. C'est pourquoi après « La civilisation » vient « Gérer l'hiver ». Le trigramme intérieur **Kien**, le ciel, la puissance créatrice, est retenue, ralentie et retardée temporairement par le trigramme extérieur **Souen**, le vent, la détermination douce, qui pousse les nuages dans le ciel, empêchant pour un temps la pluie nourricière de tomber et générant une certaine tension. On ne peut accélérer la fin de l'hiver ni faire tomber la pluie de force, ce qui évoque des retards et un contrôle limité de la situation.

L'hexagramme symbolise également le pouvoir du féminin, représentée par l'unique trait yin à la quatrième place, qui, par sa douceur, sa prudence, sa souplesse et sa sagesse, intériorise, calme, apprivoise, freine, restreint et réorganise, jusqu'à une certaine limite, l'élément masculin, représenté par les cinq lignes yang, qui sont fermes, fortes et ne demandant qu'à déployer leur puissance de façon parfois excessive. Cette situation, où un élément obscur contrôle, enferme et retient un élément lumineux était associé à l'histoire du roi Wen, tenu en captivité par le tyran Tchéou Hsin. Pour le roi Wen, de grandes actions à l'extérieur étaient impossibles. Il pouvait seulement travailler sur sa vie intérieure, se perfectionner dans les petites choses, affiner l'expression de son être et faire appel à d'humbles moyens de suggestion, teintés de douceur et de bonté, pour modérer la fougue du tyran et pour préparer le terrain de l'avenir. Gérer cette situation difficile nécessite des valeurs, un objectif et une ferme résolution intérieure **(Kien)**, une intelligence relationnelle et la joie du cœur **(Touai)**, l'entretient de la flamme de la motivation **(Li)** et une adaptabilité douce, une communication intelligente et un respect de l'autorité en place **(Souen)**.

Vous êtes dans une situation où vous n'avez qu'un contrôle limité. Malgré votre désir d'aller de l'avant, votre puissance créatrice, l'expression de vos capacités et vos projets sont retardés et les choses ne s'emboitent pas comme vous le souhaiteriez. Une force extérieure indépendante de votre volonté, une influence discrète mais efficace, restreint, freine, empêche, bloque et retarde toute action significative à l'extérieur et toute évolution de la situation.

Vous ne pouvez alors faire plus que ce que la situation permet en fonction des moyens que vous avez. Si ces temps difficiles de manque ne sont guère épanouissants voire sont frustrants, saisir le sens et les possibilités de la situation permettent de mettre en place la bonne stratégie et d'obtenir le succès.

Il est ainsi important de rester présent dans la situation que vous souhaitez influencer, de communiquer avec la plus grande diplomatie et de continuer à nourrir les liens qui pourraient se rompre car même si uniquement des petites choses peuvent être accomplies, il est essentiel de les accomplir. Une juste petitesse permet un jour d'atteindre la grandeur.

Il est judicieux de domestiquer toute ardeur à entreprendre, de restreindre toute envie de prendre des mesures énergiques agressives, de tempérer votre comportement, d'apaiser les tensions et d'utiliser une persuasion douce, discrète et amicale envers les personnes, ou les parties de vous, que vous souhaitez influencer.

Seule l'acceptation de ce qui est, la tolérance, la modération et la douceur sont adaptées à la situation. Conservez votre énergie, rassemblez et stockez tout ce qui est utile, retenez l'erreur pour accumuler la force morale et préparez le terrain pour l'avenir. La clef du succès réside également dans la capacité à travailler sur soi.

L'époque est propice pour faire le point en profondeur, pour expérimenter la joie d'être en lien avec votre vérité profonde, pour trouver de la joie et du plaisir là où c'est possible, pour cultiver vos ressources intérieures, pour méditer sur les facettes de votre personnalité que vous pouvez améliorer et celles que vous pouvez mettre en avant, pour améliorer votre image et pour évaluer en toute conscience les attitudes et les mots qui apporteront le plus d'avantages pour influencer la situation.

Cela nécessite de garder en ligne de mire votre objectif à long terme, d'entretenir une ferme détermination intérieure, de garder confiance tout en vous adaptant avec douceur à l'extérieur. L'époque n'est pas propice aux affaires mais plutôt à l'amélioration des produits ou services en attendant que des signes plus favorables ouvrent des possibilités d'action. Vous serez alors prêt pour agir efficacement. Dans les relations intimes, comme vous ne contrôlez pas grand-chose, il sera long et difficile d'obtenir un résultat. La colère, la pression, les ultimatums ou l'autorité aboutiraient à l'échec. Le mieux est soit d'accepter les restrictions ou les retards, et d'attendre avec des attitudes amicales et douces que les choses changent, soit de lâcher prise et de partir. La sagesse prépare ici la réussite future.

C-Selon trois traditions modernes

1-Le Diamant de Naissance. 9 = le chantier d'évolution, la paix intérieure, la sagesse.

Symbolique : Le Fluor. L'Ennéagramme. Les 9 mois de la grossesse. Gérer l'hiver. Ce qui tombe du ciel. Le chemin du retour. Un mélange de concentration, d'ambition, de responsabilité, d'idéalisme ou de perfectionnisme, de force de travail et de vision à long terme. Les questionnements. La recherche. Extraire l'essence de chaque chose. Le chantier de l'évolution. La sagesse. La compassion, la vérité, l'amour universel. Le temps. L'abandon. La fin. La paix intérieure et la communion avec l'univers. Saturne et Neptune. L'Hermite. Une période calme, un retard, un abandon, une perte ou un chantier. Il peut par exemple être obtenu et réduit à partir du 45, du 36, du 27 et du 18. **L'expression sage et divine du moi au sein du collectif.**

Les besoins et capacités qui demandent à être exprimées :
-Besoin de calme, de silence, de simplicité, d'exprimer votre sensibilité profonde, d'observer, de questionner, d'apprendre, de chercher, de travailler seul, d'avancer vers votre vérité profonde, de cheminer pour accéder au soleil au fond de votre cœur et de trouver la paix intérieure.
-Besoin d'être architecte, d'être en chantier, de gérer des chantiers, d'organiser, de concrétiser, de bâtir votre cathédrale ou votre temple, d'avoir une vision à long terme et de gérer le temps.
-Besoin de respect, d'honnêteté, d'intégrité, de responsabilité
Besoin de structures, de travailler sur des structures, de construire, d'utiliser des plans et des schémas, de temps, d'examiner le passé, de planifier le futur et d'avancer prudemment
-Besoin d'aller à l'essentiel et d'expérimenter l'essence, le silence intérieur et la méditation, de simplicité, de profondeur, de sagesse et de sérénité.
-Besoin d'exprimer la volonté de Dieu, de la Source de toute Vie et de contribuer à soulager les souffrances et les misères du monde et d'autrui.

Déséquilibre en excès : Blessure d'abandon ou lié à un manque. Sentiment de solitude. Méfiance excessive, dureté, froideur, tristesse, timidité, isolement, solitude, pessimisme, austérité, sévérité, ascétisme, autisme ou excès de sensibilité, refoulement des émotions ou excès d'émotivité, frustrations, lenteur, retards, entêtement, rigidité, misanthropie, misogynie, se sent au-dessus des autres qui sont jugés et condamnés, lourdeur, côté ennuyeux, accroché au passé, fatigué et plombé, illusions, égarement et fourvoiement. Peut se sentir soit indifférent soit excessivement concerné par les affaires de l'humanité au détriment de soi. Fuite de soi dans le collectif. Maladies.

Déséquilibre en manque : Difficultés à s'intérioriser, à être en silence, à être simple, à s'isoler, à se poser les bonnes questions, à chercher, à s'organiser, à prendre son temps, à construire, à voir la vérité, à voir les choses en profondeur, à se respecter, à cheminer, à évoluer et à être sage, serein(e) et en paix mais aussi à faire preuve de compassion et à pardonner.

Mémoires karmiques : Mémoire de vie d'agriculteur, de vie très simple ou pauvre, dans un lieu où il fait froid, dans un lieu montagneux ou désertique. Mémoire de vie monastique. Le besoin de recherche a pu être une préoccupation importante. Une recherche spirituelle a pu jouer un rôle important. Un abandon a pu avoir des conséquences importantes. Développer une sagesse et une pratique spirituelle, méditer, être au service de la vie, contribuer à répondre aux besoins de la collectivité et à soulager les souffrances d'autrui, avec amour et compassion et équilibrer solitude et vie sociale sont essentiels.

2-Le Design Humain : 9 = La porte de la concentration, du « focus » ou des détails appliqués.
Explication technique : Circuit de la compréhension. Centre sacré. Elle est en lien avec la porte 52, rester immobile. Elle est également en lien avec la porte 62, le petit passage ou la prépondérance du petit, des détails. Cette porte fournit une énergie de détermination et une capacité à concentrer sa conscience. Elle permet de placer son attention et son énergie à un endroit, de la maintenir à cet endroit et de répéter le processus pour observer attentivement ce qu'il s'y passe et l'expérience qui se produit, dans le moindre détail. Elle donne la capacité à prendre conscience de chaque détail et à se concentrer. Elle permet d'effectuer des recherches, de tester, d'expérimenter et de répéter autant de fois que nécessaire pour avancer.

Elle fournit à la conscience l'énergie pour s'intérioriser et focaliser son attention. Sa maîtrise permet la détermination et l'évolution vers la paix intérieure.

Proposition d'interprétation : Vous êtes né(e) avec un sens aigu de la concentration, de l'observation et du détail, couplé à une capacité à voir ce qui est essentiel, central, au cœur des choses. Vous êtes par exemple capable, dans un document technique de mille mots, d'identifier le détail essentiel qui doit être transmis de manière claire et concise. Vous remarquez ainsi toutes sortes de petits détails dans de nombreux aspects de la vie. Il existe une distinction entre la porte 9 (vision et organisation des détails) et la porte 62 (expression des détails). La porte 9 évoque l'idée que chaque chose soit conscientisée et située, que tous les petits détails soient en place et que tout soit en ordre et réglé car sinon il y a le risque de se faire piéger par le seul détail qui a échappé. La porte 62 concerne davantage l'expression et la transmission des détails aux autres. Avec le portail 9 activé, vous êtes parfois attentif à des choses que les autres ne voient que longtemps après que vous les ayez remarqués ou qu'ils ont peut être déjà écarté. Ou bien vous pouvez interroger les autres sur des détails concernant des sujets qui ne les intéressent absolument pas et qui peuvent pourtant avoir des conséquences importantes s'ils ne sont pas pris en compte. Vous ne laissez aucune pierre non retournée ou non examinée. Vous avez tendance à constamment vérifier ce qui est pertinent pour vous. Lorsque chaque petit détail est en place, vous pouvez alors commencer à appliquer votre énergie sacrée à vos projets. Le progrès et l'accomplissement viennent petit à petit, grâce à une stratégie de petits pas, à une organisation et une gestion efficace et à la persévérance. Vous savez vous attaquez aux petits détails qui mènent aux grands succès et écarter toute distraction. Vous avez une grande endurance pour les tâches les plus complexes et détaillées du fait que vous êtes capable de vous concentrer de manière consciencieuse et efficace. Cela vous permet d'avancer lentement mais surement et de gérer des chantiers conséquents.

3-Les Clef Génétiques. Clef 9 = La puissance des petits pas/actions. L'alpiniste alchimiste.
Son dilemme où il doit faire des choix : La perspective. **Planète :** Saturne. **Signe astral HD :** Sagittaire. **Son partenaire de programmation :** Clef 16, l'enthousiasme. **Corps :** Plexus sacré.
Son anneau de codon : L'anneau de la lumière (5, 9, 11, 26). **Acide aminé :** Thréonine.
Son chemin de transformation : Il passe de l'inertie à la détermination puis à l'invincibilité.

L'ombre de cette porte : L'inertie. La blessure d'abandon.
Il est nécessaire d'accepter que même lorsqu'on a tout planifié et prévu du mieux que l'on a pu, la vie conspire parfois à faire en sorte que rien ne se passe comme prévu voir même que tout s'écroule. On a des attentes puis on est déçu(e). On a parfois l'impression qu'on n'avance pas, qu'on ne va nulle part ou de faire un grand pas en avant puis que la vie nous ramène trois pas en arrière voire à la case de départ.

L'ombre de la clef 9 vous entraine vers du pessimisme et des « à quoi bon », vers une multitude de tâches qui accaparent toute votre énergie et qui pompent notre énergie de vie, vous plongent dans l'obscurité et débouchent alors sur une inertie. Vous avez l'impression d'être tout en bas d'une montagne à vous demander comment vous allez la gravir. Vous êtes comme pris dans un chantier dont vous ne voyez pas le bout. Vous tournez en rond dans un labyrinthe et vous ne vous en rendez pas compte. L'ombre de cette porte vous pousse vers une posture de victime et vous incite à céder, à abdiquer et à abandonner.

C'est alors votre façon de voir les choses et de les mettre en perspective, de répondre aux défis de la vie qui oriente votre destinée. La première clef est d'être capable de vous remettre en question. Peut-être que vous ne consacrez pas votre temps à ce qui vous apporte réellement de la joie, à ce qui fait vibrer votre cœur, à ce qui est réellement important pour votre évolution ? C'est alors pour cela que votre énergie est comme gelée, plombée et qu'il y a de l'inertie ou au contraire des distractions qui ne vous mène nulle part et vous empêchent de construire quelque chose de stable. Si vous êtes sur les rails de votre évolution dictée par votre cœur, la seconde clef vous invite ici à focaliser votre attention sur les détails de l'instant présent là où sont vos pieds, sur des petits changements et sur des petits pas et à avancer pas à pas en ne regardant que le pas suivant. Ce n'est pas grave si vous avancez très lentement, l'important c'est d'avancer et c'est comme ça qu'on dompte l'ombre de cette clef. Vous pouvez la dompter en restant dans l'instant présent et en focalisant toute votre attention sur une petite chose à la fois. De petits objectifs et de petits succès génèrent alors un jour un grand succès.

Son cadeau : Les dons et capacités de cette porte : La vision à long terme et la détermination.

Choisir puis nourrir en vous une vision à long terme traduite en objectifs agit comme une lentille permettant de focaliser votre lumière et de manifester votre vie selon votre vision. La stratégie des petits pas permet ensuite de générer l'élan pour atteindre vos objectifs.

L'important n'est pas alors de savoir où vous allez mais d'avancer vers la réalisation de votre rêve. Il s'agit d'éviter de focaliser votre attention sur la quantité de temps et d'énergie nécessaires pour aller de A jusqu'à Z mais au contraire de trouver la motivation et la détermination de faire le premier pas pour avancer vers son objectif en allant simplement de A jusqu'à B. Quand le premier pas a été fait, le pas suivant devient plus facile et ainsi, quand chaque petite action est effectuée en conscience, avec intention, joie et détermination, on avance sur son chemin grâce à l'élan qui est mis en place. Ce premier petit pas renferme ainsi en lui une immense puissance car il porte le potentiel de tous les autres. Ensuite, ce qui nourrit la détermination est la répétition. La répétition et la persévérance attirent le soutien de l'univers et lorsque l'on met suffisamment d'efforts dans quelque chose et qu'on le fait à 100%, à partir du moment où c'est juste et aligné avec la volonté de l'univers, nos vœux finissent par être exaucés et l'on finit par rencontrer le succès.

L'ensemble des petits pas, des petits changements d'attitudes, des détails accomplis avec détermination permettent à la fin d'obtenir une grande victoire. Ils permettent d'effectuer un travail et de générer une activité soutenue capable d'atteindre des objectifs à long terme.

Le superpouvoir/puissance de cette porte : L'invincibilité. La sagesse. La paix intérieure.

Cet Hexagramme est rattaché à l'histoire chinoise du Roi Wen qui est parvenu à éviter des guerres avec les dirigeants voisins très « va-en-guerre » grâces à de petites actions de gentillesse, en développant des relations amicales avec eux et par une communication (Souen/le vent) du cœur (Kien/le ciel). Le superpouvoir de cette porte est d'avoir accès à l'essence des choses, d'être capable de réduire chaque chose/personne/situation à son essence et d'avoir conscience de son essence immortelle qui est toujours, au fond, amour et conscience. C'est à travers l'innocence de l'enfant intérieur que l'on accède à cette essence. L'invincibilité provient des qualités féminines de réceptivité, d'acceptation, de rendre les armes, de douceur, de subtilité et d'amour. L'invincibilité survient quand l'identité personnelle et l'attachement aux formes est abandonnée.

Elle survient quand une personne plonge dans la vie, accède à sa vérité profonde, devient cette vérité puis cède sa vie, meurt au monde des apparences pour renaitre dans l'éternité, dans son être éternel. Il ne reste alors plus que l'amour, qui est invincible.

Cet hexagramme est également en lien avec les structures de l'infiniment petit et de l'infiniment profond. Au niveau de la matière, il évoque la compréhension des particules subatomiques et de l'ordre invisible caché derrière les apparences visibles. Au niveau spirituel, l'invincibilité est ici associée à la fusion de la conscience/volonté individuelle avec la Conscience Universelle/Volonté Universelle de la Source de toute Vie. Elle est également associée aux différents temps où ici, l'instant présent devient éternité.

Chapitre 10 : Le nombre 10

A-Son nom, son graphisme et sa symbolique : Son nom ressemble à six. La terminaison ix signifierait petite, un peu comme « ette » en français moderne. Si le mot Si ou Se signifie étoile, alors Six signifie une petite étoile. De la même façon, De représente Dieu manifesté et donc le Soleil qui est le roi du jour et Dix signifierait alors le petit soleil qui brille dans le ciel c'est-à-dire la Lune qui est la reine de la nuit. Le hiéroglyphe Égyptien qui représente 10 est la Lune lors de sa dixième nuit, au début de la pleine Lune, un cycle lunaire étant chez eux compté comme 30 nuits. Le graphisme représente la base utiliser pour compter, fondé sur le fait que l'espèce humaine à 10 doigts, alors que d'autres espèces sentientes ont 4 doigts à chaque main et d'autres encore 6 mais peut-être aussi sur le tiers d'un cycle lunaire compté en nuits. Le 1 évoquerait la Lune pleinement visible à la pleine Lune et le zéro la Lune invisible à la nouvelle Lune. 10 signifie ainsi une dizaine et zéro unité. Le 10 permet ainsi de passer de visible à l'invisible et de l'invisible au visible dans un cycle répétitif. Le nombre 10 représente ainsi les cycles de la vie, leur compréhension et l'intelligence technique permettant de s'y adapter.

B-Selon trois traditions anciennes :

1-La tradition germanique des Runes. 10 = la nécessité, la clôture.

La Rune 10 se nomme Nyd prononcé nide.

Son numéro : Dixième rune du Futhark, Nyd, la Nécessité (Ananké dans la Grèce antique), est la loi de l'évolution qui indique ce qu'il est le plus judicieux d'être et de faire à chaque instant pour s'adapter, pour que les choses fonctionnement et évoluent favorablement, pour être en phase avec les lois de la vie. La Nécessité est soumise à l'ordre cosmique est donc aux cycles et aux schémas répétitifs qui doivent être transformés pour qu'un état de bien être et de joie apparaisse. Cette rune indique donc un besoin, une nécessité qui demande à être satisfaite. Tant que ce n'est pas le cas, il y a une détresse plus ou moins importante. Pour satisfaire ce besoin, pour répondre à cette obligation, pour sortir de cette détresse, il est nécessaire d'avoir conscience de l'ordre des choses et des cycles, d'utiliser son intelligence, de gérer l'information et d'agir pour prendre en main sa vie, son destin en tenant compte de tous les détails, en faisant preuve de précision. Il est également nécessaire d'effectuer un recentrage symbolisé par le point de rencontre entre les deux traits. La dixième rune permet un début d'apprentissage de ce recentrage. Elle peut à la fois indiquer une détresse causée par l'absence de quelque chose de nécessaire ou par la non satisfaction d'un besoin et la libération de cette détresse grâce aux solutions techniques qui sont mises en œuvre et grâce aux actions stratégiques qui sont accomplies pour faire face aux difficultés.

La profondeur, la simplicité, l'humilité acquises à la rune précédente et la vision de la vérité des choses sont ici mises en marche, en action, en pratique. Il est ainsi possible de mettre fin à un cycle et de démarrer un nouveau cycle dans le bon sens.

Résumé et essence de la rune : Il y a une interruption dans l'évolution harmonieuse de la situation. Une adaptation intelligente aux difficultés et aux contraintes, une vision du sens, la création de justes limitations et de la patience sont alors nécessaires. La nécessité et la contrainte obligent à agir d'une certaine façon et à utiliser une intelligence et parfois des connaissances techniques pour vous adapter. Cela implique parfois de crever l'abcès, de sacrifier quelque chose et de faire l'expérience d'une désorganisation, d'une épreuve voire d'une crise qui débouche sur un changement. Nyd est aussi l'intelligence de vie qui agit pour être en santé, pour identifier avec précision ce qui est nécessaire puis pour s'adapter, porter assistance et subvenir aux contraintes et besoins concrets et spirituels qui existent dans l'instant présent afin de permettre à la vie d'avancer. Une personne est libérée d'un besoin ou d'une mauvaise habitude parce qu'elle a fait ce qu'il faut pour que cela advienne.

L'aspect sombre de la rune : Il est symbolisé par l'intervention chaotique du destin et la fatalité, par un rôle d'esclave ou par une situation dont on est l'esclave, par une situation lourde que l'on ne peut pas contrôler, par de l'instabilité et de la désorganisation par un risque d'échec, par une difficulté, par un manque de compréhension et d'adaptation par rapport aux besoins et à ce qui est nécessaire, par un manque de profondeur et de conscience du sens, par un problème de santé, une rupture, une interruption, un retard, une insatisfaction, une dureté, un dysfonctionnement, une résistance au changement, un blocage matériel, une épreuve, une importance excessive accordée aux choses matérielles ou à l'intelligence technique, par un problème technique, un problème d'hygiène ou de santé, par un schéma répétitif générateur de déséquilibres et par la nécessité de voir ses erreurs s'il y en a.
Les contraintes de la situation permettent néanmoins de prendre un temps pour se poser, pour réparer ce qui peut l'être ou pour préparer un nouveau cycle.

Repères historiques : L'influence de cette rune sur la roue du mouvement de vie fait qu'elle a été utilisée pour faire tourner la roue dans le mauvais sens, pour déséquilibrer et pour faire en sorte que la malchance frappe une personne considérée comme ennemie. Certaines personnes fabriquaient ainsi des bâtons, nommé bâtons d'infamie ou bâtons de malédiction, puis ils tuaient un cheval, plantaient le bâton dans le ventre du cheval, gravaient une formule de malédiction et déversaient ainsi leur haine sur leurs ennemis, ignorant que ce qu'ils envoyaient finissait par leur revenir et par causer leur propre malheur, créant ainsi un schéma répétitif de misère. L'église chrétienne a mis fin à de telles pratiques.

Son phonème : Cette rune est associée au son n comme dans le mot nécessaire ou comme dans le mot anglais « need » ; besoin, nécessité.

Mots clés : Il y a un besoin à satisfaire, une intervention du destin et de la nécessité, une contrainte et une difficulté à surmonter, une adaptation nécessaire grâce à une intelligence technique, à une analyse pertinente et à des actions stratégiques faisant appel aux bon outils. Il y a une nécessité de travailler, d'assister et de servir ou d'attacher et de contraindre une personne ou une habitude anarchique et source de désordre. Les contraintes nées du besoin.

2-La tradition du Tarot Italien. Le résumé/l'essence de l'arcane : 10 = la roue de Fortune

J'apprends à ouvrir ma conscience au fait que l'univers est régi par les cycles et les chiffres, où tout ce qui est nait, vit puis se transforme selon un certain ordre des choses.

En comprenant comment l'univers fonctionne mais aussi en apprenant à sortir du mental puis en retournant au centre de mon être, je peux acquérir une certaine maîtrise de ma destinée. Comprendre puis appliquer les lois de la vie me permet de m'adapter, de créer et ainsi de nourrir mon évolution. Ce qui est passé entre dans l'Histoire et parfois dans la légende. Si je ne me suis pas libéré de mon passé, je suis condamné à le revivre. Dans le cas contraire, il y a un changement. La roue tourne et la vie avance. La situation actuelle évolue de façon logique vers un nouveau cycle, vers une nouvelle étape. J'ai conscience que je peux tout gagner ou tout perdre, que le temps est fait de cycles, que ce que je n'ai pas transformé se répète mais aussi que pour que la roue tourne il faut que je tente ma chance, la fasse tourner et que je sorte de mes schémas répétitifs. J'utilise mon intelligence technique capable de décortiquer les choses et de les assembler d'une autre manière mais aussi un sens du commerce, une compréhension de la vie, un besoin d'être toujours en mouvement, un sens des détails, des chiffres et une précision d'horloger pour servir, travailler, saisir des opportunités, gérer des projets, innover ou copier, pour m'adapter au monde de la matière et pour évoluer, en fonction de ma structure psychologique avec ses forces et ses faiblesses, dans l'instant présent.

3-La tradition du Yi-King Chinois. 10 = La conduite juste. La marche.

Résumé du nombre : Réagissez avec discernement à une sollicitation délicate, choisissez le bon chemin et mettez-vous en marche avec la conduite juste et gérez le mouvement afin de faire avancer la situation.

Explication technique : L'hiver a été apprivoisé. Les contraintes sont gérées. Les habitudes s'installent. Cela amène la nécessité de comportements adaptés, une sécurisation des liens, le soutien qui en découle, une juste prise de risque où l'on tente sa chance et une prévention du danger. Quand les fondations ont été établies, le chemin est défini. Il est alors temps de se mettre en marche et de s'adapter avec intelligence. C'est pourquoi «La conduite juste» suit «Gérer l'hiver». **Kien** est le père. Touai est la plus jeune fille. La jeune fille sensible prend appui sur son père fort afin d'assurer son développement. La plus grande force et la plus grande faiblesse sont ainsi en lien dans la famille. La jeune fille est consciente de l'amour de son père et en profite parfois pour le provoquer, pour réclamer du confort, pour feindre de s'irriter et pour lui donner du fil à retordre. Le père gère son irritation, se montre tolérant, fait preuve de bonté et se focalise sur le bien-être de sa fille. Mais il apprend aussi à sa fille comment se comporter, avec clarté et autorité, mais aussi avec douceur et patience. Il lui apprend comment trouver puis intégrer la force masculine et l'intelligence créative afin de faire face aux nécessités, aux risques, aux dangers du monde extérieur et aux relations avec des personnes puissantes et susceptibles d'être agressives (les tigres qui mordent si la conduite n'est pas juste). Cet apprentissage dur jusqu'à ce qu'elle soit autonome et capable de garder sa pureté quoi qu'il arrive. Sa fille en retour lui montre ce qui est indispensable à tout homme à un moment de sa vie, l'innocence, la gentillesse, l'humilité, la modestie, la confiance, la beauté, l'harmonie et la joie. Chacun est à sa place en fonction de sa nature. La jeune fille en bas suit le père en haut. Cette distinction entre le haut et le bas engendre la tranquillité.

Cette différence d'élévation doit aussi exister aussi dans la société, où une égalité générale est une illusion. Mais pour que l'ordre se perpétue et que le calme s'installe, ces différences et la position sociale extérieure doivent être liées à la valeur réelle constatée et aux efforts personnels.

Ce qui est basé sur le « piston » et le « copinage », ce qui est arbitraire et injuste, ne fait que générer l'envie, la jalousie, les tensions, les luttes de classes et à terme la révolution et le chaos social. S'il y a un excès de force, de pulsions impétueuses, de violence, de désirs sexuels, d'idéalisme, de fierté, d'autosatisfaction, d'arrogance, d'attachement à l'image ; ou au contraire un excès de faiblesse, une tendance à être trop influencé par autrui, un manque de clarté et de discernement, un attachement excessif au passé, aux sens et aux choses matérielles, un non respect des formes et une inconscience ignorante des risques, cela abouti à l'égarement et au danger. La conduite juste existe quand un équilibre est atteint entre ces deux pôles différents, quand le pouvoir créateur orienté vers des objectifs **(Kien),** une adaptation technique et une communication intelligente (**Souen**), la clarté et l'action efficace (**Li**), la joie et la justesse **(Touai)** travaillent ensemble. Chacun avance alors dans l'harmonie. La force se développe dans l'amour et le ciel s'incarne sur Terre dans la joie.

L'idéogramme de cet hexagramme représente un objet, un sabot ou une chaussure, fabriqué avec précision grâce à l'intelligence technique et aux outils appropriés, dans lequel l'on met son pied afin de marcher.

Interprétation classique : De même qu'une roue peut tourner dans les deux sens, de même la situation peut être extrêmement enrichissante ou délicate et dangereuse. Tout dépend de votre juste évaluation des risques, de vos attitudes et comportements, de votre discernement et de votre capacité à trouver un équilibre entre masculin et féminin, entre force et douceur, entre qui vous êtes et ce que vous faîtes dans le monde. Cela est valable dans tous les domaines de votre vie et en particulier dans vos relations.

Il s'agit de trouver les bonnes attitudes, les bons comportements, la bonne façon de faire les choses, de tenter votre chance, de vous mettre en mouvement, en marche et de gérer la situation et le mouvement des choses. Il est judicieux de faire preuve de clarté, de savoir ce que vous voulez et de voir quel chemin vous pouvez prendre dans le monde qui vous entoure. Il est très important de planifier soigneusement, de respecter la hiérarchie, de faire preuve de dignité, de politesse, de courtoisie, d'humilité et de bonnes manières. Si une personne, ou une partie de vous, vous sollicite de manière énergique, audacieuse et inattendue, réagissez avec tact d'après la valeur intérieure de la personne, ses compétences et les résultats obtenus. S'il y a en vous ou autour de vous de la confusion, de l'incompréhension ou des réactions émotionnelles un peu sauvages, souvenez-vous que le respect, la douceur et les bonnes manières associées à une ferme dignité permettent le succès même avec des pulsions violentes ou des personnes irritables. Si vous prenez le risque de solliciter une personne plus forte que vous, ayant un certain pouvoir ou qui est quelque peu farouche et difficilement accessible, respectez les règles de politesse, les usages, l'espace de l'autre et son statut. Faîtes preuve de respect, de courtoisie, de bienveillance et de diplomatie.

Soyez agréable, naturel, joyeux, sincère et simple. Restez digne et ne vous laissez pas exploiter ni entrainer dans des situations risquées. Vous pouvez ainsi gérer les difficultés puis créer une ambiance constructive aux échanges et aux affaires.

L'époque est propice pour apprendre à mieux vous connaitre, pour prendre conscience des différentes facettes de votre personnalité, de votre structure psychologique et de votre spécificité, afin de promouvoir ce qui est positif et abandonner ce qui est source de déséquilibres et de disharmonie. Elle est aussi propice pour travailler à vous améliorer afin d'exprimer le meilleur de vous-même.

C-Selon trois traditions modernes

1-Le Diamant de Naissance. 10 = l'intelligence technique et les mains en or.

Symbolique : Le Néon. Le service à la vie. L'intelligence technique et la maîtrise technique. Un nouveau cycle de vie. Le bon fonctionnement, la bonne marche, la bonne hygiène (des pensées), les mains en or, ce que est nécessaire, la nécessité, le besoin. La roue du destin. La roue de la vie. Analyste ou technicien/technicienne de la vie. La chance. La bonne fortune. L'organisation maîtrisée de l'information. L'humilité, la gentillesse. Mercure et Saturne. Signe de la Vierge. **Animal :** Le singe.

Les besoins et capacités qui demandent à être exprimées :

-Besoin de comprendre comment fonctionne les choses, les gens, les cycles, les situations, le mouvement et la vie et de pertinence, de vivre en accord avec sa vraie nature

-Besoin de faire ce qu'il faut pour faire tourner la roue de la vie dans le bon sens

-Besoin de répéter, pour développer une expertise, de prêter attention aux détails, pour servir la vie et pour être adapté au monde de la matière

-Besoin d'utiliser vos mains et d'exprimer une intelligence technique/pratique.

-Besoin de satisfaire votre curiosité et de tenter votre chance

- Besoin d'expérimenter les outils et les techniques nécessaires à l'adaptation au monde matériel.

-Besoin de sortir des schémas répétitifs pour redémarrer autrement.

-Besoin de renouveau, de démarrer un nouveau cycle

-Besoin d'être en lien avec les plantes, les animaux, l'hygiène et la santé, de générer de la santé et prendre soin de l'environnement

-Besoin d'utiliser des chiffres et des symboles, de précision, de mesure (menuiserie, imprimerie, comptabilité, numérologie, astrologie). Parfois besoin d'être réglé(e) comme une horloge.

Déséquilibre en excès : Blessure de répétition. Tendance à trop réfléchir et à tourner en rond. Blocages techniques, mauvaises habitudes, photocopieuse sur patte qui répète tout sans discernement. Nervosité, anxiété, mauvaise hygiène (des pensées), excès de travail qui fuit sa souffrance interne. Servitude, esclavage. Karma, infortune.

Déséquilibre en manque : Difficultés à comprendre la vie et les lois de l'abondance, à maîtriser la matière, à exprimer sa curiosité, à tenter sa chance, à faire le premier pas, à se décider, à être dans le service, à travailler, à sortir de schémas répétitifs, à innover, à se renouveler, à faire preuve de sens pratique, à prendre soin de sa santé, à s'adapter et à faire tourner la roue du destin dans le bon sens.

Mémoires karmiques : Mémoire de domestique, de travail forcé, de pauvreté, d'esclave ou d'avoir été contraint à travailler toute sa vie jusqu'à épuisement. Mémoire d'une activité en lien avec le service aux autres, la santé, les plantes ou les animaux. Mémoire qui se répète sans arrêt jusqu'à ce qu'elle soit libérée. Une activité technique a pu jouer un rôle important. Un problème de comptage a pu avoir des conséquences importantes.

2-Le Design Humain : 10 = La porte des comportements du Soi et de l'amour de soi.

Explication technique : Circuit du centrage. Centre G. Son thème principal est l'amour de soi et sa maîtrise permet l'autonomie et l'adaptation au monde de la matière. Dans le système du Design Humain, cette porte complexe à la particularité de faire partie d'un groupe de 4 portes reliées entre elles. Ce groupe est composé des portes 10, 20, 34 et 57. La porte 10 vibre sur la fréquence de l'amour de la vie minérale, végétale, animale et sentiente, qu'elle conditionne et qu'elle permet d'explorer afin d'amener à une reconnaissance et une connaissance de qui nous sommes en tant que forme de vie. Cette connaissance permet de comprendre le fonctionnement de la vie et de générer les comportements qui fonctionnent, qui génèrent de l'adaptation. Elle permet de relier le circuit de la connaissance au circuit de centrage en tissant des connexions et en formant des ponts. Elle apporte une énergie de compréhension et de connaissance des détails uniques qui permet de proposer différents comportements possibles. Les possibilités comportementales sont guidées par la porte 57 de la rate, nourries en énergies par la porte 34 du centre sacrée puis exprimées par la porte 20 du centre gorge. Elle génère une compréhension qui mène à une acceptation de soi puis à un amour de soi. Elle a la capacité d'amener l'expression de la forme à une certaine perfection réglée comme une horloge. Elle impacte fortement les comportements collectifs et permet de comprendre les schémas répétitifs, les comportements répétitifs, l'organisation quotidienne qui aboutit à l'éveil de la conscience au niveau de la porte 20 et à un amour de soi.

Proposition d'interprétation :

L'univers souhaite que vous vous relaxiez dans l'amour de la vie, des animaux, des plantes et de vous-même en tant que forme de vie. Une compréhension profonde de comment fonctionne la vie vous permet de supporter toutes les embûches rencontrées sur votre chemin, d'accepter toutes les atteintes à la dignité qui vous sont faites, de rester vrai à votre propre vision, de préserver votre confiance dans la vie et en vous-même et de toujours retomber sur vos pattes. Votre comportement intelligent repose sur une expression unique et personnelle. Il vient d'une estime de soi qui n'a pas peur de ce que les autres peuvent penser.

La porte 10 vous permet de vous sentir bien dans votre peau et dans votre expression du fait que vous savez prendre soin de vous et de votre santé. Vous avez une conscience naturelle des conséquences de vos comportements et des comportements qui sont bons pour vous. Vous faîtes de votre mieux pour adopter les comportements qui génèrent des conséquences positives. Vous aimez penser que votre style et votre attitude unique peuvent influencer positivement le comportement de ceux qui vous entourent. Votre amour intrinsèque de la vie étaye votre conduite, vos attitudes et vos actions. Tant que votre comportement s'associe à cette joie de vivre, vous êtes sur la bonne voie ! Vous détestez apprendre que vos actions vous portent tort ou qu'elles déçoivent vos amis. Votre expression individuelle en alignement avec ce que vous savez être bien et juste donne de l'intégrité.

Il y a un besoin de tenter votre chance et vous pouvez être plein de ressources, être capable de vous adapter à tous les défis, aux problèmes ou aux nouvelles directions qui se présentent à vous. Toutefois, le bonheur existe seulement lorsque vous suivez votre chemin, en accord avec votre propre autorité, que cela plaise aux autres ou non.

3-Les Clef Génétiques. Clef 10 = Etre à l'aise. Le naturel au service de la vie.

Son dilemme où il doit faire des choix : La facilité. **Planète :** Mercure/Lune. **Signe astral HD :** Capricorne. **Son partenaire de programmation :** Clef 15. **Corps :** Torse (poumons et cœur)
Son anneau de codon : L'anneau de l'humanité 10-17-21-25-38-51. **Acide aminé :** Arginine.
Son chemin de transformation : Le chemin qui amène à être naturel. Passer de l'obsession mentale à être naturel(le) puis à être.

L'ombre de cette porte : <u>L'obsession.</u> <u>Les répétions inadaptées.</u>

Une identification au « mental technique » génère des pensées compulsives et une tendance à l'obsession, aux manies, aux TICS et au TOCS. Il génère une tendance à tourner en rond dans des schémas répétitifs, dans un agrippement à des détails et dans le labyrinthe sans fin du mental. Il y a une tendance obsessionnelle à s'inquiéter sur sa santé, sa vie et sur l'avenir. Il y a un besoin compulsif, une recherche compulsive de savoir, de savoir qui vous-êtes, où vous allez, quel sens donner aux choses, comment fonctionne la vie et quelle est la vérité. Pour ne pas faire face à vos émotions et à la peur profonde de perdre votre identité, vous avez tendance à vous fuir et à vous cacher dans des études, des recherches, une activité professionnelle ou des projets. Vous avez besoin d'être sans arrêt occupé et avez beaucoup de difficulté à ne rien faire et à vous détendre, à juste être là et à rêvasser et à profiter de la vie. Vous vivez sans cesse sous tension. Votre vie est stressante et vous vivez une forme d'addiction à ce rythme effréné. Vous n'êtes alors pas du tout à l'écoute des autres ce qui peut rendre vos relations très compliquées. Si vous êtes introverti, vous êtes obsédé par vous-même en excluant les autres et si vous êtes plutôt extraverti, vous êtes obsédé par le service aux autres en vous oubliant/fuyant vous-même. Il vous est difficile de voir que la vie prend en réalité soin de tout et que quand vous êtes naturel, les choses sont faciles, se font naturellement et que cette facilité est juste. L'amitié peut jouer un rôle central dans votre vie si vous lui laissez une place. Votre obsession prend fin d'elle-même quand vous la voyez et quand vous réalisez que ce que vous cherchez à comprendre, c'est-à-dire vous-même, est incompréhensible et ne peut que être contemplé, ressenti, vécu et conquis. Cette réalisation génère un profond état de détente et un basculement vers autre chose.

Son cadeau : Les dons et capacités de cette porte : <u>Etre naturel, l'adaptation technique.</u>

La curiosité, le besoin de savoir et de comprendre et le côté obsessionnel de cette porte augmentent jusqu'à un certain point où il y a un retournement. Vous vous rendez alors compte qu'en réalité vous ne savez rien ou presque rien, que vous ne savez pas qui vous êtes et que vivez selon une idée de qui vous croyez être. Quand vous cessez de vivre selon cette idée et la tension qu'elle génère, vous redevenez alors naturel(le) et vous exprimez votre spécificité, ce qui vous rend unique. Cet état naturel émerge d'une liberté intérieure, d'une détente et d'un espace intérieur. Votre vie devient alors fluide et s'écoule avec fluidité. Elle devient fun. Vous ne pouvez pas décider d'être naturel et le devenir. Vous pouvez juste reconnaitre que c'est votre véritable nature et vous identifier à elle. Il n'y a pas de mode d'emploi pour devenir naturel à part peut-être d'observer des enfants, des animaux ou des plantes, voir qu'ils sont simples et naturels et être comme eux. Il s'agit de vous laisser couler dans le flux de la vie en acceptant chaque instant tel qu'il est et d'agir naturellement en faisant ce que votre vie vous propose de faire, en prenant soin des détails sans vous y attacher.

Il s'agit de cesser de vouloir donner une interprétation ou un sens aux événements autre que celui de la vie qui manifeste son existence à travers vous en une succession d'instants. Il s'agit de laisser venir ce qui vient, d'être avec ce qui est et de laisser partir ce qui s'en va en restant naturel. Les événements arrivent alors naturellement, existent naturellement puis se transforment naturellement formant ainsi la roue de la vie.

Etre naturel amène à juste « être ». En étant qui l'on est, les choses se font naturellement. Il n'y a rien à comprendre, rien à chercher et rien à découvrir du fait que tout est déjà là.

L'êtreté est ici associé à un état de neutralité, d'équanimité et de pureté. Tout est simple, ordinaire et joyeux car la porte 10 confère beaucoup d'humour. Elle aime jouer, s'amuser, plaisanter et rire. C'est un état de pureté intérieure qui observe avec neutralité et amusement les histoires des gens et votre propre histoire, en trouvant l'extraordinaire dans l'ordinaire et en voyant que la vie dans le monde de la matière est juste un film, une illusion qui semble réelle. La vie se déroule alors selon son rythme et tout ce qui doit être fait l'est selon les lois de l'évolution, selon le nombre et le rythme. Vous êtes alors simplement la conscience pure en mouvement qui s'exprime à travers l'être que vous êtes. Vous vivez intensément identifié à l'instant présent et vous vous émerveillez de chaque instant présent. Vous dédiez librement votre vie au service à autrui, à l'évolution des choses ou à prendre soin de vous et de l'environnement, selon votre libre choix. Vous avez réalisez l'unité du 1 et du 0 qui forme le 10.

Chapitre 11 : Le nombre 11

A-Son nom et son graphisme : A partir de 10, les nombres sont écrits de gauche à droite où la position à gauche représente l'échelle la plus élevée et celle de droite la moins élevée. 11 signifie ainsi une dizaine et une unité. Le nom 11 vient du latin « Undecim » qui voulait dire un prêté/donné à « Monsieur 10 », qui se retrouvait alors avec une unité en plus. Decim est devenu ds puis ze. Un est devenu on. On retrouve la terminaison ze avec les nombres allant de 11 à 16, ce qui représente une quantité prêté ou donné en plus au nombre 10. Pourquoi ne dit-on pas Huitze et neufze ? Sans doute parce que ce n'est pas phonétiquement élégant et parce que 18 et 19 symbolise la Lune et le Soleil qui ont un statut à part! Le 1 symbolisant le Soleil, 11 évoque le soleil du soleil, la lumière du Soleil, l'expression du Soleil c'est-à-dire l'amour, la conscience et la créativité.

B-Selon trois traditions anciennes :

1-La tradition germanique des Runes. 11 = la glace lumineuse.

La Rune 11 se nomme Isa prononcé iza ou aille-za.

Son numéro : Le 11 est associé à un doublement du 1, c'est-à-dire de la vision, de la créativité, de l'énergie, de l'activité, de l'intention, de la maîtrise de l'attention et de la conscience en action. La créativité, l'activité et l'efficacité naturelle du 1 deviennent au chiffre 11 une capacité naturelle à utiliser un pouvoir pour maîtriser ce qui doit l'être. Là où le 1 est la référence universelle, le modèle originel, le 11 est la référence personnelle, la réussite personnelle, c'est-à-dire la meilleure version de soi selon sa propre forme. Elle peut alors être associée au corps spirituel situé au centre du cœur et à l'énergie spirituelle.

Les chiffres 1 et 11 peuvent être vus comme étant deux facettes de la force toute puissante de l'amour, force centrale dont l'être humain, les Dieux et « La Source » sont constitués. Le 11 peut cependant évoquer une dualité, un conflit, une lutte intérieure entre deux forces antagonistes, entre par exemple l'animalité et l'âme ou entre le feu et la glace. La rune Isa représente alors la matière noire qui maintien le cosmos en place, l'antimatière qui se combine avec l'énergie de vie pour générer la matière et le passage vide et silencieux que chacun doit traverser à un moment donné pour accéder au corps spirituel.

Résumé et essence de la rune : Je suis la structure de la lumière, de la réalité, la vision claire reliée au cœur, la recherche de l'unité originelle, la volonté concentrée qui s'affirme en organisant efficacement et en maitrisant ce qui doit l'être mais aussi en réalisant ce qui peut l'être. J'incarne l'énergie potentielle, le rassemblement des énergies autour d'un centre, le centrage sur ce qui est essentiel, l'harmonisation des opposés (du haut et du bas, de l'animal et l'homme, du cœur et de la raison etc.), la pureté, la simplicité, l'expression spécifique de moi-même, l'autonomie et ce qui évolue lentement. Je représente la capacité à me mettre en valeur, la réussite et l'expression du meilleur de moi-même dans ce que j'ai d'unique. Je suis à la fois l'action avec le corps dans le monde de la matière et la conscience, la vision, l'intention, l'action avec l'esprit et la créativité.

L'aspect sombre de la rune : Il est symbolisé par le ralentissement, le refroidissement, la dureté, la rigidité, l'immobilité, l'inertie, l'hivers nordique, le gel, la paralysie, la difficulté à avancer, les obstacles, les blocages ou un passage difficile, par l'égoïsme et un sentiment excessif d'importance personnelle, le manque d'amour, l'isolement et la solitude, par un manque de vision, de clarté, de volonté, d'objectifs, d'actions ou de maîtrise, par des dangers cachés ou une situation qui n'est pas telle qu'elle apparait, par un état d'aveuglement, par l'aspect blessant, coupant et refroidissant de la glace et parfois par la frigidité ou l'absence de désir. Une tendance à vouloir que les choses soient comme vous voulez et à faire preuve d'obstination peut provoquer des conflits. La colère peut dégénérer en violence. Il y a un excès de structure, un manque d'aide, de fluidité et de vie. Seul le feu de l'amour et la vision de la vérité peuvent faire dégeler la glace. Il est alors nécessaire de faire de votre mieux selon ce qui est possible, sans vouloir plus.

Son phonème : Cette rune est associée au son i.

Mots clés : La vision claire et profonde, écouter son cœur et son corps et non les apparences, la concentration sur un objectif clairement défini, l'expression du cœur et de la volonté, la création d'ordre, l'organisation harmonieuse, la capacité à maîtriser ce qui doit l'être grâce à une puissante volonté, les actions permettant de développer plus d'autonomie, le recentrage sur l'essentiel, l'affirmation de sa puissance, la réussite par l'action, la créativité et l'expression de sa valeur personnelle.

2-La tradition du Tarot Italien. Le résumé et l'essence de l'arcane : 11 = la force du cœur.

Quand je me relie, à travers mon cœur et toutes les cellules, aux courants d'amour qui inondent l'univers, je trouve mon centre, je deviens Maitre souverain dans mon cœur et je peux ainsi exprimer la force de l'amour, la force intérieure et la confiance en soi. Quand je veux vraiment, avec amour et détermination, je sais mobiliser mes ressources et peux alors tout réussir.

J'ai la force de déplacer des montagnes grâce à l'union de la volonté divine et de la foi. Energique, franche, courageuse, fiable, solide comme un pilier, pleine de confiance, centrée dans son corps et dans son cœur, à la fois très autonome et très reliée aux autres, je suis une personne qui se connecte à son cœur et à l'univers, qui s'affirme, se discipline, se maîtrise et exprime la force de l'amour. J'exprime la puissance de l'harmonie émanant du cœur et mon pouvoir créateur afin de donner le meilleur de moi-même, de dominer la situation et de contribuer à l'évolution de la vie. Cette force intérieure me permet de vaincre l'adversité en faisant preuve de courage, de surmonter les difficultés, d'atteindre mes objectifs, de maîtriser les événements et ma vie grâce à mon engagement. Elle me permet de créer ma réussite et ma prospérité. Je reconnais les connaissances spirituelles rassemblées au cours de son passé et je propose des enseignements en tant que messager de la lumière, en tant que phare ou éclaireur.

3-La tradition du Yi-King Chinois. 11 = La force du cœur. La paix. La prospérité.

Résumé du nombre : Exprimez votre vision, votre vitalité et votre force du cœur pour vous insérez, avec confiance, optimisme, créativité et harmonie, dans un contexte collectif positif, générateur de prospérité printanière florissante et de réussite.

Explication technique : La conduite juste rapproche de sa vérité profonde, ouvre le cœur et permet un développement de la force du cœur. Après l'hiver vient le printemps, où l'abondance des ressources s'ajuste aux désirs. C'est pourquoi après « La conduite juste » vient « La force du cœur ». Kouen, la Terre, l'Eternel Féminin, va vers le bas, conformément à sa nature et Kien, le Ciel, le pouvoir créateur, va vers le haut, en suivant son élan naturel.

Chacun prend sa place, l'élément lumineux à l'intérieur et l'élément souple à l'extérieur. Les éléments faibles s'en vont et les éléments forts occupent le devant de la scène. Les éléments forts s'adaptent avec simplicité aux éléments humbles en se mettant à leur niveau, en les aidant quand c'est nécessaire et en partageant leurs richesses. Les éléments humbles leur témoignent en retour gratitude et sentiments amicaux. Quand des personnes positives occupent le pouvoir dans une organisation, les personnes négatives reçoivent leur influence, grandissent et s'améliorent. Si le corps spirituel et la force du cœur sont aux commandes à l'intérieur d'une personne, le corps animal se soumet à la force de l'amour et trouve sa juste place. Il en résulte une ambiance, en soi et à l'extérieur, de confiance mutuelle, d'harmonie sociale et de coopération générale où chacun donne le meilleur de soi-même. L'union du Ciel et de la Terre génère un processus qui permet de créer la prospérité mais aussi de la maintenir, en écartant ce qui s'y oppose et en étant vigilent vis-à-vis de tout déséquilibre entre masculin et féminin. Un excès d'énergie masculine conduirait à l'hostilité, aux rapports de forces et à la violence tandis qu'un excès d'énergie féminine conduirait à la négligence, à la décadence, à l'angoisse et à l'inertie. La prospérité est ici créée et maintenue par la réceptivité aux flux de la vie, par la régulation et par l'humilité (Kouen), par le pouvoir créateur orienté vers des objectifs (Kien), par l'intelligence relationnelle, la juste gestion des ressources, le partage et la joie (Touai) et par le dynamisme, l'intelligence psychologique, la capacité à différentier, à se synchroniser avec l'ordre cosmique et les lois de la nature, la gestion des projets, la capacité à trouver des solutions, à être dans un état de liberté intérieure, à engendrer une renaissance et par une juste maîtrise (Tchen).

Le temps est ainsi différentié en saisons et l'espace en points cardinaux. Les productions agricoles sont réalisées au bon endroit, au bon moment, en préservant l'environnement, puis elles sont mise au service de tous. Cette gestion intelligente d'un environnement parfois incontrôlable et ce maintien de l'équilibre Ciel-Terre optimise les rendements et fait durer la prospérité.

Interprétation classique : La situation est caractérisée, en vous ou à l'extérieur, par la naissance et le développement d'un équilibre dynamique entre d'une part énergie créatrice, motivation, vitalité, dynamisme, confiance réciproque et d'autre part inspiration, acceptation mutuelle, partage, intelligence relationnelle, harmonie et productivité.

Le masculin et le féminin s'attirent mutuellement, se rencontrent, unissent leurs forces sur la montagne sacrée et font naître une puissante vitalité printanière pleine d'opportunités, qu'il est judicieux de faire fructifier. Seule leur rencontre harmonieuse engendre la force du cœur, la floraison des potentiels et la création d'un été joyeux. Seule leur union harmonieuse permet de faire les bons choix, génère de la richesse, de la prospérité, de l'abondance, de la bénédiction, l'épanouissement et la paix du cœur. Comme au moment de la renaissance du printemps, l'époque est particulièrement propice, fluide et féconde pour planter des graines, pour planifier de nouveaux chantiers, pour mettre en place de nouvelles organisations, procédures ou lois, pour développer de nouveaux projets et pour construire une croissance saine. Elle est également très propice aux affaires, à la naissance de liens nouveaux, aux relations personnelles, aux activités sociales, au développement de synergies, aux activités de service, au travail d'équipe, aux finances et à la création d'une ambiance productive. Il est donc judicieux d'être à l'écoute des signes et des opportunités, d'être pleinement conscient du potentiel extrêmement fécond de la situation, de partager les ressources et les bénéfices, de réformer ce qui doit l'être, d'explorer de nouvelles voies, d'agir pour cultiver le terrain fertile et de s'organiser pour donner forme à l'avenir, en ayant des objectifs clairs. Les entreprises peuvent réussir et prospérer grâce à une organisation adaptée. Et parce que la vie est soumise aux cycles, à la loi du changement et à l'impermanence, le printemps ne dure pas. C'est pourquoi il est important de comprendre le sens de la situation et d'agir en conséquence, d'une façon responsable et efficace, dès maintenant. Prenez conscience de l'harmonie dynamique existant en vous ou dans votre environnement, nourrissez cet équilibre dynamique en augmentant ce qui pourrait manquer et en tempérant ce qui pourrait être excessif, observez le processus générateur de prospérité à l'œuvre dans la situation, analysez la nature les liens entre les différents éléments, agissez avec votre cœur en évitant les rapports de force et organisez-vous pour vous intégrer dans ce courant porteur de réussite.

C-Selon trois traditions modernes

1-Le Diamant de Naissance. 11 = Marie-Madelaine, la force de l'amour.

Symbolique : Le Sodium. L'union du ciel et de la Terre. **La lumière. L'amour.** Le pouvoir de l'amour. La force du cœur. La force physique et morale. Le courage. Les grosses capacités de travail. La glace avec tout ce qu'elle symbolise, dont le i (ice) qui permet d'aller de deux à Dieu. Le miroir. La reliance à l'amour (perdu) ayant existé dans l'au-delà avant l'incarnation. L'inspiration créatrice. La meilleure version de soi. La manifestation de Dieu. L'invincibilité.

Le centrage, l'alignement. La vision, l'idéal, les objectifs, l'organisation, la réussite. Dompter le fauve ou l'animal en soi. Soleil et Mars. Le signe du Lion. Un événement ou une relation forte et émotionnellement intense. **Animal :** Le lion, le cygne.

Les besoins et capacités qui demandent à être exprimées :

-Besoin d'être centré dans votre cœur, dans votre corps et dans votre lumière

-Besoin d'incarner la vision de la meilleure version de vous-même, d'avoir une vision claire, de la traduire en un idéal puis de manifester cet idéal à travers des objectifs, une bonne organisation et une réussite

-Besoin d'exprimer votre pouvoir créateur et la puissance de l'amour, de créer, d'affirmer votre volonté et de trouver les moyens nécessaire pour réussir.

-Besoin d'être passionné, de prendre des risques, d'être courageux/courageuse, de faire face aux difficultés et d'assumer vos souvenirs d'amour liés à votre passé dans l'au-delà.

-Besoin d'écouter votre cœur, d'ouvrir votre cœur, de faire ce que vous voulez, de faire ce que vous aimez et d'aimer ce que vous faîtes.

-Besoin de discipline, de maîtriser votre vie, d'être autonome, de maitriser le fauve qui est en vous, faire preuve de patience, d'être responsable, de guider autrui vers la lumière.

Déséquilibre en excès : Blessure d'amour. Sentiment d'impatience, de colère, de rage et d'échec. Rivalités, rapports de force, orgueil, arrogance, cruauté, vantardise. Insensibilité à la douleur. Peur de blesser. Agressivité ou méfiance excessive par peur d'être blessé/agressé/attaqué. Intolérance aux faiblesses des autres. Difficulté à gérer ses émotions. Violence et mauvaise utilisation de l'énergie et de la force. Tendance à imposer sa volonté ou son rythme à l'autre. Quand la conscience est privée de la puissance de la lumière et du cœur, elle retourne à sa manifestation temporaire illusoire de substitution appelée force. Difficulté à se poser et à se détendre.

Déséquilibre en manque : Difficultés à se centrer, à être dans le cœur, à s'aimer, à être présent dans son corps, à avoir une vision claire et positive, à gérer sa force, son agressivité et sa violence, à se fixer des objectifs, à exprimer sa puissance, à être autonome et à réussir. Reste en mode chaton au lieu d'être en mode Lion ou Lionne.

Mémoires karmiques : Mémoire de roi ou de reine, de seigneur ou d'avoir été maître de sa vie. Mémoires d'événements n'ayant pas été acceptés et ayant généré de la colère. Mémoire de vie dans un lieu recouvert de glace. Une histoire d'amour très forte a pu jouer un rôle important. Un problème de violence ou un conflit a pu avoir des conséquences importantes.

Remarque : Dans certaines écoles de numérologie moderne, ce nombre est, avec le 22 et le 33, qualifié de « maître nombre » et n'est pas transformé en 2 quand il apparait. De mon point de vue, moi qui suis né un 11/01, ce n'est pas forcément toujours juste et chaque nombre est un « maître nombre », même si 11 et 22 sont un peu « spéciaux ».

2-Le Design Humain : Clef 11 = La porte des visions génératrices d'idées et d'harmonie.

Explication technique : Circuit du ressenti et des perceptions. Centre Ajna. Elle fait partie du circuit des cycles. Son thème principal est la création d'idées à partir d'une vision reliée au cœur et sa maîtrise permet l'inspiration. Elle est associée à la porte 56, le voyageur.

Le nom originel de cette porte, appelée la porte des idées, génère de la confusion quand au sens profond de ce nombre ; le nom « la porte des visions génératrices d'idées » est plus juste. Cette porte est ici associée à l'œil gauche et à la mémoire visuelle. Elle confère une excellente mémoire visuelle. Lorsqu'il regarde dans l'instant présent, l'œil gauche a une vision partielle de la réalité mais grâce à sa mémoire, il est capable d'imaginer l'ensemble du réel en choisissant des possibilités dans sa banque de mémoires. Il est capable d'assembler différents éléments et images pour construire une vision et une histoire.

L'expression de la conscience passe par des idées et l'idée est un outil permettant d'exprimer ce qui à été vu, perçu, conscientisé. Cette porte génère une recherche de stimulations, un besoin de stimulations (visuelles) et de stimuler grâce au partage d'idées. Il y a le besoin de manifester les idées dans la réalité et de la frustration quand ce n'est pas le cas, alors qu'une idée, selon le Design Humain, va au bout de son chemin quand elle est simplement exprimée verbalement et pas forcément quand elle se traduit en actions dans la réalité !

Ici, les idées sont là pour stimuler la réflexion et ne sont pas des prescriptions pour agir. Dans l'essence de ce nombre, l'expression de la conscience à travers une vision reliée au cœur permet la réalisation de Soi. Les idées permettent d'ancrer la vision dans la matière.

Proposition d'interprétation : Cette porte vous permet d'élaborer une vision et d'imaginer des concepts générateurs d'harmonie personnelle et d'harmonie collective, d'harmonie sociale. Elle vous donne envie de vous impliquer dans la promotion et l'enseignement de la paix, de l'estime de soi, et de la possibilité à chacun d'être la meilleure version de lui-même ou d'elle-même. Elle vous permet de trouver des moyens pour mettre tout le monde d'accord, que ce soit à la maison, au bureau, dans les relations ou dans l'entourage. Vous avez toujours de nouvelles idées pour que les choses soient toujours d'actualité, tout en continuant d'évoluer. Vous vous débarrassez facilement des méthodes ou des concepts dépassés, ou qui ne sont plus adapté à l'époque. À vos yeux, l'opinion de la majorité a plus de poids que celle d'un individu. C'est pourquoi vos idées ont tendance se focaliser sur l'intérêt collectif et pas juste dans le vôtre. Vous aimez parfois rappeler à chacun sa responsabilité vis-à-vis des autres et vis-à-vis du bien-être de tous. Un exemple de cette tendance se retrouve chez les défenseurs de l'environnement, qui sonnent l'alarme sur comment la responsabilité environnementale des individus contribue au bien-être de la planète. Grâce à votre vue d'ensemble équilibrée et harmonieuse, vous êtes, capable de proposer des idées qui rendent le monde autour de vous plus lumineux et plus sûr. « Le changement positif », c'est votre devise !

3-Les Clef Génétiques. Clef 11 = La lumière d'Eden ou du Paradis. L'idéaliste.

Son dilemme où il doit faire des choix : ses croyances. **Planètes :** Soleil/Mars. **Signe astral HD :** Sagittaire. **Son partenaire de programmation :** Clef génétique 12. **Corps :** glande pituitaire.
Son anneau de codon : L'anneau de la lumière. (5-9-11-26). **Acide aminé :** Thréonine.
Son chemin de transformation : Le chemin de l'idéalisme. Passer de l'obscurité à la lumière, du fait de croire au fait de vivre la certitude, de l'échec à la réussite, de l'oubli au rayonnement.

L'ombre de cette porte : L'obscurité et l'échec. La colère et l'impatience.
Vous vivez dans l'obscurité, dans l'oubli, dans un champ de mines de rêves non réalisés, de comportements de fuite ou de déni, de culpabilité et de répression plus ou moins tyrannique. Vous êtes l'ombre de vous-même parce que vous avez donné votre lumière à autre chose que vous-même.

Votre lumière intérieure est voilée parce qu'elle est oubliée du fait qu'elle est obscurcie par votre mental qui se perd dans les détails et dans des constructions artificielles qu'on apelle des croyances. Elle est obscurcie par vos croyances dont vous êtes victime car elles vous piègent dans une toile d'idées en vous rendant important et fier et grâce à des promesses sous-entendues. Vous vivez alors comme dans une réalité virtuelle, un rêve.

Les croyances sont associées à des sentiments, des émotions, des peurs ou des douleurs. Votre lumière est obscurcie par les systèmes de croyances de cette vie, de vos ancêtres ou de vos vies passées, auxquelles vous adhérez, comme par exemple les valeurs de la société, des doctrines, des religions, la science ou un système politique. Vous explorer votre propre obscurité et vous tournez alors en rond pendant très longtemps, car vous croyez au lieu de savoir, vous cherchez au lieu de trouver, vous rêvez au lieu d'agir, vous évitez de faire face à vos peurs, vous occultez vos rêves et vous avez beaucoup d'attentes sur tout. Mais c'est parce que vous savez explorer, parcourir et traverser votre propre obscurité, en allant vers l'intérieur et vers le bas, que vous pouvez un jour intégrer la lumière.

L'idéalisme est un flux de mémoires archétypales qui se déversent dans le monde des formes, dans la matière en se traduisant par un rêve, un idéal de vie. Toute la difficulté est de croire en le pouvoir de votre rêve sans chercher à savoir à quoi il ressemblera précisément. Les idéologies sont de la propagande qui promet la lumière et la réussite dans le futur.

Vous passez ici de la tendance à croire la propagande d'autrui à la capacité de voir avec le cœur et la vision spirituelle dans l'instant présent. Vous prenez conscience de votre véritable idéal, de vos rêves et de ce que vous voulez vraiment. Vous prenez conscience que la conscience est partout en dans tout, qu'elle est régie par un principe ordonnateur de la vie et qu'elle s'exprime par des symboles archétypiques dotés de puissance, de pouvoirs. En libérant l'énergie présente dans les archétypes et dans les mémoires collectives réprimées, vous pouvez vous reconnecter à la Source d'amour dans votre cœur et à votre créativité.

Vous développez la capacité d'avoir la certitude par votre propre expérience, d'installer vos vérités dans votre corps et votre aura et de les manifester. Votre vision et vos rêves sont traduits en un idéal de service qui donne un sens à votre vie ; un idéal qui élève votre fréquence vibratoire, qui vous enthousiasme et qui vous met dans l'action. Cet idéal est celui d'être la meilleure version de vous-même selon votre spécificité et de manifester la lumière divine dans la matière. Votre vision est traduite ensuite en objectifs, en organisation efficace et en réussite parce que vous vous donnez les moyens. C'est par le cadeau de la discrimination de la clef 12, en changeant ce que vous avez décidé de croire, qu'une transformation a lieu en vous. Elle peut avoir lieu quand vous voyez comme une évidence que tout se passe à l'intérieur de vous et que votre vie extérieure est le reflet de votre vie intérieure. Vous pouvez alors retrouver une ouverture de conscience, une ouverture de cœur, une puissante créativité et expérimenter votre propre chemin vers la lumière en transcendant la dualité. Vous pouvez retrouver les secrets de la magie authentique et l'unité intérieure.

Le premier 1 du 11 est la présence du je suis qui manifeste son existence par l'être et par l'action dans la joie. Le second 1 du 11 est la vision consciente, la reconnaissance puis l'accueil grâce à la force de l'amour.

Vous réalisez que la conscience est constituée de vide et d'espace lumineux rempli d'amour. Cela permet de récupérer votre pleine puissance et de vivre reconnecté(e) à la Source de toute Vie. Reconnaitre permet de voir où l'attention a été piégée dans une croyance ou une idée et d'initier sa libération. En demandant ensuite sans attentes à la croyance, à l'émotion, à la peur, au sentiment ou à la souffrance/douleur de trouver son chemin vers le cœur et d'y aller, comme le cœur est la porte de la Source de toute vie, elle retourne à la Source où elle est dissoute en poussière d'étoiles. Le superpouvoir de cette porte est celui de la conscience, conscience de la conscience, pleine conscience, conscience du centre galactique, conscience de l'amour et conscience de la présence éternelle de la Source de toute Vie.

Au fil de votre évolution, vous organisez votre vie pour permettre une place à la conscience et à l'amour et devenez vous-même la lumière de la conscience et amour. Vous vous réunissez avec le Dieu Vivant/la Déesse Vivante à l'intérieur de vous. Puis un jour, parce que vous avez trouvé votre propre lumière et parce que vous voyez que le monde de la matière est un reflet et une projection d'autres dimensions invisibles, vous avez accès à la Réalité.

Vous percevez tout en termes de lumière et de fréquences vibratoires. Ce qui semblait être de la Magie dans la zone vibratoire du cadeau de ce nombre est à présent perçu comme étant la nature de la réalité. Vous pouvez alors ainsi montrer aux autres comment trouver leur lumière, comment faire émerger l'amour dans leurs cœurs et comment réussir leurs vies et contribuer à créer un monde meilleur.

Chapitre 12 : Le nombre 12

A-Son nom, son graphisme et sa symbolique :

Le nom du nombre douze signifie deux prêté ou donné à dix. Son graphisme représente une dizaine et deux unités. Le cycle annuel de la Terre qui tourne autour du Soleil est divisé en 12 périodes de temps (et 12 espaces nommés les signes astrologiques) du fait qu'il y a 12 pleines lunes dans l'année ou dans la majorité des années.

Le nombre 12 représente ainsi un cycle complet. Le nombre 12 avait jadis une importance spéciale car symbolisait la présence du Soleil(1) et de la Lune(2), du masculin et du Féminin. Il représentait ainsi une totalité et un groupe qui se suffit à lui-même. Il est en plus divisible par 2, 3, 4 et 6.

Il fait partie des fréquences de la note Sol, qui symbolise la libération, la communication et l'espace dans lequel on peut s'expanser jusqu'à l'infini. La note Sol regroupe les fréquences 3hz, 6Hz, 12 Hz, 24 Hz et ainsi de suite. Dans l'antiquité il y avait beaucoup de groupes de 12 comme les 12 dieux (Anunnakis) de l'Olympe, les 12 disciples de Jésus, les 12 travaux d'Hercule, les 12 chevaliers de la table ronde, les 12 fils d'Odin, les 12 imams du prophète Mohamed et les 12 tribus d'Israel.

Le douzième signe du Zodiaque, les Poissons, qui correspondent à l'ère astrologique dans laquelle nous somme encore, représente le soulagement des souffrances et des misères du monde, les ancêtres et l'union avec le divin. 12 est ainsi le nombre du sacré, de la foi mystique, du pardon, de l'amour inconditionnel et de l'union sacrée avec le divin, d'où son importance. Il y a 2 cycles de 12 heures dans une journée.

1-La tradition germanique des Runes. 12 = la bonne récolte, l'année.

La Rune 12 se nomme Jera prononcé ièra.

Son numéro : Yera est la douzième rune du Futhark. Le chiffre douze symbolise l'union mystique du 1 et du 2 afin de donner naissance à une nouvelle direction grâce à une nouvelle vision des choses qui prend en compte la totalité des choses et les cycles de l'âme ou des générations qui se suivent. Le chiffre 12 évoque aussi les deux forces principales de l'univers matériel, le mouvement et la force de gravité, ainsi que la capacité à les transcender. Il est l'un des chiffres qui structurent le temps cycliquement grâce aux 12 lunes annuelles qui structurent la vie. Il y a 12 signes astrologiques et deux séries de 12 Ases masculins et féminins dans la mythologie nordique. Le chiffre 12 est enfin le miroir qu'il faut traverser pour accéder au chiffre 21, l'eau de Lagu. Ce miroir est fait de recherche de rêve et d'évasion, d'amour inconditionnel, de compassion, de foi, de sacrifice de ce qui est inférieur au profit de ce qui est supérieur, de vision spirituelle, d'union avec le grand tout générateur de vie et de présence divine.

Résumé et essence de la rune : Je suis la magie des cycles de la vie dont la bonne gestion permet une bonne récolte, une récolte abondante, un temps de prospérité mais aussi de faire l'expérience de l'extase, de l'enchantement. Ce qui a été semé dans le passé est récolté. Ce qui est fait dans le présent portera ses fruits dans le futur. Le facteur temps, l'acceptation du temps nécessaire à l'accomplissement des choses et la réalisation de chaque étape du cycle sont importants. Tout arrive quand c'est le moment. Il y a une union positive entre deux personnes ou entre l'humain et le divin. Cela permet d'aller de la souffrance au soulagement, à l'enchantement et à la transcendance. Il y a une évolution fluide et harmonieuse où les efforts entrepris portent leurs fruits. Après être entré dans l'histoire, on entre dans la légende.

L'aspect sombre de la rune : Il est symbolisé par une mauvaise récolte, par des illusions et une difficulté à voir le sens spirituel profond de ce qui est, par une tendance à tourner en rond dans la souffrance, par une période d'égarement, par un chaos dépourvu de sens, par des problèmes de gestion des mémoires généalogiques ou de vie passées et par une fuite de la réalité. Il y a une phase difficile d'un cycle. Des événements collectifs peuvent perturber l'évolution individuelle.

Son phonème : Cette rune est à l'origine associée au son j mais de nos jours souvent aussi au son y comme dans le mot yoyo ou comme dans les mots anglais year ou yes. La lettre y est un i combiné avec une autre voyelle. Dans la langue allemande, la lettre j se prononce y d'où parfois une confusion entre les deux sons.

Mots clés : Ce qui est récolté de la terre et de la mer, ce qui revient de façon cyclique, l'adaptation à la vie en mouvement, une inversion des choses, la conscience des cycles et de l'influence du passé sur le présent, la fin d'un cycle et le début d'un nouveau cycle, développer une autre vision et d'autres points de vue, attendre les résultats et la récolte avant de tirer des conclusions, ensemencer pour récolter, la récompense des efforts accomplis, générer de l'abondance et de la prospérité, une période fructueuse, le solstice d'été et l'été, gérer un ensemble ou une récolte, s'impliquer dans une collectivité, passer de la souffrance à la transcendance, vivre sa part de rêve et d'évasion, être inspiré et suivre ses inspirations, accéder à l'expérience mystique.

En positif : Je me détache intérieurement des choses extérieures pour trouver un sens profond et des réponses. J'inverse mes croyances et ma vision des choses. Je sacrifie ce qui est inférieur au profit de ce qui est supérieur. J'apprends à vivre ma vie selon des valeurs spirituelles. J'exprime la force de la foi et mon don de voyance. Je pratique la prière, la méditation et le lâcher-prise. Je dénoue les situations grâce à un travail sur moi. Je soulage les souffrances et les misères du corps et de l'âme. Je donne ma vie à la vie afin d'accéder à la vie spirituelle, à la transcendance et à la conscience christique. Quand j'intègre le spirituel et le sacré au quotidien, je transcende mes souffrances, j'accède à la joie, à la béatitude et j'incarne mon étincelle divine d'amour inconditionnel. Une situation en attente est en train de se dénouer. **En négatif :** Je m'enferme, fuis mes responsabilités et reste bloqué, en situation d'attente, dans des liens de fidélité, dans mes mémoires généalogiques, dans mes mémoires de vies passées génératrices de souffrances et dans des schémas répétitifs générateurs de chaos, d'illusions et de trahison.

3-La tradition du Yi-King Chinois. 12 = Le déclin. L'obstruction.

Résumé du nombre : Vous adapter à une force obscure, chaotique et contre-productive qui génère disharmonie, décadence, souffrance, une crise ou un déclin automnal pour vous éveiller spirituellement, faire ce qui vous enchante puis soulager et enchanter autrui.

Explication technique :

Quand la période de croissance et de prospérité, symbolisée par le printemps puis l'été, prend fin, l'automne arrive et avec lui le déclin du jour, symbole de disparition de la croissance, de décadence, de déprime et de défiance. L'ordre naturel générant la prospérité est rompu et on ne voit plus ce qui est nécessaire. C'est pourquoi après « La force du cœur » vient « Le Déclin ».

Le trigramme de l'Eternel Féminin, Kouen, la Terre, s'enfonce dans la profondeur de l'hiver, tandis que le trigramme supérieur de la puissance créatrice, Kien, le Ciel, s'élance vers le haut en suivant son élan naturel. Ils vont dans deux directions opposées, se séparent, ne communiquent pas entre eux, ne se rencontrent pas et n'unissent pas leurs forces. L'élément lumineux, qui devient alors hostilité, dureté et violence, est à l'extérieur et l'élément obscur qui devient ignorance, angoisse, faiblesse et stupidité, est à l'intérieur. Dès lors, un déséquilibre, une souffrance, s'installe. La lumière se fractionne, se densifie, stagne, s'immobilise, se fige et devient rigide. La fiction et la virtualité prennent le pas sur la réalité. Quand des personnes négatives et malfaisantes occupent le pouvoir sur les devants de la scène dans une organisation, rien de productif ne peut être accompli. Quand le haut et le bas ne communiquent pas ou quand le corps spirituel, la sagesse et la force du cœur ne sont plus aux commandes à l'intérieur d'une personne, le corps animal, l'égo ou des mémoires généalogiques perturbatrices prennent la place de la force de l'amour. Il en résulte une ambiance, en soi et à l'extérieur, de méfiance mutuelle, d'égoïsme, d'individualisme général, d'alliances douteuses et de disharmonie sociale.

C'est l'impasse, le blocage qui empêche la vie de s'exprimer naturellement et harmonieusement. Cela rend impossible toute activité productive et génère la confusion, l'incompréhension, le désordre et la misère. Les personnes lumineuses s'adaptent alors avec réalisme.

Sous l'impulsion du trigramme nucléaire Ken, elles s'éloignent des éléments faibles et ne participent pas aux affaires en cours. Accepter une proposition et se lier au mouvement ne fait que générer de la disharmonie, à cause de la mesquinerie ambiante. Elles déclinent donc toute invitation et gardent leur distance. Elles s'en vont, se retirent, cachent leur lumière, restent fidèles à leurs valeurs, réfléchissent à la situation, se consacrent à leur vie intérieure, prient et se développent dans le secret. L'idéogramme ancien de cet hexagramme symbolise une bouche qui exprime la négation, c'est-à-dire qui dit « non », qui ne dit rien ou qui dit ce qui ne va pas.

Interprétation classique :

La situation est caractérisée, en vous ou à l'extérieur, par la naissance et le développement d'un déséquilibre, de l'obscurité et d'une prédominance des instincts inférieurs de survie. La prospérité décline, stagne et laisse place à l'adversité. Des obstacles surviennent et bloquent toute évolution. L'environnement n'est plus réceptif au progrès et devient corrompu. Les dirigeants ne sont plus en contact avec leurs populations. Quelque soient les ressources ou la motivation, rien ne peut être accompli. Les potentiels ne peuvent pas fleurir.

L'incompréhension, le manque de communication, l'absence de liens sociaux, l'égoïsme, la méfiance, l'isolement, l'enfermement, la stupidité, l'absurdité et un certain désordre prédominent. Les individus se noient dans des labyrinthes d'objectifs inutiles et en décalage avec l'ordre cosmique. Avez-vous joué un rôle dans tout ça ? Peut-être que votre objectif est en décalage avec l'évolution globale de votre vie ou avec les possibilités du moment ?

Toute idée, projet, inspiration positive ou demande d'aide risque en tout cas de ne rencontrer que du rejet ou de l'indifférence. Que ce soit en lien avec le domaine économique, la stabilité politique, les affaires, les relations, la santé ou la forme, les temps d'adversité sont difficiles et misérables. Il est alors nécessaire d'accepter la situation, d'être vigilent, d'avoir conscience du danger, de rester fidèle à sa vision et à son éthique, d'éviter de vouloir influencer les gens ou les événements, de développer votre autonomie, de préserver vos ressources, de chercher à prospérer malgré tout, de ne pas vous impliquer dans des activités publiques extérieures et de ne pas vous laisser tenter par des présents, des récompenses ou par des promesses de rémunérations faramineuses.

Cela évite de compromettre votre intégrité, vos principes et d'être contaminé par l'ambiance disharmonieuse, la confusion et le chaos ambiant. Rien ne sert de s'opposer aux courants contraires. Il est judicieux de cacher vos convictions et de vous retirer de toute situation en conflit avec vos valeurs, jusqu'à ce que l'époque de décadence prenne fin. Les relations peuvent être difficiles dues à la méfiance à l'incompréhension, au manque de communication et à une tendance à se protéger derrière des murs. Peut-être êtes-vous mal entouré ou peut-être n'êtes-vous pas en lien avec le bon groupe de personnes ? Il est alors impossible de faire passer des messages importants. Là encore, il est nécessaire de garder foi et confiance, de cultiver vos valeurs, de rester humble et modeste, de développer dans le secret un plus grand équilibre, notamment entre votre masculin et votre féminin, de chercher les bonnes solutions, de préserver votre énergie, d'attendre des jours meilleurs et de vous tourner vers votre évolution spirituelle. La situation finira par se transformer tout comme l'automne finit par être suivi d'un printemps.

1-Le Diamant de Naissance. 12 = Jésus, l'amour inconditionnel et l'enchantement.

Symbolique : Le Magnésium. L'année. La bonne récolte ou saison ou une mauvaise récolte. L'arbre généalogique. L'inspiration créative. Le sacrifice. L'oubli. Le renoncement. La fin d'un cycle. L'inversion des choses. Une épreuve, une perte, un blocage. Les mémoires généalogiques et parfois de vies passées. Le chaos. Une souffrance. La compassion. Le pardon. La foi et la prière. L'amour inconditionnel. L'hypersensibilité. Le rêve d'un ailleurs. Le sacré. La gestion d'un collectif. La transcendance, la communion avec le divin, l'enchantement. Le prophète. Les soins. Les voyages au-delà des mers. Neptune (Poissons). **Animaux :** Le saumon, le dauphin, la baleine.

Les besoins et capacités qui demandent à être exprimées :
-Besoin de vous libérer de votre arbre généalogique, de dénouer les nœuds, les blocages et les liens de fidélité inconscients, de rendre à vos ancêtres ce qui leur appartient
-Besoin de sortir du chaos, de l'errance, de la passivité, de l'immobilisme, de la victimisation et de la souffrance
-Besoin de passer de la souffrance à l'enchantement, à la transcendance et à la communion avec le divin, d'aimer Dieu/la Source et le/la vivre en vous
-Besoin d'être enchanté et d'enchanter le monde, les lieux et les gens
-Besoin d'inverser vos points de vue, vos croyances, votre vision des choses et de vivre selon des valeurs spirituelles, selon une visions spirituelle
-Besoin de faire preuve de charité, de compassion, de compatir et de pardonner
-Besoin de capter l'information, de s'en imprégner, d'exprimer et gérer un don de voyance ou une hypersensibilité
-Besoin de soulager les souffrances et les misères du monde et de répondre aux besoins de la collectivité, de faire don de votre vie, de dévouement
-Besoin d'exprimer un imaginaire riche, une créativité artistique inspirée, par l'image, le son ou les arts plastiques
- Besoin de lâcher prise, d'accepter, de donner du sens, de générer du rêve et de l'évasion, de vivr selon vos aspirations profondes, d'être inspiré, de fusionner avec l'amour et d'exprimer l'amour inconditionnel

Déséquilibre en excès : Blessure généalogique. Mémoire de noyade ou de religion. Blessure liée à un sacrifice. Blessure du paradis perdu. Tendance à la fuite. Côté plaintif, léthargique, replié sur soi et parfois autiste. Tendance à la dépression. Sentiment d'être bloqué. Blocages et nœuds à dénouer. Handicap ou inadaptation au monde de la matière. Peut se sentir excessivement concerné par les affaires des autres ou de l'humanité au détriment de soi. Fuite de soi dans le collectif. Addictions (tabac, alcool, médicaments).

Déséquilibre en manque : Difficultés à se libérer de problèmes et de fantômes généalogiques, à prendre en compte les réalités spirituelles, à accepter les gens et les situations comme ils sont, à pardonner, à méditer, à lâcher prise et à sortir du chaos, de l'errance, de la passivité, de l'immobilisme, d'une peur de la trahison, de la victimisation, de la maladie, de la souffrance, de l'inadaptation et à gérer un côté éponge qui ressent tout.

Mémoires karmiques : Mémoire de marin, de pêcheur, de religieux/religieuse, de noyade, de pendaison, de crucifixion ou de vie chaotique marquée par la souffrance. La religion ou une histoire d'amour impossible très forte a pu jouer un rôle important. Un problème de sacrifice a pu avoir des conséquences importantes. L'acceptation et le pardon sont deux clefs de libération.

2-Le Design Humain : 12 = la porte de la prudence ou de l'immobilité.

Explication technique : Circuit de la connaissance. Centre Gorge. Son thème principal est le romantisme et sa maîtrise permet la pureté, l'accès aux vérités spirituelles et une communication émotionnelle inspirée. Elle est reliée à la porte 22 qui représente la liberté et la grâce. Elle fait partie des portes collectives. Le nombre 12 est appelé l'arrêt ou l'immobilisation dans le Design Humain. Cette porte représente l'expression spontanée et personnelle de l'amour inconditionnel et de ce qui vient du cœur à travers les mots, la vibration et des vagues d'émotions. L'expression dépend beaucoup de l'humeur. Elle est basée sur l'être et non sur l'action individuelle. Elle rend hypersensible aux fréquences, aux sons et aux intonations, ce qui peut générer une forte intériorité, une hypersensibilité parfois synonyme de vulnérabilité et une certaine timidité. Le non-verbal et l'invisible sont ici plus important que le verbal et le visible. Les vibrations et intonations des mots sont ici plus importantes que les mots eux-mêmes. Elle rend également hypersensible à l'énergie collective. Elle s'inquiète facilement pour le sort du collectif. Elle génère un besoin de faire attention à l'impact de ce que l'on fait sur le collectif et à l'impact du collectif sur soi, d'où son nom de porte de la prudence, notament dans les interactions avec autrui. Elle donne la tendance à exprimer sa conscience liée au cœur puis à se replacer à l'arrière-plan. Avec les portes 33 et 40, elle est associée à une certaine solitude. Elle permet de toucher autrui grâce aux échanges imprégnés de compassion.

Proposition d'interprétation : Cette porte génère initialement une hypersensibilité qui peu vous rendre un peu timide, ou tout au moins prudent(e) envers la majorité des situations de la vie. Vous semblez parfois être ainsi réticent(e) à l'idée d'aller de l'avant et avez tendance à vouloir rester à l'écart de la course folle du travail, rêvant d'un ailleurs. Vous vous demandez parfois si vous êtes sur Terre pour traverser péniblement la vie et pour mettre l'accent sur tous les dangers possibles et tous les risques de souffrances possibles, ou si vous pouvez vous permettre de rêver et d'aspirer à ce qu'il y a de plus grand, de plus divin. Votre excès de prudence vous désoriente de part les peurs qu'il génère et vous n'êtes initialement pas toujours certain de ce que vous ressentez, car vous ressentez tellement de choses. Le ton de votre voix est fort, mais réservé, ce qui peut laisser perplexe certaines personnes. En raison de votre sensibilité dans un monde qui tourne en rond et qui semble ne pas tourner pas rond, vous sentez ce qui va arriver et vous vous méfiez de choses paraissant banales à tous les autres. À l'inverse, cela peut vous faire poursuivre des choses qui dépassent la simple imagination et cela peut vous permettre de manifester grâce à votre foi ce qui peut s'apparenter à des miracles. Vous êtes un peu comme la grenouille qui n'a pas entendu que c'était impossible et qui du coup l'a fait, on se demande comment. La porte 12 vous permet d'oser rêver d'un monde plus juste et plus idéaliste de façon qui peut paraitre tout à fait irréaliste. La possibilité de faire des bonds dans la progression et le développement de l'activité humaine vient de ce point d'immobilité auquel vous avez accès, qui peut donner l'apparence d'hésiter ou de remettre à plus tard, parce que votre vision dépasse de loin votre sentiment de pouvoir y accéder.

Cependant, vous savez que lorsque vous parlez, vous êtes inspiré(e). Vous savez que ce que vous pouvez dire émeut les gens, génère de l'enchantement et les emplit de confiance car ils savent que vous incarnez la prudence et le discernement avant de donner votre avis et que votre avis provient d'une dimension beaucoup plus profonde et même parfois mystique.

3-Les Clef Génétiques. Clef 12 = Un cœur Pur. Le prophète.

Son dilemme où il doit faire des choix : La solitude/faire parti d'un collectif.

Son partenaire de programmation : Clef 11. **Corps :** Thyroïde. **Planète :** Neptune.

Son anneau de codon : L'anneau des tests ou essais/des secrets (12-33-56).

Acide aminé : aucun, codon de bout/terminus.

Son chemin de transformation : Le chemin de la différentiation, de la distinction.

Cette clef est mystérieuse et renferme des secrets, des instructions secrètes actuelement comme en hibernation tant que les conditions requises n'existent pas. C'est en écoutant, en méditant et en ressentant que l'on accède à ces mystères et à ses secrets. L'un de ces mystères est qu'il agit comme un signal d'arrêt, un signal de fin, un indicateur de bout de séquence génétique, indiquant par exemple aux gènes de cesser de fabriquer des protéines.

L'ombre de cette porte : <u>La vanité. La souffrance due aux ancêtres.</u>

La vanité vous isole et vous fait fuir à cause d'une peur, née durant l'enfance, d'être envahi et submergé par la puissance des émotions et de l'amour, par une peur de souffrir et par une peur que l'autre prenne votre liberté et notre indépendance. Il y a une tendance à se situer en victime, à faire preuve de méfiance, de prudence émotionnelle ou au contraire à être excessivement émotif(ve) et même un peu cinglé(e). Il y a un dilemme entre rester seul(e) et créer des liens privilégiés avec autrui. La vanité, l'amour exclusif de soi, est ici définit comme la fausse croyance qu'une personne existe en tant qu'individu, séparément des autres. Il y a ici une inconscience que l'humanité ne forme qu'un seul organisme, qu'une seule entité, qu'une seule conscience collective. Il y a ainsi une difficulté à accepter de recevoir l'amour de l'autre et à exprimer à l'autre l'amour dans son cœur, ce qui rend les relations compliquées, d'autant plus qu'au fond, on sent qu'il y a un réservoir illimité d'amour inconditionnel en soi. Chez certaines personnes, la vanité s'exprime sous la forme de l'élitisme, d'un élitisme spirituel qui se croit très évolué et supérieur à autrui.

Chez d'autres, les talents pour la communication avec les mots et les émotions, apportées par ce nombre, sont utilisés pour blesser autrui, ce qui finit par se retourner contre eux et créer des drames relationnels et du chaos. Le chemin consiste à réaliser que les émotions ne sont pas des ennemies et qu'elles doivent être traversées puis laissées partir et que c'est en permettant à la vie, à l'amour et à la compassion d'entrer dans votre cœur, sans rien retenir, que vous évoluez. Vous avancez alors ici sur le chemin permettant d'apprendre l'amour de soi, l'amour du son de votre voix et de recevoir et donner de l'amour à autrui.

Son cadeau : Les dons et capacités de cette porte : <u>La distinction. Le soulagement.</u>

Ce nombre apporte une capacité à distinguer ses propres peurs profondes, ses mémoires profondes, les mémoires collectives, sa tendance à se retenir ou à fuir. Il génère également une capacité à distinguer/différentier ce qui vient de soi et ce qui appartient à autrui, ce qui est authentique et ce qui ne l'est pas, mais aussi les choses et les personnes qui vous font du bien et qui sont saines pour vous.

Ce discernement spécifique capable de distinguer permet un raffinement et un affinage de la sensibilité, des perceptions, de l'intuition qui devient capable d'isoler un élément d'information et de le mettre en lumière. L'intuition agit alors comme un laser capable de transpercer ses propres frontières/limites qu'on s'était imposées par peur et de dissoudre les blocages correspondants puis de réinformer. Elle permet à certaines personnes d'étendre leurs limites jusqu'à l'infini. Il y a alors une ouverture, à autrui, à l'amour inconditionnel notament et une perception des courants d'amour qui inondent l'univers en permanence. Il y a une conscience de la pureté inaltérable du cœur et que rien ni personne ne peut nous perturber ni nous blesser. Le cœur s'ouvre jusqu'à l'infini, devient capable de ressentir la présence de toutes les âmes existantes sur Terre, avec leurs émotions, leurs blessures et leurs joies puis les âmes dans les autres dimensions et il accède à la véritable liberté intérieure issue de l'amour infini si longtemps recherchée. Cela engendre un amour de la vie et une capacité à plonger au cœur de la vie, un besoin d'être en amour le cœur ouvert et une conscience cosmique. Vous réalisez que ce n'est pas la solitude qui est recherchée mais la pureté, une pureté de notre propre cœur qui ne dépend aucunement de conditions extérieures.

Vous passez d'un état d'observateur/trice de l'amour et de la vie à une personne qui expérimente pleinement la vie et l'amour et vous pouvez alors aider autrui à faire de-même. Avec ce nombre, les émotions, les sentiments et les histoires d'amour jouent un rôle très important dans votre vie. Ce nombre rend capable d'exprimer de façon équilibrée et harmonieuse la tête et le cœur, le mental et les émotions, l'ego et l'âme. Il à une forte dimension artistique, sonore, acoustique, musicale et mantrique. La voix/la musique peuvent ici être utilisées pour générer de puissantes émotions d'enchantement chez autrui.

Le superpouvoir (Siddhi) de cette porte : <u>La pureté du cœur. L'amour inconditionnel. L'enchantement.</u>

Il permet de voir l'unité cachée derrière l'illusion de la séparation, la pureté du cœur associée à l'unité de la vie et de voir que rien ni personne à l'extérieur de nous ne peut nous enlever cette pureté et cette capacité à aimer du fait qu'il n'y a pas d'extérieur.

En ayant ce nombre dans vos clefs génétiques, votre conscience de votre pureté sera souvent testé(e) par la vie et vous êtes invité(e) à permettre à la vie de façonner et polir votre cœur afin de retrouver cet amour pur et sans conditions de l'enfant intérieur. Le grand secret de ce nombre est que tout et tout le monde se trouve à l'intérieur de nous et que tout ce qui se passe se passe à l'intérieur de nous.

Notre pureté du cœur, exprimée par la voix et les actes, permet de révéler celle d'autrui. Elle amène à la conscience qu'il n'y qu'un seul cœur, celui de l'humanité et au fait que la Terre n'est qu'un seul pays. Cette pureté, cette innocence est le cœur de l'amour car l'amour est toujours pur. Le superpouvoir de ce nombre n'est autre que celui de l'amour inconditionnel, de l'amour pur qui est notre essence.

Il s'agit alors de permettre à l'amour de percer à travers nous et de chanter à travers vous et d'accéder à un état d'être où vous êtes en amour avec vous-même, avec votre essence. La seule raison de notre existence est l'amour et rien d'autre ne compte que l'amour. C'est notre demeure, notre véritable maison. Ce superpouvoir permet le plus souvent de mener une vie simple au service de la vie, de la collectivité et d'autrui, avec dévouement et amour.

Chapitre 13 : Le nombre 13

A-Son nom, son graphisme et sa symbolique : Le nom du nombre treize signifie trois prêté ou donné à dix. Son graphisme représente une dizaine et trois unités. Au niveau symbolique, le 1 représente le fils et le 3 la mère, évoquant une relation complexe et émotionnellement forte. Le nombre 13 est lié à la Lune car il y avait jadis 13 pleines Lune par année solaire et il y a 13 mois sidéraux dans une année solaires. Suite aux guerres catastrophiques dans le système solaire à l'époque des Anunnakis et même bien avant, les choses ont changés et il n'y eu que 12 pleine lunes. Le nombre 13 évoque ainsi la guerre, la malchance, le changement, une destruction suivi d'une renaissance, le phœnix qui se consume, meurt puis renait de ses cendres et l'histoire cachée, mystérieuse et oubliée, la mémoire du temps et l'amnésie collective dont est victime l'humanité. Le calendrier Maya démarre le 13/08/-3114 et il y a 13 tonalités lunaires dans le système astro-numérique Maya. Il y a 13 articulations majeures dans un corps humain donc le 13 évoque aussi le squelette. Dans les mythologies nordiques et chrétiennes, Loki était le 13m invité du repas des dieux et il rusa pour faire tuer le dieu solaire Baldr, tandis que Judas était le 13m invité au dernier repas de Jésus, qu'il trahit. De là à dire que le 13 fout la merde, il n'y a qu'un pas ! Le 13 va au-delà du 12 et représente l'inconnu et la sortie d'un cycle. Le 13 est teinté de superstition et ainsi, il n'y a pas de chambre 13 dans de nombreux hôtels et pas de rangées 13 dans de nombreux avions. Il existait dans des temps anciens un treizième signe du zodiaque, nommé Arachné, caché entre les signes de la balance et du scorpion. Il était représenté par une araignée assise au cœur de la toile cosmique et écoutant les vibrations du cosmos à travers ses 8 pattes symbolisant les 8 directions. 13 est un nombre sacré dans de nombreuses traditions car le cosmos est organisé selon une géométrie à 12 parties enroulée autour d'un centre, le 13, qui est un nombre christique alors que dans les fréquences inférieure pessimistes, il y a des croyances que ce nombre porte malchance. Dans le monde moderne, le nombre 13 est associé à une capacité à lâcher l'ancien pour aller vers le nouveau, donc au changement et à la transformation. Il représente enfin le code génétique.

B-Selon trois traditions anciennes :

1-La tradition germanique des Runes. Rune 13 = l'if, gardien de l'au-delà.

La Rune 13 se nomme Eih prononcé aille.

Son numéro : EIH est la treizième rune. Le chiffre 13 a toujours été un peu à part. Le chiffre 12 formait une totalité. Qu'y a-t-il après ? A priori, il n'y a rien, mais un rien qui débouche sur quelque chose ! Il y a une rupture avec les cycles du passé, une remise en question, un processus de purification, un vide, un temps mort, une plongée dans le noir, un premier éclatement, la fin de quelque chose, une destruction des formes pour ne laisser que l'essentiel et un passage vers autre chose, vers une forme nouvelle. Le chiffre 13 est souvent associé à la rupture d'équilibre, à la disharmonie, à la destruction et à la malchance car c'est un puissant chiffre de transformation. Il symbolise une mort et une renaissance symbolique, un éveil, une révélation des secrets, une expérience de passage vers une forme de vie nouvelle et donc le processus initiatique central que tout être doit expérimenter s'il veut un jour retrouver sa nature éternelle.

Ce processus initiatique amène à acquérir une vision de l'invisible, des énergies subtiles et du code génétique, une vision des causes et des conséquences de toute action. Gérer cette vision des choses nécessite d'être en permanence intensément dans l'instant présent et de coordonner la vision de la coexistence de plusieurs mondes, celui des vivants et celui des morts, celui du visible et celui de l'invisible. Ainsi, il est possible de protéger ce qui doit l'être et de rééquilibrer les déséquilibres.

Résumé et essence de la rune : Tout se transforme tout le temps mais certaines choses sont éternelles. Je suis la puissance qui transforme en déstructurant pour restructurer différemment. Cela passe par une écoute profonde de l'invisible. J'ouvre un pont entre le monde des vivants et le monde des morts. J'amène jusqu'à un certain seuil qui doit être franchi. J'ouvre un passage vers le vide au-delà duquel il y a le renouveau. J'incite à remettre en question, à purifier, à éliminer les toxines ou ce qui doit l'être et à mettre fin à toute forme qui n'a plus lieu d'être. Je mets le doigt sur une douleur ou une difficulté afin de la surmonter et en la surmontant, je génère une évolution, un progrès et une plus grande authenticité qui peut aller jusqu'à donner accès à sa vérité profonde. J'apporte la mort et la renaissance réelle ou symbolique de quelque chose, la fin et un nouveau commencement. Je permets la vision lucide et la conscience de ce qui se cache derrière les apparences. Il est alors judicieux de faire ce qui doit être fait, même si au départ cela parait désagréable, difficile voir douloureux.

L'aspect sombre de la rune : Il est symbolisé par un manque de profondeur et de compréhension du pourquoi des difficultés, par un manque d'enracinement dans la vérité, de lucidité, de structure et de persévérance et par la tendance à vivre comme un mort, à être accroché à de la négativité, à de la douleur et à nourrir une situation déséquilibrante.

Son phonème : Je perçois qu'à l'origine, cette rune était associée au son w comme dans les mots anglais was, war ou wear. Puis il y a eu une transformation. A présent, la rune est associée à la lettre y mais aussi au son aille ou aiy qui s'écrit i ou y en anglais, comme dans les mots kite, night, bright, Knight, why, shy, etc.

Mots clefs : Une période de transition et de transformation, accrocher ou décrocher quelque chose, difficulté, destruction, écroulement, fin d'une situation, d'une époque, d'une relation et nouveau commencement, prendre en compte l'invisible et les énergies subtiles, éliminer les toxines, tenir compte de l'au-delà, aller fouiller dans les profondeurs jusqu'au domaine des causes ou faire un bilan, voir aves lucidité les liens et les causes et comment les différents éléments s'articulent, percevoir et comprendre les secrets de la vie et de la mort, gérer des questions de sécurité ou de défense, se régénérer, effectuer un rituel initiatique, faire preuve de persévérance et de ténacité, franchir un pont ou un passage, entreprendre une transformation radicale, mettre en place une renaissance.

2-La tradition du Tarot Italien. Le résumé et l'essence de l'arcane : 13 = l'arcane sans nom.

En positif : Tout change tout le temps. Un changement majeur arrive. Une situation prend fin brutalement. J'écoute, je ressens, je comprends et j'accepte que je suis en perpétuelle transformation, en perpétuel renouvellement. Il y a une transformation radicale. J'apprends à être une personne lucide et positive, à me relier à ma profondeur, à aller au fond des choses pour prendre conscience des causes, à être authentique, à percer les secrets de la vie et de la mort ou à gérer des questions de sécurité. J'exprime mon pouvoir de transformation.

Je me libère de mon passé en prenant conscience de mes mémoires karmiques, en coupant les liens qui n'ont plus lieu d'être et en éliminant ce qui est toxique. Je me dirige vers un renouveau. Je prends conscience de ma problématique afin que celle-ci soit totalement maîtrisée et sublimée. Je mets mon authenticité, ma vérité et mes compétences au service du collectif et de la société. Quand j'accepte d'être lucide, de voir que le monde de la matière est du point de vue de l'Esprit « une illusion », de mourir à ce qui n'est plus et d'apprendre « l'art de mourir », je me transforme, j'accompagne le changement, j'accède à mon identité profonde et à mon éternité. La situation est intense et chargée en émotions. Tel un phœnix, je renais de mes cendres. **En négatif** : je vis dans le déni, dans le noir, dans l'ennui, comme une personne morte, dans un refus de prendre en compte mes mémoires karmiques qui me bloquent, dans l'ignorance de mon être éternel et dans un état misérable de douleur et de tristesse.

3-La tradition du Yi-King Chinois. 13 = Communauté avec les Hommes. L'humanité.

Résumé du nombre : Développez votre réseau et participez à votre communauté, en écoutant les secrets des gens et ceux cachés en vous, en leur permettant de se rassembler librement, en les accompagnant, en acceptant leurs différences, pour générer un mieux-être collectif.

Explication technique : Quand le déclin prend fin, des jours meilleurs surviennent. Les membres de l'humanité ayant des points communs se rassemblent et travaillent ensemble. C'est pourquoi après le déclin vient « Communauté avec les Hommes ». Le pouvoir créateur orienté vers un objectif **(Kien)**, l'action efficace **(Li)** et l'adaptation intelligente **(Souen)** travaillent ici ensemble. Le feu s'élève vers le ciel, rassemblant fraternellement les Hommes pour former une communauté, un collectif. A l'inverse de l'hexagramme 7, l'armée, communauté disciplinée, sous tension et dirigée dans la contrainte pour faire face aux dangers, où un trait fort, le général à la deuxième place, maintient l'unité par l'autorité, ici, le rassemblement s'effectue librement, dans la détente et dans un certain enthousiasme. Puis il s'organise et créé des projets pour promouvoir le partage, l'échange, l'amitié, l'altruisme, des valeurs communes et des solutions pour favoriser l'ensemble de l'humanité. Les Hommes se soutiennent en temps difficiles et améliorent leurs vies en commun quand les temps sont prospères. L'unité sociale est ici maintenue par l'unique trait féminin, qui symbolise l'écoute profonde et l'acceptation des autres tels qu'ils sont, l'accueil fraternel de l'autre dans le respect des différences, la simplicité, l'humilité, la patience, la souplesse, l'adaptabilité, l'écoute de la Nécessité, la coopération, le désir d'harmonie et le sens du service.

Cet hexagramme fait historiquement référence au grand-père du roi Wen. Après avoir convaincu son peuple d'abandonner la vie nomade pour développer l'agriculture, d'autres tribus, envieuses, voulurent s'emparer des terres et des agriculteurs. Il choisi alors d'abdiquer, de renoncer à son pouvoir personnel et de partir pour préserver le bien-être de son peuple. Touché par sa sagesse, son peuple le suivi alors librement et ils prospérèrent dans de nouvelles terres, soudés autour de leur chef. Une communauté durable ne peut ainsi s'établir que quand l'égoïsme individuel cède la place à l'amour universel et aux valeurs humaines, comme le service et le partage, et quand les objectifs individuels sont mis au service du bien-être et du progrès de tous.

Cela nécessite d'ouvrir sa conscience à la réalité que tous les êtres humains, malgré le fait qu'ils soient soumis aux lois de la matière dans des formes intérieures et extérieures différentes (croyances, religions, races, couleur, origines, dimensions), sont issus de la même Source Créatrice et sont, du point de vue spirituel, tous frères et sœurs. Cela concerne autant les personnes qui sont ici sur terre que celles qui sont dans l'au-delà. L'idéogramme ancien de cet hexagramme représente un récipient, sans doute un bol, protégé par un grand couvercle, puis une bouche et être humain.

Interprétation classique : En tant que membre de l'humanité, vous êtes relié aux autres, que vous ayez une vie active dans le monde extérieur ou que vous viviez à l'écart de la société.

Même si les relations avec autrui ne sont pas toujours faciles, ce n'est pas le moment de se replier sur soi ni de rester solitaire ou d'agir seul. Si des périodes de solitude et d'introspection peuvent parfois être bénéfiques, elles ne doivent pas durer plus que nécessaire. Vouloir vivre solitaire, en autarcie, en autonomie, en dehors de la société est pour la majorité des gens une illusion contraire à l'ordre cosmique. Si vous vivez dans la solitude, une réévaluation de votre vie et de vos objectifs sont nécessaires. Il est temps de développer votre intelligence relationnelle et votre réseau, de participer à votre communauté, de prendre contact avec les personnes que vous connaissez et de rencontrer de nouvelles personnes dans des environnements nouveaux ou de proposer à des personnes présentes dans votre environnement de faire des choses ensemble.

Sans être utopiste ni méfiant, il faut alors aller vers les autres avec réalisme, ouverture d'esprit et sens de l'amitié, choisir des relations adaptées à vos goûts et valeurs, accepter les différences et exprimer votre spécificité et vos convictions en toute confiance. Cela débouchera sur une importante croissance personnelle. L'époque est très favorable pour promouvoir le progrès social ou toute entreprise servant l'intérêt commun. Si vous êtes membre d'une communauté ou d'une famille, agissez selon des principes justes, en faisant de votre mieux, en exprimant vos qualités de cœur et vos valeurs humaines, en vous préoccupant du bien-être d'autrui. Ainsi vous donnez l'exemple à d'autres.

Si vous avez l'opportunité de diriger une œuvre collective, votre force de caractère, l'absence de visées égoïstes, une organisation adaptée et une gestion intelligente des ressources humaines donnera des résultats. L'humanité ne s'épanouit que quand chacun de ses membres se sent en sécurité, dépasse ses limites, se trouve à un poste qui correspond à ses compétences, agit dans ce pour quoi il/elle est doué(e), est employé(e) d'une façon productive tout en ayant des initiatives individuelles, trouve sa place et de la satisfaction au sein de l'organisation sociale, développe l'harmonie avec l'ordre cosmique et apporte sa contribution spécifique à l'humanité.

Cela ne se fait pas tout seul et ne peut s'établir que s'il existe un objectif clair et lumineux et qu'en présence d'une personnalité éclairée, capable d'incarner les valeurs masculines et féminines, de faire passer les intérêts du groupe avant les siens et de mettre en place l'ordre social adapté. Des entreprises difficiles et l'exécution de projets ambitieux peuvent alors être couronnées de succès.

1-Le Diamant de Naissance. 13 = la transformation, les mémoires karmiques et l'éveil à l'invisible.

Symbolique : L'Aluminium. Un changement significatif. La transformation. La fin des choses. La vacuité. Le vide. Les trous noirs. Les oublis. La mort et la renaissance. L'espoir d'un renouveau. Labourer la terre et planter des graines. Les secrets. Les mystères de la vie et de la mort. Les structures invisibles de la vie. Le code génétique. Les mémoires karmiques. La mémoire collective. Une initiation. Une perte, une douleur. Les extrêmes. Ce qui est toxique. Le rejet. La lucidité. L'authenticité. L'éveil à l'au-delà. La médiumnité. La sécurité. Pluton Yin.

Les besoins et capacités qui demandent à être exprimées :
-Besoin de gérer ou générer des changements, des crises, des problèmes, des sinistres, des questions d'assurance ou de sécurité
-Besoin d'accompagner des mourants, des personnes qui ressentent de la douleur, des demandeurs d'emploi ou des gens en transition ou en crise
- Besoin d'évacuer, d'éliminer, de détoxiner, de dépolluer et de purifier
-Besoin de travailler sur des structures, des articulations, les os ou les dents. –
- Besoin d'exprimer une lucidité (d'utiliser des rayons X), d'exprimer et de gérer une médiumnité ou une perception de l'invisible et de travailler avec des énergies subtiles
-Besoin de transformer ce qui doit l'être en agissant sur les causes
- Besoin de développer une relation consciente à l'au-delà et de prendre conscience de votre vie éternelle, de devenir éveillé(e) à l'au-delà et parfois d'être passeur ou passeuse d'âme
-Besoin de sortir de la douleur, de la dévalorisation ou d'une tendance à faire le mort/la morte pour passer à l'expression de vos passions
-Besoin de devenir lucide et authentique, d'aller à l'essentiel et d'accéder à votre essence/à votre identité éternelle en faisant le deuil de ce que vous croyez être
-Besoin de couper les liens du passé, de faucher ce qui est faux, de vous régénérer et de renaitre de vos cendres. Besoin d'être initié aux secrets de la vie et de la mort.

Déséquilibre en excès : Excès. Blessure de rejet. Change tout le temps et se complait dans l'impermanence. Peur de perdre ou de mourir. Problème d'identité, de code génétique, liée à une mémoire karmique, une guerre, une épidémie ou à une mort violente. Difficulté en lien avec l'au-delà et des personnes décédées. Angoisses. Relations toxiques. Comportements blessants et toxiques. Veut imposer le changement. Agrippé au passé. Tendance aux extrême ou à jouer avec la mort. Problèmes d'entités. Vie de merde. Sentiment de vide ou d'être personne.

Déséquilibre en manque : Difficultés à sortir de l'ignorance, de l'ombre, de la misère, du désespoir et de la douleur, à franchir le vide, à voir derrière les apparences, à être lucide, à couper avec le passé, à s'incarner, à se sentir en sécurité, à avoir confiance en la vie, à cesser de se dévaloriser et se saboter voire à faire le mort/la morte, à savoir qui l'on est vraiment, à se régénérer et à se transformer pour vivre sa nature éternelle et sa vérité profonde.

Mémoires karmiques : Mémoire de vie de misère, de famine, de guerre, d'épidémies, de destruction, d'incendie, de sacrifices humains, de réduction en esclavage ou d'assassinat. Un problème de rejet a pu avoir des conséquences importantes. Mémoire de mineur, d'armurier ou de samouraï. Mémoire d'initiation et de sociétés initiatiques.

Explication technique : Circuit du ressenti et des perceptions. Centre G. Elle est reliée à la porte 33, la retraite. Son thème principal est l'écoute de l'invisible pour identifier ce qui est caché et sa maîtrise permet la compassion. Elle fait partie des portes collectives. L'ouverture du Soi apporte une réceptivité multidimensionnelle permettant d'écouter à tous les niveaux, de façon ouverte. Elle permet d'écouter son intérieur, le Soi et d'écouter autrui et notament les secrets d'autrui. Cela attire les autres pour qu'ils partagent leurs expériences. Elle permet ensuite de générer un mouvement directionnel vers le passé à travers une perception d'images, comme si elle regardait à travers un miroir montrant le passé. Elle représente enfin, au sein d'un cycle, l'endroit où le cycle se termine, la fin. L'expérience du cycle est alors accumulée et engrangée en tant que mémoire. Il y a une certaine intensité émotionnelle et une part de mystère dans cette porte car elle est celle qui permet d'entendre les secrets, l'invisible. Son défi est de cesser d'être agrippé au passé et de dissoudre les excès de tension émotionnelle.

Proposition d'interprétation : Vous avez une capacité d'écoute hors du commun ce qui vous permet d'attirer des gens qui vous racontent leurs vie et d'aider des inconnus à divulguer leurs secrets les plus profonds et les plus noirs, à évacuer leurs histoires et leurs charges émotionnelles toxiques et à s'épancher. Vous avez aussi une capacité à faire parler les gens et à extorquer des confessions à tous ceux qui vous entourent. Sans doute que l'on vous dit souvent : « Je ne sais pas pourquoi je te dis cela ! Je te connais à peine… ». De là à être indiscret€ il n'y a qu'un pas mais en fait, vous avez besoin d'avoir une vision profonde des choses, une vision des causes et de comprendre pourquoi les gens ont la vie qu'ils ont, soit à cause de leurs structure astrologique ou numérologique, à cause de leur environnement ou peut-être à causes de mémoires personnelles, familiales ou karmiques qui sont comme des programmes qui fonctionnent à leur insu. L'univers vous a programmé ainsi et vous êtes câblé(e) comme ça. La clé pour honorer votre nature consiste à pratiquer l'empathie car elle vous permet de vous accorder en profondeur avec l'expérience de ces gens, tandis que la sympathie ne vous fait que vous apitoyer sur leur sort. L'empathie vous conduit à la compassion. Vous aidez les gens à trouver un but et une orientation, en leur offrant votre attention, en reconnaissant leurs efforts et leurs défis dans les histoires qu'ils vous rapportent. De nombreux accompagnants, conseillers, guérisseurs et thérapeutes ont cette porte activée.

3-Les Clef Génétiques. Clef 13 = l'écoute à travers l'amour. Le confident.

Son dilemme où il doit faire des choix : Le pessimisme. **Planètes :** Saturne/pluton.
Son partenaire de programmation : La Clef 7, la vertu. **Corps :** Les amygdales.
Son anneau de codon : L'anneau de la purification (13,30). **Acide aminé :** Glutamine.
Son chemin de transformation : Le chemin du discernement. **Signe astral DH :** Verseau.

L'ombre de cette porte : <u>La discorde. La surdité émotionnelle, le déni, la misère émotionnelle.</u>
Il y a des secrets cachés au cœur de notre code génétique. Notre ADN contient toute notre histoire, l'ensemble de nos mémoires karmiques, des mémoires collectives de notre espèce et de ce que l'on a été avant d'être ce qu'on est. Il contient aussi les clefs de notre évolution et des capacités que le mental peut difficilement imaginer et qui sont pourtant mentionner dans les sagas runiques. Ces secrets sont à l'intérieur de nous et de tout temps des sages y ont eu accès, les ont découverts et les ont partagés à travers différents enseignements.

Ils sont liés à la transformation, à l'amour, à la sagesse, à l'abandon de soi pour se mettre au service de la Source de toute Vie et de la vie, à l'histoire de l'univers et du système solaire et aux mystères de l'univers. Ils ne sont pas complètement cachés mais pour y accéder, il est nécessaire de s'intérioriser, d'être en silence, d'écouter, d'ouvrir sa conscience, ses yeux, son cœur et de les lire. Mais hélas, quand cette clef vibre à la fréquence de son ombre, on n'écoute rien donc on n'entend pas tout ces secrets. Il y a ici une incapacité à écouter, à entendre et à apprendre grâce à ses expériences passées.

Il y a une incapacité à transformer son passé, à lui échapper, à traiter les mémoires, les peurs, les émotions bloquées, les croyances limitantes et à éliminer tout ce qui est toxique. On reste alors enfermé dans des même schémas répétitifs générateurs de misère et parfois de douleur, en étant coupé de ses émotions. Il y a une incapacité à changer.

On est ici happé par notre activité extérieure, par le vacarme du mental qui fait trop de bruit dans nos têtes et par une armure autour de nos cœurs qui restent fermés. On est dans la merde, dans une misère intérieure ! Et quand on finit par entendre toutes les bonnes nouvelles, qu'on peut vivre libre et heureux, on n'y croit pas, on croit que ça ne peut pas être vrai car on ne comprend pas que tout le monde ne voit pas ces vérités cachées.

Comme les gènes reptiliens et le cerveau reptilien prennent encore énormément de place chez l'humain, les humains sont encore en mode survie et obsédés par la sécurité et le contrôle. Ils vivent dans la peur. Ils ont définit un « monde réel » où il faut être sérieux, travailler dur et surtout où il faut s'inquiéter. Cette inquiétude a grandi au point que chaque génération croit que c'est bientôt la fin du monde et qu'il faut faire de la collapsologie pour s'y préparer. C'est ça le pessimisme de cette clef. L'ombre de cette clef, la discorde, est liée à l'acoustique, au son et elle incite à n'entendre que les fréquences négatives, discordantes. On ne perçoit ici que les mauvaises nouvelles, les crises, le chaos et les médias qui les relayent sans cesse du fait qu'on entend avec le mental et pas avec le cœur et le corps.

Le Yi-King a appelé ce nombre la communauté avec les hommes. Il évoque les liens émotionnels entre humains, les émotions collectives et le fait de s'écouter les uns les autres et de partager nos ressentis et nos émotions. On se réunissait jadis autour du feu pour échanger, s'écouter et s'exprimer. Au niveau de l'ombre, les échanges sont imbibés de méfiance ; méfiance entre les individus et entre les groupes, méfiance envers la vie et envers l'histoire, l'histoire de la vie. La vie est une histoire, un parcours elliptique qui n'est pas conçu pour amener au chaos, à l'entropie, mais même la science tente de nous faire croire le contraire et comme quoi on est foutu, qu'on va tous mourir, se désintégrer en poussière cosmique et qu'on est une expérience génétique qui a dégénérée et échouée, pauvres singes dégénérés qui se croient intelligents que nous sommes! Cette clef génétique a un côté lourd et pesante car elle porte les mémoires collectives, karmiques, des groupes et des individus. Elle génère une dévalorisation et une zombification pourrait t'on dire. Cette fréquence de pessimisme est partout mais elle nous atteint que si l'on reste crédule et sourd, en termes de mots, de ressentis et d'émotions. Et on écoute émotionnellement avec son ventre, avec ses trippes, avec son plexus solaire. Demeurer dans la fréquence de l'ombre de cette clef, c'est être plombé par les blessures humaines à cause d'une incapacité à voir l'amour, la beauté de la vie, la magie de la vie, l'espoir et le meilleur de chaque personne qui sont tombés dans l'oubli. C'est ça le grand secret, on a perdu la mémoire, on a oublié la vérité et c'est cet oubli de l'amour qui perpétue l'enfer sur Terre. Est-ce que vous voulez que ça change ? C'est parti !

Le discernement nait de l'évolution naturelle de la conscience, de l'évolution de la capacité à écouter et à entendre. Il amène à la lucidité. Pour changer les schémas et modes de fonctionnement de l'ombre et se resynchroniser avec l'amour, il est nécessaire de réapprendre à écouter depuis l'intérieur, d'écouter votre corps, votre cœur, vos émotions, vos réactions, votre chimie intérieure. Le secret est très simple, c'est juste d'écouter votre cœur et l'humanité est en train de propager ce message avec de plus en plus de force. C'est s'écouter les uns les autres. C'est écouter la vie et vos vrais désirs. C'est également transformer votre vision de votre passé en le démystifiant. Quand on écoute vraiment on discerne la voix du cœur de celle du mental, la voix de l'âme de celle de l'ego. On distingue clairement l'amour et l'ignorance, la joie et la misère, la confiance et la peur, la vérité et le mensonge, le stress émotionnel et l'équanimité. Quand on écoute et qu'on entend réellement, on absorbe ce qu'on écoute comme un trou noir et on fait un avec. Il y a union du sujet et de l'objet. Il s'agit d'abord d'écouter votre cœur, vos élans du cœur puis d'amener cela dans votre mental pour penser à partir du cœur. Un élan du cœur nait quand on est en silence, dans un état de calme intérieur, de paix intérieure et d'immobilité intérieure. Tandis qu'il s'élève dans la conscience, il est teinté de joie, d'évidence, de certitude, d'un certain enthousiasme et il rend libre et authentique.

Vous devenez alors capable de prendre conscience des désirs qui traversent votre corps sans en être victime car vous ne vous y agrippez plus. Vous devenez capable de transcender votre système émotionnel et de faire l'expérience de l'optimisme et de la joie grâce à votre plexus solaire. Et vraiment écouter, ce n'est pas réfléchir à ce qu'on va dire pendant qu'une personne nous parle car si on procède comme ça, on n'écoute pas l'autre et on ne s'écoute pas non plus. Ecouter vraiment et discerner ont lieu quand on est en osmose avec l'autre et on ne peut entendre le cœur de l'autre que si on écoute son propre cœur, qui vibre à des fréquences bien supérieures à celles du mental et des émotions. On ressent alors de la sympathie pour l'autre et l'on voit qu'il est en réalité une partie de soi.

Quand on vibre à ces fréquences supérieures du cœur, c'est comme quand on est au sommet d'une montagne ou en plein hivers à la campagne, il y a ce calme vibrant, cette immobilité et quand on prête attention, on entend et on distingue ce qui est là et ce qui est dit. On entend les courants d'amour et d'évolution qui sous-tendent l'instant présent et les événements. On retrouve la mémoire et l'on se souvient des secrets de cette clef. On perçoit la vérité des choses et de la vie. On devient authentique.

Ce don du discernement, d'écouter avec amour, nous permet de voir et de mettre en premier plan les objectifs supérieurs de chaque personne. Il nous transforme, invite autrui à se transformer et nous ouvre aux énergies subtiles, aux dimensions invisibles de la réalité. Il permet de créer des liens authentiques et harmonieux avec autrui parce qu'on est en résonnance avec l'autre et parce que l'on voit que nous sommes tous connectés. Plus on apprend à écouter en profondeur et plus on voit que l'amour est partout, que la Source de toute vie créé la Vie par amour et volonté de joie en permanence et plus on n'entend qu'une seule chose, l'amour. On devient lucide. Cette clef est enfin capable de générer des capacités pour diriger un groupe de personnes et de guider autrui du fait qu'elle a appris à vraiment s'écouter et écouter, à s'entendre et à entendre les sous-entendus, les émotions, ce qui n'est pas dit, le langage du corps, les intentions cachées, les objectifs, les croyances, les craintes et les besoins de soi et d'autrui.

L'acte d'écouter s'effectue avec l'oreille, l'oreille interne, le ventre et l'aura mais aussi avec la digestion et avec le corps tout entier. La digestion est une alchimie intérieure qui prend ce qui est nécessaire et rejette ce qui ne l'est pas et elle a lieu dans tout l'univers. Ecouter et contempler sont des formes de digestion. Le mot empathie est lié au mot sympathie mais alors que « sym » veut dire « avec », « em » veut dire « dedans », à « l'intérieur de ». On entre à l'intérieur d'une personne et l'autre personne entre à l'intérieur de nous et de notre aura quand on est en empathie. L'on créé ainsi un lien authentique avec l'autre puis avec tous les humains.

Cela génère une énergie collective dont le fond est la gentillesse aimante car telle est la véritable nature de l'être humain. Cette gentillesse permet à tous les être humains de collaborer, de partager, d'échanger et de s'enrichir mutuellement. Il devient alors évident que la terre n'est qu'un seul pays et que chaque être humain est une partie de vous et inversement. Quand on connait ou reconnait l'autre comme soi-même, on reconnaît et connait l'amour. La phrase « Reconnais ton prochain comme une partie de toi-même » est devenue « aime ton prochain comme toi-même » dans la bible. L'empathie est une acceptation complète de ce qui est, de soi et de l'autre. Elle inclut tout, dont l'ombre et le cadeau de cette clef. Elle exclu rien mais elle s'élève vers les fréquences supérieures et ramène tout vers l'intérieur, dans l'intérieur de soi, vers le centre, le centre de toute roue, le centre de toute galaxie, tel un trou noir et le centre du cœur. Elle englobe chaque aspect de la vie. Elle aspire le passé et le futur, les courbe vers l'intérieur et les fait déferler dans un point immobile au cœur de notre être, au fond de notre cœur, où il y a juste une présence silencieuse qui écoute, où il y a juste l'univers qui s'écoute lui-même à travers nous.

Cette empathie peut exister entre humain avec toute forme de vie minérale, végétale, animale et galactique. Elle nous rend capable de permettre aux souffrances, douleurs et joies d'autrui de pénétrer dans notre cœur et de les ressentir en soi, avec eux, sans s'y agripper, sans se les approprier. L'empathie permet de faire remonter toutes les peurs à la surface de la conscience et de les dissoudre dans l'amour en les rendant à la Source de toute Vie. On devient ensuite capable de percevoir l'harmonie derrière la discorde et l'amour derrière la douleur. Quand on chasse les nuages, cela fait réapparaitre la lumière.

La véritable empathie nous éveille à l'au-delà, à l'invisible et à la réalité multidimensionnelle et permet une dissolution de l'identité séparée. Il n'y a plus de séparation entre soi et l'autre mais une même conscience qui s'expérimente dans deux endroits différents. L'identité séparée meurt et c'est pour ça que l'arcane 13 du tarot se nomme la mort dans certaines langues.

En écoutant vraiment, on peut entendre les sons de son corps, du cœur, de la respiration, du système nerveux, des planètes et de la terre qui chantent, des chakras qui jouent leur musique et on peut voir comment l'ombre est transformé en lumière, le passé misérable en un futur radieux et le plomb en or, tout cela à l'intérieur de soi. L'écoute profonde déclenche un processus de purification alchimique qui dissout les mémoires traumatiques, restaure la vérité et révèle notre essence éternelle. Cette clef permet ainsi de transformer son passé en le redéfinissant. Elle permet de devenir un avec tout ce qui est. L'empathie révèle le plus grand des secrets, le secret de l'union avec la Source de toute Vie et avec tout ce qui est. N'est-pas quelque chose qui vaut la peine d'être digéré !

Chapitre 14 : Le nombre 14

A-Son nom et son graphisme : Le nom du nombre quatorze signifie quatre prêté ou donné à dix. Son graphisme représente une dizaine et quatre unités. Il n'a pas de symbolisme important particulier en tant que tel donc pour ce nombre et les suivants, nous verrons la symbolique qui lui est attribué à travers les traditions anciennes du Yi-King, des Runes et du Tarot. Le nombre 1 est associé à l'enfant intérieur, à la créativité et au fait de démarrer un nouveau cycle. Le nombre 4 est en lien avec le père, avec l'expression de son pouvoir pour prendre sa place et avec la gestion d'un territoire grâce à l'autorité et un sens de l'organisation. Il y a une importance des règles, des cadres et un désir de se rendre utile. Il y a une puissance d'organisation. Il s'agit ici de la relation du l'enfant et de l'adulte, du fils/de la fille avec son père. La créativité joyeuse de l'enfant(1) s'unit à la puissance du père(4).

B-Selon trois traditions anciennes :

1-La tradition germanique des Runes. 14 = la pomme ou le cornet à dés.

La Rune 14 se nomme Perth prononcé à l'anglaise.

Son numéro : Perth est la quatorzième rune du Futhark. Le chiffre 14 est associé à une étape et plus précisément à la moitié du cycle mensuel de la Lune. Il évoque un lien entre le feu des origines et l'organisation de la matière en incluant une harmonie consciente avec l'ordre cosmique. De cette connexion entre les deux règnes nait le progrès et l'évolution. Dans le monde des Humains, Le 14 est synonyme de fécondité et de transfert car il est en lien avec le cycle de reproduction féminin, l'ovule descendant de l'ovaire pour se loger dans l'utérus au quatorzième jour du cycle féminin.

Commentaires sur le nom : Perth était associé à la pomme mais surtout à un cornet à dés utilisé pour questionner le hasard, donc un élément structurel associé à un procédé technologique permettant l'intervention du hasard, c'est-à-dire des « Anges », qui apportent une solution et une réponse et qui soulagent. On créé une synchronicité entre une question, le fait de lancer un dé et une réponse donné par la vie par l'intermédiaire du dé. Le dé révèle ainsi un petit bout du destin individuel. Cette rune est enfin associée aux jeux de hasard nommés « tafl » en Scandinavie, comme le jeu de « henftafl ou hafltafl » ou le « tablut » qui existe toujours.

<u>Voici un procédé utilisé à différents endroits sur la planète :</u> L'on créé un espace protégé énergétiquement puis on lance un dé fait d'une matière naturelle (pierre, bois, terre cuite). Vous pouvez créer vous-même votre propre convention ou utiliser celle-ci.

- ● C'est excellent, c'est oui et parfaitement aligné avec le ciel.
- ●● C'est évident et vous devez le sentir ou mauvaise question.
- ●●● C'est non et c'est une très mauvaise idée.
- ●●●● Ce n'est pas terrible, c'est médiocre, c'est non.
- ●●●●● C'est assez bien mais il y a mieux donc il faut attendre et persévérer.
- ●●●●●● C'est très bien, c'est oui, vous pouvez aller de l'avant.

Résumé et essence de la rune : Je connecte en moi le haut et le bas et ainsi aligné, centré, connecté et synchronisé avec la Nécessité, je prends conscience de ma structure psychologique et j'interroge les lois cosmiques et le hasard pour avancer sur les rails de ma destinée.

Je consulte les dés pour trouver la bonne solution. J'utilise mon intelligence psychologique et technologique pour trouver des solutions, pour soulager, pour faire progresser les choses et pour remettre ce qui doit l'être sur les rails de sa destinée. J'adopte une vision globale, internationale et multidimensionnelle. Je sollicite l'aide de mes amis, apporte de l'aide aux personnes qui en ont besoin, accepte l'aide qu'on me propose ou m'investis dans une activité de groupe ou dans un travail en réseau.

J'agis de façon à permettre l'action du hasard, comme un catalyseur qui agit sans être lui-même altéré. Je reste réceptif aux liens entre les causes et les effets, aux conséquences des actions passées, aux coïncidences, à ce qui est en devenir, aux messages des « Anges » et du destin et aux lois psychologiques ou spirituelles ou techniques cachées mises en action par le ciel pour apporter une solution et un progrès. Il y a alors le passage d'un monde à un autre, d'un état psychologique à un autre.

L'aspect sombre de la rune : Il est symbolisé par une déconnexion avec le ciel ou avec la Terre, par de faux-espoirs, par quelque chose qui reste virtuel, incertain et hypothétique, par une mauvaise surprise et une déception, par un non-alignement avec la volonté du ciel, par un manque d'intelligence psychologique ou technologique, par une difficulté à partager ou aider ou à s'intégrer dans un groupe, par un déraillement, par un problème technique ou par une mauvaise solution, par un mauvais conseil, par de l'aide qui apporte plus de soucis qu'autre chose ou par une vision fausse du futur. **Son phonème :** Cette rune est associée au son p.

Mots clés : Déployer ses antennes pour voir les opportunités et les solutions, être une personne pure et transparente, être connecté, observer les liens de causes à effet et les coïncidences, questionner et obtenir une réponse par un procédé de divination, différentier les choses et les hiérarchiser, exprimer sa spécificité et son libre arbitre de façon à avancer sur les rails de sa destinée, aider ou accepter de l'aide, solliciter des conseils psychologique ou techniques, effectuer une thérapie ou un stage en groupe, acquérir des connaissances et une compréhension psychologique ou technologique de la situation, travailler en groupe ou en réseau, célébrer la vie entre ami(e)s, trouver une solution originale permettant de progresser. Il y a une intervention du hasard ou un effet qui se manifeste dont la cause remonte à loin dans le temps. Il y a une libération, une guérison et un soulagement.

2-La tradition du Tarot Italien. Le résumé et l'essence de l'arcane : 14= Tempérance.

Je suis à ma façon un(e) intermédiaire entre les hommes et les Dieux. J'agis en équipe, en réseau, pour servir la volonté divine, en synchronicité avec la Nécessité et donc de façon équilibrée et avec une parfaite efficacité. J'utilise ma clarté intérieure, ma logique, mon intuition, ma dimension internationale, ma capacité à être connecté au cosmos et à connecter et mélanger des énergies et des informations pour attirer de l'aide et créer des synchronicités, des coïncidences. J'exprime ma pureté de cœur, mes valeurs humaines, mon intelligence psychologique, relationnelle et/ou technologique pour tempérer les excès, pour créer et utiliser des réseaux, pour promouvoir le travail de groupe, pour soulager, apporter des messages et de l'espoir et pour trouver des solutions génératrices de nouveauté, d'évolution, de progrès, de réussite et de libération. Je permets à chaque personne d'effectuer le passage d'un état à un autre, d'évoluer vers plus de sérénité et d'accéder à la paix de l'âme.

Quand je suis comme un Ange vibrant d'amour, grâce à mes connections multidimensionnelles et à mon union avec Dieu, je libère l'humanité pour la faire évoluer vers son essence divine et vers sa lumière éternelle. La situation évolue de façon fluide et continue.

3-La tradition du Yi-King Chinois. 14 = Le grand avoir. La grande récolte/réussite.

Résumé du nombre : Soyez un dirigeant éclairé ou un Ange qui révèle et optimise les ressources des membres de la communauté, d'un groupe ou d'un réseau pour gérer un projet d'utilité collective et générer une grande réussite.

Explication technique : Une personne centrée, unifiée, reliée au ciel, ou une communauté soudée, optimise son organisation et donne le meilleur d'elle-même, ce qui abouti à une grande réussite. C'est pourquoi après «Communauté avec les Hommes» vient «Le Grand Avoir», « la grande récolte ». Le trigramme extérieur, Li, le feu, et le trigramme intérieur, Kien, le ciel vont dans la même direction et s'unissent. Le feu de la vie brille intensément et illumine le ciel tandis que la lumière du Soleil remplie la vie d'énergie. Cela permet d'être éclairé et réaliste, d'avoir une vision juste et lucide, des objectifs clairs et une direction bien définie puis de mobiliser, d'organiser et de coordonner intelligemment l'ensemble de ses ressources et de ses capacités. La puissance créatrice, la vitalité, la confiance en soi, l'autorité, la volonté, les valeurs, l'organisation, l'intelligence et la force du cœur s'unissent avec la ferme décision, l'esprit d'entreprise, le dynamisme, le courage, la motivation, l'audace, l'efficacité dans l'instant présent et le sens de l'engagement. Cela permet avec certitude d'atteindre l'objectif.

Le trigramme « Touai » demande et permet d'être dans le concret, dans le corps, d'exprimer une intelligence relationnelle, d'être dans la joie du partage, de gérer ses ressources, d'écouter ses vrais désirs, de faire les bon choix, de coopérer pour générer la civilisation et de générer l'abondance avec justesse et harmonie. Grâce au trait féminin à la cinquième place, celle du dirigeant, la puissance masculine s'incarne dans la matière, dans le monde, à travers une force de frappe, une puissance réalisatrice et de grosses capacités de travail. La réussite et la puissance impliquent de grandes responsabilités mais aussi de grands dangers, comme ceux d'abuser de cette puissance, d'être égoïste et arrogant, d'accaparer des biens avec avidité, de faire preuve de luxure ou de mégalomanie, d'exploiter autrui ou de subir les attaques de personnes envieuses et jalouses. L'élément féminin permet ici d'éviter cela et de préserver la vie à travers l'écoute, l'inspiration, intelligence relationnelle et émotionnelle, la finesse, l'acceptation mutuelle, le partage, la simplicité, le naturel, l'humilité, la productivité, le sens de la gestion, la patience, le durée, la sagesse, la capacité à être relié et connecté et la capacité à rester en harmonie avec l'ordre cosmique. L'âme s'unifie à l'esprit et entre en action dans le monde au service de la vie. Les idéaux s'incarnent et les potentiels se concrétisent.

Cela apporte un grand pouvoir de réalisation, de grandes réalisations, richesse, sublime réussite et bénédiction du ciel, ce qui pour le Yi-King signifie santé vigoureuse, richesse matérielle, grandeur d'âme, force morale, joie du cœur et éveil de la spiritualité. Ainsi s'accomplit l'expression de la grandeur, de l'Art Royal permettant d'accéder à la souveraineté. L'idéogramme ancien de cet hexagramme décrit un être humain, une main et une lune ou de la chair.

Interprétation classique : Grâce à votre force, à votre puissance de travail et à votre capacité à faire de votre mieux, vous avez une position d'autorité au sein de la situation. Vous avez un idéal, une vision claire, des principes fermes, une force de caractère et une personnalité intègre. Vous savez rester simple, modeste, déléguer, accorder votre confiance et employer les mots justes.

Vous exprimez votre puissance en harmonie avec l'ordre cosmique, en faisant ce qu'il est judicieux de faire, comme il est judicieux de le faire, au bon endroit et au moment approprié. Cela attire la loyauté d'autrui et le concours de forces supérieures. Votre vision d'aigle, toujours en alerte, vous permet de définir des objectifs réalistes, de faire appel aux compétences requises, de maintenir le cap, de mettre en valeur ce qui est positif et d'écarter ce qui n'est pas constructif. Votre sens de l'organisation vous permet de structurer, de définir les étapes, de coordonner les moyens humains et matériels nécessaires, puis d'aller jusqu'au bout du projet avec détermination. Vous savez que les grands projets et l'aide du ciel mettent parfois du temps avant de se matérialiser. Tout en ayant une forte motivation, vous savez gérer le temps et faire preuve de patience. Vous êtes cependant sous les feux des projecteurs de vos subordonnés et de vos dirigeants. Il est donc important de focaliser votre attention sur vos qualités et vos objectifs, de continuer à donner le meilleur de vous-même et de maintenir une conduite juste, dépourvue d'égoïsme, d'avidité, de fierté mal placée, d'autoritarisme, de prétention ou d'arrogance. Dans les affaires sociales, les membres de votre communauté, de votre équipe ou de votre famille peuvent se tourner vers vous et vous solliciter. L'écoute, la compassion et la gentillesse, associée à une autorité ferme mais juste, susciteront sympathie, confiance et synergie naturelle. Toutes les entreprises impliquant l'usage de la créativité sont favorisées, que ce soit dans un domaine artistique, culturel ou autre.

De même, les relations personnelles rencontrent un partage riche et un bel épanouissement. L'ensemble de vos intentions, de vos compétences et de vos agissements sont soutenus par votre entourage mais aussi appuyés par la chance et par l'aide du ciel. Votre sage gestion de la richesse et de la puissance vous permet d'exprimer votre grandeur et d'atteindre vos objectifs car vous avez un puissant pouvoir de réalisation. Quelque soit votre préoccupation, vos projets vont se concrétiser.

Vous aller rencontrer une réussite royale dans les temps qui viennent. Vous pouvez donc persévérer sur votre chemin avec confiance, dynamisme, simplicité, humilité et gratitude.

C-Selon trois traditions modernes

1-Le Diamant de Naissance. 14 = l'ange, l'extra-terrestre, l'intelligence multidimensionnelle.

Symbolique : Le Silicone. L'intelligence connectée et collective. L'amitié. Les réseaux (sociaux). La connexion avec la Source de toute vie. Agir selon la volonté des dieux ou des anges. L'ange. L'extra-terrestre. La grande réussite. Les voyages en avion. Uranus Yin. Le passage d'un état à un autre ou d'une situation à une autre. La société moderne. Les projets. Les extra-terrestres. Les capacités de guérison. Les capacités extrasensorielles. L'expertise psychologique ou technologique. L'international. L'harmonie en toutes choses. L'expression de la puissance intérieure.

Les besoins et capacités qui demandent à être exprimées :
-Besoin d'être connecté à la partie supérieure de soi, d'incarner la volonté de l'univers, du Cosmos, de « La Source de toute Vie » et d'accéder à la connaissance
-Besoin d'utiliser votre intelligence technologique et/ou psychologique pour réparer ce qui doit l'être, trouver des solutions ou un juste équilibre, de faire preuve de résilience, d'aider les autres et de contribuer à créer un monde meilleur
-Besoin de créer des réseaux, des groupes et de faire des choses en groupe
Besoin d'être libre, libéré et détaché, indépendant et autonome, d'air et d'espace, d'aller vers le ciel, de voyager en avion ou en vaisseau spatial, de faire du cinéma et d'utiliser du Hi-Tech, d'être moderne, d'innover et d'être adapté(e) au monde moderne
-Besoin d'apporter du progrès, de l'espoir, de la guérison, de la sérénité, de distiller et de nettoyer
-Besoin de gérer des projets et des concepts
-Besoin de communiquer, de partager, de temporiser, de modérer, d'équilibrer, d'harmoniser les contraires et d'exprimer des valeurs humaines

Déséquilibre en excès : Hypersensibilité (aux ondes). Blessure du sauveur. Trouve des mauvaises solutions. Problème lié à une mauvaise solution/connexion/idéologie. Tendance à planer et difficulté à s'incarner et à trouver un sens à sa vie. Tendance à vivre une vie virtuelle décalée de la réalité. Isolement et pauvreté. Addictions. Esclave de la technologie (télévision, ordinateur, téléphone portable, jeux vidéos), d'une idéologie, d'une science ou d'un groupe. Idées fixes. Paresse ou négligence. Complotiste revendicateur. Fonctionne comme un automate programmé.

Déséquilibre en manque : Difficultés à se connecter à l'univers et aux autres, à se sentir lié et relié, à être fluide et en harmonie, à tempérer, à utiliser une intelligence psychologique ou technologique, à travailler en groupe ou en réseau, à trouver des solutions, à communiquer, à avoir de l'espoir, à progresser, à devenir autonome et indépendant(e), à sortir de l'hypothétique et du virtuel, à créer des liens d'amitié, à s'adapter au monde moderne, à mobiliser son énergie, à avoir des objectifs, à se libérer, à vivre libre, à guérir, à aider les autres et à être un ange. Sentiment d'être abandonné par le ciel. Sentiment de dépendance.

Mémoires karmiques : Mémoire de vie en groupe où le groupe décidait des choses. Mémoire de vie dans un lieu recouvert de glace. Mémoire sur l'une des autres planètes habitées, autrement dit d'extra-terrestre.

2-Le Design Humain : 14 = la porte des supers savoirs-faire/être ou de la prospérité.

Explication technique : Circuit de la connaissance. Centre sacré. Elle est reliée à la porte 2, l'éternel féminin. Son thème principal est la prospérité et sa maîtrise permet l'abondance. L'énergie archétypique à votre disposition génère une expression de compétences qui donnent une orientation, une direction à votre vie et permet de générer des richesses. L'énergie du centre sacré se déverse dans le centre G et donne de la puissance au Soi. Cette puissance se manifeste à travers l'expression de différentes compétences, alliant maîtrise de soi et une certaine grâce. Cette porte génère une puissance fertilisante qui met « le sphinx » en mouvement et elle fournit la clef qui permet d'allumer puis de faire tourner le moteur du Soi. La clef représente ici les concepts et les projets qui orientent votre vie.

Proposition d'interprétation : Tout comme cet Hexagramme du Yi King est considéré comme l'un des meilleurs des 64 du fait qu'il allie le fils (1) et le père (4), ou l'action (1) au divin manifesté (4), c'est également dans le Design Humain l'une des portes considérée comme étant des plus chanceuses. Quand elle est activée, cette porte vous rend capable de générer une grande richesse du fait que vos immenses talents, votre intelligence, votre capacité à développer une clientèle ou un réseau, votre capacité à toujours trouver des ressources/solutions et à faire preuve de résilience et votre capacité à manifester sur Terre la volonté de l'Univers ou du Cosmos sert des passions qui ont du sens pour vous tout en étant bénéfiques aux autres. Votre devise ou Mantra, c'est : « Tout projet ambitieux réalisé en gardant à la Conscience le bien universel conduit à la prospérité ». Cela confère ainsi la possibilité d'accumuler une grande richesse ou de gérer celle des autres. Quelque part en vous se cache le don de savoir gérer des ressources, que celles-ci soient des devises, des biens immobiliers, des cultures de maïs ou des personnes! Quel que soit le cas, cette porte représente des possessions à une grande échelle, à une échelle galactique et le potentiel d'un immense succès. Il y a une synchronisation entre vos compétences, votre passion, vos capacités de gérer des projets, votre mission de vie et les besoins collectifs. Il y a ici un mélange de destin et de chance. On dit que la destinée offre la richesse à qui la souhaite, tandis que chacun a le choix de se sentir riche quel que soit son niveau accès à des ressources. Tout est question de perspective ! Vous avez, sans aucun doute, la capacité et la persévérance d'amener les projets à la réussite et votre dynamisme sait également générer de belles compensations financières lorsqu'il s'applique dans la bonne direction. Vous êtes ainsi l'aise et confiant dans tout ce qui concerne la gestion de projets, les finance et la gestion des avoirs. Vous êtes également à l'aise avec les responsabilités liées à la prospérité.

Son dilemme où il doit faire des choix : Croire en soi. **Corps :** L'intestin grêle. **Planète :** Uranus
Son partenaire de programmation : Clef 8, le diamant du Soi. **Signe astral DH :** Scorpion.
Son anneau de codon : L'anneau du feu (1, 14). **Acide aminé :** Lysine.
Son chemin de transformation : Le chemin de la compétence.

Cette clef décrit ici la façon dont les humains travaillent et agissent dans le monde, le choix d'un certain travail, le choix des gens avec qui vous travaillez et comment vous travaillez. Le mot travailler peut vouloir dire plein de choses différentes mais dans notre société actuelle, il est encore beaucoup associé au fait de faire des efforts et des compromis et à l'ennui. Cela est une conséquence d'une façon de vivre dépourvue de la conscience que la liberté personnelle existe. Un compromis est un choix inconfortable et une excuse pour faire un choix plutôt qu'un autre. Faire un compromis, c'est souvent accepter quelque chose d'inférieur ou de différent à ce que l'on désire ou à ce que l'on sait être possible. En anglais, le mot « compromised » signifie rendu vulnérable et diminué, voir mis en danger et corrompu, du fait d'avoir été exposé, révélé et rendu accessible. C'est une réduction de l'éventail des possibilités et des choix possibles. L'ombre de cette clef fait baisser le taux vibratoire à cause des compromis, de sa posture, de son positionnement et d'une tendance à accepter des solutions de facilité, des solutions confortables.

Il y a deux facettes à un compromis ; son aspect extérieur qui se traduit par un compromis extérieur comme par exemple de ne pas aller marcher du fait qu'il fait trop froid et ce qui se passe à l'intérieur de soi, donc les compromis intérieurs que justement on ne fait pas car on met en avant plan ce qui est essentiel pour soi et où par exemple l'on ne fait pas quelque chose parce que cela va à l'encontre de nos valeurs essentielles et de l'amour. Cela amène à voir quand est-ce que l'on fait des compromis vis à vos de son intégrité et de son âme, de son moi supérieur et de l'amour. Cela amène à définir ses priorités et ramène inévitablement au cœur et à l'amour. Une vérité qui saute aux yeux est le résultat du compromis intérieur. Quand on fait un compromis intérieur, on ne se sent pas bien. Une partie de nous rétrécit et se contracte. On est insatisfait(e).Vivre sans faire de compromis vis-à-vis de son être supérieur, de son cœur, de l'amour et donc surmonter ses penchants égoïstes, c'est vivre une vie fondée sur la vertu et l'honneur. Il s'agit alors d'apprendre l'art délicat de rester vrai et juste vis-à-vis de son cœur et d'être capable de faire des compromis extérieurs en préservant l'intégrité de son cœur, son cap et son rêve.

L'être humain est compromis ou compromisé dès sa naissance car suite à sa conception, il arrive dans le monde avec la graine d'une blessure originelle, avec un bagage génétique hérité de ces ancêtres et encodé par ses vies passées, avec une structure astral et une structure numérologique auxquelles il ne peut échapper. Nous ne somme pas vraiment né entier et du coup un point d'interrogation est accroché à nos âme et nos vies tournent autour de ce point d'interrogation. Ce point d'interrogation peu prendre plusieurs formes comme : Quelle est ma mission de vie ? Pourquoi est ce qu'une partie de moi se sent si inconfortable ? Qui suis-je ? Quel choix ferait l'amour dans cette situation ? ». Beaucoup de gens ne se posent jamais ces questions consciemment parce que la société ne les encourage pas à le faire mais elles vibrent quelque part dans leur inconscient. Au niveau de l'ombre de cette clef, les compromis sont la norme.

Comme la société est remplie d'attentes sur ce qu'il faut croire et faire, sur comment il faut se comporter et qu'elle encourage à faire des compromis, il est nécessaire d'avoir clairement conscience de ces motivations, de ses priorités et de ces objectifs à long-terme.

De nombreuses personnes ont pris l'habitude de faire des compromis, notament avec leurs rêves. Mais plus elles font des compromis et plus elles se sentent impuissantes. Elles n'ont juste pas trouvé le courage de tracer leur route et de vivre leur rêve. A un moment donné, elles laissent leur rêves d'enfant ou d'adolescent(e), leur passion, s'en aller. Elles se contentent de la deuxième meilleure option, de la deuxième meilleure vie possible et elles vivent alors souvent une vie fade, sans réussite, sans passion et sans enchantement, où il manque quelque chose. La cause de cela est qu'elles ont cessé de croire en elles-mêmes, qu'elles ont peur de ne pas avoir les capacités et la puissance nécessaire pour réaliser leurs rêves, d'être en insécurité si elle le réalise et elles si elles sont dans la réaction, elle se contentent d'être des petites fourmis qui travaillent dur et font marcher le monde, pour ne pas dire des esclaves du système. Elles sont esclaves d'un besoin d'être reconnues mais cela ne les satisfait pas en profondeur.

L'une des conséquences de la tendance à faire des compromis est la création en soi d'un état de pauvreté, de petitesse, d'une fausse humilité et parfois de pauvreté extérieure. C'est dans cette clef génétique que se trouve les secrets liés à la pauvreté et à l'abondance, à la prospérité. Plus on apprend à ne pas faire de compromis et plus on récupère son pouvoir personnel et plus on croit de nouveau en soi.

C'est en prenant des petites décisions chaque jour, en posant des petites actions et en utilisant sa créativité que l'on avance sur ce chemin. Pour vivre son génie dans la vie et créer une vie géniale, il est nécessaire de croire en soi à nouveau et de se reconnecter à son cœur et à ses rêves. Il est nécessaire de rêver à nouveau puis de poser des actions qui nous rapprochent de nos rêves. Cette clef génétique permet justement de prendre les décisions qui déclenchent puis nourrissent un feu intérieur créatif, le feu de l'amour. Elle permet de mettre de la qualité, de la joie et de la puissance dans ce que l'on fait et elle est capable de générer toutes les capacités physiques, mentales, émotionnelles et spirituelles pour exceller dans ce que l'on fait et pour réussir. Le voyage vers l'éveil consiste à cesser de faire des compromis, à sentir ce qui est juste pour soi et à rester avec sa justesse quand il y a une pression ou une sollicitation extérieure. C'est un voyage hors de l'obscurité vers la lumière. Il n'y a que vous qui puissiez vous sortir de votre ombre, vous transformer à l'intérieur et vous amener à la lumière.

La bonne nouvelle c'est que dès que vous prenez la décision de le faire, des guides bienveillants et compétents Femmes et Hommes, sont là pour vous soutenir, éclairer votre chemin et manifester des opportunités de changement.

Les chinois dans le Yi-King ont très bien décrit cet archétype, nommé la grande réussite ou la possession en grand quantité, comme une puissance créative masculine guidée par un élément féminin et c'est cette combinaison qui est la clef de la réussite matérielle, la guidance féminine et l'activité masculine organisée en projets. Elle combine l'activité masculine et la réceptivité féminine. Ils ont utilisé l'image d'un chariot rempli de trésors pour le décrire. La fréquence « compétence » est structurée par 4 éléments qui sont l'enthousiasme (feu), l'intuition (eau), l'efficacité pratique (terre) et la flexibilité (air) qui combinées manifestent la réussite. Elle se manifeste grâce à un centrage dans le plexus solaire, où elle puise sa force. Elle permet à chacun d'agir librement et d'exprimer sa spécificité.

Elle génère une ouverture de conscience dénuée de peur capable de s'investir dans n'importe quelle activité d'une façon concentrée et réaliste. Ici, si vous ne savez pas comment faire quelque chose, vous apprenez et vous transposez ce que vous avez appris aux autres domaines de votre vie. Cela permet alors d'évoluer dans plein de directions différentes. Cette clef est une clef collective et non individuelle car les compétences qu'elle confère existent pour servir la société et pour créer un monde meilleur et si elles sont utilisées à des fins égoïstes, cela génère rapidement des catastrophes.

Elle joue un rôle essentiel dans le monde du commerce, de l'entreprise et des affaires du fait qu'elle est un moteur pour générer l'abondance. Elle permet parfois amasser de véritables fortunes. Mais toute cette richesse, toutes ces compétences doivent avoir un sens et correspondre à une certaine vision. Le point de départ pour exprimer cette clef consiste à cesser de faire des compromis car c'est seulement ainsi que le génie peut s'exprimer, quand vous faîtes ce que vous aimez vraiment faire et pas autre chose. Elle consiste ensuite à clarifier le service ou les produits que vous voulez offrir au monde. Quand cela est parfaitement clair, alors les événements peuvent émerger, être déclenché et suivre leur chemin. L'univers, les forces du cosmos, « complotent » et s'organisent pour que nos rêves se réalisent en se mettant au service de notre vision mais selon le rythme du cosmos.

Il faut donc savoir être patient, clarifier en permanence sa vision, la nourrir constamment, éviter de compromettre son intégrité avec des raccourcis. Cette clef est capable d'inspirer un groupe, une petite équipe de 3 à 15 personnes ou un réseau plus vaste pour réaliser de grandes choses. Il suffit d'une personne ayant cette clef active pour que la vision de service et d'un monde meilleure soit transférée à tout le groupe. Ce don de la compétence est une force électromagnétique dynamique qui déclenche les étincelles de l'enthousiasme et génère une prospérité collective, une abondance d'argent mais surtout d'amour car c'est l'amour inconditionnel qui génère les véritables richesses et le rayonnement, comme le Soleil. L'amour inconditionnel et désintéressé génère des amitiés, des opportunités, des bénédictions et surtout plus d'amour. C'est un feu vivant et rien ne peut y résister. Il transforme tout. C'est pour cela que Jésus, l'un des plus grands maîtres de cette force, conseillait d'aimer même vos ennemis et vos principaux ennemis sont souvent juste vos peurs et vos croyances limitantes. L'une des clefs pour exprimer cette force est de ne pas vous isoler.

Beaucoup de personnes qui ont cette clef s'isolent et préfèrent travailler seul mais c'est parce qu'ils ont peur, peur de leur puissance, du succès et de la réussite. Quand le cadeau de cette clef est exprimée et que vous voyez que vous êtes comme « béni des dieux » et que l'univers vous soutient avec plein de coïncidences, vous avez alors envie de partager vos trésors, d'aider autrui et de contribuer à créer un monde meilleur.

L'univers, le cosmos, transfert ici de l'énergie depuis les champs quantiques ou morphogénétiques à travers l'individu afin de manifester sa volonté. Et tout individu capable de vibrer aux fréquences supérieures de cette clef permet, par résonnance, à d'autres, de s'élever vers ces fréquences. Un bon moyen de découvrir ce superpouvoir et ses enseignements est d'apprendre à faire du feu de façon naturelle, avec ce que vous trouvez dans la nature ; du bois et de la mousse par exemple. Cela éveille la conscience de votre puissance, de votre feu intérieur et de la gratitude quand le feu est là, quand l'étincelle de vie jaillit. C'est quand vous prenez soin de cette petite étincelle d'amour, de joie, de lumière et de gratitude qu'ensuite le feu grandit et se stabilise. Il y a alors la version de vous qui sait faire du feu et elle vibre beaucoup plus que la version de vous qui ne sait pas faire du feu. C'est l'énergie du Soleil stocké dans le bois, la mousse et dans votre corps qui déclenche le feu. Le Soleil symbolise et véhicule la lumière, l'amour et la gratitude c'est de là que naît la prospérité.

C'est quand on nourrit notre feu intérieur d'amour, de joie, de gratitude et de lumière qu'il devient un Soleil à l'intérieur de soi et c'est ce soleil qui créé la prospérité et la vie. Et le Soleil donne sans jamais s'arrêter ni se fatiguer, se réalimentant continuellement à travers la puissance de ce qu'il donne. Avec l'acte de donner vient le recevoir mais recevoir est très différend de prendre. Il n'y a pas ici une once de « prendre » car dans les fréquences supérieures de cette clef, il n'y a que l'amour et le don de soi. Recevoir alimente notre gratitude. Plus on donne et plus on reçoit et plus on ressent de gratitude.

Quand à l'intérieur de soi le plomb, donc tout le passé personnel et collectif, a été transformé en or, cette clef porte en elle le pouvoir de matérialiser, de créer quelque chose, à partir, en apparence, de rien et d'attirer la bonne fortune, la chance. La gratitude attire dans notre vie toujours plus de tout ce dont on a besoin pour soi et pour donner aux autres ; l'argent, l'amour, l'amitié et toutes les belles choses.

Un bon moyen de nourrir ce superpouvoir est de voir et de compter les bénédictions que vous recevez chaque jour, de focaliser sur les belles choses présentes dans votre vie plutôt que sur les difficultés et même de regarder vos difficultés et ce qui vous plombe avec gratitude car alors vous pouvez les transformer en or. Toutes les richesses de cette clef peuvent être vôtres quand vous apprenez à donner de vous-même inconditionnellement, avec amour inconditionnel désintéressé, comme le Soleil ! Ici, la puissance personnelle disparait car l'individu cède sa puissance et sa volonté au Cosmos, à l'Univers, à la Source de toute Vie et il devient un moyen d'expression de la Source de toute Vie.

Chapitre 15 : Le nombre 15

A-Son nom, son graphisme et sa structure : Le nom du nombre quinze signifie cinq prêté ou donné à dix. Son graphisme représente une dizaine et cinq unités. Il n'a pas de symbolisme important particulier en tant que tel donc pour ce nombre, nous allons voir la symbolique qui lui est attribué à travers les traditions anciennes du Yi-King, des Runes et du Tarot.

B-Selon trois traditions anciennes :

1-La tradition germanique des Runes. Rune 15 = le roseau protecteur du mal.

La Rune 15 se nomme Eohl prononcé « iôle ».

Son numéro : « Eolh » est la quinzième rune du Futhark. Le chiffre quinze n'a pas ici de signification particulière en tant que tel. Il est une combinaison des chiffres 1 et 5, deux chiffres extrêmement dynamiques qui associent le feu de la création et le feu de la conscience. Cela évoque la puissance consciente en action ainsi qu'une capacité à définir un objectif pertinent et à concentrer toute son attention pour que cet objectif se réalise dans la matière et s'expanse dans l'espace.

Résumé et essence de la rune : Je suis l'instinct de survie capable de voir le danger ou toute perversité et de lutter par la défensive pour protéger et sécuriser ce qui doit l'être et notamment l'espace autour de soi. Je suis le chasseur agissant sans peur pour attraper sa proie ou pour protéger son territoire. Je suis l'énergie sexuelle porteuse de vie ou de misère. Je suis la vie qui a besoin de jouir du corps et de la matière et qui manifeste son existence. Je suis le forgeron capable de créer des objets en métal à partir du feu et de la terre. Je suis « le feu guerrier » de l'âme dans l'instant présent, capable de voir avec lucidité ce qui est, se qui ce prépare, le côté obscur des choses et les failles qui existent, d'exprimer son pouvoir personnel, de vivre ses passions, de transformer ce qui doit l'être et de combattre avec une farouche détermination afin d'accéder à la porte des dieux, au monde divin et à la lumière. Une vigilance intérieure permanente et un comportement irréprochable sont ici les meilleures armes du guerrier.

L'aspect sombre de la rune : La rune est alors tournée vers le bas. Il est symbolisé par une faille dans le système de défense, par un conflit intérieur, par une personne perverse qui vous manipule, par des pulsions violentes ou des mémoires perturbatrices, par la bêtise humaine, les excès, la perversité, le sabotage, la destruction, un pourrissement de la situation, une trahison, un rejet, une humiliation, des blessures non guéries et par un état de misère ou de douleur psychologique. Des énergies d'harmonie et de guérison sont alors nécessaires.

Son phonème : Cette rune est associée au son z comme zodiaque.

Mots clés : Faire preuve de vigilance, écouter votre instinct, votre intuition et votre ressenti, se protéger contre les dangers et les tentations, système de défense efficace, combat à mener pour effectuer une transformation, pour régler une difficulté ou gérer une crise, faire ce qui passionne et vivre sa passion, combattre pour s'élever vers la lumière, protection et sécurité, anti-virus, exprimer une lucidité capable de voir l'invisible, les causes et les non-dits, pulsion en mouvement, force dirigée par une intention, puissance instinctive, maîtrise intelligente de l'énergie et du métal, transcender une dualité, guérison des blessures anciennes, puissante maîtrise de la situation.

2-La tradition du Tarot Italien. Le résumé et l'essence de l'arcane : 15 = le diable.

En positif : Quand je mets ma lucidité, ma vigilance, ma combativité et mon pouvoir au service de la vie avec passion et humilité, mais aussi avec une conscience spirituelle, je génère l'abondance. Je maîtrise alors à la fois l'ombre et la lumière. Je m'exprime comme une personne passionnée, intense, énergique, intrépide, audacieuse, tenace, instinctive, séductrice, magnétique, coquine et un peu manipulatrice. Je sais manier le suspens et susciter des émotions, aimant parfois saboter ou révéler à chacun sa problématique. Je suis parfois une personne possessive, jalouse, compliquée et comme envoûtée voire enchaînée à des excès où à quelqu'un d'autre. Je surmonte les obstacles et gère les crises afin d'obtenir ce que je veux.

En négatif : Quand je me laisse enchainer par mon ignorance, mes pulsions, mon pouvoir et par une situation ou quand je donne mon pouvoir aux autres, je crée un excès, une situation illégitime, un déséquilibre, un conflit, une trahison et de la violence. Je provoque la tentation et la peur, nourris des fictions et des mensonges, profère de fausses promesses et attire le danger, la jalousie, la négativité et le mal. Je ne maîtrise plus rien et subis la situation.

3-La tradition du Yi-King Chinois. 15 = L'humilité et modérer sa puissance.

Résumé du nombre : Modérez vos pulsions et vos excès, gérez les extrêmes et votre passion, canalisez votre puissant pouvoir, avec humilité et souplesse, en évitant de saboter ou d'être une personne soumise, afin d'avancer avec sérénité.

Explication technique :

La puissance et la réussite peuvent conduire à tous les excès si l'ego s'approprie le pouvoir et si le côté obscur, l'ombre et le saboteur se manifestent. C'est pourquoi après « Le grand avoir » vient « L'humilité », la modération, la retenue ou le pouvoir mis au service de la vie. **Kouen**, la terre, demande amour maternel, écoute, acceptation, dévouement et la prise en compte des rythmes de l'âme. **Tchen**, le tonnerre, demande une impulsion de vie et une libération de l'âme. Kan, l'eau, demande fluidité, profondeur, gestion des émotions et authenticité. **Ken**, la montagne, demande de l'organisation, de la structure, de la discipline, de la persévérance, de la patience et de la sagesse pour gérer et canaliser la puissance intérieure et construire dans la durée. Kouen et Ken vont dans la même direction et se rencontrent. La montagne est le fils ainé, la profondeur et l'intégrité, qui seconde et représente le ciel dans la matière. Elle retient autour de son sommet les nuages puis les transforme en pluie, dispensant sur la terre les bénédictions du ciel. Elle illumine la terre par sa sagesse et sa vérité profonde. La terre est la mère aimante qui est ici élevée au-dessus de la montagne. La modestie, l'humilité, la conscience de la loi de l'équilibre et l'amour de la vie sont ainsi les mères de toutes les vertus.

Elles permettent d'accepter ce qui est, d'avoir une conduite juste, d'éviter l'arrogance source de conflits, les excès et les erreurs, d'avancer avec fluidité, d'ajuster ce qui doit l'être et de rester en harmonie avec « le ciel ». L'idéogramme de cet hexagramme évoque un personnage droit, qui s'exprime sur une estrade, et une main venant de la terre, qui tient et maintient ensemble deux plantes ou personnages identiques. Cela renvoi à la juste manifestation du pouvoir personnel et de la parole, et au fait que la main du destin, la loi de l'équilibre, est la même pour tous. Elle se manifeste ainsi : Quand le soleil atteint son zénith, il redescend sous l'horizon. Quand la Lune est obscure et cachée (nouvelle lune), elle commence à croître. Le ciel endommage et vide ce qui est plein. Il augmente, fait prospérer et comble ce qui est humble. L'eau creuse, entame et transforme ce qui est plein et coule vers ce qui est vide. Les âmes trop puissantes attirent le danger et la destruction. Les âmes (familles) humbles attirent la grandeur et les bienfaits. L'arrogance éloigne les hommes. La modestie les rapprochent et les élèvent. Elle réduit les tensions et apporte une certaine paix.

Ainsi, l'homme méprise ce qui est trop plein et aime l'humilité. S'il obéi aux désirs inférieurs, il s'éloigne des principes célestes et de l'ordre cosmique. Par son libre arbitre et sa conduite, il s'attire soit des bénédictions soit des désastres. Quand une personne occupe une place élevée, agit avec justesse tout en restant modeste, sans chercher des récompenses, elle rayonne de sagesse et la vie prend soin d'elle. De même que la nature réduit les excès et compense les manques, la modestie permet de s'adapter aux flux de la vie et aux changements dans les situations. Elle permet de tenter sa chance, d'accepter ses erreurs et de les corriger, de trouver la juste voie et d'aller au-delà de ses limites vers l'inconnu. Une personne sage est toujours active et réalise de grandes choses sans se glorifier. Elle attribue ce qui est positif à Dieu. L'humilité vraie nait d'une prise de conscience, du choix et de l'intention de l'exprimer. Elle va de pair avec un dynamisme en action.

Interprétation classique :

La situation nécessite d'exprimer votre pouvoir personnel et votre puissance, mais en sachant modérer vos pulsions, équilibrer les extrêmes, combler vos lacunes et effectuer les ajustements nécessaires pour tenir les rennes de la situation. Cela implique une connaissance de soi, de la profondeur, une conscience en alerte, des paroles justes, une maîtrise vigilante et de rester naturel, simple et modeste. Dans les affaires sociales, il est judicieux d'éviter les excès et d'œuvrer pour établir un équilibre dynamique entre les forces présentes Il s'agit de tempérer les ardeurs d'éléments trop démonstratifs, de faire preuve d'humilité en évitant la soumission, (enlever et) de compenser, avec énergie et si nécessaire avec sévérité, les insuffisances et de désamorcer toute action de sabotage.

Dans les relations personnelles, examinez en profondeur vos croyances, vos motivations, vos attentes, vos idéaux, vos émotions, vos attitudes et vos comportements. Prenez conscience du déséquilibre existant, de votre vulnérabilité ou de celle de l'autre, puis opérez un ajustement et un rééquilibrage afin de devenir plus réaliste et plus serein. Vous aurez l'opportunité d'évoluer et de faire progresser votre situation en sachant pratiquer l'humilité, la modestie et l'écoute de votre vérité profonde, tout en sachant aller vers l'inconnu et la nouveauté avec confiance et passion. Cette capacité à concentrer votre attention et à maîtriser votre énergie avec lucidité vous permet d'être centré, créatif et authentique.

Elle vous permet d'improviser avec justesse dans l'instant présent, d'agir au bon moment, avec la bonne organisation et la bonne stratégie, de surfer sur les courants avec souplesse, d'attirer l'aide nécessaire à votre évolution, de mettre vos talents au service de la vie, d'acquérir une maîtrise de votre destinée, d'avancer vers la sérénité et de vous conformer à l'ordre cosmique.

1-Le Diamant de Naissance. 15 = le saboteur, le passionné, la passion de la vie.

Symbolique : Le Phosphore. La protection contre le mal. Le pouvoir personnel exprimé avec humilité. La lucidité vis-à-vis des êtres humains. La maîtrise et l'amour de la matière. L'argent. La sexualité. Le métal. Les moyens de pression. Le mal, l'orgueil, le mépris. Le diable. Une crise, une destruction, une tragédie, une situation misérable. Un enrichissement, une passion. La passion de la vie. La maîtrise lucide des événements. Le magnétisme. La capacité à captiver et à passionner. Le talent. Pluton Yang.

Les besoins et capacités qui demandent à être exprimées :
-Besoin d'être passionné, de faire ce qui vous passionne et d'être passionné par ce que vous faîtes, d'être sous pression et de mettre la pression, de suspens et d'intensité, de survivre face aux difficultés
-Besoin de jouir du monde de la matière, c'est-à-dire de gagner de l'argent et de le dépenser, de vivre une vie sexuelle épanouissante et d'exprimer votre pouvoir en le mettant au service de la vie, de captiver, de séduire, de manœuvrer.
-Besoin de travailler avec du métal, d'être un forgeron ou d'utiliser des objets en métal
-Besoin de gérer des crises, des problèmes ou des questions de sécurité, de détecter ce qui ne va pas ou les menaces potentielles, de les anticiper et d'y remédier
-Besoin de passer de la crise et du sabotage à l'expression de vos passions, en ayant peur de rien et en étant audacieux/audacieuse
- De passer d'une situation de peur et d'esclavage à une situation de lumière, d'amour et de maîtrise. Besoin d'exprimer la puissance de la vie.

Déséquilibre en excès : Ignorance. Stupidité. Attachement/agrippement excessif au monde de la matière. Blessure de trahison et de rejet. Blessure lié à de d'esclavage ou liée au feu. Déni. Dévalorisation et auto-sabotage. Voit le mal partout. Envoutement. Coté obsédé(e), sombre, infernal(e), mafieux (se), voyou, imposteur(e) et pervers(e)/manipulateur (trice). Déséquilibre. Excès. Démesure. Illégitimité. Abus de pouvoir. Dégénérescence. Misère.

Déséquilibre en manque : Difficultés à sortir de l'ignorance, de l'ombre, de la peur, des liens de dépendance, d'addictions, de parasitage par des entités, de la manipulation, de la persécution, de l'illégitime, de l'irresponsabilité, de la misère, du rejet, de la trahison, de la perversité, du vice, du louche, de la jalousie, de la possessivité, de l'obsession, de l'esclavage, du désespoir, des situations compliquées et d'un sentiment de honte. Difficulté à être lucide, à identifier les causes des problèmes, à se sentir en sécurité, à avoir confiance en la vie, à se transformer, à exprimer son pouvoir personnel, sa sexualité et ce qui passionne, à gagner de l'argent et à maîtriser le monde de la matière.

Mémoires karmiques : Mémoire de démence sénile, de vie de merde ou de misère, de réduction en esclavage, d'esclavage ou de travail forcé dans les mines, de magie noire, de prostitution, de guerre, d'épidémies, de destruction, d'incendie, , de trahison ou d'assassinat. Un problème de trahison et de perversité a pu avoir des conséquences importantes. Mémoire d'usurier, de mineur, d'armurier, d'assassin, de soldat ou de samouraï. Une passion amoureuse a pu avoir des conséquences importantes. Mémoire de richesse matérielle et d'agrippement à ces richesses.

2-Le Design Humain. 15 = la porte des extrêmes ou de l'humanité.

Explication technique : Circuit de la compréhension. Centre G. Elle est reliée à la porte 5, l'attente. Son thème principal est l'amour de l'humanité et de la vie et sa maîtrise permet de disposer d'un fort magnétisme personnel qui peut être mis au service de la vie. Cette porte est en lien avec l'aura et représente l'énergie magnétique du Soi. Elle est associée à aux rythmes de l'environnement et à la préservation des rythmes naturels. Le nom du nombre 15 dans le Design Humain est la modestie qui se définit ici comme une capacité à équilibrer les extrêmes. Elle permet à une personne de vivre des situations extrêmes selon ses propres rythmes extrêmes, c'est-à-dire tantôt de travailler énormément et tantôt de ne rien faire du tout ; tantôt de manger très tôt et tantôt très tard, tantôt de dormir beaucoup et tantôt de dormir très peu etc. Cela peut avoir un effet déstabilisant dans le domaine des relations car le rythme change tout le temps. Comme cette porte est reliée à la porte 5 qui au contraire aime les rythmes fixes, une relation entre une personne qui a la porte 15 activée et une personne qui a la porte 5 activé est un véritable défi ou peut être très inconfortable car les deux personnes vivent selon des rythmes complètement différents.

Proposition d'interprétation : Vous êtes en quelque sorte un anti-soleil. Vous refusez de vous considérer comme étant quelqu'un et encore moins quelqu'un d'important. Votre nature modeste, sans prétention et non moralisatrice perçoit l'humanité comme une grande famille, entièrement solidaire dans sa diversité. Aussi n'acceptez-vous pas qu'une personne particulière prenne le pouvoir et encore moins qu'on essaye de vous manipuler pour satisfaire des besoins égoïstes. Vous êtes l'archétype même de l'altruisme, de l'engagement à l'amélioration de la vie de l'humanité. C'est l'une des quatre « portes de l'amour » et votre amour à vous s'oriente vers l'humanité et vous encourage à normaliser le bien-être. Vous êtes passionné(e) par la diversité des formes de vie. Votre approche globale de la vie et votre gentillesse soutenue par une profonde intensité vous font facilement obtenir le respect, le support et l'admiration des autres. L'égalité et une justice impartiale sont des éléments clés de cette porte. Vous aimez être en relation avec les autres, vous avez donc probablement beaucoup d'amis et dans toutes les strates de la société et vivant toutes sortes de situations — allant des mendiants jusqu'aux princes. Vous êtes parfois un pilier de cercles sociaux, celle ou celui qui réunit tout le monde. Mais vous détestez lorsque les autres vous contrôlent ou tentent de le faire. Vous êtes un esprit libre, passionné(e) par la vie, qui aime se trouver dans le flux de la vie, sans contraintes et qui sait s'adapter aux changements. Attendez-vous à ce que votre porte soit la première à laquelle les gens viennent frapper, car quand leur vie devient difficile et qu'ils ont des problèmes, ils ont une attirance naturelle pour l'altruiste respectueux que vous êtes. Vous n'avez cependant pas forcément vocation à résoudre les problèmes de tout le monde. La clef pour bien vivre cette porte est de faire ce qui vous passionne dans la vie.

Son dilemme où il doit faire des choix : Le confort. **Planète :** Pluton. **Signe astral DH :** Gémeaux. **Son partenaire de programmation : Clef 10, être à l'aise. Corps :** Le foie, les gonades. **Son anneau de codon :** L'anneau de la recherche (15, 39, 52, 53, 54, 58). **Acide aminé :** Serine. **Son chemin de transformation :** Le chemin du magnétisme.

L'ombre de cette porte : <u>La fadeur. La monotonie. L'auto-sabotage. Les excès. Les extrêmes.</u>

Cette clef, qui symbolise la vie dans la matière, l'abondance de la nature et la matérialisation des idées de la Source de toute Vie, est vaste et généreuse. Comme la matière est duelle, il y a l'ombre et la lumière et une zone mi-claire mi obscure. Elles sont parfois appelée l'enfer, le purgatoire et le paradis. Cette clef permet chez un être humain de passer de l'ignorance à la lumière, de l'enfer au paradis et de l'orgueil à l'humilité en développant la conscience d'être une expression de la Source de toute vie à travers une forme humaine. C'est ce qui définit un être humain.

Au niveau de l'ombre cependant, cette clef génère l'enfer, le mal-être, le mal et la destruction. Il y a un vide existentiel, un ennui, une absence de passion, de conscience, de sens et de magnétisme. Il y a un abandon et un rejet de la vie et une forme de dépression. Cela génère au niveau de l'humain des regroupements de gens qui se cachent ensemble dans une attitude de déni pour palier à une sensation d'insécurité et nourrir l'illusion d'une sécurité matérielle. L'ombre de cette clef est sombre, terne, banale, inintéressante et ennuyeuse, comme en état de mort cérébrale, de misère, d'absence de vie et de joie. Elle est nourrie par la peur de l'ordinaire. Elle fait tourner en rond dans des schémas répétitifs inadaptés, dans une tendance à être en perpétuelle réaction et dans des obsessions. L'énergie, la conscience et l'imagination sont réprimées, entravées et étouffées. Il y a un sentiment d'impuissance, de la frustration, de la rage et de la violence qui empêche la création de relations harmonieuses. Cela engendre des gens qui recherchent le confort et la facilité, qui se regroupent en foules ou en gangs, qui se dérobent à leurs responsabilités, qui font les choses sans conscience et qui sont anesthésiés dans un état d'animalité, d'indolence et de lâcheté.

L'ennui est ici associé à une répétition mécanique, à une sur-stimulation et parfois à une terreur de se tromper ou d'être envoyé en enfer mais aussi aux mauvais comportements, aux comportements inamicaux et non-bienveillants, au manque de respect et de courtoisie. Poussé à l'extrême, cela génère des comportements rebelles destructeurs et glauques, une tendance à transformer les gens en objets ou en esclaves, un état misérable et de l'extrémisme. Il y a un mouvement perpétuel qui ne s'engage nulle part et multiplie les expériences, comme si la personne fuyait ses propres ombres, ses propres démons.

De façon plus courante, cela engendre de la dévalorisation, de l'auto-sabotage, du déni, du rejet et parfois de la trahison, par lâcheté, ce qui génère aussi un état misérable. Il y a une tendence à être englué dans un besoin de confort, d'être manipulé par les démons de la facilité, au point qu'on ne laisse plus la vie et l'air rentrer et circuler et qu'on se plaint tout le temps pour tout et n'importe quoi. Il y a un refus d'avoir froid, d'avoir faim et d'avoir mal et du coup ces gens anesthésient leurs sens et tombent parfois dans des addictions, tout en mettant un sourire narquois sur leur visage. Ce confort est comme le chant des sirènes. Il ramollit du fait qu'il gomme les extrêmes et les imperfections. Et soit il cache le corps et les parties intimes soit il les exhibe à tout va.

Derrière tout cela, il y a parfois des problèmes d'entités qui cherchent à vous maintenir dans un état de basse vibration, qui s'agrippent à vous et vous vampirisent votre énergie de vie.

Cela est parfois lié aux ancêtres, aux mémoires karmiques, à la mémoire des lieux, à des âmes errantes dans l'au-delà ou aux personnes que vous fréquentez dans le monde de la matière. La vie finit par vous rappeler que les choses n'arrivent pas par hasard, qu'elle est précieuse, que vos attitudes créent vos expériences, que la vie ce n'est pas la misère et que vous allez mourir un jour. Elle manifeste alors son existence en vous invitant à de vos schémas répétitifs de réactivité, à échanger votre façon de voir les choses et à gouter la vie avec intensité, passion et joie. C'est uniquement en acceptant l'ombre de cette clef, en acceptant l'aspect ordinaire et simple de la vie, en plongeant dans le vide, en faisant face à la peur et à la peur d'avoir peur, que vous pouvez accéder à son cadeau, à ces capacités, à la passion de la vie.

Son cadeau : Les dons et capacités de cette porte : <u>Le magnétisme. La lucidité. La passion.</u>

De nombreuses traditions évoquent l'existence de villes sous la surface de la Terre (Shamballa, Agartha, Telos) et plus récemment, les témoignages de l'armée américaine confirment l'existence de ces villes intra-terriennes ou sur la plancher océanique, où vivent des êtres humains mais aussi d'autres espèces non-humaines mais dotée de conscience, d'intelligence et d'amour. Tout cela est expliqué dans mon livre « Le dossier extra-terrestre ».

Cela montre le profond niveau d'ancrage, la profondeur et le lien étroit qu'à cette clef avec les profondeurs de la Terre mais aussi avec le métal qui s'y trouve. La Terre vibre et respire à une certaine fréquence naturelle qui est lente, appelée la fréquence de Schumann (7,8 Hz ou 7,93Hz ou 8 Hz), du nom du scientifique qui l'a révélé. Tous les organismes vivants sur la planète ont cette fréquence en eux et du coup elle relie toutes les formes de vie entre elles. C'est la signature de la planète Terre. Vibrer en résonnance avec cette fréquence procure ici un profond sentiment de paix alors que tout déphasage avec cette fréquence génère du stress voir de la maladie. Etre relié à cette clef vous relie à l'esprit de la Terre, à Gaia et à ses mystères. Elle est associée à la fin du printemps quand la nature est en pleine effervescence, quand la vie a fleurit à profusion. Si le charisme est une forte émergence de la force de vie, générée par la Terre juste en dessous de la surface de la conscience, qui s'exprime de façon très visible, le magnétisme lui vient de très loin en dessous de la surface, des profondeurs de la vie et souvent il ne se voit pas. Plus vous entrez en lien avec la fréquence de Schumann, plus vous devenez magnétique, plus vous êtes hors du temps dans l'éternel instant présent et plus vous attirez dans votre vie tout ce dont vous avez besoin. Et cela se produit quand vous ralentissez pour être dans le rythme de la vie, quand faîtes confiance à la vie et au rythme des événements.

Si vous passez du temps avec une personne dotée de ce magnétisme, vous sentez rapidement qu'elle a ce quelque chose d'indéfinissable, teinté de mystère, qui est là et qui danse comme des flammes silencieuses et cachées. La clef 15 est ainsi polygame mais pas dans le sens littéral de vivre avec plusieurs partenaires comme certains groupes le font. Elle est polygame dans le sens où elle incite à aimer tous les aspects de la vie et de la création et en particulier l'être humain. Les personnes comme ça adorent les étoiles, les oiseaux, les pierres et rochers, les plantes et les arbres, les villes, les décharges et les endroits où les gens se rassemblent. Ces personnes printanières, proche de leur enfant intérieur, sont sans arrêt en mouvement, en train d'expérimenter et d'explorer, en train d'être enchantées par tout ce que la vie propose du fait qu'elles ont confiance en la vie.

Elles aiment leur époque et toutes les possibilités qu'elle offre. Elles aiment l'humanité et la vie. Elles voient la vie dans ce qu'elle a de lumineuse. Elles peuvent ainsi restaurer ainsi la vie et l'humanité dans chaque personne, en identifiant les endroits où la vie et la lumière peuvent être rallumées, en transformant l'ombre en lumière, tel un forgeron qui transforme le minerai en de magnifiques objets. Etre magnétique, c'est être en amour et aimer tout le monde parce que l'on perçoit l'essence de chaque personne et que l'on peut entrer en résonnance avec. Cela permet d'identifier chez chaque personne ce qui a de la valeur, ce qui est digne d'intérêt. C'est une positivité naturelle et humble qui n'exclu rien ni personne car elle voit la vie partout, sait voir l'extraordinaire dans l'ordinaire et utiliser chaque petite chose de la vie quotidienne pour se transformer.

Cette clef permet ainsi d'accéder à la puissance de la nature et de la vie et c'est ça qui nourrit son magnétisme. Il faut un grand sens de l'humour pour être capable d'aimer l'ennui, la fadeur, la monotonie et tout ce qui est gris et c'est grâce à cet amour que cette clef peut générer des transformations. Le gris de l'ombre de cette clef devient ici les couleurs du cadeau de la clef. Ici, tout le monde est accepté tels qu'ils sont et tout le monde est la bienvenue. Un aspect de cette clef est son besoin de chercher et elle cherche à aller mieux, à s'améliorer et à ce que tout le monde aille mieux, avec amour et bienveillance, ce qui oriente naturellement vers des activités de service aux autres. Elle est ainsi associée aux êtres sages et éveillés, qui retournent dans le monde pour aider l'humanité à s'éveiller et enseigner, plutôt que de partir dans les mondes de lumière pure. Ces cœurs magnanimes résonnent comme des cloches géantes dans l'histoire de l'humanité. Ils sont nos phares, nos déclencheurs d'étincelles, nos modèles, nos saints, nos sauveurs qui nous rappellent ce que chaque être humain peut être.

Le superpouvoir/puissance (Siddhi) de cette porte : <u>La florescence.</u>

La florescence est la conséquence de l'expression de la meilleure version d'un être humain où la conscience et la vie s'exprime à travers cet être. Elle ne peut avoir lieu quand le mental à abandonné le besoin de contrôler. Elle a lieu quand la conscience cesse de se chercher et qu'elle est en paix, quand il n'y a plus d'identification aux pensées ou aux émotions et quand la vie décide que c'est le moment. Elle est spontanée et imprévisible. Le superpouvoir de cette clef permet d'accepter complètement sa vie et celle d'autrui, d'être ancré et profond, simple et humble tout en étant capable de manifester toute la palette d'émotions permettant d'être en lien avec autrui, en fonction de la nécessité de l'instant présent et du message qui veut être diffusé. Un grand enseignant peut ainsi parfois être brut de fonderie, dur et colérique ou au contraire d'une douceur infinie et sa modestie extrême lui permet, par amour, de faire croire à autrui qu'il est faible ou défaillant. Le sens profond du mot florescence est l'aptitude à faire appel à tous les comportements humains possibles afin de créer l'espace où l'illumination peut avoir lieue, ce qui implique de révéler tous les masques, tous les costumes, de les enlever et d'en mettre de nouveaux afin d'être proche des gens.

Si vous étiez la « Source de toute Vie » s'exprimant dans un être humain dans l'état d'esprit nommé Dieu (l'état connecté à la Source), que feriez-vous pour être proche des gens ? Vous vous déguiseriez et vous manifesteriez des farces car la Source aime s'amuser. Vous cacheriez votre véritable identité et œuvreriez en coulisse, en influençant le visible depuis l'invisible. Le magnétisme de cette clef s'exprime et œuvre principalement à travers l'aura humaine qui est un champ vibrant d'énergie électromagnétique et plasmique multidimensionnel et coloré qui manifeste notre réalité.

Ainsi, tout comportement que l'on prétend exprimer est un masque, un subterfuge, une ruse car c'est dans les profondeurs de l'invisible que le véritable travaille se fait et que l'influence a lieue. Quand la fréquence de votre aura est parfaitement synchronisée, elle celle de la Terre et de la vie, elle se cale sur le champ électromagnétique de la Terre et votre conscience s'élargit considérablement, devenant une avec Gaia et avec toute les créatures qui l'habitent. La clef 15 donne accès, grâce à différents enseignements, à la vision des couleurs subtiles de l'aura qui sont des expressions intelligentes de la lumière. Ces couleurs angéliques sont cachées aux yeux physiques et ne peuvent être perçues que dans un état d'esprit d'amour et de bienveillance, en restant proche des gens les deux pieds bien sur Terre et ancrés dans la vie. Elle donne accès à d'autres plans de conscience et aux mystères de la vie ; à l'énergie de vie qui existe partout et notament dans la nature. C'est l'énergie de vie, la force de vie génératrice de santé, concrète et mesurable, qui émane des plantes et du soleil qui donne vie aux plantes. Elle permet à toutes les formes de vie de communiquer entre elles grâce aux photons qui transmettent de l'information. Elle permet d'influencer et d'être influencé(e). Cette clef nous invite à demeurer relié(e) à cette puissance de vie magnétique qui fait fleurir la vie et à danser avec, de façon joyeuse et authentique. Les jardiniers, les paysagistes, les personnes qui travaillent avec les animaux et les personnes qui dansent connaissant bien cette force de vie. Et ces personnes connaissent la façon cyclique et rythmique avec laquelle s'exprime la vie. Elles connaissent la magie du rythme et savent que tout se fait quand c'est le moment et que tous les êtres finissent par fleurir et par avoir conscience d'être des parties vivantes du grand tout.

Chapitre 16 : Le nombre 16

A-Son nom, son graphisme et sa structure : Le nom du nombre seize signifie six prêté ou donné à dix. Son graphisme représente une dizaine et six unités. Le 1 est associé au 6, la créativité aux relations et à l'art, la structure à la forme.

B-Selon trois traditions anciennes :

1-La tradition germanique des Runes. Rune 16 = l'éclair de soleil.
La Rune 16 se nomme Sigl prononcé sigeule.

Son numéro : Sigl est la seizième rune du Futhark. Le nombre en lui-même n'a pas de signification particulière. Il est composé d'un 1 et d'un 6, de 2x8=16 et de 4x4=16. Le 1 représente le feu de la création, l'origine et la destination, le but suprême qui est de retrouver l'unité avec la Source de toute vie. Le 6 représente l'union du masculin et du féminin, la créativité dans la forme, l'engagement, les choix équilibrant quand on écoute ses vrais désirs, les associations multiples, la sensibilité à la beauté et les limites structurantes. Le chiffre 16 peut donc être considéré comme un feu unificateur qui structure et déstructure, qui créé une brèche dans la conscience afin que celle-ci-soit connectée et qui apporte une intelligence qui sort de l'ordinaire.

Résumé et essence de la rune : Je suis la volonté originelle lumineuse et créatrice. Je suis la volonté toute puissante et la lumière qui permettent de vaincre l'obscurité et le côté sombre de la nature humaine évoqués à la rune précédente. Je suis la conscience originelle qui se déplacent dans l'espace et qui s'expriment magiquement dans le monde des formes à travers des structures d'informations, des systèmes d'informations et un code d'honneur.

Je suis une projection de la lumière, un éclair de Soleil et la puissance de la lumière du Soleil qui illumine, réchauffe, guide et donne des repères là où c'est possible et nécessaire.
Je suis la connexion dynamique entre le monde des Hommes, Midgard et le monde des dieux, l'Asgard. Je me manifeste sous la forme d'une expérience extatique de connexion au divin, par l'ouverture du chakra coronal, par des prises de conscience et parfois par une véritable illumination. Je me retire dans ma propre structure afin de m'intérioriser et d'accéder à mon essence au centre de mon cœur. Quand c'est nécessaire, j'apporte une amélioration, une solution, une réussite, un changement de structure et un nouveau départ. Je deviens grâce à la lumière qui me traverse une expression du Soleil sur Terre.

L'aspect sombre de la rune : Il est symbolisé par une prise de pouvoir du mental et de l'ego, par une déconnexion du cœur aboutissant à la création de carapaces, par une surtension synonyme de stress, par des excès de travail et un risque de burnout, par un accident ou un imprévu déstabilisant, par un éblouissement synonyme d'aveuglement, par des problèmes de structure, de connexion électrique ou informatique, par une tendance à l'enfermement, ou par une incapacité à comprendre et à s'exprimer. **Son phonème :** Cette rune est associée au son s comme dans les mots Soleil ou Sun en anglais.

Mots clés : Le feu de la conscience, un objectif pertinent, un signal, une interpellation, une décharge d'énergie ou de lumière, la foudre, l'énergie électrique, une organisation permettant la réussite, l'expression de la volonté connectée, l'intelligence des structures, une prise de conscience, une découverte, l'éveil, l'illumination, le succès, la réussite, la victoire, une purification par des prises de conscience, une situation qui s'éclaire, la libération, l'enthousiasme en action, la joie, un changement de structure ou de cap, une nouvelle situation, un nouveau départ, un contact entre le moi supérieur et le moi ordinaire et une reconnexion à la source de toute lumière qui est vie, joie, volonté, amour et conscience.

2-La tradition du Tarot Italien. Le résumé et l'essence de l'arcane : 16 = La Maison Dieu

Toute construction humaine qui n'est pas en harmonie avec la volonté divine peut être détruite et tout ce qui est en harmonie avec la volonté divine peut être célébré. Je suis une personne dotée d'une grande intelligence et d'une capacité à maîtriser des langages. Soit je suis introverti(e), solitaire et je m'enferme dans ma tour pour me poser des questions existentielles et pour méditer afin de trouver Dieu ; soit j'effectue des prises de conscience foudroyantes, soit je déstructure, j'explose avec enthousiasme et énergie, de façon imprévisible pour libérer et guérir ce qui doit l'être, créant ainsi de la nouveauté et du progrès. Mon âme a besoin pour grandir de vie et d'action mais pour s'épanouir elle a besoin de silence et de méditation. Quand je sors de mes enfermements, des cuirasses émotionnelles et des constructions mentales qui me retiennent prisonnier, quand j'abandonne mes illusions, quand je libère ma parole, quand je rétablis le courant d'énergie spirituelle avec mon cœur, quand j'éveille ma conscience et fais jaillir ma joie, alors j'accède à l'état d'être nommé Dieu et je me reconnecte à « la Source de toute vie ». Je sais que nul n'est à l'abri d'une chute, d'un choc, d'un effondrement ou d'une catastrophe et qu'il faut alors apprendre se révéler. Un choc survient, un événement soudain arrive, surprend et souvent déstructure et déstabilise. Il est nécessaire de s'adapter, de se remettre en question, de faire une prise de conscience, de gérer l'imprévu, d'aller vers la nouveauté et de reconstruire. Je rétablis le courant électrique et j'apporte une vision nouvelle aux autres. La Maison Dieu peut aussi être la maison d'yeux.

3-La tradition du Yi-King Chinois. L'enthousiasme.

Résumé du nombre : Eveiller et mobilisez votre enthousiasme, votre motivation et vos talents, ou ceux d'autrui, pour canaliser et partager les ressources renaissantes du printemps, pour trouver l'aide dont vous avez besoin et pour saisir l'opportunité d'une vie nouvelle.

Explication technique : Quand la puissance s'associe à l'humilité et au sentiment d'harmonie avec l'ordre des choses, cela génère l'enthousiasme, la motivation, une joie dynamique et un certain enchantement. Les forces de l'âme vont alors de l'avant ensemble (faire de la musique), sont réunies, réunifiées, puis, dans une étincelle divine, inondent de lumière le corps spirituel (la porte de la magnificence de Dieu), le reconnecte à sa Source et rejoignent les personnes qui ont déjà vécu ce processus (les ancêtres). C'est pourquoi après la modestie vient « L'enthousiasme ». Le trigramme extérieur, Tchen, le tonnerre, demande du son, une étincelle, la motivation qui déclenche un mouvement de la vie et une libération de l'âme. Le trigramme intérieur, Kouen, la terre, est l'amour maternel, l'écoute, l'acceptation, le dévouement, les rythmes de l'âme et la maison. Quand une étincelle de vie, d'inspiration et d'amour, semblable à un impact de foudre, rencontre le dévouement, cela déclenche l'enthousiasme, la motivation, un sentiment d'exaltation et un élan de l'âme qui entraine tout avec lui. Kan, l'eau, demande fluidité, profondeur, authenticité et permet de suivre le chemin de moindre résistance.

Ken, la montagne, demande de l'organisation, de la structure, de la discipline, de la persévérance et de la sagesse, pour gérer et canaliser les puissants élans de l'âme et pour construire dans la durée. La nature est toujours en mouvement selon un rythme ordonné et selon une ligne de moindre résistance. Les corps célestes suivent toujours leur chemin. La Terre est maintenue sur son juste orbite par un équilibre entre son mouvement et la gravité du Soleil tandis que les rivières s'adaptent au terrain pour se jeter dans les océans. Les élans de l'âme humaine, les émotions et la musique obéissent également à des schémas et à des lois naturelles, alternant entre tension et détente. Cela a engendré des lois et des traditions.

Le sentiment de sympathie, la popularité, la musique, la motivation et l'enthousiasme engendrent le mouvement. La capacité à générer l'enthousiasme, l'engagement et la coopération ne peuvent se réaliser que grâce à une personne éclairée, capable de recruter les bonnes compétences, d'être en empathie avec les autres, de percevoir la direction du mouvement en cours, d'anticiper les besoins et ce qui provoquera l'adhésion, de s'accorder pleinement à la situation et aux lois de l'âme humaine et de promouvoir un objectif qui apporte aux autres bien-être, progrès et libération. Pour influencer, stimuler et diriger autrui, il est nécessaire de synchroniser et d'ajuster ces paroles, ses valeurs et ses actions avec les sentiments, le style de vie et la nature des personnes présentes dans l'environnement. Il est aussi nécessaire de suivre le chemin de moindre résistance, de lâcher-prise et de tenir compte de ce qui peut motiver, enthousiasmer ou démotiver les individus. Plus l'on donne de l'importance à un objectif, plus on y met une charge émotionnelle et plus l'on génère des résistances. Lorsque l'on fait de son mieux, avec enthousiasme, foi et confiance, en cessant d'accorder de l'importance au résultat, cela s'appelle le lâcher-prise et permet la fluidité. Une personne est motivée quand ces besoins physiologiques et ses besoins de sécurité sont satisfaits ; quand ce qu'elle fait a de l'utilité, du sens et se trouve en harmonie avec son chemin de vie ; quand elle peut réussir, exprimer son potentiel et agir sur la situation grâce à ses capacités, des objectifs clairs et un environnement harmonieusement organisé.

Elle est motivée quand elle peut communiquer et être en lien avec autrui d'une façon épanouissante, quand elle éprouve du plaisir et de la satisfaction et quand elle est reconnue, valorisée et récompensée d'une façon perçue comme équitable. Les limites et les interdictions génèrent un sentiment d'aigreur, de frustration et démotivent. Tout comme un orage dissipe la tension dans l'air, la musique dissipe les tensions et ce qui est sombre dans les cœurs. La puissance de l'harmonie d'une musique reflète l'harmonie de l'ordre cosmique.

La musique met l'âme en mouvement, éveille l'émotion, fait jaillir l'enthousiasme du cœur, inspire, exalte, élève, redonne de la joie, purifie les sentiments et uni les Hommes dans un élan commun. Elle ouvre une porte vers l'invisible, rassemble les énergies, a une action thérapeutique et éveille des émotions religieuses envers la vie et envers le Créateur du monde. Elle permet ainsi de se rapprocher de notre nature divine et de réaliser que toutes les âmes humaines sont issues du même moule. La musique était associée aux ancêtres. Ceux-ci étaient invités à participer à des cérémonies sacrées au cours desquels on les mettait en lumière en pleine conscience, on les honorait comme des hôtes, on les remerciait avec gratitude pour ce qu'ils nous avaient apporté, on leur rendait amour et respect ce qui leur appartenait et on effectuait des prières pour qu'ils puissent aller vers la lumière. Ces cérémonies, dites de « vénération des ancêtres », reliaient le passé de l'âme et les mémoires ancestrales aux forces supérieurs de l'amour. Elles libéraient du passé. Elles provoquaient des émotions religieuses et un enthousiasme libérateur permettant de rapprocher la nature humaine de la nature divine. L'idéogramme ancien de cet hexagramme représente deux mains qui se rencontrent et un éléphant. Cela évoque le partage dans la générosité, la faculté d'imaginer et de conceptualiser, la force de construire, le cheminement joyeux et serein vers sa vérité profonde, la grandeur d'âme et la prospérité. Quand l'enthousiasme, la motivation et la joie de vivre ne sont pas exprimés d'une façon harmonieuse, il y a soit un excès d'enthousiasme, soit un manque d'enthousiasme, soit un enthousiasme qui n'est pas en lien avec la sagesse et cette vérité profonde qui fait avancer vers plus d'unité, de joie et de sérénité. Cela engendre alors de la confusion, un état d'égarement, un sentiment d'insatisfaction et des difficultés, d'où la nécessité d'exprimer son enthousiasme en conscience.

Interprétation classique : La situation nécessite ici de générer, d'exprimer, de maintenir et de gérer votre enthousiasme, votre motivation et votre joie de vivre, d'une façon juste et harmonieuse. Elle nécessite de trouver l'aide et le soutien qui vous sont nécessaire en sachant éveiller, mobiliser et nourrir l'enthousiasme des personnes ou parties de vous capable de vous faire avancer. L'enthousiasme est un équilibre dynamique entre l'expression de votre vérité profonde, ce qui implique d'écouter votre intérieur et l'adaptation aux nécessités de la situation présente. L'époque est porteuse d'un grand potentiel et d'opportunités qu'il est judicieux de saisir car l'époque de l'enthousiasme ne dure qu'un temps. Il est donc judicieux de vous mettre en mouvement en suivant le rythme du moment et en écoutant votre intuition. Elle est propice aux nouveaux projets, aux nouvelles idées, aux nouvelles créations, aux innovations et aux inventions.

Elle peut vous inspirer, vous permettre d'exprimer ce qui vous motive et provoquer en vous un fort état d'enthousiasme. Elle est aussi propice pour développer votre être en prenant conscience de votre plan d'âme, de votre vérité profonde, de ce qui vous motive, vous enthousiasme et vous procure la joie de vivre, en observant que cela change avec le temps.

Avez-vous pleinement conscience de ce qui vous motive, vous enthousiasme et vous enchante ? Etes-vous sur un chemin de vie qui vous enthousiasme et vous enchante? Etes-vous heureux ? Développer votre enthousiasme vous permet d'aller vers une plus grande unité intérieure. Vous êtes peut-être ainsi entrainé dans une situation ou un projet qui vous emballe, vous enchante, vous passionne et qui vous mobilise à un tel point que vous délaissez certaines parties de votre vie et que cela vous déstabilise et crée un déséquilibre ? Ou peut-être que vous êtes confronté à des difficultés et des changements qui vous posent le défi de maintenir intact votre enthousiasme et votre joie de vivre tout en vous adaptant ? Un réajustement de vos élans est peut-être alors ici nécessaire.

Il est judicieux de prendre conscience que l'enthousiasme est soumis aux cycles du changement. Tout élan d'enthousiasme doit alors, pour être constructif et pour durer, être canalisé à travers une vision juste, un discernement, des objectifs clairs, et une hiérarchisation des priorités. Il a aussi besoin d'une structure, d'une organisation, de discipline, d'un juste rythme, d'un sens et de persévérance. Cela nécessite de rester centré, d'écouter son corps, son intuition, ses inspirations et de faire appel à cette sagesse qui permet de demeurer en harmonie avec l'ordre cosmique et en lien avec sa vérité profonde. Sinon, l'enthousiasme ne fait que provoquer des étincelles éphémères et des élans d'énergies désordonnées. Le mot chinois Yu, qui désigne cet hexagramme, signifie non seulement enthousiasme et enchantement mais aussi préparation.

Cela évoque la nécessité de jouir pleinement de l'instant présent avec enthousiasme, de prendre du plaisir à ce que l'on fait, mais aussi de tenir compte du long terme et donc de maintenir le cap malgré notre enthousiasme et malgré les nombreuses sollicitations de l'environnement. Il est alors judicieux de planifier l'avenir pour qu'il soit meilleur et synonyme de progrès. L'enthousiasme s'applique aux âmes individuelles mais aussi aux groupes, aux équipes et aux populations. Si vous êtes amené à entrainer une équipe, à diriger un groupe où à orienter une population, il est alors judicieux, pour vous adapter à la situation, d'utiliser votre capacité à entrer en résonnance avec l'ambiance de votre environnement, de ressentir les besoins collectifs, de développer votre conscience des paramètres de motivation/démotivation, de cerner les motivations spécifiques des personnes autour de vous, de sentir vers où va la situation, de définir des objectifs clairs, de communiquer en trouvant les arguments appropriés et les mots justes puis de suivre le chemin de moindre résistance, et ce tout en restant en accord avec vous-même.

Cela vous permet de générer puis de nourrir l'enthousiasme des personnes qui peuvent vous soutenir et vous aider à accomplir votre mission. L'époque peut être d'autant plus porteuse quand il y a une juste mise en valeur des personnes, de l'équipe et des qualités exprimées ; mais aussi des services rendus, des sacrifices effectués et si cela est judicieux, de la dimension sacrée. Cela permet de canaliser l'enthousiasme et la ferveur collective. L'hexagramme est en lien avec le son, le chant et la musique, en tant que moyens pour apporter du bien-être, de rassembler les âmes ou ses propres énergies, de susciter et canaliser l'enthousiasme, de faire vibrer ce qui est sacré et de se rapprocher de sa nature divine. Il est peut-être actuellement judicieux pour vous d'écouter de la musique, de jouer d'un instrument de musique ou encore d'expérimenter une activité liée au son ou au chant, afin d'exprimer vos émotions et de nourrir votre enthousiasme ?

L'hexagramme est également en lien avec les ancêtres, le travail sur les ancêtres et la libération des mémoires ancestrales ou généalogiques. L'expression de l'enthousiasme et de sa vérité profonde est parfois freinée, enfermée voire empêchée due à des mémoires et des messages inconscients retransmis par les ancêtres. Lorsqu'on veut rester fidèle à ces ancêtres, on a tendance à maintenir ces mémoires en soi au lieu de s'en libérer. Un manque de conscience des mémoires ancestrales dont est porteuse votre âme peut freiner un rapprochement avec votre nature divine. En occident, le travail sur les ancêtres se pratique à travers une discipline nommée « psychogénéalogie » et la libération des mémoires ancestrales limitantes s'effectue au cours de séances collectives appelées « constellations familiales ».

Si cet hexagramme est sorti sans lignes mutantes, il est peut-être alors judicieux d'envisager de faire le point sur ce que vous ont légués vos ancêtres, d'honorer vos ancêtres ou d'effectuer un travail sur vos mémoires ancestrales afin de vous rapprocher de votre vérité profonde et de votre nature divine. Le Yi-King vous rappelle finalement que le véritable enthousiasme et le véritable enchantement, le seul qui dure, qui procure une satisfaction et une joie sans fin, est lié à la transcendance, à l'incarnation de votre vérité profonde et à l'éveil de l'âme au corps spirituel dans un élan libérateur. Si vous obtenez cet hexagramme, l'époque est alors propice pour installer dans votre vie un enthousiasme durable et pour vous aligner avec l'ordre cosmique.

Remarque : On dit de ce nombre, de cet Hexagramme, de cette Rune ou de cette porte qu'elle peut mener à l'illumination, à l'éveil et à la reconnexion à la Source de toute vie mais qu'elle peut aussi mener à la catastrophe et à la destruction. Elle génère dans tous les cas des prises de conscience et des changements de structure.

C-Selon trois traditions modernes

1-Le Diamant de Naissance.

Symbolique : Le Souffre. L'enthousiasme. La construction de structures. Les changements de structures. La couronne dentaire ou la couronne de la connaissance. L'éclair de Soleil. L'électricité. Le plasma. L'illumination. L'éclair de lumière. La maison de Dieu. La vision élevée multidimensionnelle. La joie divine. La bonté du cœur. Une prise de conscience importante, un changement de vision des choses. Une expérience d'éveil. Une catastrophe, un accident, un effondrement, une perte, un enfermement, un emprisonnement. La démolition et la (re)construction. La maîtrise technologique. L'excellence. Uranus Yang.

Les besoins et capacités qui demandent à être exprimées :
-Besoin de travailler sur des structures (structure de l'être humain, structure de l'information, structure des bâtiments, informatique, réseaux, maths, physique, Etre Humain…) de structurer et de générer des changements de structures (des prises de conscience, parfois des déménagements)
-Besoin de vous intérioriser et parfois de vous enfermer pour trouver Dieu, expérimenter l'illumination et vous reconnecter à la Source de toute Vie afin de vivre en harmonie avec le Cosmos, l'Univers et la volonté de la Source, de Dieu.
-Besoin de secouer, d'exploser, de stresser, de choquer, de bouleverser, d'ébranler, de nettoyer, de démolir pour sortir de tout enfermement, pour faire tomber les murs et les protections inutiles, pour libérer ce qui doit l'être par la parole, la vibration, par des prises de conscience et par un changement de vision.

-Besoin d'utiliser des langages et d'exprimer une intelligence psychologique ou technologique pour réparer, pour trouver des solutions, maîtriser/exceller et/ou pour vous adapter au monde moderne et à ses réseaux/structures de gens et d'informations.
-Besoin d'illuminer, d'être enthousiaste et de pétiller
-Besoin de construire des bâtiments, des tours ou de gérer de l'immobilier
-Besoin de gérer des urgences ou des catastrophes.

Déséquilibre en excès : Blessure liée à une catastrophe, une décapitation, un emprisonnement, un choc, une mort violente et subite ou à la séparation avec son Dieu Vivant. Stress. Catastrophes. Destruction. Chocs émotionnels, enfermement, prison, effondrement, violence, aveuglement, colère explosive, ruptures, côté imprévisible, folie des grandeurs. Isolement, enfermement. Excès de protection. Tendance à observer le monde à travers une fenêtre et difficulté à vivre et à créer des liens. Coté technocrate indifférent ou forteresse coupé de la vie et des gens. Problèmes de structures, de dents (dedans). Comportements explosifs.

Déséquilibre en manque : Difficultés à se poser les questions existentielles, à être connecté à sa nature divine, à être une personne consciente, à s'intérioriser pour trouver Dieu, à libérer sa parole et son magnétisme, à respirer, à sortir de ses enfermements, à se relever après un choc/une chute, à ne pas toujours exploser et à se libérer du passé, des mémoires ou de tout ce qui empêche d'être libre, à utiliser une intelligence psychologique et technologique, à s'adapter au monde moderne et à la nouveauté, à s'intégrer dans un groupe, à travailler en réseau et à évoluer en harmonie avec les lois de l'univers.

Mémoires karmiques : Mémoire d'enfermement, d'emprisonnement, de perte de liberté, de révolution, d'assassinat, d'exécution, de décapitation, de fin de civilisation ou de mort suite à une catastrophe (météorites, foudre, incendie, tremblement de terre, projectiles, bombes ou guerre nucléaire, tsunamis ou épidémies).

2-Le Design Humain : 16 = la porte des talents, du discernement et de la prise de conscience.

Explication technique : Circuit de la compréhension. Centre gorge. Son thème principal est l'expression de l'enthousiasme et sa maîtrise permet d'accéder à une expertise des talents. Elle est reliée à la porte 48, le puit et sa profondeur, qui permet que les talents soient partagés. Cette porte multidimensionnelle de nature électrique apporte la concentration, une compréhension des structures et des procédures, des qualités techniques/technologiques et l'énergie permettant d'exprimer des capacités, des dons, des talents, avec enthousiasme, dans la vie, afin de laisser une empreinte sur le monde. C'est souvent grâce aux relations avec autrui et aux autres que ces talents peuvent se développer et s'exprimer. Cette expression peut être effectuée par l'écriture, la communication, l'art, la musique ou le danse ou simplement par un talent pour la vie, pour vivre heureux/heureuse sur Terre. La pratique, l'expérimentation, la répétition et une recherche de perfection permettent d'acquérir une certaine maitrise et de transformer un talent en art.

Proposition d'interprétation : Votre niveau élevé de discernement et d'anticipation vous permet de déceler le potentiel des personnes, des projets et des activités. Votre vision qui fonctionne par flashs vous offre le don de connaître la voie à suivre et les solutions efficaces ou l'organisation adaptée à mettre en place. Il y a également en vous l'enthousiasme de savoir faire avancer les choses.

Cette porte étant collective, votre conscience s'oriente naturellement vers des causes, des buts et des projets qui impactent la civilisation. Vous savez éveiller chez les autres les énergies dormantes et vous vous attendez à ce que leur engagement réponde au vôtre.

Tout le monde remarque en vous un certain enthousiasme mais aussi un regard prudent sur ce qui est à construire. Vous savez combien il est bon de s'enflammer pour ce qui en vaut la peine et combien il vous est désagréable d'être contraint de travailler sur quelque chose de peu enthousiasmant ou de rendre service à quelqu'un manquant de reconnaissance. Vous pouvez ainsi avoir plein d'idées brillantes ou de plans excentriques pour lesquels vous cherche du soutien. Votre discernement vous permet de choisir les projets propices à un développement assuré et fructueux. Votre enthousiasme est capable d'attirer de l'aide et des assistants passionnés ou encore harmoniser tout le monde pour rendre tout projet possible. Votre vie peu alors ressembler à celle d'une fourmi participant activement à la vie de la fourmilière, à celle d'une personne indépendante qui apporte son expertise organisationnelle, technologique ou humaine pour faire avancer des projets, à celle d'un(e) chef(fe) de chantier ou à celle d'un(e) révolutionnaire capable de changer la structure des personnes, des organisations voir de la société toute entière.

3-Les Clef Génétiques. Clef 16 = le génie magique de l'intelligence. L'enthousiaste.

Son dilemme où il doit faire des choix : La paresse. **Planètes :** Uranus, lune.

Son partenaire de programmation : Clef 9, la puissance des petits pas. **Corps :** Parathyroïde.

Son anneau de codon : L'anneau de la prospérité (16,45). **Acide aminé :** Cystéine.

Son chemin de transformation : Le chemin de la versatilité. **Signe astral DH :** Gémeaux.

L'ombre de cette porte : L'indifférence. L'enfermement. La catastrophe.

L'ombre de cette clef a un impact particulièrement important dans le monde. Elle agit comme un virus qui provoque des désastres. Elle est contagieuse et impacte beaucoup de monde car c'est à ce que l'on voit actuelement que ressemble le monde quand l'amour en est exclu et que l'indifférence domine. L'indifférence est une expression dans vos gènes personnels de fréquences collectives propres à l'humanité inconsciente de sa véritable nature en tant qu'espèce unique. C'est un champ d'énergie qui vous incite à focaliser votre temps et votre force vitale sur des choses non essentielles, hors de l'instant présent puis de répéter l'excuse comme quoi vous n'avez pas le temps ou que vous êtes pas encore prêt(e). Il est créé par tous les gens qui ne font pas ce qu'ils adoreraient faire parce qu'ils ont peur. Tant que vous êtes focalisé sur le non-essentiel, vous êtes indifférents aux choses qui comptent vraiment dans la vie. Si vous remettez sans arrêt vos rêves à plus tard, ils resteront toujours des rêves alors que si vous avez le courage de les enclencher, vous apprenez et avancer au fur et à masure des expériences, vous retrouvez l'enthousiasme et vous cessez de faire des compromis face aux pressions d'autrui. L'indifférence est un manque d'enthousiasme qui empêche d'être différent, de prendre soin de soi, des autres, de la vie, de l'environnement, du passé et du futur et d'être humain. Elle empêche de voir les réalités supérieures. Elle est quelque part l'opposé de la vie, de l'art, de la foi et de l'amour. Elle est le masque de la peur de sortir de sa zone de confort pour se jeter dans les bras des changements impulsés par la vie. Les gens indifférents sont comme mort. Etre humain, c'est l'aptitude à surmonter l'indifférence, qui elle nous rend inhumain. Etre humain, c'est vibrer de vie et d'amour et c'est accéder à ses talents, ce qui demande souvent 7 ans de travail et de discipline puis c'est exprimer ses talents.

Les gens qui n'ont pas ça sont comme des automates, des robots ou des zombies comme disent les jeunes. Ils ont plein de potentiels mais n'ont aucune discipline et du coup ils ignorent leur propre génie et n'avancent pas.

Ils sont piégés dans la tour de leur indifférence et dans un sentiment d'impuissance et ne savent pas comment en sortir. Ils se disent : comme tout le monde s'en fout, pourquoi est ce que je me sentirai concerné(e) et si le gouvernement ne peut rien faire, qu'est ce que moi je peux faire ? Ils se cachent derrière l'indifférence d'autrui. Ce piège prend parfois la forme d'une addiction à des techniques, à des outils, à des structures ou à des systèmes d'informations d'une façon qui empêchent de voir la conscience qui les anime et le but final de ces mêmes structures, outils ou systèmes. Ces personnes construisent des murs mentaux, s'enferment dans leurs tours, maintiennent le monde et autrui à l'extérieur et vivent dans une prison mentale remplie de colère et de frustrations. L'ombre de la clef 16 créé ainsi des experts techniques sans enthousiasme alors que le superpouvoir de la clef 16 créé des maîtres.

L'argent est l'une des choses pour lesquelles il y a le plus d'indifférence dans le monde. Les gens qui ont beaucoup d'argent croient qu'ils peuvent faire tout ce qu'ils veulent sans être inquiétés. Les gens qui sont indifférents le sont parce qu'ils sont très bien dans leur zone de confort, parce qu'ils sont paresseux, ils sont dans une forme de léthargie et du coup ils s'en foutent. Leurs peurs les rendent paresseux. Ils ont peur d'être submergé et de se noyer s'ils ouvrent leurs cœurs à la vie et à toutes ses souffrances, mais c'est juste des peurs qui en fin de compte génèrent des catastrophes. Et leur vie et surtout leur vis après la mort est souvent une catastrophe. Le cœur ne peut pas être submergé mais simplement s'ouvrir à plus d'amour.

L'éveil exige le courage de regarder en face vos peurs, de surmonter la léthargie qui vous empêche de faire quelque chose de votre vie. Il exige de la discipline, de l'action organisée et d'aller à contre-courant des vagues de l'indifférence. Tout ce qui a de la valeur demande de la discipline et de l'ouverture du cœur. Il faut travailler dur pour ouvrir les portes de son génie afin qu'il s'exprime et ce travail se fait d'abord à l'intérieur de soi, dans son cœur et il n'y a que vous qui pouvez le faire. Peu de gens sont disposés à regarder à l'intérieur de leur cœur mais quand ils le font, ils font un bond en avant. Ils changent de vision, de structure et de vie. Leur vie prend une toute autre dimension. L'enthousiasme est la clef qui nous permet de sortir de l'inertie et de casser les schémas congelés de votre indifférence. Et pour cela, il faut expérimenter, vous identifier à vos rêves et pas juste penser ou rêver.

Derrière la paresse se cache le cadeau de la versatilité, qui est caractérisé par la capacité changer votre vision pour prendre conscience que vous faîtes parti d'un corps plus grand qu'on apelle l'humanité. Ce cadeau permet de faire les choses de façon détendue, sans efforts, de façon fluide et naturelle, comme un chat. Ensuite, être versatile, c'est être et manifester plein de facettes différentes dont la capacité à être un maître d'œuvre ou un chef de projet, un chef de chantier. C'est être multidimensionnel. C'est être capable d'intégrer des talents en vous identifiant à eux puis de transférer vos talents dans pleins de domaines différents. On peut dire que l'acquisition de compétences qui deviennent des talents est une approche verticale de l'apprentissage tandis que l'accès à la versatilité est une approche horizontale de l'apprentissage.

L'accès aux fréquences supérieures se produit quand votre capacité de vous discipliner s'est installée, quand votre cœur est sorti de ces enfermements et quand le noyau des protections a été fracturé pour laisser entrer la lumière et l'amour en vous. Cela commence par de la passion, de l'enthousiasme et par la capacité à focaliser votre attention dans un état de présence.

Vous trouvez alors l'énergie et la motivation pour avancer dans différents projets. Cela vous ouvre la voie à plein de possibilités créatives, à plein de champs d'expériences. Cela vous permet d'être multipotentiel, brillant dans tout et de disposer d'un esprit universel. Cela vous permet d'être un génie créatif. Notre société moderne ne vous aide pas forcément à développer votre multipotentialité car elle valorise beaucoup la spécialisation qui entube, entonnoirise et rétrécit votre vision ; où se spécialiser vous fait croire que vous êtes spécial. Mais au fur et à mesure que vous prenez conscience de la nature holographique de la réalité, vous apprenez à voir comment chaque information, chaque enseignement, chaque sujet peuvent être transposés à pleins d'autres domaines. Vous prenez conscience de la « chaine logistique » de la vie et de comment tout est interconnecté. Et ce nombre permet d'apprendre de façon holographique en utilisant ensemble le mental, le cœur et le corps. Il y a une fusion du corps, du cœur et du mental et une expression équilibrée des qualités masculines et des qualités féminines. Cela génère alors une intelligence globale, technologique et psychologique et de l'excellence, qui sont alors utilisées pour servir le groupe, tous les aspects de la société, l'humanité et la vie dans son ensemble. La véritable versatilité vous permet de vous brancher sur un champs d'énergie et ainsi d'avoir accès à n'importe lesquels des 64 dons/cadeaux des hexagrammes puis ensuite de les utiliser en fonction de la nécessité pour contribuer à créer un monde meilleur pour le bien de l'humanité. Vos talents et les techniques que vous maitrisez servent de ponts pour accéder à une conscience supérieure.

Le cadeau de la versatilité vient de cette sagesse holographique multidimensionnelle. La clef 16 permet une expansion de l'intelligence. Elle génère un intellect vif comme l'éclair.

Cette intelligence multidimensionnelle inclus l'intelligence intellectuelle (IQ), émotionnelle (EQ), relationnelle/sociale (SQ) et résiliente face à l'adversité (AQ ou adversity quotient). Elle vous donne la capacité à ne vous identifier à aucune compétence en particulier mais à les utiliser toutes. Il y a de plus en plus de gens comme ça et un jour, tous les domaines de la société seront dirigés par des personnes comme ça, qui dédient leur vie à servir la société en fonction d'une vision éclairée depuis leur cœur. Ils chercheront notamment une efficacité énergétique, un maximum de recyclage et une autosuffisance individuelle/collective qui ne fait de mal à personne, qui ne détruit pas l'environnement, avec l'énergie libre ou une combinaison intelligente de différentes énergies. Enfin, l'anneau de la prospérité vibre quand les individus expriment leur génie (16) et qu'ils se ressemblent pour faire aboutir des projets (45) et c'est là l'origine des guildes des temps anciens.

Le superpouvoir/puissance (Siddhi) de cette porte : <u>La maîtrise. La connexion divine.</u>

Je salue le maître qui est en toi ! Mais qu'est ce que c'est qu'un maître ? C'est l'opposé d'une personne indifférente. C'est une personne hypersensible, mais où sa sensibilité est une force car il perçoit tout. C'est un être paradoxal, qui combine la capacité masculine à focaliser son attention dans un état de présence avec la réceptivité féminine. La versatilité nécessite de la viscosité, de la flexibilité et de l'ouverture du cœur. Les fréquences du don d'une clef décrivent justement ce processus d'ouverture du cœur.

Il s'ouvre puis il se ferme et on l'ouvre à nouveau puis il se ferme et s'ouvre à nouveau. C'est un apprentissage, un processus comme un stretching. On se façonne pour apprendre à être puis à un certain moment, on trouve le truc et on comprend comment ça marche. Notre cœur s'adoucit tellement qu'il n'y a plus besoin de le fermer. On est passionné par ce que l'on fait et on fait de son mieux chaque jour dans un état de présence aimante.

On a maitrisé l'art, l'art de la vie et être un maître c'est être un maître de l'art de vivre, de comment vivre bien, libre et heureux. Ce n'est même plus un talent ou une aptitude mais l'atteinte de l'essentiel, de l'essence de la vie. Au cœur de la vie, il y a alors du sens, des partenariats et de la prospérité qui sont intégrés à la vie.

L'état de maîtrise est accessible à tout le monde et n'est pas réservé à une élite. Et l'endroit le plus puissant pour découvrir cette maîtrise est votre vie quotidienne. Ce nombre étant lié à la planète Uranus qui reste 7 ans dans un signe, l'accès à un état de maitrise, où une compétence est tellement intégrée qu'elle devient un talent, s'effectue selon des cycles de 7 ans. Cette clef génère des personnes qui donnent parce qu'elles aiment ça et elles sont heureuses de vivre. Elles ne sont jamais indifférentes, sont disciplinées, prêtent attention à chaque détail et sont souvent dévouées à quelqu'un. Elles sont souvent ordinaires, très aimées ou appréciées et ne se voient souvent pas du tout comme des maîtres ». Mais elles vivent bien et ont une belle vie. Leurs vies est un modèle pour nous tous. Peut-être que la maîtrise est une capacité à prêter attention à chaque détail et à accepter ce que la vie nous offre ? Mais elle est aussi en lien avec le temps et avec comment on focalise son attention, sa conscience et à quoi on consacre son temps. Si on l'investi dans des choses non essentielle alors l'énergie s'en va de nous. On gaspille son temps. Quand on dit oui à la vie, qu'on exclu toute indifférence et que l'on consacre son temps à réaliser ses rêves et à être la meilleur version de soi-même, alors la vie nous offre des moments délicieux et l'on devient un maitre d'œuvre qui bâtit un temple. On devient un temple, un temple d'amour et de vie. C'est cela, un maître, c'est un maître de la vacuité et de la vie. C'est une personne qui n'a plus aucun pouvoir personnel du fait qu'il n'y a plus de « personne » ou de « personnel » du fait qu'il a fusionné avec la volonté divine de la Source de toute Vie. Il a cependant le pouvoir de tirer l'humanité hors de son état maladif d'indifférence et de la transformer en une espèce géniale.

Chapitre 17 : Le nombre 17

A-Son nom, son graphisme et son symbolisme : Le nom du nombre dix-sept a été créé en associant la dizaine et le nombre d'unités, dix et sept. Son graphisme représente une dizaine et sept unités. Il n'a pas de symbolisme important particulier en tant que tel donc nous verrons la symbolique qui lui est attribué à travers les traditions anciennes du Yi-King, des Runes et du Tarot. L'enfant intérieur (1) suit ses objectifs (7). La créativité (1) est au service de la victoire(7).

B-Selon trois traditions anciennes :

1-La tradition germanique des Runes.

La Rune 17 se nomme Tiw prononcé tiouwe.

Son numéro : Le chiffre 17 n'a pas de signification particulière. Le 1 et le 7 évoquent symboliquement le feu de la création et l'action orientée vers un objectif, l'expression organisée de soi, l'engagement responsable voire le don de soi au sein des structures de la création, c'est à dire tant sur la Terre qu'au ciel.

L'addition du 1 et du 7 renvoie à la rune Wynn, qui symbolise la joie du partage mais aussi la civilisation avec ses règles et sa justice. Il y a donc une expression disciplinée de sa lumière intérieure dans un but de faire ce qui est juste et de rétablir un meilleur équilibre et une meilleure organisation, mais en prenant en compte l'ordre des choses, l'ordre divin dont fait partie la vie. Cela fait appel à la force magique de la foi, au sacré, au magique mais aussi à la religion naturelle qui relie au ciel et à la terre. Cela passe aussi, dans le monde des hommes des temps primitifs, par la loi des armes comme moyen d'appliquer ou de rétablir l'ordre et la justice et donc hélas par la guerre. Ce chiffre a ainsi été amené à symboliser le rétablissement de l'harmonie par l'application de la justice et par la loi des armes.

Résumé et essence de la rune : Je suis la conscience reliée à la terre, au ciel et à l'ordre naturel de la vie. Cette conscience est une lumière céleste qui me permet d'être guidé dans la bonne direction avec grâce et fluidité. Ainsi guidé(e) par mon ciel intérieur, par mon étoile intérieure, j'agis de façon engagée, juste, responsable, disciplinée et sans aucune peur pour générer de l'harmonie, de la beauté et de l'enchantement dans le monde des hommes.

L'aspect sombre de la rune : Il est symbolisé par un manque d'objectifs ou par un objectif qui n'est pas en harmonie avec le ciel, par de la confusion et de l'incompréhension, par des illusions et des mensonges, par les sacrifices inutiles et un engagement dans une cause perdue, par un manque d'harmonie avec l'ordre des choses, par une soumission qui vous fait mettre à genoux, par une recherche excessive de plaisirs terrestres, par une torpeur hypnotique, un manque d'engagement, de motivation, de courage, d'audace, d'initiatives, d'ordre et de discipline, par une violence chaotique et par une défaite. Il peut exister une difficulté en lien avec la joie ou en lien avec le thème astral (le ciel intérieur).

Son phonème : Cette rune est associée au son t comme dans le mot terre.

Mots clés : Les pieds sur terre et la tête au ciel, enracinement et élévation, être guidé dans la bonne direction, rétablissement de l'ordre, de la justice, de la beauté et de l'harmonie, gestion organisée de la vie, discipline spirituelle permettant de se rapprocher du ciel, canaliser ses forces à travers un objectif juste, intelligence du corps, intelligence artistique ou juridique, atteindre sa cible, agir en harmonie avec l'ordre naturel de la vie, équilibre entre le ciel et la terre, don de soi et sacrifice, faire respecter le droit, nécessité de mener un combat pour une cause juste, réussite et victoire.

2-La tradition du Tarot Italien. Le résumé et l'essence de l'arcane : 17 = l'étoile.

Relié(e) à la vie, à la Terre, à l'eau et aux étoiles, par la force d'amour de L'éternel Féminin, telle une fée ou une magicienne, je rassemble et réunifie tout ce qu'il y a en moi, relie chaque être à la vie et à son ciel intérieur, lui donne accès au plaisir et à la joie puis j'apporte l'aide nécessaire, l'abondance, l'espérance et l'union avec le grand tout, avec le ciel, la terre et avec tout ce qui vit. Je contribue ainsi à ce que tout être ou toute situation naisse, se développe, prospère puis atteigne sa plus belle forme possible. Je me présente comme une personne accueillante, harmonieuse, gracieuse, souriante, joyeuse, gentille, amicale, sincère et loyale, agréable, charmante, joueuse, espiègle, mutine, sensuelle, sensible, intuitive et dotée d'une grande intelligence relationnelle. Je suis capable d'apporter de l'aide, de la joie, du bonheur, de l'espoir, de l'inspiration et de l'amour spirituel dans le cœur des êtres.

Je sais embellir et harmoniser chaque situation afin d'y apporter une touche de magie et de grâce, mettre le genou à terre, suivre ce qu'il y a de plus élevé en moi et aider les personnes qui ont chuté à se relever. Je porte en moi une force de vie et de croissance qui va toujours de l'avant avec fluidité. Cette force de vie me permet d'être dans l'instant présent, d'avoir une vision du meilleur futur possible, de définir des objectifs positifs, d'amener chaque élément à son meilleur développement possible et de donner ma vie à la vie.

3-La tradition du Yi-King Chinois. Hexagramme 17 = Suivre.

Résumé du nombre : Suivez le mouvement et ce que vous sentez comme étant juste, trouvez des ressources, coopérez, offrez vos services, en vous adaptant avec foi et souplesse, pour participer à un courant porteur de progrès.

Explication technique : L'enthousiasme, la motivation et la joie mettent en mouvement. Ils incitent à suivre, nécessitent une adaptation et permettent de créer une équipe qui suit. Les résultats et le repos suivent alors les actions entreprises. La vie suit le plan d'évolution prévue par la Source de toute Vie. C'est pourquoi après l'enthousiasme et ses élans de l'âme viennent l'action de suivre, l'adaptation, la suite et le repos.

Tchen, le tonnerre demande un mouvement de vie, une excitation, des étincelles, des étoiles, un progrès, une libération et de l'action. Touai, le lac, demande de prendre soin avec douceur du corps et de la vie, d'être dans la joie, l'enchantement, le plaisir, l'intelligence relationnelle, l'union, l'écoute de ses vrais désirs, la détente et le repos. Cela évoque un mouvement dans la joie, une excitation permettant de s'unir aux autres, l'action de suivre et l'équilibre entre action et repos. Tchen est le fils ainé et Touai la plus jeune fille. Cela symbolise un homme plutôt âgé qui prend soin d'une jeune fille avec humanité. La jeune fille est touchée et le suit. A la fin de la journée, le sage contemple le tonnerre au dessus du lac. L'eau du lac tremble immédiatement après chaque coup de tonnerre et sa surface reflète la lumière de l'éclair. Cela évoque la capacité de voir en un clin d'œil ce qui se passe, d'être rapide comme l'éclair et de réagir dans l'instant, sans aucune résistance, à la nécessité ou à une opportunité. Le trigramme nucléaire Souen demande une communication intelligente, la souplesse, la flexibilité, le sens du service et l'adaptation aux nécessités de l'instant présent.

Le trigramme nucléaire **Ken**, la montagne demande une évolution par étapes, la droiture, la solidité, la persévérance, l'ordre, l'organisation, la juste résistance et la capacité d'aller à l'essentiel. Lorsque l'automne arrive, la nature s'adapte sans résister, d'une façon fluide et naturelle pour se protéger et perpétuer la vie. Les arbres se dénudent, les graines se dispersent, les petits animaux préparent leur habitat puis s'enfouissent dans le sol, l'électricité entre en repos dans la terre et l'être humain, après avoir accompli ce qui était à faire, consacre du temps au repos, aux loisirs et au service. S'adapter implique d'écouter la nécessité de la situation. Cela signifie savoir quand parler, avec quels mots, et quand se taire, quand agir et quand se reposer, où aller et où ne pas aller, puis adopter l'état d'esprit, les attitudes et les comportements appropriés pour obtenir un résultat. Suivre signifie savoir s'adapter, servir la vie, entrer en lien, se joindre puis coopérer avec une personne, un groupe, un pays où des valeurs. Cela nécessite la présence d'un dirigeant avisé, inspirant, et sachant communiquer des objectifs clairs, mais aussi des personnes qui suivent les bons dirigeants.

Dans les deux cas, suivre ou être suivi, le mouvement est volontaire mais naturel, fluide, paisible, ouvert, inspiré, sans hypocrisie ni ruses, sans stress ni intimidation ni contraintes et surtout sans faire appel à l'avidité ou pire à la haine.

C'est un juste équilibre entre d'un côté force intérieure, charisme, détermination, authenticité, enthousiasme, espoir et de l'autre détente, lâcher-prise, sincérité, douceur et bienveillance. Trop de l'un ou de l'autre peut créer une absence de résultat, des résultats instables ou un désastre. Pour le Yi-King, seule la confiance, l'honnêteté, la justesse, la droiture, l'éthique et l'équité peuvent être suivies et donner de la satisfaction.

Suivre signifie au fond suivre le Tao, faire de son mieux en se laissant porter par ses courants et en se conformant à l'ordre cosmique. Celui qui s'aligne aux courants naturels du Tao ne cherche ni à forcer, ni à contrôler, ni à calculer, ni à lutter, ni à manipuler autrui, ni à diriger par l'intimidation, la ruse où la menace, ni à prouver quoi que ce soit aux autres, ni à susciter de l'espoir par des attentes illusoires. Il écoute, agit, sert la vie, va là où elle le porte, reste fidèle à ses valeurs et s'adapte. Tout ce qui arrive suit alors le plan d'évolution de la vie, un plan qui est à la fois prédéterminée et qui est créé au fur et à mesure que la vie s'exprime.

Interprétation classique : La situation vous demande de vous incarner et de vous adapter, avec souplesse et précision, à la Nécessité. Cela n'est possible que si vous allez de l'avant de façon à faire partie de la situation, en offrant concrètement vos services, en répondant à la demande, en vous laissant diriger, mais d'une façon souple, flexible et détendue.

Il est ici judicieux de suivre quelque chose de céleste, ses meilleurs principes, son plus bel idéal. Les dirigeants doivent adapter leur vision aux courants et besoins collectifs qui émergent. Les hommes d'affaires doivent adapter leurs produits ou services aux attentes de leurs clients. Les Hommes doivent répondre aux besoins du corps et de l'âme.

Il y a de réelles opportunités de progrès, des opportunités relationnelles et de l'espoir. Mais il faut éviter de lutter, de résister, de se débattre et surtout de vouloir calculer, contrôler et manipuler. Il faut aussi éviter de suivre de qui n'apporte pas de joie, de sérénité, de lucidité et d'évolution. Il est donc aussi nécessaire de faire preuve de discernement, de fermeté et de persévérance. Il est donc aussi nécessaire de faire preuve de fermeté et de persévérance. Débarrassez-vous du passé, des éventuelles résistances ou croyances qui contrôlent vos comportements et qui empêchent votre adaptation. Recherchez un mouvement qui est porté par la beauté, l'harmonie, l'accord qui sonne juste, le juste rythme, la tolérance, l'acceptation, le partage, le lien avec autrui, la joie, le plaisir et l'équilibre à tous points de vue. Détachez-vous intérieurement de ce que vous possédez pour voir ce qui vous manque vraiment. Ecoutez la vie, les signes du temps, les autres, vos vrais désirs et votre vérité profonde. Nourrissez votre confiance, croyez en votre bonne étoile et intégrez-vous dans le flux de la vie qui porte la situation. La voie est libre donc allez-y ! Vous rencontrerez un grand succès.

C-Selon trois traditions modernes

1-Le Diamant de Naissance. 17 = le bonheur par la bonne gestion des ressources.

Symbolique : Le Chlore. L'harmonie avec le ciel. Le Dieu du Ciel. Suivre son étoile. Etre une étoile. Les ressources. Le talent. Le charme. La gentillesse. La conscience du corps et des sens. Les capacités de guérison. Les capacités extrasensorielles. La bonne gestion des ressources. La productivité. La création du paradis sur Terre. Le bonheur. La nature. L'abondance.

Un événement heureux, une nouvelle ressource. Un nouvel espoir. La bonne fée. La Star. L'enchantement. Vénus, Neptune et Uranus.

Les besoins et capacités qui demandent à être exprimées :
-Besoin de gérer des ressources et/ou des approvisionnements ou de produire
-Besoin de partager, de coopérer et de créer des relations harmonieuses
-Besoin de générer du plaisir, de restaurer la joie de vivre, d'apporter du réconfort, de l'enchantement, de la beauté, de l'harmonie, du bonheur, de l'inspiration, de l'abondance et de créer votre bonheur sur Terre
-Besoin d'être proche de la nature. Besoin de fluidité.
-Besoin de travailler sur le bien-être du corps et de l'âme (naturopathie, kinésiologie, massages, soins du corps/visage/cheveux).
-Besoin d'exprimer vos sens, votre sensualité et des capacités artistiques
-Besoin d'être une fée, une star, une étoile, de vous dévouer et de donner votre vie à la vie avec amour inconditionnel
-Besoin de faire briller et rayonner toutes les parties de vous et d'accéder à l'étoile au fond de votre cœur.
-Besoin de vous relever si vous avez été mis(e) à genoux.

Déséquilibre en excès : Faiblesse. Blessure de soumission, de salissure ou de perte du paradis perdu, en étant coupé de la Source de toute Vie. Sentiment d'être à genoux et à poil. Difficulté à se concentrer. Difficulté à être dans l'instant présent. Vit dans l'espoir d'un avenir meilleur. Syndrome de Stockholm. Paresse, dilettantisme, incohérence, victimite, sensiblerie, hyperémotivité, tendance à s'illusionner, naïveté, stupidité.

Déséquilibre en manque : Difficultés à se relever après avoir été mis(e) à genoux, à se relier à la source de toute vie et de toute joie, à s'incarner, à voir au-delà des formes, à ne pas abuser des plaisirs terrestres, à sortir d'illusions, de la naïveté, d'un état de paresse, de sensiblerie et d'hyperémotivité, d'un état d'incohérence ou de stupidité. Difficulté à se fixer des objectifs, à mobiliser son énergie pour obtenir des résultats, à faire preuve de courage, à s'adapter aux changements et à l'inconnu et à faire de sa vie une œuvre d'art.

Mémoires karmiques : Mémoire de vie à la campagne. Mémoire de vie heureuse dans un lieu où les ressources étaient abondantes. Mémoire en lien avec les étoiles. Une question liée au corps où à une gestion des ressources a pu jouer un rôle important. Un problème de soumission a pu avoir des conséquences importantes.

2-Le Design Humain : 17 = la porte des opinions et des croyances.

Explication technique : Circuit de la compréhension. Centre Ajna. Elle est reliée à la porte 62, le petit passage ou la prépondérance du petit. Son thème principal est la gestion des opinions et sa maitrise permet une clarification des choses, une organisation de l'information et une bonne gestion des ressources afin de créer son bonheur sur Terre. Cette porte apporte premièrement une énergie qui permet d'identifier différentes ressources qui sont utilisables ou différentes opinions et croyances qui sont exprimables. Elle permet d'énoncer un avis et d'émettre une opinion, qui est soumise au sens critique de la porte 62, afin d'apporter la meilleure solution possible.

Elle apporte ensuite une énergie logique orientée vers une solution concrète valable grâce à des preuves, grâce à une présentation de faits qui sont vérifiables par l'expérimentation et grâce à des opinions/croyances capables de résister aux critiques.

Tandis que la porte 11 est associé à l'œil gauche qui sait puiser dans le passé, la porte 17 est associé à l'œil droit qui voit les futurs possibles dans l'instant présent et qui peut ainsi expérimenter en fonction des données disponibles ici et maintenant et faire ensuite une projection au sujet du futur en fonction des tendances présentes. Si elle est force de proposition, elle n'est cependant pas associée à une énergie d'action et doit trouver des énergies complémentaires pour agir et se manifester.

Proposition d'interprétation : Une majorité de gens suivent des accords, des désaccords, des croyances et des opinions. Vous en avez conscience et comme vous avez besoin d'harmonie, vous cherchez naturellement un terrain d'entente dans votre environnement social.

Vous êtes ainsi un(e) excellent(e) diplomate et orateur/trice capable d'une grande flexibilité. Vous êtes okay avec le fait d'avoir des opinions très arrêtées que vous suivez mais vous entretenez également un large éventail de points de vue différents sur tous les aspects de la vie. Vous aimez vraiment que vos opinions soient mises en doute et vous encouragez un honnête débat dans lequel on entend les deux opinions en question. Cette pensée logique vous donne des capacités à arbitrer. Elle favorise la coopération et permet de faire preuve de souplesse entre différentes parties ou adversaires, que ce soit dans votre vie privée ou dans le monde en général. Dans toute situation, vous êtes à la fois percutant(e) et juste. Vous avez probablement des opinions sur pratiquement tout et continuez de réfléchir sur vos propres opinions tout en restant sans cesse vigilant aux suggestions des autres. En revanche, vous pouvez parfois devenir dogmatique et vous figer dans vos idées. Votre mental a toutefois a besoin de rester calme et ouvert et d'éviter de s'attacher aux arguments enflammés. Vous avez un penchant naturel pour vous montrer juste, équilibré et impartial. Ce qui est important pour vous, c'est la qualité de vie que vous envisagez et vous suivez rapidement ceux qui vous montrent comment l'améliorer. Cela contribue largement à vous permettre de créer votre bonheur sur Terre.

3-Les Clef Génétiques. Clef 17 = l'œil. L'être plein de ressources.

Son dilemme où il doit faire des choix : La politique. **Planète =** Vénus + (Neptune/Uranus). **Signe astral DH :** Bélier. **Son partenaire de programmation :** Clef 18, le pouvoir de guérison de la conscience. **Corps :** glande pituitaire. **Son chemin de transformation :** Le chemin de la clairvoyance. **Son anneau de codon :** L'anneau de l'humanité (10, 17, 21, 25, 38, 51).
Acide aminé : Arginine.

L'ombre de cette porte : <u>Les perceptions, les opinions et croyances. La soumission.</u>

Vous percevez ce que vous croyez et vous faites des expériences en fonction de ce que vous percevez. Vous suivez ce que vous croyez. Cette clef, nommé l'œil, vous parle de votre façon de voir le monde et de ce que vous pensez et croyez à son sujet. Cela se développe pendant les 21 premières années de la vie ou la conscience est formatée en trois étapes de 7 années. Un premier cycle de 7 ans régit le corps, le second l'émotionnel et le troisième, de 14 à 21 ans, le mode de pensée, la conscience et la psychologie. La clef 17 décrit comment l'architecture de votre conscience se construit lors du dernier cycle de 7 ans de la fin de l'adolescence, où vous développez des opinions.

Au niveau de l'ombre, le problème n'est pas d'avoir des opinions mais d'avoir des opinions et des croyances comme solidifiées dans des positionnements et génératrices de souffrances du fait qu'ils ne montrent qu'une version de la réalité.

Le problème est le fait d'être piégé(e) par eux et d'en être victime, du fait qu'ils organisent l'information, catégorisent tout dans des cases et des niveaux de hiérarchies, générant de la division, de la dualité et une vision partielle, tout cela dans le but de créer des certitudes qui maintiennent la peur à distance et qui engendrent un semblant de sécurité. On utilise ici son mental pour chercher des réponses, pour comparer et pour identifier des failles afin de soulager son mal-être et le mental fabrique ensuite des histoires et des opinions. Cela peut générer soit une tendance à l'autocritique et à la dévalorisation, ce qui génère alors une vie sans valeur, soit un besoin constant de prouver aux autres qu'ils ont tort. Dans les deux cas, on est agrippé à nos opinions et on se les approprie. Ils nous définissent mais ils nous limitent car ils nous font voir le monde à travers une lunette. Ils ne sont pourtant pas qui nous somme réellement. Nos opinions les plus ancrés structurent notre vision du monde et des gens.

Le problème est qu'ils se construisent le plus souvent autour de blessures vécues durant les 14 premières années afin de palier à un sentiment d'insécurité émotionnelle. Ils cristallisent notre conscience mentale tandis que nous agissons pour prendre notre place dans le monde et ils déclenchent la construction d'une vision du monde autour des blessures de l'enfance et parfois même de blessures ancestrales ou de vies passées.

Ils agissent alors en politisant dans le sens où ils nous incitent à choisir notre camp et à exclure ce qui est définit comme le camp adverse. Ils génèrent une conscience politique qui définit notre politique interne et nos stratégies de vie dans tous les domaines (intellectuel, émotionnel, sexuel). Et la conscience politique est toujours une conscience qui est sur la défensive, qui est fondée sur la méfiance et qui passe son temps à argumenter pour tenter de convaincre. Les opinions servent à se sentir en sécurité et plus ils sont chalengés ou remis en question et plus ils se durcissent autour de la blessure fondamentale. Pouvez-vous observer comment vos opinions et votre vision du monde vous piègent et vous positionnent dans un déni de ce qui est là? Pouvez-vous observer qu'ils deviennent qui vous croyez être et comment vous passez votre temps à les défendre. Une transformation ne devient possible que quand vous regardez à travers la structure de vos opinions et de votre vision du monde, que quand vous voyez vos opinions et vos croyances sans qu'ils vous définissent et que quand vous devenez capable de voir les deux facettes de toute chose sans prendre parti, en trouvant une troisième voie. Vous devenez capable de vous relever et de sortir de la position de victime quand vous êtes clairement conscient(e) qu'une croyance ou qu'une opinion n'est absolument pas la totalité de l'histoire mais simplement une option.

Son cadeau : Les dons et capacités de cette porte : la clairvoyance. La gestion des ressources.

Passer de l'ombre d'une clef à son cadeau est un processus qui implique de démanteler l'ombre, de comprendre les choses, d'apprendre quelque chose, de le désapprendre puis de le transcender. Appliqué aux opinions, cela permet ici cesser de prendre la vie au sérieux, de dépasser votre peur de vivre et de la liberté, de laisser tomber votre vision et vos opinions fixes, de faire preuve de non-attachement, d'équanimité et de compassion, d'écouter les opinions d'autrui sans réagir, sans les combattre ni vouloir les convertir ou les changer et de laisser chacun vivre ses processus.

La futilité d'avoir une seule opinion sur quelque chose devient évidente. Cela permet de comprendre comment fonctionne la vie en ayant à la fois une vision d'ensemble et une vision des détails, de voir vers où vont les tendances en cours, puis d'exprimer votre vérité, de permettre à votre cœur de vibrer d'après cette vérité.

Cette clef rend capable de voir l'ensemble de la matrice avec tous ses détails. Votre cœur et votre mental s'unissent ici. Votre mental se soumet au cœur et votre ego à votre âme. Vous faîtes fusionner les opposés. Vous regardez avec l'intuition et le mental. Vous fonctionnez différemment, d'une façon plus élevée du fait que vos cellules s'ouvrent à cette conscience supérieure. Vous voyez les choses à partir de la vision de votre corps causal, au-delà du mental, en étant doté(e) d'une sagesse archétypale. Vous percevez la vérité des choses toute nue à travers l'ensemble de votre corps. Cela vous permet de voir d'où vous venez et où vous allez, d'ouvrir votre esprit et ceux des autres, d'accéder à une forme de génie de la vie et ici de devenir une star, une étoile. Tout cela s'effectue graduellement, par étapes, avec de temps à autres des sauts quantiques ou des moments de révélation, suivi de pauses qui vous permettent d'intégrer les vérités acquises.

Cette clef vous permet de voir avec le cœur et l'œil de la sagesse, principalement avec la partie intuitive du cerveau, qui génère une ouverture totale à la vie. Elle vous permet de voir l'architecture de la vie, l'ensemble des schémas et toutes les ressources disponibles. Elle confère une vision à 360°. Elle engendre ainsi la capacité à faire œuvrer des gens ensemble de façon pratique, en restituant à chacun son pouvoir. Elle confère la clairvoyance, la vision lointaine, la vision au-delà du voile du monde et parfois la vision du futur, d'un projet achevé.

Elle vous permet de voir la beauté des choses, la magie de la vie et les miracles de la vraie nature du monde du rêve dans lequel nous vivons.

Ce superpouvoir active la plus haute expression de la glande pituitaire, qui se traduit par l'ouverture du troisième œil. Une fenêtre du troisième œil existe au niveau du front entre les deux sourcils mais ce n'est pas le troisième œil qui se trouve en fait au cœur de chaque cellule et qui permet ainsi, quand il est ouvert, de voir avec l'ensemble de son corps, qui devient une maison d'yeux (clef 16). Cette expérience du 17ème super pouvoir consiste à être vu à travers plutôt que de voir à travers. Vous cessez ici d'exister en tant qu'individu séparé(e) et c'est le cosmos qui voit à travers vous et c'est un état de grâce. Comme disent les sages du monde, « Dieu ne peut vous rendre visite que quand vous n'êtes pas là » du fait que le « vous » séparé à cesser d'exister.

Ce superpouvoir met fin à tout déni et à la blessure de la deuxième ligne d'hexagramme, celle liée à la sexualité, qui est associée à du déni, à de la frustration, de la rage et à de la violence. Il vous permet de voir que chaque autre personne est en réalité une partie de vous. Il dissout les barrières, les niveaux et les vies passées. Il voit que la vie est parfaite. Il vous permet d'être en joie et de vibrer de bonheur.

Cette clef allume des étoiles dans votre conscience et dans votre cœur car quand vous voyez votre déni puis au-delà, il explose et se dissout en plein de particules étoilées comme s'il avait été foudroyé. Et cela peut arriver n'importe quand, sans prévenir, dès que le cœur est ouvert. Ce superpouvoir peut être découvert à travers le tantra, le shamanisme, à travers les plantes et les animaux totems ; les animaux de pouvoir.

Et chaque ombre, don et superpouvoir peut être associée à un animal, que ce soit un reptile pour les ombres, ou un mammifère ou un insecte pour les dons et un oiseau pour les superpouvoirs qui sont associés à un état alpha et à la conscience céleste.

Ce superpouvoir est associé au faucon pèlerin, qui a une vision extraordinaire et qui agit dès qu'il voit et à l'œil d'Horus de la tradition Egyptienne. Chez l'humain, la conscience avec ce superpouvoir ressemble à cela mais sans le côté chasseur. Elle voit tout du fait qu'elle est reliée à la Source de toute Vie et elle agit en tant que conscience vivante en fonction de la nécessité, en faisant les liens avec tout, avec une parfaite intelligence de vie. Elle permet enfin d'avoir une vision du futur collectif de l'humanité. L'être humain évolue vers cet état d'être, vers cet état de conscience, grâce à son patrimoine génétique constitué de plus d'une dizaine d'espèces extra-terrestres.

Chapitre 18 : Le nombre 18

A-Son nom, son graphisme et sa structure : Le nom du nombre dix-huit a été créé en associant la dizaine et le nombre d'unités, dix et huit. Son graphisme représente une dizaine et huit unités. Il n'a pas de symbolisme important particulier en tant que tel donc nous verrons la symbolique qui lui est attribué à travers les traditions anciennes du Yi-King, des Runes et du Tarot.

B-Selon trois traditions anciennes :

1-La tradition germanique des Runes. Rune 18 = le bouleau.
La Rune 18 se nomme Berkano, la déesse du bouleau.

Son numéro : Berkano est la dix-huitième rune du Futhark. Ce nombre n'a pas de signification particulière en tant que tel. Le chiffre 1 représente le pouvoir créateur en action. Le chiffre 8 symbolise l'union consciente du ciel et de la terre, le point de rencontre entre un cycle matériel et un cycle spirituel, la conscience de l'ordre des choses qui se manifestent dans le monde des Hommes, la conscience de la Source de toute Vie qui est créatrice de cet « ordre des choses » par amour et par plaisir et enfin les transformation et processus de purification. Il est lié au nombre 9, donc avec le cycle de vie de 9 mois (1+8= 9, 2x9=18) et donc aux runes Uruz et Hagl. Il est également lié aux chiffres 3 et au chiffre 6 car 3 x 6=18. Le nombre 18 peut alors être associé à une purification de l'âme, à une réunification de l'âme et à la fluidité de la vie qui s'adaptent afin de franchir une étape de plus sur le chemin de la vie éternelle. Il y a une fin, le passage vers un niveau supérieur et un accouchement de soi-même, un nouveau commencement.

Résumé et essence de la rune : J'apporte de la vie et de la fluidité et du renouveau là où je suis. Grâce à l'amour maternel, je prends soin des êtres et des situations. Je chemine dans le visible et dans l'invisible depuis un état de stress émotionnel jusqu'à un état de bien-être, en purifiant ce qui est corrompu, en nettoyant mes zones d'ombre, mes souvenirs et mes mémoires, en me ressourçant grâce à des valeurs refuges comme la famille, des liens émotionnels forts, le foyer, la musique, l'eau et la nourriture, en me nourrissant correctement sur tous les plans, en exprimant mes émotions et mes états d'âme et en utilisant mon intuition, mes ressentis et mon imagination créatrice pour vivre mes rêves, pour rassembler les différents éléments de mon âme et pour retourner à ma vraie maison dans ma vraie famille.

L'aspect sombre de la rune : Il est symbolisé par la peur, les cauchemars, le stress émotionnel et la pollution psychique, par des étourderies et des coquilles, par les illusions et la déception, par des problèmes émotionnels, des problèmes de mémoire, de mauvais souvenirs, des problèmes de maternité, de naissance, d'accouchement, de famille, de ressources naturelles, d'eau ou de développement et par un manque de fluidité.

Son phonème : Cette rune est associée au son b comme dans le mot bouleau ou bonheur.

Mots clés : la mère, les enfants, la famille, le foyer, la vie, la fluidité, le cheminement vers une vie nouvelle, faire apparaitre la vie, la purification de l'âme, la transformation de l'âme, le nettoyage des mémoires ou le travail sur les souvenirs, la fécondité, la naissance, la maternité, l'accouchement, se nourrir correctement sur tous les plans, retrouver le lien avec la vie, générer de la fluidité, l'intuition et l'inspiration, l'expression des émotions, créer et gérer un lien émotionnel, trouver un espace de ressourcement, un foyer, une maison, prendre soin de la vie et accéder au bien-être dans la vie quotidienne.

2-La tradition du Tarot Italien. Le résumé et l'essence de l'arcane : 18 = la Lune.

Les personnes ayant vécu une relation mère-enfant difficile ont souvent une vision exclusivement négative de cet arcane. Or la lune est l'alter-ego du Soleil et un symbole de vie et de l'éternel féminin. Elle a comme tous les arcanes une face positive et une face négative.

En positif : Mère-veilleuse, je génère et perpétue la vie à travers l'expression de l'amour maternel. Je me nourris, me ressource et prends soin de moi, d'autrui, de la situation et de la vie, avec amour et avec une douceur toute maternelle, grâce aux valeurs refuges (eau, nourriture, maison, foyer, bulle, sommeil, musique, cycles de l'âme et relations familiales). J'agis pour passer du mal-être au bien-être, en travaillant sur mes mémoires et sur ce qui est corrompu, en nettoyant, c'est-à-dire en purifiant mon passé, en me nourrissant correctement sur tous les plans, en exprimant mes émotions, mes états d'âme, mon imagination, ma sensibilité et mon intuition, en créant des relations émotionnelles intimes et intenses et en vivant mes rêves. J'aime parfois vivre la nuit ou dans l'ombre, à l'arrière plan et selon mes secrets.

En négatif : Il y a une situation de stress émotionnel, de mal-être, de regrets, de peur et d'angoisse. La situation est influencée par des éléments invisibles, par des peurs, par une vision subjective, par des fictions, par des souvenirs d'enfance difficiles ou par des projections. Les choses ne sont pas claires.

3-La tradition du Yi-King Chinois. Remédier le corrompu. Hex 18= Nettoyer le poison.

Résumé du nombre :

Diagnostiquer, transformer, guérir et suivre la cicatrisation d'une blessure, d'une mémoire, d'un schéma répétitif, d'un comportement nocif ou d'un élément corrompu et toxique pour neutraliser un courant disharmonieux puis retrouvez votre libre arbitre et créez une évolution constructive et de nouvelles habitudes positives.

Explication technique :

L'âme humaine est composée d'une multitude de forces dotées de volonté, chacune cherchant à s'exprimer en étant guidé par une volonté forte. Elle suit des cycles où il y a tantôt un bien-être et tantôt un mal-être.

Après les élans d'enthousiasme, les efforts pour suivre le Tao et la détente dans la joie vient le nécessaire travail sur les zones d'ombre enfouies dans l'inconscient, sur les blessures, les mémoires non guéries, les toxines de l'ego, les peurs, les émotions négatives, les désirs néfastes et sur ce qui est disharmonieux. C'est pourquoi après « Suivre » vient « La réparation du corrompu », c'est à dire la résolution de problèmes pour retrouver la quiétude, la vie, la fluidité et une tranquillité intérieure. L'hexagramme évoque un fils qui retourne chez son vieux père malade ou mourant. Il doit gérer l'affaire de son père laissée à l'abandon, en chantier, mais aussi ses propres émotions et les relations familiales. Ken, la montagne, demande de prendre en compte les structures, les habitudes, le poids des mémoires et dans son côté ombre la rigidité et l'immobilité. Elle évoque ici un fardeau obscur qui empêche le vent de se déployer et l'arbre de pousser, favorisant ainsi un processus d'infection et de pourrissement. L'idéogramme chinois ancien pour cet hexagramme décrit un récipient avec de la nourriture contaminée par trois insectes. Tchen, le tonnerre, demande une écoute psychologique, de prendre des initiatives énergiques, de gérer un projet, d'exprimer sa spécificité et de se libérer du passé pour aboutir à une renaissance. Touai demande de rechercher la joie intérieure, d'utiliser son intelligence relationnelle, d'écouter ses vrais désirs, de créer des liens et d'agir avec justesse. Souen, le vent ou l'arbre, demande une adaptation douce dans l'espace, avec autorité, souplesse et intelligence.

Interprétation classique :

La liberté est la connaissance puis l'application des lois de l'univers. Elle permet d'incarner la Nécessité, le Tao, c'est-à-dire d'être et de faire à chaque instant ce qui est nécessaire pour que la vie avance en suivant son plan d'évolution. Ici, le libre arbitre n'a pas été utilisé correctement. En conséquence, une dégradation, une dégénérescence, une infection, un pourrissement, un poison, une corruption, un déréglage et un mal-être s'est introduit dans la situation ou dans votre vie. Si rien n'est fait, les erreurs, l'absence de gestion et de maîtrise conduisent droit au désastre et à la catastrophe. Cela peut-être causé par de l'indifférence et de la négligence, par la paresse et l'inertie, par un manque de vigilance et de surveillance, par des mauvaises habitudes et des conditionnements inadaptés, par des blessures non guéries, par des mémoires (d'enfance ou familiales) laissées en jachère ou par la simple action du temps qui passe. Toute chose a un point faible structurel, qui fini par se dégrader et s'effondrer si l'on n'en prend pas soin. L'hexagramme 12 décrit une situation de décadence et d'adversité due à des influences extérieures et difficilement modifiables, où la seule liberté d'action est un retrait intelligent. Ici, non seulement la situation difficile peut être transformée et réparée, mais c'est le moment de le faire, avec la stratégie, l'énergie et les moyens nécessaires. L'être humain est ici responsable des dégâts et lui seul peut et doit les réparer.

Ce travail peut déboucher sur une libération intérieure, sur des bases nouvelles et sur une sublime réussite. L'état d'esprit requis pour transformer la situation est le courage, secondé par une farouche détermination, un engagement ferme, un investissement énergique, une bonne gestion du temps et une lucidité capable de voir la vérité telle qu'elle est.

Ce qui doit être fait peut comporter des risques, être douloureux ou simplement susciter effroi et appréhension, qu'il faut gérer. Il ne s'agit pas d'avoir une réaction impulsive ou d'une action coup-d'éclat mais d'opérer stratégiquement, en étant bien préparé, pour mettre en place une transformation durable.

Il est alors nécessaire de réfléchir puis de mettre en place un plan d'action en trois temps.

1- Etablir un diagnostic juste et clair. Quelle est la racine des difficultés rencontrées ? Quelles sont les causes qui ont déclenchées, provoquées ou permises à la situation actuelle d'être telle qu'elle est ? Par quel chemin sinueux s'est infiltrée la pourriture ? Voyez-vous le problème clairement en toute honnêteté ? Vous devez ici identifier les peurs, les blessures, les croyances, les mémoires, les comportements, les désirs, les illusions, les excès ou les manques, les actions ou les absences d'actions qui sont en cause. Puis vous devez voir et choisir les moyens nécessaires pour transformer la situation.

2- Prendre votre courage à deux mains, avec l'énergie et les moyens nécessaires, afin de désinfecter, nettoyer et guérir la blessure, d'éliminer la corruption ou le poison, de réparer ce qui est cassé et de transformer ce qui était inadapté à la Nécessité. Il est peut-être judicieux de faire appel à un(e) spécialiste, à un(e) expert(e) ou à un(e) thérapeute ?

3- Créer une nouvelle situation, la faire durer puis éviter tout risque, très possible, de rechute et de retour en arrière. Cela permet alors à la blessure de cicatriser et de guérir. Il s'agit ici de poser de nouvelles fondations pour permettre une évolution constructive sur le long terme. Il faut pour cela mettre en place un suivi et les contrôles nécessaires, puis nourrir le positif et la vertu. Puis on peut reconnaitre avec joie, soulagement et gratitude le bien-être obtenu et la vie nouvelle créée.

C-Selon trois traditions modernes

1-Le Diamant de Naissance. 18 = la mère-veilleuse qui prend soin de la vie.

Symbolique : L'Argon. La vie et les forces invisibles de la vie. Les cycles, les rythmes et la fluidité de la vie. La Lune. Les énergies des lieux. Les mémoires, les ressentis, l'intuition, l'imagination, la visualisation créatrice, les rêves. Une situation compliquée ou émotionnellement stressante. Une déception. Remédier le corrompu. Un changement de lieu de vie. Une naissance. La purification de l'inconscient. La déesse du bien-être. La fluidité de la vie.

Les besoins et capacités qui demandent à être exprimées :

-Besoin de passer du mal-être, du chagrin d'âme ou d'un état de stress émotionnel au bien-être, en travaillant sur l'eau et les mémoires, en vous nourrissant correctement sur tous les plans, en nourrissant les autres ou en faisant ce qui vous nourri, en clarifiant votre passé/vos zones d'ombres, en exprimant vos émotions, en prenant soin de vous et de la vie, en sachant vous ressourcer et en respectant vos rythmes naturels.

- Besoin d'être une mère-veilleuse qui prend soin de vous et de la vie

-Besoin d'utiliser votre sensibilité, votre foi, votre intuition et votre imagination créatrice pour créer votre vie et vivre vos rêves

- Besoin de créer un foyer, un refuge, une bulle protectrice, de gérer de l'immobilier et d'être bien chez vous.

-Besoin de vous occuper d'enfants ou d'un public, de raconter des contes et des histoires.

-Besoin de ressentir, de percevoir, d'écouter votre intuition, de générer de la fluidité, d'être rassuré(e) et de sentir la vie en vous.

- Besoin d'identifier les zones de mal-être et de les transformer en bien-être.

Déséquilibre en excès : Mal-être. Mémoire corrompue. Blessure émotionnelle. Tourmenté(e) par des insatisfactions. Blessure familiale. Blessure liée à une dépendance, à une peur, à des doutes, à des émotions refoulées, à des mémoires. Sentiment de chagrin, de tristesse et parfois dépression. Complexe d'infériorité. Excès d'émotivité et de sensibilité. Ignorance des lois de la vie.

Déséquilibre en manque : Difficultés à sortir de la nuit et de ses angoisses, d'un état d'insécurité, d'inconscience, de fragilité psychique, de dépendance émotionnelle, d'incohérence et de désordre, d'illusions et d'hallucinations, de dénis et de mensonges. Difficulté à gérer ses peurs et à exprimer/digérer ses émotions, à ne pas étouffer dans un excès d'émotions, à ne pas avoir recours au chantage émotionnel, à exprimer l'amour maternel ou à enfanter, à passer d'un stress émotionnel au bien-être, à se ressourcer à travers les valeurs refuge, à nettoyer et purifier les mémoires (personnelles, familiales ou de vies passées), à guérir des chagrins d'âme, à se nourrir correctement sur tous les plans, à utiliser correctement son intuition et son imagination, à se sentir en vie et à percevoir la vie en soi, à vivre ses rêves et à prendre soin d'autrui, de soi et de son foyer.

Mémoires karmiques : Mémoire de vie à la campagne ou au bord de l'eau. Mémoire de situation émotionnelle stressante, de perte d'enfant ou d'une surabondance d'enfants. Mémoire de vie familiale heureuse malgré une situation compliquée. Mémoire en lien avec les animaux. Une question liée à un différent familial, à un enfant ou à une maison a pu jouer un rôle important. Un problème de tromperie a pu avoir des conséquences importantes.

2-Le Design Humain. 18 = La porte de la correction ou de l'amélioration.

Explication technique :

Circuit de la compréhension. Centre Rate. Cette porte est liée à la porte 58, la joie du partage. Son thème principal est l'amélioration et sa maîtrise permet l'intégrité et le bien-être. Cette porte est celle des mémoires et des conditionnements profonds hérités de la famille et des parents. C'est là où la femme tend à être conditionné par son père et l'homme par sa mère. De là à parler du complexe d'Oedipe il n'y a qu'un pas.

Dans le Yi-King, ce nombre 18 se nomme « remédier le corrompu » ou « travailler sur ce qui a été avarié ». Cette porte rend particulièrement sensible aux gouts des choses, à la satisfaction ou à l'insatisfaction et au mal-être ou au bien-être que ce qui est gouté ou ressenti procure. Elle permet une compréhension du passé, une transmission du passé au sein de la famille par les parents et autres, un apprentissage et une correction grâce à une transformation. Son activation par une planète ou un nœud indique un impact fort du passé, des parents, de la famille et du lieu de naissance.

Cet impact créé une matrice, un modèle de fonctionnement plus ou moins conscient qui est appliqué dans tous les domaines de la vie. La vie, tout comme le manque de satisfaction et de bien-être, se manifesteront alors pour corriger les déséquilibres et ce qui n'est pas juste pour l'évolution de la personne et pour avoir envie de faire les choses autrement. Le besoin d'éliminer ce qui est malsain, de revitaliser ce qui a été corrompu, d'éviter les erreurs, de corriger les choses et d'améliorer ce qui peut l'être pour accroitre la quantité de bien-être devient un thème central de la vie.

Proposition d'interprétation : Cette porte vous vous incite à aborder des questions qui, une fois réglées ou guéries, feront chanter votre nature avec un bien-être et une liberté retrouvée. Pour cela, elle vous propose de réexaminer les anciennes méthodes, comportements et traditions, afin d'apporter des améliorations à la fois pour vous-même et la société. Elle vous propose de vous défaire les schémas nuisibles de votre enfance en travaillant sur ce qui a été gâté comme disent les Chinois dans le Yi-King et ce afin de redevenir entier.

Il y a ainsi un penchant, voire un désir ardent, d'entreprendre un travail intérieur pour guérir les cicatrices laissées par les parents, les proches, la famille, les ancêtres, les enseignants ou la société. On peut "gâcher" quelque chose en acceptant la façon de faire de quelqu'un d'autre comme étant gravée dans le marbre, et cela peut être personnellement paralysant. Il peut s'agir de schémas datant de votre enfance dans la manière dont vous avez été élevé, ou de traditions fossilisées dépourvues de pertinence quant à la vie d'aujourd'hui. Vous avez ainsi une facilité pour détecter les moments où vous êtes trop dur envers vous-même et où vous vous reprochez des épisodes du passé. Vous nourrissez parfois une tendance à vous blâmer pour tout ce qui semble aller mal dans votre vie et à entretenir une forme de culpabilité ou de mal-être qui peut conduire dans certains cas à une déchéance personnelle. Vous êtes capable de prendre conscience de certains attributs qui ont pu être "empruntés" ou "imprimés" à travers les conditionnements reçus qui n'ont rien à voir avec votre nature.

Vous apprenez alors à être plus doux et bienveillant avec vous-même et reconnaissez que votre voie de libération du conditionnement ne demande, pour vous comme pur tout autre, que votre présence, votre détermination, votre vigilance et une volonté de prendre soin de vous. Votre capacité à remarquer la différence entre un comportement appris et votre vraie nature est la clé de votre bonheur. Elle vous permet de questionner si les anciennes traditions sont encore pertinentes aujourd'hui et d'actualiser les manières de faire de la société, en équilibrant les modèles patriarcaux et matriarcaux. Elle vous permet de reconnaitre et d'accepter vos faiblesses et de les transformer en forces de vie.

3-Les Clef Génétiques. Clef 18 = la guérison par la conscience. Le rétablisseur de vie.

Son dilemme où il doit faire des choix : Les failles. **Planète :** la Lune. **Signe astral DH :** Balance.
Son partenaire de programmation : Clef 17, l'œil). **Corps :** le système lymphatique
Son anneau de codon : L'anneau de la matière (18, 46, 48, 57). **Acide aminé :** Alanine.
Son chemin de transformation : Le chemin de l'intégrité.

L'ombre de cette porte : le jugement. (Le mal-être)

Le mental et le juge intérieur émettent sans arrêt des jugements et des opinions, surtout dès que l'on sort de sa zone de confort et de bien-être. Ils émergent dans notre conscience. La conscience perçoit alors les sensations physiques et l'état émotionnel présent puis émet un jugement détaillé en fonction de ce qui est perçu mais elle le fait ici surtout en fonction de ce qui ne va pas, des manques, des lacunes, des faiblesses, des défauts, des erreurs, des imperfections voir des tares. Les opinions suivent derrière.

L'ombre de cette clef se positionne en victime et ne perçoit que des ombres, décrète qu'il y a une imperfection, y croit dur comme fer et juge sans arrêt à partir de la peur. Et elle est très douée pour détecter toute faiblesse. Cette capacité se développe surtout pendant l'adolescence, où les jeunes pointent du doigt tout ce qui ne va pas chez leurs parents, leurs profs, la société et leurs ami(e)s, du fait qu'il y a un sentiment profond d'insécurité.

Le mental construit une façon de mettre en échec l'insécurité émotionnelle en s'accrochant à certaines pensées et croyances et en les figeant, ce qui empêche la conscience de s'expanser librement. Il s'accroche également ici au monde matériel et à ses distractions. Il se créé une image comme quoi le monde dans lequel nous sommes est profondément imparfait et défaillant et construisent leur réalité en fonction de leurs jugements. Il empêche alors de voir la perfection des choses. Les jugements définissent l'identité, donnent l'impression d'être en sécurité et génèrent le besoin d'avoir raison. Si l'adolescence n'est pas harmonieuse, il se développe alors une mentalité de victime qui autorise son mental à être impacté par les pensées négatives de toute l'humanité. Il en résulte un monde intérieur avec du bavardage inutile incessant, de l'inquiétude permanente et une tendance à se plaindre à propos de tout.

Il y a 2 types de jugements qui voient ce qui ne va pas, ceux qui naissent de la peur, d'une position défensive avec un cœur fermé et ceux qui émergent d'un cœur ouvert et qui sont alors synonyme de sagesse. Le premier type est dans une posture de victime des failles détectées tandis que le second utilise les failles perçues de façon créative. La victime vit un enfer car sa vie est dirigée par sa misère intérieure du fait qu'elle voit tout le temps ce qui selon elle manque, est imparfait ou défaillant. Elle est éternellement insatisfaite, se juge en permanence comme n'étant jamais assez bien et passe son temps à tenter de réparer ce qui est corrompu ou défaillant. Cela rend impossible la création de relations épanouissantes.

Les relations sont ici très compliquées et émotionnellement stressantes car l'autre n'atteint jamais notre niveau d'exigence. C'est un peu comme une malédiction. On ne se rend ici pas compte que tout jugement à propos d'autrui est un jugement sur une partie de soi que l'on n'accepte pas. Cela génère parfois un complexe d'infériorité, une tendance à la dévalorisation ou au contraire une tendance à se croire supérieur à toute autorité. Il faut alors regarder ce qu'il s'est passé durant l'enfance et l'adolescence, identifier les compromis qui ont été mis en place, donner une nouvelle forme aux événements et ouvrir la conscience à de nouvelles possibilités. La clef pour élever sa fréquence est ici de voir que tout ce que vous vivez à l'extérieur est un miroir d'un processus interne demandant à être résolu et remis en harmonie. Et la vie vous apporte sans arrêt des opportunités de vous perfectionner.

Le cadeau de cette clef, qui révèle comment se font les conditionnements d'un être humain, permet de passer de l'état d'enfant avec ses angoisses à l'état d'adulte qui prend sa place dans la vie. Elle permet d'explorer et de définir les frontières physiques, mentales et émotionnelles que vous rencontrez tout au long de votre vie et son secret et de tenir votre espace sans réagir à vos jugements, vos auto-jugements et aux jugements des autres. En architecture, l'intégrité consiste à maintenir une force ou une tension nécessaire dans un espace structuré pour qu'il tienne debout. Comme l'intégrité est entre l'ombre et la lumière de la clef, elle perçoit la perfection sous-jacente mais reconnait qu'il y a du travail à faire et des améliorations à mettre en place à la surface. On est ici en état de perfectionnement. On se rend compte quand on est en train de juger et on cesse de prendre au sérieux ses jugements. On comprend ce qui fait que nous sommes ce que nous sommes pour abandonner les aspects de notre conditionnement qui ne nous appartiennent pas. Si vous observez la vie et les animaux, ils ne jugent jamais. Ils sont intègres. Chacun à sa place et joue son rôle. Ils acceptent ce qui est.

La nature est parfaite mais l'être humain ne voit pas les choses ainsi car il est encore en train d'évoluer. L'intégrité est très liée à la moralité et à la capacité de développer une vision interne, un ressenti juste car sans cela, on reste enfermé dans l'ombre des clefs.

Au fur et à mesure que l'on s'éveille et évolue, on commence à apprendre à devenir responsable de nos lacunes et on cherche à s'améliorer. C'est paradoxal, car notre moi supérieur est parfait donc il ne peut pas être amélioré mais notre moi inférieur, lui, le peut et on entreprend alors un voyage intérieur dans les fréquences du cadeau de cette clef même si souvent, on commence par s'occuper de choses à l'extérieur. On finit par se rendre compte qu'avant de prendre soin des autres et vouloir apporter du bien-être aux autres il faut déjà prendre soin de soi et être bien soi-même. On peut seulement aider autrui quand on est intègre et que l'on cesse d'être dans la réaction, dans la colère, dans un mal-être. Notre service doit venir de la conscience, de l'amour, de la sagesse et de la réalisation de soi. On prend conscience que c'est notre propre façon de penser et de voir les choses qui engendre nos problèmes et on développe une hygiène des pensées et une aptitude à se conditionner selon notre choix et en conscience. On se libère du piège de la mentalité de victime et on devient intègre. On ressent ce que le cosmos attend de nous en termes de service à la vie. Notre vie acquiert du sens. L'intégrité est calme et montre le chemin par l'exemple. Une détente s'installe et c'est de la que vient la puissance du don de cette clef.

On perçoit donc les manques, les failles, ce qui semble corrompu chez soi, chez les autres et au sein de l'humanité et on s'en inspire pour servir la vie d'une façon ou d'une autre en étant exigeant(e), en recherchant la qualité en tout. Vous faîtes de courage afin que ce que vous vivez soit à la hauteur de vos critères de qualité. Vous utilisez la puissance du jugement pour préserver votre intégrité. Vous émettez des jugements d'une grande justesse car ils viennent du cœur. Vous vous en inspirez pour prendre soin de la vie, de vous et d'autrui et pour tenter d'aider les autres à se libérer de leur enfance afin de vivre une belle vie. Vous trouvez des solutions créatives pour accroitre le niveau de bien-être. Vous développez une mentalité qui est comme l'eau car elle fluide mais aussi une force de vie et vous avancez en harmonie avec la vie, en vous impliquant à apporter du bien-être et à prendre soin d'autrui là où c'est possible. Vous devenez alors un modèle de bien-être, d'harmonie, de beauté, de force de vie et d'intégrité, même si les circonstances extérieures sont compliquées. Vous avez compris que l'intégrité n'a qu'un seul but, servir la vie, la société et autrui dans un esprit de vérité et de compassion. Vous servez de façon infatigable et avec compassion votre vision de la perfection.

Ce superpouvoir permet d'amener sur Terre la perfection à travers le plan mental. Qu'est ce que la perfection ? Beaucoup de gens disent qu'elle n'existe pas ou qu'on ne peut pas l'atteindre ! Mais on peut et chaque superpouvoir est la manifestation de la perfection. Elle est peut-être rare mais certaines personnes la vivent. Il y a une perfection interne ou intérieure et une perfection externe ou extérieure. La perfection intérieure consiste à faire de son mieux pour être la meilleure version de soi-même. Elle est la réalisation que le monde tel qu'il est ici et maintenant est juste et parfait. Ce n'est pas qu'une compréhension intellectuelle mais le résultat d'un processus, lié à la méditation et à la contemplation et d'une acceptation complète de l'instant présent. On se détache intérieurement. On devient un témoin de notre mental, de notre processus de pensées et on l'accepte.

Le mental lâche prise et plonge dans la source primordiale de l'êtreté, dans le cœur. On apprend à penser avec le cœur. On fait l'expérience de la perfection et comme quoi il n'y a plus rien à perfectionner, plus rien à chercher. Chaque pensée émerge spontanément de cet état de perfection et retourne là d'où elle est venue.

Les schémas émotionnels enracinés dans la conscience, dans le passé ou dans le désir émergent et comme on n'est plus dans la réaction ou dans l'agrippement, ils retournent à la Source. Les émotions qui émergent, telles des vagues teintées de sagesse, sont plutôt des émotions de joie voir d'enchantement et d'extase. Les désirs et les émotions sont purifiés et la perfection de l'amour est expérimentée. Cet amour est inconditionnel donc il englobe ce qui était précédemment considéré comme étant imparfait. La perfection dans la matière est expérimentée au niveau de la respiration, du mouvement, des rythmes et des liens avec la vie, comme un état d'immobilité sans obligations. Une forme se transforme en la suivante naturellement même si la conscience peut percevoir chaque forme comme apparaissant séparée. La perfection existe à un niveau de conscience plus élevée que ce à quoi les humains peuvent actuelement avoir accès. On la trouve dans des corps nommés causal, bouddhique et atmique, dans les dimensions supérieures de l'être. La conscience doit s'élever jusqu'à ces niveaux et baigner dedans et ses niveaux doivent à leur tour descendre dans la matière, dans notre forme, dans nos expériences de vie émotionnelles et mentales. C'est le processus même de l'illumination. La perfection existe seulement dans les dimensions qui sont hors du temps linéaire. Elle est au-delà du temps et de l'espace car elle signe la fin de l'évolution. Quand la perfection est atteinte, il n'y a plus d'évolution. Pourtant la vie continue d'évoluer, mais vers des niveaux de perfection supérieurs, car la vie évolue constamment. Cela fait parti des paradoxes de cette clef. Qu'est ce que la perfection extérieure et comment peut-il y avoir une perfection intérieure et une perfection extérieure. La perfection extérieure concerne notre monde. En fait il n'y en a pas car c'est juste une façon d'utiliser le langage. Du point de vue de la conscience éveillée et illuminée, le monde est parfait mais à l'extérieur, il ne l'est pas n'est-ce pas ! Il y a certes des légendes d'endroit parfaits et paradisiaques et même la bible parle de la venue du paradis sur Terre mais ces mondes sont pour l'instant dans l'invisible. Et pourtant, il suffirait que nos amis extra-terrestres nous aident à développer l'énergie libre et la fabrication de nourriture avec des imprimantes spéciales pour faire un pas énorme dans cette direction de la perfection. La plupart des conflits concerne l'énergie, la nourriture, les ressources et l'argent.

Dans tous les cas, l'extérieur suit l'intérieur. La perfection extérieure entrera en existence quand le spirituel et le matériel, le mystique et le scientifique, la conscience et la technologie, se rejoindront, quand on réalisera que nous somme la technologie et qu'un être humain est capable de choses incroyables. Certains sages en Inde sont capables de matérialiser des objets à partir de rien par exemple et des militaires terriens ont vu les extra-terrestres faire des choses incroyables. C'est nous, l'être humain, la prochaine technologie à développer. C'est un chemin de l'alchimie et de la magie mais comme dit la science fiction, ce n'est pas de la magie c'est de la technologie. On a tous ces potentiels encodés dans nos codes génétiques et l'humanité évolue vers leur développement. Cela passe par un éveil des consciences, qui est en cours. L'avenir est une graine qui existe déjà dans le présent, c'est ça le paradoxe. Vous pouvez ainsi accéder à un état de conscience universel où vous êtes la vie en action, voir la perfection qui existe déjà actuelement et observer celle qui est en devenir. Tel est le magnifique message du créateur des clefs génétiques.

Chapitre 19 : *Le nombre 19*

A-Son nom, son graphisme et sa structure : Le nom du nombre dix-neuf a été créé en associant la dizaine et le nombre d'unités, dix et neuf. Son graphisme représente une dizaine et neuf unités. Il n'a pas de symbolisme important particulier en tant que tel donc nous verrons la symbolique qui lui est attribué à travers les traditions anciennes du Yi-King, des Runes et du Tarot. On peut simplement dire que ce nombre associe l'infant intérieur (1) et le Moi Supérieur (9), l'innocence et la sagesse, ce qui ne peut apporter que du positif.

B-Selon trois traditions anciennes :

1-La tradition germanique des Runes. Rune 19 = le cheval.

La Rune 19 se nomme Eh prononcé èye.

Son numéro : Eh est la dix-neuvième rune du Futhark. Ce nombre n'a pas de signification particulière en tant que tel. Le chiffre 1 représente une impulsion d'énergie, la création de richesses, l'action et le commencement. Le 9 représente le cheminement vers sa vérité profonde, l'évolution graduelle, les chantiers aboutissant à des constructions et la communion avec le grand tout. Chiffre sacré pour les Germains, le 9 englobe tous les chiffres, les rassemble tous et les transcende en une nouvelle unité. Il symbolise une totalité, le silence intérieur et le vide que l'on doit traverser pour accéder à l'éveil spirituel par la pratique de la spiritualité par la méditation. Il est le retour de la conscience jusqu'à la source de toute vie. Lorsqu'on l'additionne à un autre chiffre et que l'on réduit le résultat, le chiffre 9 disparait, tel un chemin qui s'efface derrière soi lorsque la destination est atteinte (exemple : 1+9=10=1, 2+9=11=2, 3+9=12=3 etc.). Le chiffre 19 évoque ainsi le début du chemin, l'aboutissement du chemin et le mouvement de vie qu'il y a entre les deux. Il évoque l'origine et la destination, c'est-à-dire le rétablissement du lien avec la Source créatrice de tout et avec l'ordre cosmique. Les chiffres 10+9 évoquent le cycle éternel de la conscience.

Résumé et essence de la rune : Je suis une puissance consciente, positive, lumineuse, unifiée, confiante, noble, chaleureuse, créatrice et rayonnante, en mouvement dans une direction bien précise. J'apporte de la vitalité, génère du mouvement et franchis les frontières. Je lie ce qui doit l'être, travaille en binôme et reçoit toute l'aide nécessaire. J'incarne l'équilibre entre la liberté du cheval sauvage et la fidélité du cheval domestiqué selon la Nécessité. Je créé un partenariat et des liens avec respect, confiance, loyauté et engagement, afin de partager et d'exprimer ma lumière. Je donne le meilleur de moi-même au sein d'un espace protégé afin que tout ce qui est lumineux progresse et évolue vers la lumière et la réussite. Je suis la puissance de l'amour et du Soleil qui aime à travers moi. J'apporte réussite et joie là où je suis.

L'aspect sombre de la rune : Il est symbolisé par un cheval fou qui ne conduit pas le cavalier à sa destination, par une difficulté à se déplacer, par un manque de profondeur, de conscience, de maitrise de son corps, de son cœur, de ses émotions, de sa conscience et de sa vie, ce qui provoque de l'errance, des liens imaginaires, des cauchemars. Le mot cauchemar en anglais se dit cheval nocturne, nightmare. Il est symbolisé par un problème de dualité entre par exemple l'animal et l'humain ou entre deux personnes, par un problème d'amour, de lien, de vision, de conscience, d'objectif, de repères, de valeurs, de cœur, d'unité, de communication ou de binôme. Deux éléments ne vont pas dans la même direction.

Un excès de lumière peut provoquer de l'orgueil, de l'arrogance ou un complexe de supériorité. Soit le mouvement est bloqué et ne se fait pas, ce qui peut être totalement juste, soit un excès de mouvement peut générer de l'instabilité, de la confusion, une grande agitation intérieure, de l'errance et parfois une chute de cheval. Un excès de puissance peut rendre tyrannique ou générer un problème lors d'un déplacement.

Son phonème : Cette rune est associée au son è ou é comme dans le mot élan ou comme dans le mot anglais « echo ».

Mots clés : Il y a une alliance et un lien d'amour clair entre deux éléments qui agissent ensemble dans une même direction, union et mariage, travail en binôme ou en alternance, lien de respect, de confiance, de loyauté, de responsabilité, d'engagement et de partage, un objectif qui guide dans l'espace, expression de sa puissance créatrice reliée au cœur, nécessité de diriger et de maîtriser une situation, ses instincts, son cœur et ses émotions, voyage du corps et de l'esprit, exploration du lointain, déplacement, mouvement, déménagement, temps de découverte et d'aventure, changement bénéfique. Un cavalier et son cheval se déplacent ensemble, avec puissance, joie et harmonie, dans une direction juste.

2-La tradition du Tarot Italien. Le résumé et l'essence de l'arcane : 19 = le Soleil.

Je génère et perpétue la vie à travers l'amour paternel, en apportant amour, engagement, conscience, lumière, chaleur, énergie, vitalité, joie de vivre et générosité. Je définis un objectif, mets en place l'organisation nécessaire, exprime mon pouvoir créateur, reste positif, crée des liens d'amour, des relations privilégiées et des partenariats basés sur la confiance, coordonne les choses efficacement et trouve les soutiens nécessaires pour réussir. J'éduque, je transmets des savoirs et j'utilise mes dons pour me mettre en valeur et pour exprimer le meilleur de moi-même. Depuis la Source, Dieu (pour les croyants), étincelle de lumière au centre de mon cœur, brille dans la joie, avec la puissance de l'Amour, éclairant le chemin des Hommes pour qu'ils expriment le meilleur d'eux-mêmes et pour qu'ils accèdent à leur lumière. J'agis selon mon cœur, créé des relations harmonieuses, réussis ce que je fais et je rayonne comme un Soleil que je représente sur Terre. Tu vois ! C'est magnifique ! On peut célébrer la vie dans la joie.

3-La tradition du Yi-King. Hex 19 = L'approche, l'avancée positive, exprimer sa lumière.

Résumé du nombre : Valorisez et exprimez vos compétences avec attention, créez des liens d'amour, collaborez harmonieusement au sein d'une relation privilégiée et aidez autrui à atteindre leurs objectifs pour générer une avancée positive et une réussite.

Explication technique :

Dès lors que les zones d'ombre ou les mémoires ont été transformées, que les problèmes ont été solutionnés, que les affaires familiales ont été réglées et qu'un état de bien-être commence à s'installer, alors la lumière revient, arrive et peut être partagée. C'est pourquoi après « Remédier le corrompu » vient « L'avancée positive ». L'idéogramme chinois ancien de cet hexagramme représente le roi et son prince (les deux lignes masculines montantes) se penchant ensemble sur trois bouches.

Cela évoque la collaboration harmonieuse de deux personnalités dynamiques, qui œuvrent pour apporter éveil et développement, permettant ainsi de faire réussir un projet concret grâce à une vision convergente.

Cela évoque également une intervention, limitée dans le temps, d'une autorité supérieure, pour diriger, présider, éclairer, instruire, aider et promouvoir, pour prendre soin du peuple et pour (re)mettre en marche les activités nécessaires. Cela évoque enfin l'expression du meilleur de soi et de ce qui est souverain, royal ou solaire en soi. Dans la nature, les saisons, toujours en mouvement, se succèdent. Chaque saison a pour origine la précédente.

Chaque saison prépare déjà l'arrivée de la suivante. Et régulièrement, il y a des tournants. Ici, le printemps, avec sa symbolique de renaissance, de renouvellement, d'espoir et de progrès, approche. Il arrive. La lumière et la chaleur sont en pleine expansion, générant un environnement plein de potentiel et de riches opportunités. L'énergie est là. On profite de l'arrivée du Soleil, du printemps et de sa chaleur bienveillante. Mais cette période est temporaire et nécessite d'être accompagnée dans son élan. La volonté doit donc de nouveau se mettre en action, saisir les opportunités et le sens de la situation, surveiller avec amour ce qui doit l'être et choisir le moment approprié pour agir. **Touai**, le lac, demande de l'intelligence relationnelle en action, la gestion fructueuse des ressources et d'être dans la joie du partage. Il évoque ici la profondeur inépuisable des sages capables d'instruire les Hommes. **Kouen**, la Terre, demande de prendre en compte les cycles de la vie, de faire preuve de réceptivité, de fécondité et d'une dévotion toute maternelle qui surveille et prend soin de la vie, des enfants et de la cuisson en cours. Il évoque la capacité des êtres sages à accepter et supporter chacun tel qu'il est, avec compassion, sans exclusion et sans limites.

Le lac allant vers le haut et la terre vers le bas, ils se rencontrent et unissent leurs forces. Le trigramme nucléaire Tchen demande l'écoute des signes et des nécessités du temps présent, de prendre des initiatives énergiques, de gérer des projets, d'exprimer sa spécificité librement et d'aboutir à une renaissance.

Interprétation classique : Quelque chose de très positif est en train d'arriver. L'environnement est très favorable, les responsables sont particulièrement bien disposés à votre égard et de réels progrès sont possibles. Vos qualités, vos compétences et votre valeur sont reconnues et peuvent être exprimées sur les devants de la scène. Vous pouvez ainsi influencer la situation, exprimer vos talents avec une grande liberté d'action, exercer votre autorité et assumer des responsabilités.

Vous pouvez vous organiser avec efficacité, vous investir avec amour et dévotion, surveiller avec vigilance les différents paramètres et préparer un avenir solide. Vous avez la possibilité de travailler en binôme avec une personne très complémentaire, de trouver des collaborateurs efficaces et de partager votre expérience à travers l'enseignement. Cette période particulièrement gratifiante est synonyme d'avancée, de promotion et de réussite, mais elle ne durera cependant qu'un temps, jusqu'à l'arrivée de l'étape suivante du cycle.

Même au printemps, il faut penser à l'automne suivant. Il est donc judicieux de regarder la situation en face, d'optimiser les temps présents, de gérer au mieux les ressources et les opportunités offertes puis d'anticiper la transformation inévitable de la situation. Si vous avez attendu pour concrétiser un projet ou une rencontre, pour mettre en avant de nouvelles idées, pour expérimenter de nouvelles possibilités, pour solliciter une promotion ou pour améliorer votre situation, le moment pour agir et pour redoubler d'efforts est arrivé. Si vous êtes engagé dans une activité sociale, votre rayonnement, votre expérience et votre sagesse peuvent aider autrui. Vous pouvez apporter des enseignements permettant à chaque personne d'améliorer ses perspectives d'avenir, sans favoriser ni exclure qui que ce soit.

Vous pouvez alors être un repère capable de poser des fondations pour un progrès collectif. Les relations sentimentales sont pleines de potentiel. Vous pouvez aussi poser maintenant les fondations pour faire fleurir et consolider votre vie affective en utilisant votre pouvoir créateur, en prenant les choses en mains, en œuvrant pour renforcer les liens et en prenant soin de l'autre avec amour et générosité. Cette période peut alors être un repère qui vous préservera d'éventuelles turbulences dans le futur.

L'époque est aussi très propice à votre évolution personnelle. La force de votre volonté, alliée à votre souplesse, votre ouverture du cœur, votre intelligence logique, votre sensibilité, votre capacité à donner le meilleur de vous-même, votre persévérance et votre sens de l'organisation ont un effet très positif sur votre évolution. Vous avez une conscience aigue de votre identité et voyez clairement où vous vous situez dans l'évolution globale des choses. Vous pouvez concrétiser ce qui vous tient à cœur avec une grande réussite mais aussi aider autrui à atteindre leurs objectifs. Vous avez la possibilité d'aller au bout de vous-même et de vous réaliser. La gratitude, la joie et le succès sont au rendez-vous.

C-Selon trois traditions modernes.

1-Le Diamant de Naissance. 19 = l'être supérieur, la relation privilégiée d'amour.

Symbolique : Le Potassium. L'avancée positive du Soleil. Reconnaitre et valoriser les qualités. Promouvoir le positif et la lumière. Le cheval. Le Soleil. L'énergie. La lumière. La conscience. La générosité. La gratitude. L'amour manifesté. L'engagement. La responsabilité. L'adulte responsable. La réussite. Une situation heureuse. Une relation amoureuse source de bonheur. Les relations privilégiées. La coopération intelligence source de réussite. Une chance et une réussite. L'état psychologique positif. Voit tout échec comme une étape vers la réussite. Dieu. Le dieu ou la déesse intérieur(e). L'idéalisme. La meilleure version de soi-même.

Les besoins et capacités qui demandent à être exprimées :
-Besoin d'accéder à la réalité et d'être la meilleure version de vous-même dans la joie/l'amour
- Besoin d'incarner vos valeurs, votre idéal, votre vision puis de mettre en place des objectifs, une organisation et de réussir
-Besoin de diriger, de régner, d'éclairer, de valoriser, de réchauffer, de rayonner, de briller, d'être visible, connu(e), reconnu(e), remarqué(e) et admiré(e)
-Besoin d'exprimer votre créativité, l'amour (paternel) en vous, la générosité et la gratitude
- Besoin de créer et de vivre des relations privilégiées mais aussi de voir chaque être comme un frère/une sœur. Besoin d'exprimer votre enfant intérieur, parfois d'éduquer des enfants et d'exprimer votre adulte intérieur
 - Besoin d'écouter votre cœur, de faire ce que vous aimez et d'aimer ce que vous faîtes, d'être volontaire, conscient(e) et unifié(e)
-Besoin d'être positif, d'apporter de la joie et du bonheur aux autres
-Besoin de vivre l'expérience de Dieu, d'être une lumière, un Soleil, une déité.

Déséquilibre en excès : Blessure d'amour, de non reconnaissance de soi, blessure liée à la perte de l'âme sœur ou d'une relation privilégiée. Egocentrisme et égoïsme. Excès d'importance personnelle. Prend très mal les critiques. Monarque qui impose sa volonté. Dictateur qui veut tout contrôler. Complexe de supériorité. Gouts de luxe. Dépend du regard des autres.

Dépendance émotionnelle/affective. Besoin excessif d'attention, d'approbation, d'être valorisé(e) et d'amour. Mégalomanie.

Déséquilibre en manque : Donne trop et reçoit rien. Difficultés à se relier au cœur, à s'aimer et à aimer les autres, à se relier aux autres, à se mettre en valeur, à exprimer sa créativité, à faire preuve de volonté, à avoir une bonne image de soi ou à donner une bonne image aux autres, à soigner les formes, à être clair et à y voir clair, à être une personne positive, chaleureuse, solidaire et généreuse, à être autonome, à construire, à se fixer les bons objectifs, à mettre en place l'organisation permettant de réussir, à vivre dans la joie et le bonheur et à rayonner comme un soleil. Sentiment de tristesse, d'échec, de n'être que l'ombre de soi-même.

Mémoires karmiques : Mémoire de roi ou de reine, de seigneur, de bijoutier, de créateur ou d'avoir vécu une vie magnifique. Mémoires d'événements ayant généré beaucoup de joie. Mémoire de vie dans un lieu avec beaucoup de soleil. Une histoire d'amour très forte a pu jouer un rôle important. Un problème de rivalité fraternel a pu avoir des conséquences importantes.

2-Le Design Humain. 19 = La porte du vouloir et du rapprochement.

Explication technique :

Circuit de l'ego. Centre Racine. Cette porte est liée à la porte 49, la révolution. Son thème principal est l'intimité de la relation privilégiée, la connexion aux autres par le cœur et la dépendance mutuelle. Sa maîtrise permet la connexion consciente au cœur. Cette porte génère premièrement une hypersensibilité, un sens de la synthèse et une sensibilité aux manques et aux besoins d'autrui, qu'ils soient matériels, informationnels, émotionnels ou spirituels. Elle génère le besoin d'avoir assez de nourriture, un bon logement, des relations sociales et des interactions au sein d'une communauté. Elle génère ensuite une énergie de soutien dans le cadre d'une relation privilégiée, avec une perspective plus large de soutenir la communauté, d'assurer sa survie ; où chaque personne a son importance, doit trouver sa place et son rôle mais aussi trouver le soutien de la communauté et d'un/d'une partenaire. Elle apporte ensuite une énergie de conscience qui permet de sortir de l'action mécanique et inconsciente. Avec les canaux 10-20 et 25-51, elle fait parti des 3 canaux dits mystiques même si, lorsqu'elle s'exprime de façon plus extérieure, elle n'est pas du tout « spirituelle ». La capacité à optimiser le soutien d'une communauté peut permettre une importante réussite sociale.

Proposition d'interprétation :

Vous vous sentez exister quand vous êtes en relation avec le Source d'amour dans votre cœur ou avec une personne avec qui vous avez une relation privilégiée. Dans votre monde, la camaraderie, la convivialité et la coopération sont ainsi pour vous une base de succès. Vous avez besoin d'être aimé(e), désiré(e) et parfois même d'être indispensable ou tout au moins d'être au centre de la situation. Vous cherchez ainsi continuellement à créer des liens avec les autres. Vous n'êtes pas forcément une personne en manque d'affection, mais pour que vous soyez en alignement avec votre propre nature, vos besoins doivent être satisfaits, sur le plan des émotions, de la sexualité et de l'appréciation. Par conséquent, on trouve un élément de séduction, jusqu'à ce que la réalisation d'une interaction ou d'un partenariat privilégié réponde à vos besoins personnels. Ici, la pression de la Racine vous fait entrer en contact avec les autres, motivé par le besoin de vous sentir inclus dans une situation, peut-être dans une famille, un groupe ou une communauté.

Tout sens de séparation ou de dualisme vous perturbe. Vous avez un profond désir de mettre fin à tout sentiment de division et de restaurer une sensation de complétude. Vous faites tout votre possible pour rassembler les gens ou les parties de vous. Votre besoin d'appartenance n'est pas une mauvaise chose parce qu'il vous aide à promouvoir une coopération et vous permet de sentir les besoins et les désirs des autres, bien avant qu'ils n'en aient pris conscience eux-mêmes. Vous êtes parfois capable de voir dans le cœur des autres et de savoir ce dont ils ont besoin pour progresser. Votre difficulté réside dans le fait de savoir différencier vos besoins de ceux des autres. Votre don consiste à montrer aux autres comment favoriser un meilleur alignement et manifester la meilleure version d'eux-mêmes, tant dans leur vie matérielle que spirituelle. Vous pouvez ainsi devenir un(e) dirigeant éclairé(e).

Son dilemme où il doit faire des choix : L'hérésie. **Planète :** Soleil. **Signe astral DH :** Verseau.
Son partenaire de programmation : Clef 33, la révélation ultime.   **Corps :** Les cheveux.
Son anneau de codon : L'anneau de Gaia (19, 60, 61). **Acide aminé :** Isoleucine.
Son chemin de transformation : Le chemin de la délicatesse, de la sensibilité.

Si être indépendant, c'est être capable de compter sur soi-même pour s'en sortir, être co-dépendant c'est avoir besoin des autres et devoir compter sur eux. L'être humain vit dans un état de codépendance sur Terre. Il est notament dépendant de Dieu, de la Source de toute Vie. Les êtres humains adorent les histoires, on est comme ça et c'est dans cette clef qu'est encodé la relation entre l'humain et Dieu. Au niveau de l'ombre, l'humain s'imagine qu'il y a un Dieu extérieur à lui et de là naissent ses difficultés et son mélodrame, car il a oublié et se positionne en victime en donnant son pouvoir à des éléments extérieur à son Dieu Vivant interne.

Notre vie est comme une pièce de théâtre, une histoire, un film ou une série télé. Si vous allez voir une pièce de théâtre ou un film et qu'il vous captive, vous passionne et vous prend aux trippes, vous devenez un avec votre expérience. Vous êtes touché(e) par l'histoire, le mélodrame, les personnages et leurs émotions. Vous êtes lié(e) à l'histoire, en lien intense avec, comme possédé par le film et complètement dépendant(e) émotionnellement de lui, ressentant tout une palette d'émotions.

Et pourtant c'est juste une illusion, un rêve, une histoire qui passe comme un coup de vent. Si vous allez dans les coulisses, derrière la scène, vous verrez tous les équipements et tout le personnel technique qui se sont engagés à vous fournir cette illusion et qui sont là pour vous tromper, avec votre accord. Eh bien votre vie dans le monde de la matière est pareille que cela. C'est juste un film, une histoire, un jeu ! Et c'est très simple d'en avoir la preuve. Cette histoire prend fin chaque nuit au moment où vous vous endormez et elle prend fin définitivement pour se transformer en une autre histoire ailleurs quand vous perdez votre corps physique, quand vous mourrez. Quand vous mourrez, vous vous réveillez et vous vous souvenez que notre vie était juste un script. Vous regardez alors en arrière et on voit comment on s'en est sorti

Mais ici, dans les fréquences de l'ombre de cette clef, on ne voit pas tout cela. On ne voit pas que les événements sont chorégraphiés depuis d'autres plans ou dimensions. On ne réalise pas que l'on porte un costume et que l'on joue un personnage, un rôle et que les gens autour de nous aussi. On ne réalise pas qu'il y a des directeurs artistiques, des acteurs, des assistants et un script.

Parfois, le directeur ou le réalisateur du script décide de changer spontanément l'histoire et tout d'un coup toute notre vie change, juste comme ça. Nous somme tissé dans un matériau constitué de rêves et nous vivons dans une tromperie extraordinaire. Tout comme dans un film, il y a parfois des personnages méchants ou sombres que l'acteur principal ne voit pas et qui complotent contre lui, qui manipulent dans les coulisses pour nourrir le côté sombre et pour nourrir les ombres, le champs de conscience des ombres qui aimeraient nous épuiser en volant notre précieuse force de vie. Ces ombres sont comme des vampires qui se nourrissent de nos désirs. Heureusement, il y a aussi des personnages lumineux, des êtres de lumière, des anges capables de nous isoler et d'intervenir quand c'est nécessaire ou quand on leur demande de l'aide depuis les profondeurs de notre être. L'univers grouille de différentes formes de vie qui sont là tout autour de nous

Ce qui nous rend accroché à notre histoire, c'est une hypersensibilité ; c'est notre attachement, notre agrippement et notre codépendance ou notre dépendance affective. L'ombre de cette clef nous pousse à entretenir cette illusion qu'on apelle notre vie du fait que l'on est inconsciemment d'accord pour se soutenir mutuellement dans nos histoires. La codépendance se manifeste alors ici soit par une tendance à l'agrippement et par une tendence à manipuler autrui pour qu'ils soient dépendants, nous accordent leur attention et satisfassent nos besoins ou à l'inverse par une tendance à s'isoler en refusant l'attention d'autrui en faisant croire au monde qu'on s'en sort très bien tout seul(e). Ces personnes vivent alors dans un simulacre d'indépendance mais sont pleine de ressentiment voire de colère. Dans les deux cas, cela créé des relations dysfonctionnelles. La Terre est une école. On est là pour apprendre et un jour on apprendra à se libérer de cette dépendance affective avec tout ce qu'il y a autour de nous, avec l'environnement énergétique qui nous entoure mais aussi avec notre environnement intérieur.

Mais ici, on est dans un état de dépendance vis-à-vis de nos pensées, nos opinions, notre système de croyance et nos schémas émotionnels. Beaucoup de personnes ainsi croient inconsciemment qu'elles sont des victimes. Beaucoup d'autres croient qu'elles peuvent mal se comporter et s'en tirer, mais ça ne marche pas comme ça. Les méchants payent et les bonnes personnes sont toujours récompensées du fait qu'il y a la loi de l'équilibre. La justice est incorporée dans le script mais on ne voit pas toujours l'histoire complète. Le chemin d'évolution consiste ici à se comporter en hérétique, c'est-à-dire à effectuer de nombreuses prises de conscience, à aller voir derrière la scène, à casser les schémas, à briser le tissu de notre vie, à aller contre l'état des choses afin de s'extraire des énergies tissés autour de nous par notre karma, notre structure astrale/numérique, notre histoire et notre vie et cela ne peut se faire que seul(e) même si on peut se faire aider et accompagner. Cela ne peut se faire qu'avec une ouverture de conscience et une ouverture de cœur et avec la mise en place de nouveaux comportements et de nouvelles possibilités. Le script peut toujours être changé si on s'en donne les moyens. La solution est toujours d'avancer vers l'autonomie et l'indépendance.

Son cadeau : Les dons et capacités de cette porte : <u>La sensitivité/sensibilité/délicatesse</u>

Ce cadeau est une capacité de se guérir grâce à l'coute de son cœur, à une conscience de ses vrais besoins et grâce à une capacité à ressentir les besoin d'autrui, grâce à une capacité à trouver un équilibre entre ses propres besoins et ceux d'autrui et grâce au fait de devenir autonome, indépendant ou plutôt interdépendant de façon consciente, intelligente et adulte.

A notre époque moderne, cela se voit particulièrement dans les relations entre l'homme et la femme, qui était auparavant très dépendante de l'homme. Au fur et à mesure que notre conscience et notre cœur se clarifient et pénètrent toute notre vie et notre histoire personnelle, on se détache petit à petit, intérieurement. On se détend et on relâche et laisse partir nos attachements, nos agrippements. On s'investit alors plus dans la vie et on se rapproche des gens. On s'implique dans les événements au lieu de les éviter ou de les fuir. Notre sensibilité nous rend plus humain et plus complet. On apprend à se prendre en charge, à se comporter en parents vis-à-vis de soi-même et à demander de l'aide quand on en a besoin. La sensibilité permet d'ouvrir le cœur et de créer des relations privilégiées avec autrui. On devient capable de toucher autrui et d'être touché par eux, au sens physique, mental et émotionnel. Cette sensibilité permet de partager nos visions et nos ressentis. On développe l'art de comment approcher l'autre de la bonne façon et un des noms de l'hexagramme 19 du Yi-King est l'approche (positive). On ne se précipite jamais pour approcher un(e) inconnue mais on laisse la personne nous approcher à un rythme qui est confortable pour elle. La personne sensible perle peu mais écoute beaucoup. Concernant les animaux, elle sait que le secret de la relation est dans l'approche, ne déclenche pas le toucher mais attend que l'animal ressente qu'il a confiance et le laisse venir puis lui permet de nous toucher. Pour intégrer ce cadeau, il faut guérir son cœur et apprendre à approcher notre vie et les gens d'une façon nouvelle, d'une façon douce, avec une présence aimante, qui prend également en compte nos propres besoins. C'est notre responsabilité et celle de personne d'autre de faire en sorte que nous sommes nourris par notre vie, ce qui a lieu quand il y a un équilibre entre le donner et le recevoir. Quand il y a une dépendance affective, la relation n'est pas équilibrée et quand on intègre le don de la sensibilité, on le voit tout de suite et on peut en parler ouvertement, avec délicatesse, de façon aimante.

La délicatesse s'apprend et permet d'apprendre rapidement et quand on l'apprend, on se sent puissamment en vie et en joie de créer des relations privilégiées mais on se sent aussi ouvert aux autres, perméable et d'une grande douceur, le cœur rempli d'amour et de gratitude. Ce cadeau permet parfois de développer, au niveau intérieur, une sensibilité particulière combinant plusieurs sens. Il peut rendre capable de sentir les énergies de vie des gens, les couleurs et les différentes dimensions de la réalité, d'entendre les odeurs, de voir les sons, de se nourrir d'énergie et du Soleil, d'être clairaudiant, clairvoyant, clairsentiant ou clairconaissant, par exemple. Lorsqu'il s'exprime dans le monde extérieur, il permet d'être un(e) dirigeant(e) éclairé(e).

Le superpouvoir/puissance de cette porte : <u>Le sacrifice, la relation privilégiée d'amour</u>

Cette clef amène à une interdépendance consciente, qui combine le cœur et l'intelligence, à travers un état d'unité avec toutes les formes de vie. L'hérésie amène au sacrifice et à l'abandon de ce qui n'est pas la meilleure version de nous-même jusqu'à ce que le mental perde son pouvoir sur nos vies. Il y a différentes sortes de sacrifices. Il y a le sacrifice inférieur, le sacrifice de soi, quand une personne donne son pouvoir pour le bénéfice d'une autre personne. Ce sacrifice n'est pas sain. Il n'y a aucun honneur à s'abimer délibérément pour servir autrui. Le sacrifice supérieur à lieu à l'intérieur de soi. On sacrifie l'inférieur, les fréquences inférieures pour incarner le supérieur en accédant aux fréquences supérieures. On sacrifie le petit moi pour accéder au Grand Moi, au divin en Soi.

On sacrifie les impulsions inférieures et tout ce qui fait baisser notre fréquence vibratoire pour incarner un idéal supérieur et vibrer à des fréquences supérieures. On sacrifie notre négativité, nos projections négatives envers les autres, notre vision négative du monde et même nos projections positives car pour aller au-delà du bien et du mal, nous devons sortir de l'histoire, du mélodrame.

On sacrifie notre position de joueur séparé dans le jeu pour que tout le monde réussisse. On donne son cœur à l'autre sans conditions pour renaître grâce à la force d'amour de la relation. On observe notre rôle et notre personnage avec une telle profondeur qu'il finit par se détendre puis se dissoudre. On devient un acteur ou une actrice accomplie à partir du moment où l'on a conscience de la nature et de l'essence du jeu. L'un des grands sacrifices est celui de la parole en faisant le choix de ne pas parler. On accepte de ne pas être compris et que l'autre ne comprenne pas.

Cette clef est initiatique et être initié(e) signifie effectuer un sacrifice où l'être que nous étions est transmuté et devient quelque chose de nouveau. On entreprend de nombreuses initiations tout au long de sa vie et il y a une phase d'intégration après chaque initiation car notre conscience s'éveille graduellement, par étapes. Cela prend des années et parfois plusieures vies. Il faut donc faire preuve de patience.

Les vies imprégnées de grandeur passent souvent inaperçus à la majorité. Pensez à toutes ces personnes qui consacrent leur vie aux autres et ont créé toutes les belles choses que nous avons sans que ces autres en aient conscience, sans même qu'on sache leurs noms. Le sacrifice permet de découvrir ce que c'est d'être sanctifié(e) (Clef 61) à travers le Justesse/la justice (Clef 60) et ainsi de découvrir notre vérité profonde. Nous les humains voyons rarement la réalité dans son ensemble. On ne se souvient pas de nos vies passées et pourquoi les choses sont comme elles sont. On doit le découvrir par nous-même et le sacrifice est notre plus grand enseignants.

Seule une personne qui vit ce superpouvoir du fait qu'elle donne sa vie pour le bien de tous les êtres peut vraiment le comprendre. Il y a enfin un sacrifice collectif, quand une époque cède la place à une autre, quand l'humanité sacrifie une dimension pour accéder à une autre.

Et l'humanité, une fois qu'elle aura traversé ses siècles du chaos, accèdera à un autre niveau de conscience et à une autre vie, où les superpouvoirs, qui paraissent actuelement extraordinaires, deviendront la norme. En attendant, vous pouvez juste faire de votre mieux, chaque jour, afin d'aller vers la meilleure version de vous-même, avec ouverture du cœur, honnêteté et présence aimante.

Chapitre 20 : Le nombre 20

A-Son nom, son graphisme et son symbolisme :

Le mot vingt vient du latin « viginti » qui viendrait lui-même du proto-indo-européen « vikimti » dont la racine vik était synonyme d'ouverture, ouverture de la vision et ouverture de la terre (baie/fjord). Le mot nordique vik-ing décrit les hommes libres (ing) qui habitaient les baies (vik), les ouvertures de la côte. La capitale de l'Islande se nomme Reyk-ya-vik, la baie du Roi. On retrouve la symbolique d'ouverture de la vision dans les traditions du Yi-King Chinois, des Runes Germaniques et du Tarot Italien. Le mot Sanskrit pour 20 est vimshathi qui est assez proche de vikimti. Son graphisme indique simplement deux dizaines et zéro unité. Le corps humain ayant 20 doigts qui servaient à compter, de nombreux systèmes de comptage ont existé en base 20, chez les Mayas notament, où il y a un calendrier sacré avec 20 glyphes solaires et 13 tonalités lunaires, mais aussi en Europe, où les peuples anciens, les Celtes puis les Gaulois, comptaient en base 20. L'expression ancienne quinze-vingts signifiait 300. Le système en comptage en base 20 s'est mélangé avec le système de comptage en base 10, ce qui se reflète dans la langue française. On dit ainsi trente, quarante, cinquante et soixante mais soixante-dix (70), quatre vingt (80), quatre-vingt-dix (90). En Suisse et en Belgique, on dit par contre septante (70), huitante ou octante (80) et nonante (90) ce qui semble plus logique. Le code génétique humain compte également vingt acides aminés principaux donc le nombre 20 donne accès à la compréhension du code génétique et ouvre une porte à l'idée de l'accès à des réalités invisibles.

B-Selon trois traditions anciennes :

1-La tradition germanique des Runes.

La Rune 20 se nomme Mann prononcé manne, mot signifiant Homme.

Son numéro : Man est la vingtième rune du Futhark. Ce nombre en tant que tel n'a pas à priori de signification particulière. Il est en lien avec les vingt doigts du corps humain, soit avec une totalité. Le 2 évoque la profondeur, la mémorisation, la connaissance, la sagesse, le mystère, la capacité à naître et la richesse du féminin tandis que le zéro évoque la liberté et l'univers créé par la Source. L'union du 2 et du 0 peut symboliser l'accès libre à l'information, l'expression libre des ressentis, le franchissement d'une nouvelle porte, une nouvelle façon de percevoir les choses et une renaissance à soi-même de part la reconnexion permanente avec la « Source de toute vie ».

Résumé et essence de la rune : Cette rune est la rune de l'être humain et de ce qui le caractérise, c'est-à-dire la Parole et la musique. Avec Mann, grâce à une connexion avec la Source de toute vie dans l'instant présent, je suis la personne qui développe une vision multidimensionnelle de la réalité telle qu'elle est, une conscience du sacré et une conscience planétaire. Il y a une prise de conscience, un message, une transformation et la réalisation d'un projet, seul ou en équipe, grâce à une intelligence technologique, psychologique et organisationnelle. Je suis celui qui avance sur son chemin d'évolution en exprimant son potentiel et ses qualités humaines. Je suis ce qu'il y a de meilleur dans l'être humain, l'être humain connecté à la Source de toute vie et agissant selon « la volonté du Père ». Je suis celui ou celle qui apporte aux autres la bonne tonalité, le son et le sens, les messages et les informations qui permettent d'évoluer et d'effectuer des transformations.

Je suis celui ou celle qui gère des projets complexes, qui exprime au mieux ses capacités dans le monde des Hommes et qui accompli sa destinée.

L'aspect sombre de la rune : Il est symbolisé par des problèmes relationnels, par un environnement conflictuel ou par l'hostilité d'un groupe d'être humains ou d'éléments négatifs de l'inconscient collectif, par une tendance à condamner l'humanité ou ce qui est sacré, par une difficulté à voir les choses en profondeur, à percevoir les messages de la vie, à comprendre et à s'adapter, à saisir les opportunités, à intégrer un enseignement, à accepter le changement et l'imprévu, à sortir de son tombeau, à trouver de l'aide et des solutions, à exprimer son potentiel et ses capacités, à réaliser sa destinée librement, à être autonome, à gérer un projet efficacement, à renaitre et à guérir.

Son phonème : Cette rune est associée au son m.

Mots clés : Faire des choses avec des Hommes, les coïncidences et les messages de la vie, une nouvelle, trouver, recevoir ou donner de bons conseils, accepter et vivre un changement, un grand départ ou un imprévu, aller dans l'inconnu, une grande transformation, la mort et la renaissance, la vision multidimensionnelle profonde et sacrée, les échanges et les négociations, un discours ou une conférence, réussir et intégrer un enseignement ou une formation, la gestion d'un projet complexe, un travail en équipe, un engagement pour aider, une initiation chamanique, un thérapeute du corps et de l'âme, retrouver et accepter son humanité, réintégrer sa famille d'âmes, créer une interdépendance intelligente, réaliser sa destinée de façon autonome, une collaboration particulièrement efficace, l'expression de qualités humaines et de valeurs humaines comme la solidarité, la capacité à surmonter les dualités, les difficultés, les déséquilibres et à guérir.

2-Le Tarot Italien. Le résumé/l'essence de l'arcane : 20 = Le Jugement, l'Archange.

J'élève ma vision et je développe une vision multidimensionnelle de l'espace et du temps, où le passé et le futur se rejoignent dans l'instant présent. Je prends conscience de mon éternité mais aussi de mes mémoires généalogiques et de mes mémoires de vie passées et je les intègre. J'utilise des technologies basées sur l'information, les images et les sons. Je suis optimiste et je suis capable de voir l'issue positive en toute situation. J'apprends à me transformer, à guérir mon corps et mon âme et à aider les Hommes à réaliser leurs projets et à se libérer. J'ai conscience que « Les Anges », « Les Archanges » ou « Les Rayonnants du Jour Eternel » se tiennent toujours à mes côtés, pour révéler des messages, apporter des réponses à mes prières, éveiller ma conscience et accompagner ma renaissance. Je manifeste des synchronicités et j'ai conscience que l'univers répond souvent à mes questions par des coïncidences. J'agis selon « La Volonté du Père ». J'entends les messages de l'Archange et les restitue. Je suis un(e) porte parole, un(e) annonciateur (trice) et un(e) révélateur (trice) qui s'exprime avec puissance et éloquence et qui permet aux êtres et aux situations de se transformer, d'éclore, de fleurir, de s'épanouir, de se libérer, de ressusciter et d'avoir une seconde chance. Je signale que quelque chose est terminé. J'explique ce qu'il en est. J'annonce les conséquences des actions passées. Je donne un verdict. J'apporte le renouveau et annonce le futur. Quelque chose de nouveau émerge de l'ancien. Un événement survient et apporte la réponse ou la solution qui était attendue.

Résumé du nombre : Lors d'un rituel ou d'une réunion, prenez du recul, de la hauteur et de la profondeur, puis, en étant intensément dans l'instant présent, contemplez, développez une vision complète, multidimensionnelle, chamanique, thérapeutique, nouvelle, claire, technologique, sacrée et alignée avec la Nécessité pour gérer des projets complexes.

Explication technique :

L'avancée positive de la lumière permet de regarder, de voir, de contempler et ainsi d'acquérir une vision multidimensionnelle claire, diurne, nocturne, intérieure, extérieure et plus élevée. Elle permet de voir ce qui est lumineux et beau. C'est pourquoi après « L'avancée positive » vient « La vision sacrée».

L'idéogramme ancien de cet hexagramme décrit un oiseau de nuit et un œil humain tourné vers l'intérieur, qui contemple la beauté de l'oiseau. La forme de l'hexagramme représente un temple ou une haute tour taôiste, symbole des différents corps de l'être humain (physique, astral, mental, âme et spirituel). Le temple permet de voir et d'être visible, tel un phare ou un modèle, soit depuis son portail, soit depuis son sommet. Le portail symbolise l'ouverture et le passage permettant de focaliser la vision. Le sommet représente le chemin permettant d'élever sa vision afin d'acquérir la clarté d'esprit.

L'ensemble évoque la nécessité de choisir ce qu'il est important de voir et l'importance de voir le sacré. Voir permet alors d'effectuer des prises de conscience, de transformer les zones d'ombre et de se purifier jusqu'à ce que celui qui voit, ce qui est vu et la lumière qui permet de voir ne fasse qu'un, générant l'union avec le Tao. Le commentaire décrit un grand prêtre et un dirigeant, capables d'être un portail, un messager, un enseignant et une source d'élévation pour autrui. Dans le monde extérieur, le dirigeant sillonne le pays pour voir les besoins et comportements du peuple, puis pour mettre en place des politiques gouvernementales et des valeurs morales, afin de rectifier les mauvaises habitudes et de développer la prospérité.

Dans la vie spirituelle, le grand prêtre organise des rituels pour invoquer la divinité. Ces rituels permettent, à travers la foi, la prière, un recueillement profond et la méditation, de prendre conscience de l'ordre cosmique, des lois de l'univers et des cycles de la nature. Ils permettent de transférer la vision d'un corps à l'autre, jusqu'au centre de soi, de développer la vision intérieure spirituelle, de faire vibrer le sacré en soi, d'accéder au sens divin des événements et de recevoir l'aide de forces supérieures. Cette capacité à incarner l'ordre divin et « la lumière en soi » permet aux êtres exceptionnels d'élever leur conscience, d'avoir accès aux mystères de la vie et de la mort grâce à une vision spirituelle, de donner le meilleur d'eux-mêmes et de manifester un pouvoir spirituel mystique qui influence profondément les Hommes. Là où l'hexagramme précédant était en lien avec l'équinoxe du printemps, celui-ci est en lien avec l'équinoxe d'automne, où l'homme se tourne vers l'intérieur. Souen, le vent, demande un élargissement des horizons, une vision globale et de gérer l'espace environnant avec intelligence. Kouen, la terre demande humilité, réceptivité, naturel, malléabilité et dévotion, de générer du bien-être, de se nourrir, d'avancer au juste rythme et de prendre soin de la vie. Le vent, souffle d'esprit, se répand et fait courber la végétation par sa puissance. Les Hommes se règlent d'après les lois spirituelles comme l'herbe avec le vent et adoptent la vision de l'aigle.

Interprétation classique :

Il se peut que vous soyez balayé par les vents du changement. Il est ici nécessaire de prendre du recul, de la hauteur, de la profondeur et de voir derrière les apparences pour acquérir une vision nouvelle et claire de la situation dans toutes ses facettes.

Quelles sont les lois spirituelles en jeu et les paramètres visibles ou invisibles qui l'impactent ? Quels sont leurs effets sur la situation, dans votre vie ou dans celle d'autrui ? Qu'est-ce qui a amené les choses à être ce qu'elles sont ?

D'après l'ordre, les cycles et le schéma des événements récents, vers quoi peut-elle déboucher ? Quel sont les enjeux ? Comment le contexte et l'environnement l'influencent t'ils? Quelle est l'importance réelle de ce qui vous préoccupe par rapport à votre vie éternelle ? De quoi a-t-on réellement besoin ici et maintenant ?

La capacité à voir les choses telle que les verraient une personne plus évoluée ou plus consciente que vous, à acquérir une vision globale totalement objective, au-delà de tout désir égoïste, de tout intérêt personnel et de toute illusion, puis à discerner le sens de ce qui se passe, vous donne la lucidité capable de vous adapter instinctivement et avec une grande inspiration aux nécessités de la situation. Cela fait appel à votre intuition profonde, à votre sagesse, à votre grandeur d'âme et à votre courage de voir les choses telles qu'elles sont puis à votre capacité d'exprimer votre vision spécifique. Vous pouvez alors maîtriser les événements et votre vie avec une grande inspiration mais aussi faire passer des messages, offrir vos conseils ou donner des enseignements pouvant avoir un profond impact sur votre environnement.

Les temps sont propices pour chercher de nouvelles idées, pour explorer de nouvelles possibilités, pour observer attentivement les messages et connexions en mouvement, pour modifier votre vision des choses afin qu'elle devienne plus authentique et pour opérer des ajustements. Les affaires, comme les relations, peuvent évoluer harmonieusement, grâce à votre faculté de voir la beauté et le sacré là où ils sont, d'avoir une vision juste et profonde, de mettre de l'ordre en conséquence, de vous aligner sur « La Nécessité » et d'inspirer confiance.

Votre position et l'impact que vous avez font que vous êtes aussi vu et observé par autrui. L'époque est également propice au développement d'un sentiment religieux, aux réunions ou aux rituels initiatiques permettant de méditer, de prier, d'élever sa vision, d'effectuer des « sorties hors du corps physique » et d'accéder au sacré en vous.

C-Selon trois traditions modernes

1-Le Diamant de Naissance. 20 = le messager (des dieux).

Symbolique : Le Calcium. Le père de l'humanité. Elever sa vision. La vision spirituelle manifestée. Le téléchargement d'informations depuis les champs quantiques. L'analyse des informations. Le bon jugement. La famille (d'âme). Le tombeau des mémoires généalogiques et karmiques. La diffusion de la connaissance. L'éveil à l'au-delà. La guérison totale. L'impact important d'une structure sociale. Un événement riche en émotion. Un message générateur de changements. Les événements collectifs. Les projets complexes et avant-gardistes. Le son, la Parole/voix, la vibration. Les hautes technologies. La propagation de l'information.

Les besoins et capacités qui demandent à être exprimées :
-Besoin de sortir du tombeau des mémoires généalogiques et/ou des mémoires de vies passées pour se donner une seconde chance et vivre votre vocation.

-Besoin d'entendre et d'être entendu, de voir les leçons à tirer et la source des difficultés
-Besoin manifester les messages du ciel, d'apporter des messages qui génèrent des révélations, des transformations, une guérison, une libération, une régénération, une résurrection et une renaissance et ce par la parole, le son, l'image, la vibration ou la musique.
-Besoin d'utiliser la puissance du Verbe, de communiquer, d'annoncer, de propager/diffuser l'information par la parole, l'écriture, la radio, la télévision, internet ou le cinéma.
- Besoin de gérer des projets complexes ou des technologies ultramodernes et avant-gardistes.
- Besoin d'élever votre vision et d'incarner une vision quantique, chamanique multidimensionnelle et éveillé à l'au-delà.
- Besoin d'éveiller votre conscience aux réalités éternelles, de vous éveiller et de vibrer d'amour.

Déséquilibre en excès : Blessure karmique. Blessure liée à des événements collectifs, à une organisation, à de la culpabilité ou suite à un jugement et une punition. Manque de respect. Sentiment de culpabilité. Se perd dans un excès d'informations ou de distractions. Diffusion de fake news. Propagandiste. Tendance à juger et à condamner. Complotiste. Manipulation de masse à travers des discours pervers.

Déséquilibre en manque : Difficultés à ne pas systématiquement juger/critiquer/commettre des erreurs de jugement, à écouter les signes, à ne pas se sentir coupable, à ne pas vivre dans le mensonge ou enfermé dans un tombeau, à élever sa vision, à prendre conscience de ce qui est sacré, à avoir la foi et à faire appel à la force de la prière, à vibrer d'amour, à gérer des projets complexes, à faire appel aux nouvelles technologies, à se révéler à soi-même, à faire passer les bons messages, à prendre conscience de la réalité de l'au-delà, é écouter et entendre, à se transformer, à se libérer, à s'adapter à l'imprévu et à la nouveauté, à se donner une seconde chance ou à en accorder une aux autres, à guérir et à renaitre de ses cendres.

Mémoires karmiques : Mémoire de vie en groupe où le groupe décidait des choses. Mémoire sur l'une des autres planètes habitées, autrement dit d'extra-terrestre au sein d'une civilisation technologique. Mémoire de guérisseur, de chamane, de sorcier, de conseiller ou de propagandiste.

2-Le Design Humain. 20 = La porte de l'instant présent ou du moment présent.

Explication technique : Circuit de la connaissance. Centre Gorge. Cette porte est liée aux portes 10, 34 et 57. Son thème principal est l'anticipation et sa maîtrise permet une présence éveillée multidimensionnelle. Cette énergie permet d'avoir intuitivement accès aux champs quantiques et d'avoir ainsi une vision multidimensionnelle des choses et des questions existentielles. Elle permet de prendre de la hauteur et de contempler.

Elle permet de reconnaitre le bon moment pour s'exprimer, les paroles pertinentes à prononcer et les actions justes à mettre en œuvre et ainsi de vivre de façon authentique dans l'instant présent. Elle permet de partager des concepts et une vision avec autrui en utilisant des paroles et une gestuelle percutantes et peut avoir un impact puissant sur l'entourage proche et sur le collectif. Le centre gorge ne génère pas de conscience en tant que telle. Il a un rôle mécanique consistant surtout à parler puis ensuite à inciter à l'action. Chaque porte du centre gorge a ainsi sa propre voix, son propre discours. Cela peut ou pas s'exprimer en conscience. Initialement, cette porte profère un « Je Suis, ici et maintenant » puis un « Je sais que je suis, ici et maintenant ».

Elle a besoin d'autres ressources pour manifester tout le potentiel de sa vision et de son intuition et pour passer à l'action. Quand elle trouve les ressources et quand elle le fait, elle est alors capable de gérer des projets complexes à une échelle collective.

Proposition d'interprétation : Cette porte fait passer d'une dimension à une autre, de la dimension du profane, de l'ignorant, du « moldu », à la dimension du sacré et de l'initié. Initié à quoi ? A la réalité multidimensionnelle du Cosmos. C'est un peu la porte du temple ou celle qui mène à un lieu saint où la vérité est révélée. La clef pour accéder à cette porte se nomme « être à 100% dans l'instant présent et accepter ce qui s'y trouve ». La porte 20 est le sanctuaire dans lequel vous vous trouvez au moment présent, ici et maintenant.

Vous avez ainsi besoin vous sentir ouvert à la réalité du moment présent. Cela implique d'avoir aucun regret ni ressentiment ni stress sur ce qui est passé et en lâchant toutes les attentes et les espoirs concernant le futur. Il s'agit juste d'être présent, d'écouter les fréquences et de contempler. L'univers se chargera ensuite de vous montrer d'autres pratiques et d'autres enseignements qui vous conduisent, si vous les suivez, à l'éveil puis à jouer vôtre rôle dans la symphonie du Cosmos. Parmi ces enseignements, il y a différentes méditations dot certaines impliquent le son. La méditation s'effectue en trois étapes : concentration–contemplation–être, être qui vous êtes d'un point de vue de l'éternité.

3-Les Clef Génétiques. 20= Le Aum sacré. Le serein.

Son dilemme où il doit faire des choix : La conscience de soi.
Son partenaire de programmation : Clef 34, la beauté de la bête.   **Corps :** Le cervelet (medulla)
Son anneau de codon : L'anneau de la vie et de la mort (3, 20, 23, 24, 27, 42).
Signe astral DH : Gémeaux. **Planètes : Uranus/Neptune/Pluton.**
Acide aminé : Leucine. **Son chemin de transformation :** Le chemin de la confiance en Soi.

L'ombre de cette porte : <u>La superficialité. Le tombeau des mémoires. L'absence.</u>

Ce nombre est en lien avec les gènes insectoïdes que l'on a dans notre ADN, avec la quantité de conscience capable de se manifester chez un être humain, avec la capacité à tourner son regard vers l'intérieur et à voir en conscience ; à voir et à être vu. Dans les fréquences de l'ombre, il y a une superficialité, une inconscience des choses, de soi et d'autrui. La conscience est absente, comme si elle s'était retirée. Il y a une déconnection de la vie à cause de l'omniprésence du mental. La personne est soit comme morte ou enfermée dans un tombeau, soit elle est trépidante et dans un état d'agitation permanent, suroccupée et sans présence, qui est focalisé sur sa survie ou sur des choses sans importance. Elle regarde mais elle ne voit pas du fait qu'elle n'est pas présente et qu'elle vit dans une illusion temporelle générée par le mental. Elle peut parfois vivre une certaine nostalgie d'un monde d'avant, qui selon son mental était bien mieux. La contemplation est un art qu'on ne peut pas vous apprendre. Seul(e) vous-même pouvez le cultivez. C'est un processus en 3 étapes. La première étape est juste de regarder en faisant un état des lieux, de prendre conscience que vous n'êtes pas vraiment présent(e), que vous êtes absent(e), que vous n'êtes pas conscient(e) de vous-même et que vous vivez à la surface de la vie, superficiellement.

La révélation que vos relations ne sont pas harmonieuses, que vos rêves sont perturbants et que souvent, vous ne vous êtes pas comporté correctement envers autrui peut initialement être difficile à vivre.

Il s'agit alors de vous entrainer à voir vos comportement extérieures et votre vie intérieure, vos croyances, vos pensées, vos émotions. L'objectif est de voir les liens entre votre vie intérieure et votre vie extérieure et comme quoi votre vie extérieure se construit en fonction de votre état intérieur.

Il y a une intense phase d'apprentissage. Vous apprenez à voir les conséquences de votre présence ou de votre absence dans le monde. Vous voyez vos erreurs quand vous ne prenez pas en compte l'ensemble d'une situation et quand vous êtes capable de prend en considération l'état psychologique de l'autre. La conscience de soi va et vient à ce stade. Parfois on traverse la journée sans s'en rendre compte. On est stressé(e) et dans un état de réaction.

Mais régulièrement, on fait des « pauses conscience », des points et l'on se souvient de que l'on est. Cela se fait parfois los d'un stage ou d'un cours de yoga ou lors d'un moment où l'on est soudainement inspiré(e).

On se rend alors compte à quel point cet instant de présence est merveilleux. Les chinois ont représenté ce nombre comme une tour avec une porte, permettant de voir de loin l'environnement. La porte représente une invitation, à appel de l'intérieur pour entrer sur un chemin d'évolution, un chemin de la conscience avec des prises de conscience. Contempler n'est pas juste penser, c'est une façon d'être consistant à se voir depuis un niveau plus élevé, avec objectivité. L'objectif de cette nouvelle vision est d'apprendre à voir comment on créé nos propres souffrance et de voir la vérité de qui nous sommes et où nous en sommes.

Cela doit être fait dans la douceur, en écoutant, ce que l'on doit aussi apprendre. Il s'agit de voir toute la profondeur de notre superficialité. De nombreuses traditions proposent de passer en revue la journée, avant de s'endormir et d'évaluer notre niveau total de présence de ce jour-là. Il n'y a pas de jugements à avoir et ce n'est pas une compétition. Il s'agit juste de voir ce qui est. Cette pratique, de voir la superficialité de votre vie, a une grande valeur.

Son cadeau : Les dons et capacités de cette porte : <u>La confiance en soi, l'éloquence.</u>

La seconde étape de la contemplation est d'observer comment vous entrez en relation avec les autres et le monde extérieur. Des considérations morales entrent en action parce que c'est votre nature humaine. Votre conscience de vous-même devient plus profonde. Vous développez une conscience de vos comportements, de vos pensées, de vos paroles, de votre discours et de vos actions et de comment votre présence ou votre absence affecte le monde et votre vie.

Plus précisément, la conscience dans votre plexus solaire prend le dessus sur votre mental. Vous apprenez à vous voir à travers le regard d'autrui et l'environnement vous trouve de plus en plus sympathique. Cela vous permet d'apprendre à anticiper et de faire de la prévention. Vous devenez moins nocif(ve), moins toxique et plus altruiste. Vous lâchez vos agrippements et vos addictions. Vous cessez de donner le pouvoir à votre mental pour prendre des décisions. Vous réalisez que votre niveau de confiance en vous est proportionnel à votre capacité d'échapper à l'emprise du mental et de ne plus en être victime.

Vous devenez conscient de votre mental en tant qu'espace ou champ d'énergie mais sans qu'il vous dirige. Vous prenez conscience que la vie sait très bien où elle va, qu'elle sait ce qu'elle veut faire de vous et à travers vous et que les décisions se prennent toute seule, dans l'instant présent, avec votre corps tout entier, parce que ce qu'il y a à faire est évident. C'est comme ça que vous développez votre confiance en vous, parce que vous, c'est la vie.

Vous pouvez même réaliser qu'il y a des présences invisibles, en vous et autour de vous, qui vous aident et vous protègent. Dans tous les cas votre Moi Supérieur émerge graduellement dans votre conscience. Vous cessez ainsi de vous inquiétez à propos de votre vie car vous savez que ça va aller. C'est un processus avec des essais, des erreurs et des ajustements mais vous finissez par apprendre. Quand vous prenez conscience des lois de la vie, vous avez de plus en plus confiance en vous et vous manifestez le don de cette clef, qui vous permet de donner en conscience un sens à votre vie. Etre conscient signifie être ouvert et recevoir des informations en retour, même des critiques, avec équanimité. Vous devenez alors plus humain(e) et mieux intégré(e) dans le monde autour de vous.

La conscience amène à un état de calme et cela se voit. Une personne qui a confiance en elle est calme et elle est présente. On peut dire de la présence qu'elle est comme de la lumière et que son absence est un manque de lumière. Ici, la présence devient comme votre meilleure amie qui vous rend souvent visite et qui amène un état de calme et de clarté.

L'exercice proposé ici est d'évaluer votre niveau de calmeté et combien souvent, à quelle fréquence, vous êtes calme ou pas. C'est de réaliser à quel point ce calme intérieur vous aide à faire face aux difficultés quotidiennes de votre vie de façon beaucoup plus confortable et consciente. Il s'agit ici de cultiver votre calme intérieur en lui créant un espace pour exister et pour grandir, en simplifiant votre vie pour que votre conscience nouvelle puisse prendre racine plus facilement, en vivant dans un espace bien rangé et en transformant vos activités quotidiennes en rituels simples et beaux, effectué dans un état de présence. La présence peut exister dans n'importe quel environnement mais elle a quand même des préférences.
C'est donc à vous de créer des espaces de calme et de silence dans votre vie quotidienne, où vous êtes en communion avec vous-même. Vous permettez ainsi à la vie de couler de façon fluide à travers vous. Ce cadeau est la clef de base d'une vie heureuse.

La capacité à contempler et à être complètement présent(e) vous donne beaucoup de puissance. Une personne vivant dans une présence aimante influence même l'air qu'il y autour d'elle car elle émet des rayonnements d'harmonie qui se propagent dans tous les secteurs de la galaxie. Elle est semblable à un doux vent d'amour qui souffle partout sur Terre. La troisième étape de la contemplation survient quand la contemplation cesse d'exister par elle-même du fait qu'il n'y a plus de personne qui contemple et de choses qui sont contemplées mais simplement une présence aimante qui est soit immobile, soit en mouvement. La présence divine se manifeste ici à travers un être humain. Le temps se dissout dans la conscience de l'être qui est en arrière plan.

L'exercice proposé ici est d'aller observer en pleine conscience une feuille qui tombe d'un arbre à l'automne, de bien regarder le moment précis où cela se produit et de faire pareil à l'intérieur de vous. La feuille est complètement abandonnée à son sort. L'arbre a totalement accepté de la lâcher. Cela a alors lieu. C'est cela la présence, c'est laisser venir ce qui vient et laisser partir ce qui s'en va et la contemplation, c'est observer que cela a lieu. Vous pouvez faire cela avec vos pensées, vos émotions, vos états d'âme et avec tout ce qui se passe dans votre vie. Vous contemplez alors tout ce que vous ressentez et vivez et c'est çà l'art de la contemplation, c'est mettre en temple votre vie, voir et vivre le sacré dans le quotidien. C'est être détaché intérieurement tout en étant présent extérieurement.

Un jour, l'arbre vous laisse partir. Ce n'est pas vous qui partez. C'est quelque chose qui se produit et qui continue d'avoir lieu jusqu'à ce que cela fasse parti de vous, jusqu'à ce que vous deveniez cela. Vous êtes alors un peu comme « le chat de Schrödinger », c'est-à-dire mort et vivant à la fois, car vous êtes l'arbre et la feuille. La seule chose qui survit après la mort du corps physique est la présence car elle est éternelle. Grâce à votre présence, vous accédez ainsi à votre éternité.

Ce vingtième superpouvoir représente enfin le verbe, la parole, la parole divine en tant que puissance créatrice. In principio erat verbum ! Au commencement de tout était le son, le verbe, la Parole ! Cela est mystérieux !

C'est le Aum sacré, la tonalité ou le chant de la Source de toute vie qui respire rythmiquement et qui créé la vie par le son, qui se congèle ou ralenti ensuite son mouvement vibratoire pour créer la matière. ($E=mc^2$) signifie simplement que quand vous retirez la vitesse de la lumière (c^2) ou le mouvement de la lumière, l'énergie (E) devient égale à de la matière (m). C'est la Source qui vous voit et vous contemple.

C'est ce que nous sommes, une chanson de la Source, une contemplation de la Source de toute Vie, une de ses respirations. On n'a pas notre mot à dire là-dessus. Soit Dieu, la Source de toute vie est présente dans notre vie soit elle ne l'est pas, du moins en apparence Mais en réalité, la Source est là en permanence et demande simplement à être révélée. Et c'est par la présence que cette révélation peut avoir lieue. Comme le dit, toujours avec justesse, Bô Yin Râ dans ses livres, si la Source de toute vie cessait ne serait-ce qu'une milliseconde de vouloir votre existence, vous vous transformeriez instantanément en un amas de poussières d'étoile !

Vous ne pouvez pas simuler la présence. Vous pouvez essayer de vous forcer à être présent(e) mais cela ne ferait que vous rendre stressé(e), tendu(e) et inconfortable.

Il ne s'agit pas ici de volonté mais d'absence de volonté. C'est juste d'en avoir l'intention et d'observer ce qui est là tout en vivant.

Le fait de créer des rituels favorisent l'apprentissage de la présence et en Chine et au Japon, le rituel ancestral du thé est un rituel de présence car la présence est un art de la finesse et du subtil qui existe grâce à l'amour du subtil et de la finesse. Lors du rituel, la présence entre, descend et s'installe puis elle est là. Il est même dit que si vous accomplissez votre rituel du thé avec amour et présence, vous serez honorée(e) par la visite de la déesse Kwan Yin, une archange féminine qui prend soin de l'humanité et des femmes sur Terre et plus spécifiquement en Asie. Vous pouvez ainsi trouvez votre rituel à vous, commencer par là, puis apprendre à voir et à vivre que la présence est là, partout et tout le temps, sous la forme d'une présence aimante, calme, vivante et vibrante. Compréhension, amour, transformation. Aum !

Chapitre 21 : Le nombre 21

A-Son symbolisme : Le nombre est associé à 3 cycles de 7 ans. Uranus traverse 3 signes astrologiques et devient carré (90°) à sa position natale. Dans de nombreux pays c'est l'âge de la majorité où une personne est considérée comme étant adulte et où elle peut pleinement prendre sa place dans le monde. On passe de la dualité à l'unité.

B-Selon trois traditions anciennes :

1-La tradition germanique des Runes. Rune 21 = l'océan.

La Rune 21 se nomme Lagu prononcé lâguou, mot signifiant étendue d'eau.

Son numéro : Lagu est la vingt et unième rune du Futhark. Le chiffre 21 n'évoque en lui-même rien de particulier. Il représente les trois quarts d'un mois lunaire. Il permet de passer du 2 au 1, c'est-à-dire de la dualité à l'unité. La multiplication de 3x7, deux nombre clefs, évoque le mouvement dans le sens d'un don de soi complet, d'une réalisation totale, d'un accomplissement, d'un aboutissement et d'un achèvement.

Résumé et essence de la rune : Je suis l'être en chemin porté par la vie, par son inconscient et par sa conscience, qui rassemble les différentes parties de soi en une union sacrée puis qui rayonne cette unité intérieure dans le monde.

Je suis la puissance concentrée et organisée de la vie qui chemine, avance, se développe et évolue avec fluidité, par étapes, sur son chemin d'évolution, selon la loi, le nombre, le rythme et le cycle. Je suis le voyage extérieur au-delà des mers et le voyage intérieur qui mène jusqu'à la Source de toute vie et qui permet la vision spirituelle des choses. Je suis la synthèse, l'assemblage final, l'aboutissement d'un cycle et la guérison totale de l'Etre. Je suis le cycle de l'eau qui démarre à la source et finit dans l'océan et permet à la vie d'être toujours en transformation dans l'espace.

L'aspect sombre de la rune : Il est symbolisé par un manque de connaissance de soi et de la vie et par une tendance à ignorer son ressenti et son intuition suite à un manque de connexion avec la vie intérieure, à être égaré dans les méandres du monde ou de son inconscient, à être submergé par les flux de la vie ou par les émotions et par une confusion intérieure. Il peut exister un problème d'eau et de mémoire, une folie, des dangers, des éléments perturbateurs existant dans l'invisible et dans l'inconscient personnel ou des blocages qui sont soit psychologiques, soit liés au monde extérieur. Il est symbolisé par un manque d'envergure, d'organisation et de compréhension, par une tendance à entreprendre une mission au dessus de ces capacités, par des difficultés liées à une femme, à la mère, au monde extérieur, à la navigation, à l'étranger, à un voyage, à la gestion de l'espace, à un éloignement, à un processus ou à une organisation, par une tendance à chercher des solutions de facilités qui risquent de générer des problèmes à long terme et par une difficulté à aller au bout d'une situation et à terminer un cycle. **Son phonème :** Cette rune est associée au son L come le mot lac.

Mots clés : Un voyage fructueux, la vie en mouvement, maitriser sa navigation, la pêche, se synchroniser avec ce que la vie propose, écouter son intuition et son ressenti, remonter jusqu'à la source, exprimer des dons psychiques, effectuer un apprentissage, donner un enseignement, générer une croissance, un développement et un progrès. Le cheminement, l'encadrement, un processus et une organisation. La bonne coordination d'un projet, la maîtrise, la réalisation d'une étape, l'apparition d'une solution, l'accomplissement d'une œuvre, un déplacement, un voyage, une grande traversée, le soutien d'une femme, l'aide du ciel.

2-La tradition du Tarot Italien. Le résumé et l'essence de l'arcane : 21 = le monde.

Je m'ancre dans la joie et dans la matière afin de générer l'abondance *(le taureau)*. Je définis des objectifs puis je mets en place l'organisation efficace afin de réussir et de concrétiser mes ambitions *(le lion)*. Je combats, tranche énergiquement et soumets mes zones d'ombres afin d'exprimer pleinement mon pouvoir personnel, en ayant une vision d'aigle *(l'aigle)*. J'acquiers les formations et les apprentissages nécessaires *(les lauriers)*. J'élargis mes horizons et suis ouvert(e) sur le monde et sur ce qui est étranger. Je m'enrichis à travers des expériences dans le monde. Je gère les responsabilités efficacement.

Cela permet à mon âme de grandir par la vie et l'action *(nom de l'arcane)*. J'accède aux lois universelles et à la sagesse (cet arcane se nommait jadis Sofia, ce qui signifiait « la sagesse du monde ») et j'utilise mon intelligence technologique et psychologique pour communiquer clairement, pour trouver les solutions nécessaires, pour aider efficacement, pour générer du progrès et créer un monde meilleur *(l'ange).*

Parce que je suis capable de synchroniser avec cohérence la forme et son contenu, mes instincts et ma joie, une bonne gestion de la matière et une vision multidimensionnelle élevée, mes émotions, ma volonté, ma combativité et une vive intelligence, ce que je fais réussi. J'expérimente le triomphe final et je vais au bout du chemin, jusqu'à l'aboutissement, en plaçant ma conscience au centre de mon corps spirituel, qui devient alors illuminé. Cela me permet de me reconnecter à la Source de toute vie et ainsi renaitre dans mon corps spirituel *(dernier arcane).* Je peux alors explorer le monde à ma guise et agir efficacement en harmonie avec la nécessité. Mon âme a besoin de vie et d'action dans le monde pour grandir et se rassembler, puis pour s'épanouir et se reconnecter à son centre ; elle a besoin de silence, de transformation et de méditation. Je suis l'essence spirituelle divine, l'âme, placée au centre du corps spirituel, reliée à nouveau à la « Source de toute vie » dans un état de joie suprême et de célébration. Il y a l'aboutissement d'une situation sous sa meilleure forme possible. La vie danse. Il y a une adaptation à l'environnement et un épanouissement.

3-La tradition du Yi-King Chinois. Hex 21 = La loi et le châtiment. Mordre au travers.

Résumé du nombre : Exprimez votre puissance pour diriger, maîtriser une situation et assumer des responsabilités dans le monde, en utilisant vos ressources avec stratégie et discernement. Intervenez et tranchez avec autorité pour écarter un obstacle qui empêche la libre circulation de l'énergie afin de rétablir justice, ordre et harmonie ou afin d'aller au bout de quelque chose.

Explication technique : Après avoir développé la vision, il est nécessaire de réunir en soi les différentes parties de l'âme et d'assimiler chaque partie au sein du soi, en « l'ingérant » et en écartant tous les obstacles. L'âme pour grandir a besoin de vie et d'action dans le monde, de mordre la vie à pleines dents. Elle a besoin de gérer à la fois ce qui est spirituel ou sacré et ce qui est matériel. Et le monde, pour fonctionner a besoin de lois et de châtiments. C'est pourquoi après « La vision sacrée » vient « La loi et le châtiment ». La forme de l'hexagramme est associée à une bouche qui croque un aliment dur (le monde extérieur, les obstacles, le non-respect de l'ordre et de la justice). Les lignes masculines du haut et du bas sont les lèvres. Les lignes féminines sont les dents. La ligne masculine au milieu est ce qui est mordu, croqué et avalé. Tant que l'on n'a pas mordu vigoureusement et accompli son destin, on ne peut pas joindre les deux lèvres pour les réunir, ni écarter l'obstacle gênant. Le tonnerre (Tchen) et le feu (Li) engendrent un violent orage qui libère les tensions accumulées dans la nature.   Dans le monde extérieur, on rétabli l'harmonie en appliquant la loi pénale, en punissant les crimes à travers des procès et des châtiments. Les châtiments servent uniquement à maintenir les Hommes sur le droit chemin en mettant fin aux actions néfastes. L'hexagramme supérieur Li demande clarté et action efficace. L'hexagramme intérieur Tchen est l'action ferme, électrique et foudroyante. Seul le bon dosage des deux permet d'obtenir des résultats. Le tonerre et le feu vont particulièrement bien ensemble et peuvent générer une illumination. Tout manque de clarté, toute violence, toute faiblesse et toute négligence ne fait ici que générer du chaos et des obstacles dans le monde.

La loi est efficace quand les châtiments sont fixes et clairement définis, puis quand les peines sont différentiées selon les transgressions et appliquées de façon juste, selon le délit commis. La loi doit être appliquée avec rapidité, fermeté et la sévérité nécessaire. Celui qui fait appliquer la loi doit distinguer lucidement entre culpabilité et innocence, mais aussi entre faute légère et faute lourde. Il doit susciter le respect par son statut, son autorité, sa fermeté et ses actions, mais aussi cultiver sa bonté, son adaptabilité, son humanité et sa compassion. Enfin, le fait de mordre sa vie à pleine dents, d'offrir sa vie à la Vie et d'aller au bout de soi-même permet de faire de sa vie une nourriture donnant l'accès au corps spirituel et dans l'hexagramme suivant à la grâce.

Interprétation classique : Il est ici possible et nécessaire de voir les choses clairement, de surmonter une difficulté et d'aller au bout de quelque chose grâce à une action énergique et la persévérance. Cependant, la libre circulation de l'énergie par rapport à votre préoccupation est actuellement bloquée. Elle est empêchée soit par une personne perturbée, égoïste ou malveillante, qui vous met des bâtons dans les roues, soit par de gros obstacles ou de gros malentendus, par une situation disharmonieuse, rigide et chaotique alimentée par des informations erronées ou encore par une partie de votre personnalité qui sabote votre évolution en nourrissant des illusions, de la confusion et des mauvaises habitudes.

Cela vous empêche actuellement d'atteindre votre objectif et génère un préjudice et une forte tension intérieure qui peut s'apparenter à un orage en préparation. Plus vous ignorez les difficultés ou plus vous cherchez à éviter l'affrontement et plus la situation risque d'empirer et les dégâts de s'accroitre. Il n'y a aucune possibilité de compromis, de revenir en arrière ou que le problème disparaisse de lui-même comme par enchantement. Seule une intervention énergique et tenace de votre part permettra de transformer la situation, en mordant jusqu'à l'os de la vérité, en déclenchant une tempête libératrice.

La réussite passe ici par l'application de la loi, ou du règlement, et par l'exercice de la justice, donc par une déposition, une plainte ou une réclamation officielle. Pour effectuer une réforme efficace, il est tout d'abord judicieux d'effectuer une enquête et de chercher les bonnes informations. Il s'agit de discerner entre illusions et vérité, d'identifier la source des difficultés ou les responsables du désordre actuel et d'avoir une vision claire et précise de la situation dans tous ces paramètres.

Il faut pour cela prendre du recul, analyser les liens entre les différents éléments, mettre en lumière les dysfonctionnements, faire preuve de lucidité, de profondeur et d'objectivité, puis organiser l'information de façon pertinente. Puis, lorsque le diagnostic et le verdict ont été établis, une confrontation aux obstacles, accompagnée d'une communication claire et pertinente, est alors indispensable. Il est nécessaire de passer à l'action avec le courage, l'énergie, la détermination, la force, la rapidité, l'autorité, la persévérance et la ténacité adéquate pour que le droit soit respecté et la justice rétablie. Il faut finalement appliquer les peines, les sanctions et les châtiments prévus par la loi avec la fermeté adaptée.

L'objectif est ici de mettre définitivement fin aux agissements néfastes, au sabotage, au blocage d'énergie et à la dysharmonie, d'effectuer les réformes indispensables et de restaurer un ordre et une harmonie nouvelle et surtout durable. Une réforme durable est facilitée quand il y a des objectifs précis, une direction claire et une conscience profonde des règles et des lois qui régissent l'univers, le monde extérieur et les êtres humains.

Une fois la crise passée, l'épreuve terminée et la tempête apaisée, vous pouvez alors repartir sur de nouvelles bases avec plus de lucidité, d'unité intérieure, de force, de sagesse et de reconnaissance.

C-Selon trois traditions modernes

1-Le Diamant de Naissance. 21 = le triomphe de l'éternité, la puissance de la Source.

Symbolique : Le Scandium. L'univers. Les lois du monde. L'océan. La fin d'un cycle. Un aboutissement. La vision de l'aboutissement. L'envergure. La vision globale. La diplomatie. La danse de la vie. La puissance exprimée. La grandeur. L'immensité. Une grande réussite. L'étranger. Un grand voyage ou des liens avec l'étranger. L'international. Les langues étrangères. L'ouverture d'esprit. Le multiculturalisme.

Les besoins et capacités qui demandent à être exprimées :

-Besoin de rassembler toutes les parties de vous, d'exprimer tout votre potentiel, d'aller au bout de vous-même, d'aboutir, de terminer un cycle, d'accéder à un état de complétude, de vous réaliser et de manifester votre envergure

- Besoin d'être ancré dans la matière avec joie et de générer l'abondance en optimisant les ressources

- Besoin d'exprimer la puissance de l'amour en étant la meilleure version de vous-même, d'incarner votre idéal et votre vision à travers des objectifs, une organisation et une réussite

-Besoin d'élever votre vision, d'être passionné(e), de passer du sabotage à l'expression de votre passion et de combattre pour la lumière

-Besoin d'utiliser votre intelligence technologique/psychologique pour réparer, trouver des solutions, aider les autres, travailler en réseau et créer un monde meilleur

-Besoin d'explorer l'espace, de voyager, d'être en lien avec l'étranger ou des étrangers

-Besoin d'affirmer votre autorité et votre puissance, de jouer votre rôle économique, de prendre votre place dans le monde, de maîtriser le monde grâce à une organisation stratégique, de diriger, de danser votre vie et parfois de réaliser une œuvre.

-Besoin de mettre votre vie au service de la vie en étant relié à la Source de toute Vie et d'incarner l'amour, la sagesse et la puissance juste.

Déséquilibre en excès : Blessure lors d'un voyage ou liée à une personne étrangère. Blessure liée à des événements collectifs dans le monde extérieur Problématique d'étouffement. Peur d'être envahi ou mentalité colonialiste. Tendance à voir trop grand. Ingratitude. Insatisfaction. Tendance à semer la zizanie et la discorde. Tendance à être envahi(e) et dépersonnalisé par le monde et la société, à être exubérant(e) et envahissant(e). Déséquilibre entre vie professionnelle et vie privée. Abus de pouvoir et puissance destructrice.

Déséquilibre en manque : Difficultés à sortir de son monde, à ne pas étouffer dans son monde, à ne pas être raciste, à élargir ses horizons et à prendre de l'envergure, à prendre sa place dans le monde, à jouer son rôle dans le monde, à ne pas être happé par le monde, à s'ancrer dans la matière, à avoir un idéal et des objectifs justes, à s'organiser et synthétiser, à trouver et intégrer les formations nécessaires pour réussir, à élever son âme, à exprimer son pouvoir personnel, à utiliser son intelligence et son sens des réseau pour trouver des solutions et à s'adapter à la modernité, à intégrer et aimer ce qui est étranger.

Difficulté à respecter les territoires, les règles et les coutumes, à accéder aux lois universelles, à être une personne universelle, à être une personne sage, à exprimer tout son potentiel et à aller au bout de soi-même.

Mémoires karmiques : L'ensemble des mémoires cités précédemment a pu exister.

Mémoires dans de nombreux pays étrangers ou marquée par des voyages. Explorer le monde extérieur et occuper un poste important a pu être une préoccupation importante. La vie a pu être marquée par une préoccupation excessive de l'image sociale et des choses extérieures au détriment de la recherche et de l'évolution intérieure. Mémoire d'étouffement.

2-Le Design Humain. 21 = La porte du contrôle, du chasseur ou du trésorier.

Explication technique : Circuit de l'ego. Centre du cœur. Cette porte est liée à la porte 45, « rassembler » ou « le rassemblement ». Son thème principal est le contrôle par le management et sa maîtrise permet d'exprimer une puissance juste capable de diriger. Cette porte régit la vie en société, la vie tribale. Elle donne le pouvoir de maitriser la vie dans la matière et constitue une grande force de conditionnement. Elle apporte la volonté, la capacité à trouver des ressources, le sens de la gestion de projets et de l'organisation, un sens des responsabilités et la puissance à l'égo pour qu'il assure la survie de l'individu à travers une énergie de contrôle. Elle s'exprime par un fort besoin de contrôle des différents éléments présents dans l'environnement et des différentes composantes de la vie (nourriture, vêtements, mouvements, lieu de vie, emploi, façon de gagner sa vie, finances, possessions matérielles, relations, ressources etc.). Elle confère le besoin de dominer, d'être autonome ou seul maître à bord du navire et accepte très difficilement qu'il y ait une autorité au-dessus d'elle. De même, elle exprime difficilement sa puissance si elle ne parvient pas à contrôler.

Proposition d'interprétation :

Vous êtes naturellement doué(e) pour voir et maitriser tous les paramètres d'une situation et son bon déroulement. Il est sans doute excessif de dire que vous êtes obsédé par la volonté de tout contrôler. Ce ne serait pas juste. Mais la vie vous offre toutes sortes de défis et d'exigences qui vous stimulent et vous place dans une position de contrôle et de direction qui vous réussit plutôt bien.

Vous aimez prendre les commandes et assumer des actions décisives, que ce soit dans le domaine de l'argent, de la propriété, des affaires ou des relations. Cette porte recèle quelque chose du chasseur. Or un chasseur habile sait comment se cacher et attendre le moment opportun. Il sait laisser sa « proie » venir à lui. Vous décidez quel gibier vous allez rabattre et vous agissez en conséquence. Au grand minimum, vous êtes responsable de votre vie privée et au maximum vous dirigez une nation ou une entreprise.

Dans chaque aspect de la vie, vous cherchez à optimiser les ressources, à être le favori, la force dominante, le grand chef, le directeur général, le responsable, le capitaine du navire. Et il ne peut y avoir qu'un capitaine afin d'éviter de violents conflits de pouvoir. Les difficultés surviennent dans votre vie quand vous cherchez à maîtriser des situations qui ne sont pas de votre domaine. Vous verrez que ce genre de situations n'émerge que lorsque votre ego arrive en force et que vous ne faites pas attention à vos souhaits les plus sages ; ou encore, quand vous ne suivez pas l'autorité de votre Design Humain.

Son dilemme où il doit faire des choix : La discipline. **Signe astral DH :** Bélier.
Son partenaire de programmation : Clef 48, la merveille de l'incertitude. **Corps :** Les poumons.
Son anneau de codon : L'anneau de l'humanité (10, 17, 21, 25, 38, 51). **Acide aminé :** Arginine.
Son chemin de transformation : Le chemin de l'autorité.

L'ombre de cette porte : Le contrôle. L'envahissement du monde extérieur.

Le contrôle est basé sur une tension intérieure et sur la peur. A sa racine il y a un manque de confiance en la vie et en la Source de toute Vie. Il génère des tensions, des frontières, des hiérarchies, des classes sociales et des castes. Il tire sa source dans le concept de royauté et de lignées génétiques liées aux descendants des humains créés par les Annunakis, il y a des milliers d'années de cela. (Voir Histoire officielle et alternative de la planète Terre).

Son assouplissement a permis la création des classes moyennes à travers le monde mais le système capitaliste moderne n'est pas différent de l'ancien système des lignées patriarcales, dites royales, motivées surtout par le pouvoir et l'argent. Il est lié à l'espace et au territoire, intérieur (votre aura, vos croyances, pensées, émotions) ou extérieur (votre maison, vos relations, votre famille, votre communauté, votre groupe, votre lieu de vie, votre pays, votre race, votre espèce, votre planète, votre système solaire ou votre galaxie mais aussi votre vie). Avant le champ de bataille du contrôle était lié à la nourriture donc à l'environnement proche mais à notre époque moderne, il est beaucoup lié à l'argent comme moyen de contrôle et comme simulacre de puissance. Mais le pouvoir est actuelement en train de se transformer vers un désir de servir la communauté afin de faire en sorte que les gens soient bien et dans ce nouveau modèle, les gens travaillent ensemble sans hiérarchie officielle. Ils ont le courage d'affirmer leur vision et d'exprimer leur pouvoir personnel.

La vie vous provoque régulièrement pour trouver un équilibre entre maintenir un contrôle des événements, garder le contrôle et accepter de perdre le contrôle, en étant suffisamment flexible pour changer votre emploi du temps ou votre stratégie pour vous adapter à une nouvelle situation ou à une nouvelle opportunité. Ici, le besoin de contrôle est motivé par la plus grande peur de toutes, celle de perdre le contrôle et de cesser d'exister.
Le dilemme de la discipline lié à cette clef évoque ici la nécessité de mettre en place une juste discipline et donc de trouver un équilibre entre pas assez de discipline et trop de discipline, entre ne pas être la victime de quelque chose ou quelqu'un dans le monde extérieur et un état de résistance voir de rébellion vis-à-vis du monde extérieur et des gens. La gestion des enfants est un excellent exemple pour pratiquer ce juste équilibre. Trop de discipline engendre un état de rébellion et des échecs. Pas assez de discipline, de limites et de frontières génère le chaos.

Au niveau de l'ombre de cette clef, la vieille école prédomine. Le contrôle est mis en place par la peur des conséquences et la punition d'un côté et des récompenses de l'autre. L'histoire montre que cela ne fonctionne que sur une durée très limitée et toutes les organisations qui ont fait appel à cette stratégie de la force ont fini par s'effondrer. L'ombre de cette clef montre comment, à l'échelle de l'humanité, les schémas de victimes et de bourreaux régissent les affaires du monde à travers des luttes, des obsessions, des restrictions, des opinions, de l'agitation et des systèmes de contrôle souvent déséquilibrés et injustes. Il faut contrôler les gens pour que l'humanité survive, telle est la croyance de l'ombre de cette clef. Ce sont là les ombres de l'humanité en tant qu'espèce.

Elle n'a pas encore compris les lois de la vie, le karma, où chaque comportement engendre des conséquences où elle n'a pas encore acquis confiance en ces lois. Au niveau de l'ombre, soit la personne est dans le déni de son pouvoir personnel, se soumet en laissant les autres ou la vie contrôler les choses en n'assumant pas ses responsabilités et en se cachant, soit à l'inverse elle devient une obsédée du contrôle, vit dans un état de tension intérieure permanente et explose dès que le contrôle lui échappe, ce qui génère à un moment donné une crise qui l'incite à changer. Une moralité saine ne peut se mettre en place que dans un sol fertile, c'est-à-dire quand il y a des liens et des relations harmonieuses entre les gens. Elle ne peut pas se mettre en place quand on prive les gens de leur liberté d'être et d'agir et de leur possibilité d'apprendre.

Au niveau de l'ombre, il y une tendance à préférer suivre et à faire preuve d'indécision alors que là où se trouve ce nombre, on est censé exprimer sa puissance, être une puissance du bien, à être le tonerre et l'éclair, à être un(e) expert, un(e) dirigeant(e) ou un(e) guide éclairé(e) dans notre domaine. Exprimer sa puissance demande une grande force intérieure et une capacité à voir clairement que nous ne sommes pas notre ego. Exprimer sa puissance peut déranger et générer un état d'inconfort chez autrui mais en regardant de plus prêt, quand le tonerre gronde, les gens font preuve de respect, non pas parce qu'ils ont peur mais parce qu'ils reconnaissent l'authenticité. Cette clef peut générer beaucoup de douleurs et de souffrances car soit on pousse trop fort avec trop de puissance, soit pas assez soit pas du tout parce que l'on n'exprime pas sa puissance personnelle. Certaines personnes sont peur que les autres prennent le pouvoir sur elles et se contentent d'essayer de faire des choses sans jamais les faire. Dans tous les cas, tout cela est épuisant. L'apprentissage est alors d'aller de l'inadéquation à l'adéquation, du déséquilibre à la justesse en apprenant le bon dosage de puissance. Quand cet apprentissage est effectué, il y a une capacité à diriger, à passer à l'action et à être efficace, à être un Shaman ou une figure d'autorité capable de voir au-delà du voile des illusions du monde de la matière et ainsi à être capable de gérer des situations difficiles. Entre temps, le défi est de s'élever, à l'intérieur de soi, au-dessus des énergies inférieures de l'humanité et cela ne peut que se faire seul. Et c'est cela qui nous permettra un jour d'accéder à notre complétude.

Le défi de tout être humain est d'accéder à son autorité intérieure et à sa puissance. Dans le mot autorité il y a le mot auteur qui sous-entend qu'il y a une histoire à écrire et à raconter ou à laissé être racontée et une voix qui veut s'exprimer des profondeurs pour accompagner autrui hors de l'obscurité vers la lumière. Au cœur de cette histoire, il y a un équilibre à trouver entre laisser les choses suivre leurs cours et prendre la responsabilité de contrôler le déroulement des événements. La lumière de notre autorité intérieure commence ici à émerger quand on ouvre son cœur et sa conscience, quand on se positionne et quand on abandonne les jeux de pouvoir. La véritable autorité est toujours perçue par autrui et cela se produit quand la fréquence de l'amour dissout les fréquences de peur. Elle génère de la confiance et une vraie loyauté, ce qui n'est pas le cas quand une personne dirige par le contrôle et la peur. L'autorité est une fréquence qui vibre à l'intérieur de l'aura et qui communique entre personnes ou entre une personne et une organisation. La véritable autorité unit et ne contrôle pas.

Cela peut être compris en observant par exemple les relations authentiques entre un dirigeant et son serviteur, entre un élément masculin Yang et un élément féminin Yin. Quand les deux sont dans une attitude de service sincère l'un envers l'autre, les stéréotypes sociaux de domination et de soumission sont transcendés au sein de leur relation.

Quand le masculin reconnait la puissance intérieure de vie, d'attraction, de sagesse et d'amour du féminin et que le féminin reconnait la puissance extérieure de l'intelligence, de l'autorité, de répulsion du négatif et de la résilience du masculin, la relation devient puissante, bénéfique pour les deux parties et génératrice d'abondance et de réussite pour tous les êtres. Chacun reconnait alors le maître qui est en l'autre et s'incline devant la noblesse de l'autre. La véritable autorité soude également les groupes par la loyauté qu'elle génère et peut manifester la volonté du groupe.

Le paradoxe de cette clef est que, quand on trouve la force de surmonter l'ombre de la clef, cette force provient d'un abandon du contrôle personnel pour permettre à une puissance intérieure beaucoup plus grande, d'émerger, une puissance synonyme de noblesse, semblable à une épée. On affame l'ombre en la soumettant et l'on se nourrit des aspirations supérieures de notre âme. On sort de la position de victime et l'on prend conscience que nous sommes des êtres divins générés par la Source de toute vie. On reprend notre autorité intérieure, notre puissance intérieure, notre noblesse et la vie nous offre des opportunités pour la développer et l'exprimer afin de s'élever au-dessus des défis de la vie. Ce chemin de la clef 21 est un chemin de raffinage, de polissage et d'aiguisage de l'épée de l'autorité. Il permet de faire émerger les qualités supérieures de notre âme, de faire face aux obstacles en étant une personne courageuse, valeureuse, vaillante et d'attirer les personnes qui veulent aussi être comme ça en reprenant leur autorité intérieure. Quand on l'a en soi, la vie nous amène souvent à assumer des responsabilités à la hauteur de cette autorité dans le monde extérieur et parfois à mettre les mains dans le cambouis afin de réaliser que votre nature divine pure ne peut jamais être salie. Ce superpouvoir peut rendre incroyablement humble et amical mais face aux énergies de peurs, il peut démontrer une puissance colossale, tel un chevalier moderne ou un(e) guerrier(e) de lumière qui terrasse le dragon.

La vaillance est ici définit comme le courage combiné à l'amour, qui permettent au moi inférieur de mourir dans le monde inconnu du moi supérieur. Elle provient de l'union de l'amour et de la puissance. Elle est un état de noblesse en action. Elle contient la vertu, la sagesse, l'amour, le courage et le sens du sacrifice personnel. Un acte vaillant est un renoncement complet à votre personne pour servir un idéal supérieur. Au moyen âge, cela signifiait souvent mourir pour son roi et sa terre.

A l'ère du verseau dans laquelle nous entrons, cela signifie mourir à soi pour accéder à un idéal divin ou galactique et reconnaitre la réflexion du divin dans le visage de l'autre. Agir avec vaillance vous permet d'accéder à des fréquences supérieures, à une dimension plus élevée. Quand cela a lieu, le pouvoir masculin fait confiance au féminin et se soumet à sa sagesse par l'amour. Vous avez un très bel exemple de cela dans le film français « Valérian et la cité des 1000 planètes » de Luc Besson. La puissance masculine est alors nourrit par la sagesse remplie d'amour du féminin.

Mis en lien avec le nom chinois de l'hexagramme, mordre au travers, on croque ici la vie à pleine dent et on la mâche pour en extraire les nutriments pour l'élévation de son âme.

Cela nécessite une grande réceptivité, une capacité à contempler et à être comme un verre de terre qui avance en laissant la terre entrer en lui, en la laissant le traverser puis sortir à l'autre bout, enrichie. Nos expériences de vie sont comme le sol.

Notre conscience les transforme et nous devenons nous-même la vie en mouvement. Un Shaman doit faire face à la mort. Son rôle ultime est de mordre le voile de l'illusion, de mordre la mort et de la mâcher jusqu'à ce qu'il l'absorbe et soit à la fois mort et vivant, comme le chat de Schrödinger. Cela lui permet alors d'extraire les richesses de l'au-delà, des autres dimensions et de les ramener dans la matière. Sa vaillance nait alors de la conscience qu'il n'y a pas de voile, que tout est là dans l'instant présent et de ses voyages de l'autre côté de la rivière de la mort d'où il ramène ce qui est caché, comme les raisons karmiques de vos difficultés et nos souffrances. Le superpouvoir du 21 dispose de ces capacités et elles existent grâce à l'autorité intérieure. Elles impliquent d'être responsable. Différents adages expriment cela, comme l'adage du moyen-âge, « noblesse oblige » ou « grande puissance grande responsabilités » ou encore « tenir son rang ». Le 21 est là pour aider les autres à être ami-ami avec le monde de la matière, à accepter leur karma et à faire quelque chose de leur vie. Quand la vaillance émerge, la sagesse émerge aussi et ces qualités seront indispensables au moment de la mort du corps physique, pour mourir avec un cœur ouvert et pour tout abandonner, sa vie, son identité, ses relations, ses possessions et tout ce qu'on croyait nous appartenir. La vaillance est tout ce qu'il reste quand on a abandonné son petit moi, son identité séparée. Elle est capable de mettre fin au karma. La Source de toute Vie s'exprime à travers nous avec des actions remplie de vaillance et on ne peut pas s'approprier ces actions car elles sont juste le mode opératoire de la conscience libérée de tout contrôle personnel, quand on a donné sa vie à la vie, à la Source de toute Vie. Les personnes qui ont accédée à se superpouvoir font le bien autour d'elle quoi qu'il arrive. Elles manifestent la grâce divine, tel le tonerre et les éclairs. Elles génèrent des changements dans la vie d'autrui et rendent à l'humanité sa noblesse.

Chapitre 22 : Le nombre 22

A-Sa symbolique : Dans les temps anciens, ce nombre était associé à la capacité de voir et de faire, avec les deux yeux et les dix doigts. Il forme une unité, une boucle. L'alphabet phénicien, l'un des plus anciens, comporte 22 lettres et il y a 22 arcanes dans le Tarot Italien. Le nombre 2 représentant le féminin et le dédoublement un lien entre le monde du ciel et le monde de la matière sur Terre, le nombre 22 représente alors la manifestation de l'éternel féminin dans la matière, avec une hypersensibilité aux fluctuations émotionnelles. Le 2 étant associé à la mémorisation, le 22 est associé à la grande bibliothèque universelle, aux mémoires Akhashiques, où sont enregistrées tout ce qu'il se passe dans l'univers et en vous.

B-Selon trois traditions anciennes :

1-La tradition germanique des Runes. 22 = le dieu de la liberté.
La Rune 22 se nomme Ing prononcé in-gueu.

Son numéro : Ing est la vingt-deuxième rune du Futhark. Le deux évoque l'Eternel Féminin, la matrice originelle d'où nait la vie, une association entre deux éléments mais aussi une séparation ou une différentiation entre deux éléments.

Il évoque la vie qui s'exprime, prend forme puis s'incarne, la terre, l'eau, la fécondité et la nourriture ainsi que la gestion de la matière. Le chiffre vingt deux renvoie ainsi à une particule lumineuse de vie. Le graphisme de la rune ressemble cependant au chiffre zéro. Le chiffre zéro est la Source créatrice de toutes les formes autonomes, de l'univers dans sa totalité. Il est la matrice et le chaos apparent d'où naissent les choses et vers où elles finissent par revenir. Il symbolise l'origine, l'avant première ou la préface de toute chose mais aussi la fin de toute chose. Il symbolise aussi l'absence de valeur et ce qui ne s'est pas encore exprimé ou affirmé dans le 1. Si vous additionnez zéro à n'importe qu'elle chiffre, il ne se passe rien. Zéro est donc synonyme de rien. Mais si vous multipliez n'importe quel chiffre par zéro, votre chiffre disparait, comme englouti par le zéro et vous obtenez toujours comme résultat zéro. Et tout chiffre divisé par zéro vous emmène vers l'infini, vers le vide, vers « la Source ».

Ing, à travers le zéro, vous permet de faire le vide en vous et d'accéder ainsi à « l'énergie de la source » et au génie qui vit en nous. Il vous permet de faire un bilan, de remettre les compteurs à zéro et de fonctionner avec de nouveaux programmes.

Résumé et essence de la rune : La rune Ing symbolise la Source de toute Vie, de toute création, de toutes les formes et de la vie. Elle est génératrice du feu, de l'eau et de la fertilité de la terre. Elle est la particule libre originelle, le point zéro à partir duquel tout peut émerger, la réserve inépuisable d'énergie libre qui renferme tous les possibles. Elle est l'inspiration pure et une vision multidimensionnelle qui peut déboucher sur le génie ou sur le chaos. Quand l'énergie de la Source est canalisée en conscience, elle permet à ce qui est potentiel de se réaliser, apporte des résultats et rend ainsi libre et heureux. Elle sort des sentiers battus, des cadres, des limites habituelles et des habitudes pour incarner la Nécessité ou l'expression d'une intelligence supérieure. Elle peut aussi symboliser le véhicule qui transporte le patrimoine génétique qui passe de génération en génération, une mémoire de vie passée, une mémoire ancestrale ou un schéma psychogénéalogique. Elle est enfin comme un marqueur qui annonce un départ, la fin d'une époque, une libération et l'arrivée d'un temps nouveau, d'une nouvelle tranche de vie.

L'aspect sombre de la rune : Il est symbolisé par un manque de respect pour la vie, par un problème de fertilité et d'équilibre énergétique, par de la confusion intérieure, de la stupidité et de l'ignorance, par une difficulté à s'incarner, à s'ancrer, à trouver sa place ou à passer un cap (fin d'une situation et mise en place d'une nouvelle situation). Il est symbolisé par une situation qui est chaotique ou excessive, qui tourne en rond, qui est influencée par une mémoire généalogique non assimilée ou qui se termine en queue de poissons, d'une façon bizarre. Les graines ne fleurissent pas et les choses ne prennent pas forme.

Son phonème : Cette rune est associée au son [inne-gueu] écrit ng comme dans les mots anglais sing, thing, king etc.

Mots clés : La Source de toute vie, une énergie potentielle illimitée qui va au-delà du connu, des habitudes et des cadres imposés, une énergie de vie, une graine, la création de formes nouvelles, la fécondité, l'expression de sa spécificité et de son génie, la croissance et le développement, la réalisation d'un potentiel, la libération, la délivrance, l'envol, l'abondance, la fin d'une étape de vie ou d'un projet et le début d'une nouvelle étape, d'un nouveau chemin ou d'une vie nouvelle.

Riche de toutes mes expériences, tout ce dont j'ai besoin est en moi. Je peux ainsi cheminer comme une personne libre et heureuse, sans me laisser illusionner par les fantômes de la liberté, par les émotions ressenties ou par des fictions issues de mon passé, de mes mémoires, de ma famille ou de la société.

En positif : J'accepte mes émotions, ma différence, ma spécificité et mon génie. Je suis capable de poser un acte de foi et d'aller au-delà des formes et des structures, de sortir des cadres, des logiques établies et des sentiers battus, de m'affranchir et de me libérer de mes émotions, de mes mémoires, des schémas et contraintes du passé, de briser les liens du karma, d'être sans limites, d'exprimer mon génie créatif, de maîtriser le monde de la forme et de la matière, de vivre libre et heureux sur Terre, de vivre dans la grâce et de générer un nouveau départ. Je prends conscience de mon rôle d'éveilleur des consciences et j'incarne ce rôle grâce à une intelligence émotionnelle dans ce que je fais et ce que je suis. Tout est alors possible. Le futur n'est pas encore défini. Je suis libre d'aller vers l'inconnu. Je suis un porte-parole du Cosmos.

En négatif : Je suis enfermé dans un monde incohérent d'idées, d'émotions intenses, d'hypersensibilité et d'illusions, déconnecté de mon centre, j'erre sans but, sans repères, sans structure et sans patrie, dans un état de confusion, de montagnes russes émotionnelles et de frustration. Je mène une vie qui n'a aucun sens, une vie d'âme errante qui tourne en rond dans des schémas répétitifs et dans une voie sans issue jusqu'à ce que je fasse le choix de sortir de mes fictions et de me faire aider par les bonnes personnes pour retrouver les rails de ma destinée.

3-La tradition du Yi-King Chinois. Hex 22 = La grâce, la forme, embellir.

Résumé du nombre : Exprimez librement votre charme, votre spécificité et la forme, avec justesse et ouvrez-vous à la beauté pour révéler ou embellir un contenu et une richesse de façon originale, pour générer harmonie et état de grâce, afin de mettre en valeur une essence.

Explication technique :

Après avoir vaincu les obstacles, réglé les problèmes et réuni les différentes parties de soi, on met en forme la nouvelle situation. On ajuste et on synchronise le masculin et le féminin, le fond et la forme, la forme et son contenu, l'être et le paraître, pour atteindre un état d'harmonie, d'équilibre et de perfection, en soi comme à l'extérieur. On contemple alors la beauté des formes et de la vie comme une œuvre d'art, ce qui engendre un état de grâce plein d'énergie, un état d'apaisement et de sérénité. On peut alors, à partir de la forme, accéder à l'Esprit.

Etre capable d'apprécier la beauté nourri l'estime de soi et la confiance en soi. L'esprit, symbolisé par le Soleil, est l'essentiel, mais il ne peut se manifester qu'à travers une forme, en s'entourant des corps célestes. Contempler ses formes permet de saisir l'air du temps et sa Nécessité toujours changeante. C'est pourquoi après « La loi et le châtiment » vient « La forme ». Li, le feu, jaillit des tréfonds de la montagne dans le ciel. Il illumine et embelli le trigramme extérieur, Ken, la montagne afin de la séduire, offrant un paysage fait d'une abondance de formes, de nuances et de beauté. Il apporte la lumière de la civilisation. L'idéogramme de l'hexagramme évoque une multitude de coquillages, symboles de parures, de richesses, de monnaies d'échange et de moyens de séduction.

Interprétation classique :

Il est ici nécessaire, pour être en harmonie avec l'ordre cosmique, en lien avec ce qui vous préoccupe, de gérer et maîtriser la forme et son langage avec justesse, à travers des attitudes et des actions justes, en présentant les choses sous leur meilleure forme possible. Accordez-vous trop d'importance à la forme et aux côtés extérieurs de votre situation au point de passer à côté de l'essentiel ? Avez-vous tendance à négliger la forme ? Y-a-t-il un décalage entre la forme et l'essence dans votre vie ?

Etre en harmonie avec l'ordre cosmique signifie ici voir que la forme est indispensable, la respecter, prendre soin de la forme, donner à toute chose la juste forme et veiller à ne vous satisfaire que des formes les plus nobles, que ce soit dans vos comportements et attitudes, dans la forme de vos actions, dans l'agencement et la décoration de votre foyer, dans votre apparence et votre tenue vestimentaire, dans le choix de vos paroles, dans vos relations ou dans votre savoir-vivre, et ce dans les petites choses comme dans les grandes. Rapprochez-vous de votre essence en bannissant toute forme, toute croyance, dépense d'énergie ou préoccupation, qui ne s'accorde pas avec votre sensibilité, qui ne vous apporte pas une évolution évidente et qui ne révèle pas votre vérité profonde.

Vous pouvez alors, dans votre forme la plus élevée, révéler toute votre richesse et faire de votre être et de votre vie une œuvre d'art afin de devenir une expression de l'Esprit.

Pour cela, vous pouvez percevoir la beauté qui vous entoure comme le résultat d'une lumière intérieure, d'une harmonie des formes et d'une correspondance évidente entre l'intérieur et l'extérieur qui s'ajustent et se révèlent pour créer un tout. Toute forme émet une énergie et un message, de part son architecture. Elle existe pour exprimer, révéler et donner de la valeur, du sens et de la dignité à une vérité, à un fond, à un intérieur, à un contenu.

Elle apporte quelque chose en plus, en synchronisant l'être et le paraître, le rôle de l'objet avec l'environnement qui l'utilise. Sa contemplation vous procure un état de joie profond, un état de grâce exaltant et apaisant, parce qu'il vous apporte la vision d'une perfection idéale du monde et de la vie. Mais cet état est passager et vous ressentez qu'il ne vous apporte pas la paix suprême, car vouloir concrétiser cette idéal de beauté ou cette perfection de conduit qu'à l'illusion. Il est donc essentiel de ne pas accorder à la forme plus d'importance qu'elle n'en a, de voir que la forme en elle-même n'est pas l'essence et qu'un objet peut parfaitement remplir sa fonction sans décoration. Mais mépriser la forme et les apparences, par excès de sérieux et de simplicité, les négliger ou vous croire fièrement au-dessus de toute forme ne conduit qu'à la disharmonie et à l'inadaptation. Dans les relations, vous pouvez vous unir à un(e) partenaire complémentaire et apprécier pleinement la grâce de l'époque. Si la beauté facilite l'attraction mutuelle, de la substance est nécessaire pour transformer l'attirance en relation profonde, et une relation profonde ne peut exister sans les formes qui l'ordonnent et la rendant harmonieuse et agréable.

Votre sensibilité à l'esthétique ne doit pas vous empêcher de gérer efficacement le quotidien. Même si l'une des deux personnes a des capacités limitées, elle est quand même acceptée, de part sa sincérité de cœur et parce qu'elle fait de son mieux. Dans votre vie extérieure, votre maîtrise de la forme vous permet de créer ou de participer à des cultures, à des traditions, à la civilisation, et de modeler votre vie dans le monde. Les activités artistiques sont particulièrement favorisées par des inspirations divines.

L'époque n'est pas propice à la prise de grandes décisions ni aux changements radicaux mais plutôt à mettre l'accent sur les apparences, à cultiver vos relations publiques et votre image, à travers des sorties et des réunions, tout en restant fidèle à vos valeurs, à vos priorités et à vos principes, sans dissocier la forme et son contenu. Sachez être un artiste qui jouit de la forme et des moments de grâce mais restez relié à l'essence.

C-Selon trois traditions modernes

1-Le Diamant de Naissance. 22 = le photon libre et heureux.

Symbolique : Le Titane. Les 22 lettres de l'alphabet Phénicien et Hébreux. Le dieu de la liberté. Etre citoyen(e) du monde. La liberté sans frontières. L'ouverture à la nouveauté. La mouette. L'immortalité. L'absence de limites. La folie ou la grâce. Les mémoires de vies passées et les mémoires Akhashiques. Les voyages au bout du monde. L'expression de sa spécificité, de sa différence ou de son génie. Un délire ou un coup de génie. Un événement inattendu ou bizarre. Vivre en étant libre et heureux/heureuse. **22 divisé par 7 donne Pi (3.14).**

Les besoins et capacités qui demandent à être exprimées :
-Besoin de vivre ce que vous n'avez pas pu vivre dans une vie passée ou besoin d'éviter de vivre selon ce qu'il s'est passé dans une de vos vies passées
-Besoin de sortir des cadres, des normes, des systèmes et des sentiers battus pour incarner et exprimer votre spécificité, vos émotions, votre originalité, votre différence et votre génie
-Besoin d'être votre propre chemin, de vivre votre vie à votre façon
-Besoin de liberté, d'être un électron libre, d'être une personne libre et heureuse, d'être flexible, de nouveauté et de vivre selon une logique du tout est possible
-Besoin d'aider, de porter les autres, de prendre soin de personnes handicapées/inadaptées, de génies, des personnes autour de vous ou de l'humanité.
- Besoin de vivre des relations basées sur une connexion émotionnelle intense et authentique
- Besoin de prendre votre baluchon pour partir en quête de nouvelles aventures, d'aller explorer des possibilités nouvelles, d'être avant-gardiste, d'enchanter le monde, les lieux et les gens.

Déséquilibre en excès : Blessure karmique, d'exil ou suite à une de perte de liberté. Impact excessif d'une vie passée dans le présent. Egoïsme. Illusions. Inadaptation. Confusion, égarement, insouciance, négligence, errance, vagabondage, inutilité, immaturité, folie. Sentiment d'être un étranger/un extra terrestre sur une terre étrange. Le fantôme ou l'illusion de la liberté. Tendance à provoquer et à faire n'importe quoi, en ignorant les règles et les lois. Refus de voir ses obligations ou de prendre ses responsabilités. Irresponsable.

Déséquilibre en manque : Difficultés de sortir la conscience du mental et des mémoires généalogiques ou de certaines vies passées. Difficulté à sortir de chez soi, à voir au-delà des formes, à acquérir des repères, à comprendre comment fonctionnent les âmes, la société, les civilisations et la vie, à se sentir compris, à se structurer, à s'adapter au système socio-économique, à avoir conscience de ses devoirs et de ses droits, à évoluer et grandir, à sortir de la confusion, de l'égarement, de l'irrationnel, d'une prison d'insécurité, de peurs et d'illusions ou de la folie, à devenir responsable, à trouver sa place dans la société, à ne pas vivre dans la fuite, le déni, l'évitement, en marge de la société, en rupture avec la réalité, à servir la vie, à se libérer et à vivre comme une personne libre et heureuse.

Mémoires karmiques : Mémoire de vie libre et heureuse ou mémoire de vie chaotique marqué par l'errance, des déplacements permanents, du nomadisme, une absence de sens ou mémoire d'inventeur génial. La vie a pu être marquée par une préoccupation excessive de la liberté au détriment d'une construction et de l'évolution intérieure.

2-Le Design Humain. 22 = La porte de l'ouverture ou de la grâce.

Explication technique : Circuit de la connaissance. Centre Plexus Solaire. Cette porte est liée à la porte 12, l'arrêt. Son thème principal est la grâce et sa maîtrise permet la bienveillance et la dignité. Cette porte apporte l'ouverture de conscience permettant un éveil de la conscience et de partager cet éveil. Plus couramment, elle permet de ressentir et d'entendre les besoins, désirs et émotions du collectif et de les impacter en permettant aux individus d'exprimer leurs émotions personnelles. Elle permet soit de s'investir intensément dans une cause collective soit de suivre son propre chemin quitte à paraitre antisocial. Comme elle peut générer une part d'étrangeté et de bizarre ou être simplement très avant-gardiste, elle peut parfois rendre difficile de communiquer avec les autres et de partager ses visions quand l'air du temps n'est pas mûr. Elle confère parfois un côté visionnaire.

Quand la conscience d'un visionnaire ou d'une personne éveillée s'exprime comme une vague, cela génère de la grâce. Cette porte est associée à l'oreille gauche, où l'on entend ce qu'on entend comme une vague tandis que la porte 57 est associée à l'oreille droite et la porte 43 à l'oreille interne ou à la voix interne de l'individu.

Proposition d'interprétation : Si vous avez parcouru tout le chemin qui mène à la reconnexion avec la Source de toute vie, vous êtes alors devenu(e) une personne libre et heureuse et vous vivez dans un état de grâce. Cette grâce provient d'une bienveillance divine qui transforme votre vie, où elle s'associe à la beauté et à l'élégance. Elle vous sourit et que vous avez une existence comblée, échappant aux difficultés de la vie. Elle permet une amélioration de tous les aspects de votre vie et un état d'épanouissement. Tout ce que vous faites, vous le faites avec grâce. C'est évident pour votre entourage même si ça ne l'est pas toujours pour vous. La façon dont vous gérez votre vie vous pare d'une séduction très particulière, qui vous est propre.

Cela vous rend atypique et unique. C'est du vous tout craché ! Votre grâce se manifeste de diverses façons : l'élégance avec laquelle vous bougez, la beauté particulière de votre garde-robe ou le raffinement avec lequel vous traitez les autres. Vous avez une vue romantique du monde, comme le charmeur/la charmeuse que vous êtes.

Même les animaux vous adorent et se trouvent aimantés vers vous, malgré vos allergies possibles! Ils semblent reconnaître en vous quelque chose de divin, de mystérieux et d'envoûtant. Tout n'est pas rose pour autant. L'obscurité succède un jour à la lumière. Votre grâce peut alors parfois s'accompagner de moments d'égarement et de chaos.

À ces moments-là, soyez attentif à vos émotions, car il y a une prédisposition à transformer la grâce en disgrâce lorsque des éléments de mémoires karmiques vous rattrapent. Il s'agit alors de laisser partir ce qui veut s'en aller et de poursuivre votre route, sans vous agripper, en tant que personne libre et heureuse.

3-Les Clef Génétiques. 22 = la grâce sous pression. Le génie enchanté.

Son dilemme où il doit faire des choix : la responsabilité. **Signe astral DH** : Poissons.
Son partenaire de programmation : Clef 47, transmuter le passé. **Corps :** Plexus solaire.
Son anneau de codon : L'anneau de la divinité (22,36, 37, 63). **Acide aminé :** Proline.
Son chemin de transformation : Le chemin de la bienveillance et des bonnes manières.

L'ombre de cette porte : <u>Le déshonneur, l'irresponsabilité.</u>

Le déshonneur s'applique à soi-même ou à une autre personne et les deux sont liés. Il existe ici parce que vous ne vous rendez-pas compte que tout ce que vous pensez, croyez, faîtes génère une vague qui vous reviendra un jour et est enregistré par la vie dans la grande bibliothèque universelle et pourra vous être montré un jour. Cette irresponsabilité est la cause de la majorité des problèmes relationnels sur cette planète.

Apprendre à vivre, c'est apprendre à être responsable et redevable de votre état d'être, de vos comportements et de vos actions. Cela implique de cesser de vous positionner en victime, de dire que ce n'est pas de votre faute, de trouver des excuses, de vous en foutre ou de chercher des explications ou des coupables.

Au niveau des fréquences de l'ombre, vous ressentez un mal-être, un inconfort et du coup vous déplacez votre conscience hors de l'instant présent en fuyant dans le mental ou l'imaginaire. Vous vous déshonorez à chaque fois que vous n'êtes pas là et que vous n'acceptez pas comment vous vous sentez ou comment vous vous comportez. Il peut exister, comme dans toutes les ombres, un mode répression et un mode réaction. En mode répression, la personne à l'air d'avoir une vie équilibrée extérieurement mais à l'intérieur, elle est remplie de frustrations, de colère, d'agressivité, de ressentiments, de désirs sexuels inassouvis et d'émotions qui couvent telles de l'eau dans une cocote minute.

Elle a peur de perdre le contrôle, vit dans la peur et peut exploser à n'importe quel moment. En mode réaction, cette ombre génère un refus de s'écouter et d'écouter, des comportements antisociaux, inappropriés voir destructeurs de part une incapacité à gérer leurs émotions et leur passion. Elles se font alors rejetées par autrui. Il s'agit alors ici de voir qui vous êtes, d'accepter qui vous êtes et d'accepter vos ombres et vos émotions et de les écouter. On se déshonore quand on écoute pas et quand condamne ou blâme quelqu'un pour quelque chose. Personne n'est parfait et tout le monde fait des erreurs. Vous faîtes des erreurs et il s'agit d'être honnête sur ce point. Ces erreurs sont souvent dues aux blessures avec lesquelles vous naissez (voir les lignes du Yi-King) et qui sont traités, au sein du système des clefs génétiques, dans un processus nommé la séquence de Vénus.

Ces différentes blessures (répression, humiliation, refus d'incarnation, déni, honte, invisibilité, rejet, trahison, culpabilité, séparation, injustice et abandon) sont la matière première de votre transformation intérieure et vous les exprimez régulièrement dans vos vies.

Votre éducation nous a fait croire que c'était mal de ressentir le rejet, la honte, la culpabilité et d'être dans le déni, par exemple. Mais c'est précisément ce non-ressentir, cette absence de conscience qui engendre vos difficultés. Si vous avez fait n'importe quoi, c'est normal et sain d'avoir honte ! Tous les ressentis sont des voyages qu'il faut honorer et dont il faut faire l'expérience pour avancer. Vos ressentis, vos blessures et vos difficultés existent et il s'agit d'apprendre à être honnête avec vous-même et de les honorer en les reconnaissant car c'est cette honnêteté qui déclenche le processus de transformation.

De nombreux soit disant enseignements spirituels ou religieux vous disent que vous devez contrôler vos émotions négatives voire les refouler au profit d'émotions positives. Mais refouler ou vouloir contrôler un état intérieur où une émotion, c'est la déshonorer et ne pas lui faire confiance, ce qui vous empêche de l'accepter. Du point de la Clef 22, chaque pensée, émotion ou humeur est placée en vous par la Source de toute Vie afin que vous l'acceptiez, ce qui ne veut pas dire l'exprimer violemment, car ce n'est que ainsi qu'elle peut vous traverser puis s'en aller. L'une des provocations de cette ombre numéro 22 est de tenter de vous faire changer ou fixer vos humeurs et émotions en vous faisant croire que vous n'êtes pas responsable, au lieu de leur permettre simplement de vous traverser naturellement. Si vous cherchez à les éviter et si vous vous cachez, elles reviendront sans arrêt réclamer votre attention. Ce à quoi on fait face et ce qu'on gère en conscience s'efface et ce à quoi on résiste ou évite persiste dit l'adage. Il s'agit d'être une personne consciente et responsable de ses comportements, ressentis, pensées et jugements sur soi. Pour cela, le fait de faire une pause et d'observer ainsi que la contemplation aident énormément. Il s'agit ensuite de cesser d'être dans l'inconscience et la réaction, de prendre la responsabilité de votre état émotionnel et d'apprendre à faire preuve de bienveillance et de compassion grâce à la force de l'amour. Vous générez alors de la valeur ajoutée, du profit et un énorme bénéfice.

Son cadeau : Les dons et capacités de cette porte : <u>la bienveillance, les bonnes manières.</u>

Ce don de la bienveillance et de vous comporter en « gentleman » est extraordinaire. Il a la capacité de vous sauver la vie. Il nait de votre conscience d'être responsable, redevable et que tout est enregistré. Il nait de votre capacité à créer un espace, grâce à la contemplation, où vous observez ce qu'il se passe en vous et chez autrui ; vos blessures, vos schémas, vos façon de réagir et où vous désengagez vos réactions émotionnelles de celles des autres.

Il vous permet de prendre en considération l'état psychologique d'autrui. La Clef 22 est une valve émotionnelle et le cadeau/don numéro 22 est un don de l'âme qui se révèle quand vous exprimez votre essence. Dans les fréquences de l'ombre, les émotions sont chaotiques, turbulentes et dérangeantes du fait que vous êtes captif(ve) du combat entre le plaisir et la douleur. Ici, vous apprenez à les raffiner. Vous cessez de vouloir le plaisir et de rejeter la douleur. Vous lâchez le plaisir et la douleur. Vous ne passez plus de l'un à l'autre. Vous acceptez ce qui est. Vous apprenez à ressentir de la gratitude d'être en vie du fait que vous prenez conscience que la mort peut arriver n'importe quand.

Vous développez l'équanimité, ce qui vous permet de faire attention à tout ce qui est là, de vivre la vie de façon à la fois légère et profonde et de ressentir un calme intérieur. Autant l'ombre de cette clef, quand elle est exprimée, laisse l'autre déshonoré(e) et perturbé(e), autant ce don aide l'autre à se libérer de ses émotions négatives. Ici, vous savez qu'à un niveau profond, tout est écouté et enregistré et que si vous commettez une injustice, vous récolterez ce que vous avez semé.

Vous vous comportez en adulte responsable et l'autre se sent profondément écouté(e) et compris(e). Vous apprenez à exprimer vos émotions sans manquer de respect à autrui. Vous vous respectez également vous-même en n'étant pas une victime des émotions d'autrui. Vous avez compris la puissance de la souffrance émotionnelle. Vous savez exprimer vos émotions et respecter celles des autres et vivre à partir de votre cœur et de votre âme. Vous pouvez ainsi aider autrui à prendre la responsabilité de leurs propres émotions.

Dans le système des Clefs Génétiques, il y a un enseignement nommé les 7 sceaux, qui est expliqué dans le livre de Richard Ruud. Ili décrit 7 superpouvoirs capable de rendre libre et heureux(se), en guérissant chacun un aspect de la blessure sacrée originelle générée par la déconnexion de la Source de toute Vie, quand la décision d'incarnation a eu lieue. Le nombre 22 est le septième sceau, qui contient les codes pour la guérison de toutes les blessures de l'humanité. C'est ce qui rend ce nombre si spécial.

Sceau	Superpouvoir	Ce qui est libéré
1 = la volonté Divine **Clef 40**	La relaxation, la détente	Les tensions dues au karma
2 = L'Omniscience **Clef 17**	Cesser d'être dans le déni et voir ce qui est	L blessure du déni
3 = L'Amour cosmique Clef 25	Ressentir que la Source de toute Vie aime, vous aimer, aimer	La honte, l'impression de ne rien valoir
4 = l'Epiphanie **Clef 43**	Ressentir la paix du cœur	La blessure de rejet et de trahison, Le fermeture du cœur
5 = Le Pardon **Clef 4**	Comprendre, reconnaitre, accepter, pardonner	La culpabilité inconsciente
6 = la Vérité Clef 63	Etre un avec la vérité de la vie	La blessure de séparation, d'injustice et d'abandon
7 = la Grâce **Clef 22**	La descente de la Source de toute vie dans le cœur et le corps	La blessure sacrée

En anglais, langue maternelle du créateur des CG, ce superpouvoir se nomme « graciousness », qui pourrait être traduit en français par « être gracieux/gracieuse », par « graciance » ou « graciosité », si ces mots existaient.

Il est traduit par bienveillance qui signifie veiller au bien. La bienveillance est un processus qui fait descendre la grâce dans la forme. Elle invite la grâce. La bienveillance n'existe pas sans défis et se développe grâce aux défis de la vie.

La vie testera sans cesse votre bienveillance et cela est nécessaire pour que vous puissiez la raffiner et la développer. Quel est votre niveau de bienveillance envers vous-même et envers autrui ? Faire preuve de bienveillance ne signifie pas que vous devez aimer tout le monde mais juste les accepter comme ils sont et leur permettre d'être qui ils sont. Elle est synonyme de gentillesse cosmique.

Elle permet d'éviter de dire des choses qui pourraient perturber autrui. Il ne s'agit surtout pas d'être un(e) saint(e) mais de savoir comment se comporter vis à vis des gens, en faisant preuve de gentillesse et en ne permettant pas à nos problèmes personnel de les impacter.

Quand on cesse de se juger et de se condamner on cesse de juger et condamner les autres. Au fur et à mesure que l'on se contemple en profondeur, on apprend à (se) comprendre, à (s') accepter, à (se) pardonner, à (s') aimer et à faire preuve de bienveillance en faisant attention. On apprend à se raffiner et on cesse de se déshonorer.

Là où la clef 55 décrit le processus d'éveil comme un processus d'évolution génétique qui émerge dans le corps, la clef 22 décrit le processus d'éveil par une intervention divine qui descend dans le corps, du fait qu'il y a une invocation qui invite cette présence supérieure, la Source de toute Vie, le féminin Divin, dans votre vie. Il y a alors un rachat des erreurs commises, un pardon et une rédemption, de vous-même, de vos vies passées et de vos lignées ancestrales. Il y a un processus qui vous apprend à accepter votre part du karma collectif et qui vous offre la possibilité de le transmuter. On se pardonne et la Source de toute Vie vous pardonne, ce qui génère une impulsion à faire le bien et à veiller au bien, par la bienveillance la bonté et la gentillesse, autour de vous. Les peurs sont dissoutes, les doutes sont effacés et la présence de votre nature divine devient une évidence. Ce superpouvoir consiste surtout à traiter les autres et soi-même avec dignité, à être responsable de soi-même, à exprimer ses émotions de façon juste et équilibrée et à faire preuve de bienveillance, peu importe comment les autres se comportent. Mais faire preuve de bienveillance ne signifie pas avoir des comportements policées et un sourire commercial sur le visage en permanence quoi qu'il arrive. La bienveillance peut parfois être dure, rêche et rugueuse et consiste avant tout à faire preuve d'honnêteté et d'authenticité, pas en étant une personne parfaite mais juste une personne humaine. Qu'est ce que c'est que la grâce ? La grâce est une expérience intérieure que les mots ne peuvent décrire. C'est le souffle de la Source de toute Vie qui respire. Elle peut se manifester d'un milliard de façons. Quand un pays remporte de nombreuses médailles aux yeux olympiques par exemple, il se sent comme dans un état de grâce. Si vous êtes une femme et l'homme que vous aimez vous demande en mariage à un moment inattendu, vous vous sentez en état de grâce.

Se souvenir des moments où vous avez vécu cela vous aide à développer des repères différents. Elle se traduit par une beauté dans la forme. Le temps s'arrête, vous percevez la beauté de la situation, vie, de la nature, des yeux des gens, des œuvres d'art et des choses et vivez un moment de grâce du fait que vous voyez la présence de dieu, de la Source de toute Vie dans ce qui a été créé. On ne peut pas déclencher la grâce. Elle survient d'elle-même.

On peut cependant préparer le terrain d'après la façon dont on gère les difficultés avec bienveillance. La grâce nous invite à nous comporter différemment, à changer nos comportements, afin de ne pas tomber en disgrâce. Les moments de grâce sont des tremplins pour accéder à des fréquences et des états supérieurs. Il y a une transcendance de la souffrance. Elle s'installe en vous quand quelque chose a changé qui vous permet alors de permettre aux fréquences supérieures de s'installer dans la durée. Plus vous prêtez attention à ces moment de grâce, plus vous développez la gratitude, plus vous prenez le temps d'écouter la vie, de vous écouter et de permettre à votre cœur de vibrer d'amour et plus iles moments de grâce deviennent fréquents. Vous intégrez alors un jour la conscience, l'esprit, de l'éternel féminin, de la Source de toute Vie, en Soi. Si vous êtes touché(e) par la grâce, alors vous n'avez plus de destinée séparée de la Source et devenez comme un instrument de musique accordé pour que la Source chante la vie et l'amour à travers vous. Vous êtes amour, conscience, volonté divine, sagesse et rien d'autre. Dans l'histoire de l'humanité, de nombreux enseignants sont venus sur Terre pour aider l'humanité à transmuter la souffrance grâce à un alignement avec la volonté divine et à l'alchimie (Hermès, Merlin, Fu Hsi), grâce à l'amour et au sacrifice (Jésus Christ) ou grâce à la compassion et l'équanimité (Bouddha).

Chapitre 23 : Le nombre 23

A-Sa symbolique : Le nombre 23 est un nombre un peu spécial qui est associé à l'inconnu, aux mystères, aux questions sans réponses et à l'intervention de forces cachées. Deux films ont carrément été fait sur le nombre 23, en 1998 et en 2007. L'industrie du cinéma aime beaucoup ce nombre ! Certaines personnes sont obsédées par ce nombre et le voit partout. Il y a par exemple 23 paires de chromosomes dans le code génétique de l'être humain et 23 articulations dans un bras humain complet. La Terre est inclinée de 23 degrés par rapport à l'écliptique. De façon plus anecdotique, la 23ième lettre de l'alphabet W à 2 pointes vers le bas et 3 vers le haut, le 11/09/2001 écrit 11+9+2+1 donne 23, Adam et Eve auraient eu 23 enfants, le mot dragon est utilisé 23 fois dans la bible, le premier message envoyé par code Morse était un extrait d'un passage 23 verset 23 de la bible etc. J'ai été conçu un 23 et suis né en 1967 ce qui fait 23. C'est le plus petit nombre premier constitué par 2 nombres qui se suivent. Symboliquement, il associe la grand-mère (2) et la mère (3), l'intuition et la compréhension, l'imagination et le mouvement, la vie quotidienne et la compréhension ou l'adaptation et donc le féminin.

B-Selon deux traditions anciennes :

1-La tradition germanique des Runes. Rune 23 = l'héritage structurel collectif.
La Rune 23 se nomme Othala prononcé otala.

Son numéro : Othala est la vingt-troisième rune du Futhark. Le nombre 2 évoque une structure d'information et le nombre 3 évoque le mouvement et la vie. Le chiffre 23 est ainsi en lien avec les cellules, les lieux et les structures d'informations qui favorisent le mouvement, la communication et la vie. Cela peut ainsi représenter le code génétique, ce avec quoi vous arrivez sur Terre et les zones de mémoires où sont stockées toutes les connaissances et expériences de l'humanité, des lignées ancestrales et des expériences individuelles de l'âme mais aussi l'empreinte que tout cela a laissé à la naissance. Cela peut également représenter les familles d'âme et la reliance avec les membres de sa famille spirituelle. Le nombre 2 évoque une dualité et le nombre 3 une dispersion dans l'espace et le temps. Le chiffre 23 peut alors évoquer un éclatement des structures humaines et généalogiques afin d'accéder à de nouvelles expériences et afin de créer un nouveau monde.

Résumé et essence de la rune : Cette rune évoque la compréhension, l'intégration et l'optimisation du bagage généalogique et psychologique qui vous est donné à la naissance, des conditions de vie dans lesquelles vous naissez ou vivez et de ce que vous pouvez faire de cela par rapport à votre mission de vie. Elle vous représente en tant que gardien et transmetteur de cet héritage. Au niveau le plus profond, cette rune peut aussi représenter le corps spirituel, le « trône de dieu » qui est votre véritable maison et votre héritage le plus précieux. Elle symbolise un niveau de conscience, de puissance, de connaissance, de richesse, de prospérité, de joie et de bien-être exceptionnel qui résulte d'une bonne gestion du passé, d'une capacité à s'approprier son héritage et sa destinée puis à l'exprimer sous une forme nouvelle et plus authentique. On récolte ici ce que l'on a semé et ce que l'on sème portera ses fruits lors d'un nouveau cycle. Elle peut symboliser l'éclatement de quelque chose, la fin d'un cycle, le fait de transmettre un héritage et donc d'abandonner ce qui n'a plus lieu d'être et l'arrivée d'une nouvelle situation. Elle peut également évoquer l'intégration au sein d'une famille, d'une communauté, d'un groupe, d'une organisation ou d'un réseau.

L'aspect sombre de la rune : Il est symbolisé par des difficultés issues du passé, par un héritage, des mémoires ancestrales ou des vies passés mal intégrés ou source de difficultés, de confusion voire de folie, par des fantômes perturbateurs ou un problème génétique, par un manque d'aide de la famille, de la collectivité ou de la société, par un conflit familial ou avec un organisme social, par une absence de maison ou de foyer, par un éclatement des structures qui ne se reconstituent pas harmonieusement, par un rallongement du délai espéré, par une difficulté à gérer ou à abandonner un héritage du passé, par une difficulté à se fixer quelque part et par un passage difficile à franchir.

Son phonème : Cette rune est associée au son o.

Mots clés : Le patrimoine spirituel, psychologique, familial et matériel, une structure d'information permettant de passer d'un état à un autre, la préparation d'un voyage vers un nouveau cycle de vie, un lieu de développement personnel et de transformation, un lieu de bien-être et de ressourcement (maison, centre de bien-être), une empreinte généalogique ou de vie passée, la terre des ancêtres, les terres et les biens immobiliers, une mémoire collective, un héritage à intégrer, la bonne gestion de ce qui a été transmis (terres, patrimoine immobilier, entreprises, savoir-faires, connaissances ou qualités d'être), une rente ou une pension, une aide de la famille, de la collectivité ou de la société, la transmission d'un patrimoine ainsi que l'expression libre et nouvelle des acquis d'une façon adaptée au temps présent. Cette rune évoque le karma et ce qui permet de se libérer du karma par une adaptation pertinente à la Nécessité.

2-La tradition du Yi-King Chinois. Hex 23 = L'usure, l'éclatement, la désagrégation.

Résumé du nombre : Des énergies toxiques, dévalorisantes ou disharmonieuses déclenchent un éclatement, une usure, une destruction des formes, la fin ou la mise hors service de quelque chose. Un travail intense de purification génère un rééquilibrage énergétique permettant une reconnexion à l'essence de vie.

Explication technique :

Toute forme est par nature temporaire voire éphémère. Elle finit soit par se détériorer, se décomposer, s'user, atteindre un point de rupture et se désagréger, soit par se dissocier, s'effondrer et voler en éclats. C'est la mort, la fin et la mise hors-service de quelque chose. C'est pourquoi après « La forme » vient « L'éclatement». L'idéogramme ancien évoque un arbre qu'on élague.

Grâce à l'action persévérante, au travail intense et à l'effort, on enlève couche après couche en éliminant toute énergie toxique jusqu'à ce qui ne reste plus que l'essentiel. Le trigramme supérieur est la montagne qui symbolise la sagesse mais aussi ce qui est lourd. Les trigrammes intérieurs sont Kouen, la terre, qui symbolise la vie, la maison, le lit, la soumission et le peuple. La forme de l'hexagramme est ainsi associée soit à un édifice qui s'écroule parce qu'il est surchargé de formes et de tension, soit à une montagne sur la terre qui s'écroule parce que sa base, sa fondation, n'est pas assez large, solide et généreuse, ou parce qu'une catastrophe naturelle la fait exploser en cendres. Lorsque la montagne est large et généreuse, elle obtient le soutien populaire. Lorsqu'elle est étroite et abrupte, elle engendre l'orgueil et la solitude. Elle s'effondre sur elle-même où est balayée par les forces de la nature.

L'époque est rattachée au mois du Scorpion (octobre-novembre), où la matière entre en décomposition et où l'énergie obscure tente d'évincer la lumière en l'absorbant, selon un cycle naturel, tout comme la nuit, le vide et le déclin suivent le jour, le plein et la croissance.

De même, les hommes vulgaires (la tentation, l'ignorance, le manque d'amour et de clarté, la stupidité des émotions négatives et l'égoïsme), représentés par les cinq traits discontinus, vont de l'avant. Ils n'affrontent pas directement l'homme noble, le trait continu de haut, mais tentent de l'anéantir graduellement jusqu'à ce qu'il s'effondre. Les trigrammes Ken, la montagne et Kouen, la Terre, décrivent la voie à suivent pour s'adapter à cette période sombre et survivre à l'éclatement. En ces temps misérables et douloureux, il est judicieux d'accepter ce qui est, de se replier, de lâcher-prise, de bien se nourrir et se ressourcer, de rechercher un état de calme intérieur, de consolider ses fondations et d'exprimer la droiture, la fermeté, l'intégrité morale, la sérénité et la tranquillité. On préserve alors son énergie pour effectuer le passage vers des jours meilleurs. S'opposer de front aux courants contraires ou résister obstinément à la situation n'aboutirai qu'au désastre et à l'épuisement. On peut aussi éviter l'éclatement soit en déchargeant les tensions à intervalles réguliers, tel un dirigeant qui dispatche et partage ses avoirs pour que les personnes ordinaires créent de la richesse, soit en canalisant l'énergie vers la sagesse, dans une transformation intérieure, à travers des pratiques spirituelles initiatiques (méditation, Tai-chi, exploration de l'au-delà et transfert de la conscience vers le corps spirituel).

Interprétation classique :

La libre circulation de l'énergie et tout progrès par rapport à votre préoccupation est actuellement bloquée et sans espoir. Que ce soit dans le domaine des affaires, des relations sociales ou intimes, de la santé ou du développement personnel, la situation est compliquée, en état de décomposition et hors de votre contrôle.

C'est la fin d'un cycle et il risque d'y avoir des pertes. La situation est perturbée soit par des circonstances adverses, soit par des personnes ou des pulsions inférieures et incompétentes, qui ont pris le pouvoir. Elles dominent la situation sans vision claire. Cela vous empêche alors d'atteindre votre objectif et génère un état de fatigue et de stress, voire un certain désespoir. La réussite passe ici par une grande vigilance, par l'acceptation de la décadence, par l'attente que la situation se transforme en mieux, par la préservation des ressources humaines et matérielles disponibles et par le développement de la sagesse. La période est par contre propice pour le repos et la rééducation, pour effectuer des prises de conscience et pour travailler sur la circulation de l'énergie dans vos différents corps, pour prendre conscience de vos mécanismes de sabotage ou de vos zones d'ombre et pour éliminer ce qui n'est plus utile. Elle est enfin propice pour aller au-delà du néant vers la lumière de votre corps spirituel, à travers la méditation ou des rituels initiatiques. Vouloir forcer les choses est ici totalement inapproprié. Il est par contre judicieux de vous mettre en arrière-plan, de consolider discrètement vos relations, de vous préserver d'éléments négatifs, de protéger ce qui peut l'être, de renforcer vos fondations et si c'est possible, de partager généreusement et de vous engager avec simplicité dans des activités bénévoles. Seul le temps, une préparation intérieure, un juste dosage de fermeté et de bienveillance et une attitude humble de votre part permettra de passer à une situation nouvelle. Une fois la décadence passée et l'épreuve du néant terminée, vous pouvez alors reconstruire sur de nouvelles bases avec plus de lucidité, d'unité intérieure, de force, et de sagesse.

C-Selon trois traditions modernes

1-Le Diamant de Naissance runique. 23 = la transformation quantique.

Symbolique : Le Vanadium. Les structures d'informations de la vie. L'éclatement quantique et la reconstitution quantique ou moléculaire. L'origine et la destination. L'héritage. Le sanctuaire. L'action collective. La solidarité. Un changement profond. L'association de la sensibilité à l'invisible multidimensionnel (2) et de l'intelligence capable de comprendre et d'expliquer (3) permet de traduire en idées de façon simple tout ce qui se trouve dans l'invisible et de générer des transformations grâce à une compréhension de l'invisible.

Remarque : En numérologie moderne, le nombre 23 est considéré comme un nombre 5.

Les besoins et capacités qui demandent à être exprimées :

-Besoin de vous désassembler puis vous de réassembler, de disparaitre puis réapparaitre ici ou ailleurs, de vous dégrouper puis de vous regrouper.

-Besoin d'éclater des structures anciennes afin de créer des structures nouvelles

-Besoin de créer et de faire vivre un sanctuaire, un lieu de transformation ou une communauté, de vous intégrer dans une communauté

-Besoin de vous exprimer à partir de l'origine, de l'invisible, de générer un mouvement et atteindre une destination

-Besoin de faire fructifier un héritage (ancestral/vies passées)

-Besoin de travailler avec le quantique ou l'infiniment petit, avec des cellules ou des structures d'information (exemple : code génétique), avec des passages ou des vortex

-Besoin de s'approprier son héritage et sa destinée et de l'optimiser en l'exprimant sous une forme nouvelle plus authentique.

-Besoin de traduire en idées simples et compréhensibles des concepts complexes liés aux réalités invisibles multidimensionnelles.

2-Le Design Humain. 23 = La porte de l'assimilation ou de l'intégration sociale.

Explication technique :

Circuit de la connaissance. Centre Gorge. Cette porte est liée à la porte 43, la percée. Son thème principal est la capacité à expliquer simplement ce qui est complexe. Sa maîtrise permet la simplicité et l'accès à la quintessence. Le Design Humain attribue surtout à cette porte des capacités du nombre 5 (le Grand-Prêtre), c'est-à-dire une capacité à comprendre, intégrer et expliquer un système d'information plus ou moins complexe, à promouvoir la tolérance et la bienveillance et à accepter la diversité des cultures. Le Grand-Prêtre apporte une grande intelligence, une clarté mentale et une capacité à exprimer à des personnes ou à des groupes, en langage clair, sa vision personnelle des choses, une sagesse intérieure ou une compréhension des systèmes d'informations extérieurs ou invisibles et donc des savoirs. Cette porte permet d'acquérir des savoirs, de faire croire qu'elle sait et de dire qu'elle sait, soit pour provoquer l'attention ou le rejet si le discours n'est pas adapté, soit pour enseigner. Si une personne est capable d'exprimer et de partager sa vision et ses savoirs avec le collectif, elle rencontre le respect, est considérée comme conforme et normale et elle peut s'intégrer mais si ce n'est pas le cas, elle est considérée comme une personne anormale, marginale, bizarre, déréglée ou handicapé(e) sociale et elle peut-être rejetée.

Proposition d'interprétation :

Votre expertise implique que ce que vous faites et dites peut modifier le monde de façon spectaculaire. Elle est capable d'apporter une pensée novatrice, de se convertir à des approches inhabituelles et de générer de nouvelles perspectives. Elle sait exposer des aspects du paysage jusqu'alors invisibles et clarifier des concepts complexes en idées simples et compréhensibles. C'est ce qui se passe quand vous vous exprimez. Vous savez entrer dans le vif du sujet, en vous débarrassant parfois brutalement de ce qui n'est apparemment plus nécessaire. Avec autorité, vous apportez une vision du monde nouvelle et entièrement différente. Effectivement, vos grandes déclarations jaillissent parfois de nulle part et surprennent les gens, les incitant à être attentifs. Vous êtes parfois partisan de mesures radicales que vous êtes impatient de voir les gens adopter. Il s'agit de savoir si vos communications et vos contributions tombent à point nommé, si elles sont réalistes, compréhensibles et si elles contribuent à créer un monde meilleur. Vous donnez une voix aux intuitions reçues. En tant que voix qui s'exprime, la porte 23 affirme d'un ton sec et assuré : « je sais que… », quel que soit le bien-fondé de cette connaissance. Cette voix souhaite impulser un changement ou ajouter une nouvelle dimension à la situation existante. Elle semble être très experte et factuelle alors qu'en réalité, les « connaissances» en question ne sont pas toujours fondées sur du solide ! Beaucoup vous trouvent franc, direct, tranchant, ce qui conduit parfois à de grands malentendus. Faites donc attention à ce que vous dites et à votre « timing ». Il est presque toujours préférable d'attendre que les autres veuillent connaître votre opinion et votre vision du monde avant de vous exprimer et que c'est le bon moment pour vous exprimer. Quand vous êtes aligné(e) et synchronisé avec la Nécessité, vous êtes capable d'articuler de grandes sagesses, de grandes vérités, qui sont adaptées aux enjeux du moment et que les autres peuvent comprendre et assimiler facilement.

3-Les Clef Génétiques 23 = l'alchimie de la simplicité. Le décodeur traducteur.

Son dilemme où il doit faire des choix : Timing, accumulation. **Signe astral DH :** Taureau
Son partenaire de programmation : Clef 43, la percée. **Corps :** La gorge et Thyroïde.
Son anneau de codon : L'anneau de la vie et la mort (3, 20, 23, 24, 27, 42).
Acide aminé : Leucine. **Son chemin de transformation :** Le chemin de la simplicité.

L'ombre de cette porte : La complexité.

La complexité est une caractéristique de notre civilisation actuelle. La complexité génère une perte de confiance avec de l'anxiété et la simplicité génère de la sérénité et de la confiance. Au niveau collectif, le monde est devenu complexe et compliqué même si les conditions de vies matérielles se sont beaucoup améliorées. Les systèmes d'information, d'éducation, les structures, notre façon de gouverner, de vivre et nos modèles économiques et nos relations sont tous très compliqués et nous ont éloignés de nous-mêmes. Tout va trop vite.

Il y a trop de tout. Beaucoup trop de gens passent leur vie à courir après l'argent et s'épuisent à juste survivre. Cette complexité est la conséquence d'un état d'insécurité collective à laquelle les humains tentent de remédier en utilisant leur mental pour contrôler leur environnement, mais plus ils le font et plus il y a de l'insécurité dans le monde, de méfiance entre les gens et de cloisonnage des individus. Les gens font des études, travaillent, rencontrent quelqu'un, se mettent en couple, achète une maison, font des enfants, consomment, travaillent encore plus pour les nourrir et payer leurs prêts et font un burnout.

Souvent ils divorcent puis tentent de se réparer. Ils cèdent aux sirènes de la culture moderne. La cause principale de cela est la tendance frénétique à accumuler à tous les niveaux ; des informations, des théories, des outils, des technologies, des relations, des inquiétudes, des croyances, des objets, des expériences puis des crises. Chez certaines personnes, une désynchronisation entre « l'inconscient-les émotions-les mémoires » et la parole peut générer des troubles du langage, soit à travers un refus ou une incapacité à parler, soit à travers une tendance à trop parler ou à dire les choses au mauvais moment, soit encore à dire n'importe quoi et à interpréter tout de travers.

Ces personnes compliquent tout et génèrent des quiproquos qui peuvent provoquer des réactions émotionnelles violentes. Il y a des besoins de reconnaissance et d'approbation non satisfaits. La peur de générer de l'intolérance, du rejet et de l'exclusion, liée à cette ombre, se matérialisent ici à cause de la tendance à rendre tout compliqué.

Chez d'autres, une accumulation de choses non essentielles les a, pour beaucoup d'entre elles, fait perdre l'essentiel. C'est ainsi que toute une génération vit une vie dépourvue de sens. La technologie est très stimulante mais elle n'apporte pas du sens et il est impossible de s'épanouir dans la vie s'il n'y a pas un sens et un objectif supérieur. Nous avons pour beaucoup d'entre nous perdu la simplicité et la notion de durée, de viabilité, de ralentir et de prendre son temps. Nous ne savons plus comment cultiver la terre, s'occuper des animaux d'élevage, construire une maison, fabriquer des cordes, des vêtements, des bougies ni même faire du feu sans briquet et traiter les autres avec respect.

Les relations avec autrui sont bien souvent devenues une grosse blague. Beaucoup recherchent la ou la partenaire parfaite selon une check-list mais si et quand ils le trouvent, ils ne savent plus nourrir et faire durer la relation et prennent la fuite au moindre problème, à la moindre insatisfaction. Nous avons perdu le lien avec les valeurs essentielles de la vie, l'intimité, la famille, la communauté, la camaraderie. Nous ne savons plus construire notre vie, la designer et cela demande de la discipline. L'ombre de cette clef nous rend semblable à des lemmings ou des moutons de Panurge se précipitant collectivement vers la falaise. Elle génère des peurs d'être exclu(e), abandonné(e) ou submergé(e) par des forces chaotiques.

La leçon de cette clef est très simple, il s'agit de revenir à l'essentiel, à la beauté, aux choses pratiques de la vie et d'accumuler cela en parcourant la voie du milieu, la voie de l'équilibre et de l'harmonie. Si on considère l'argent, ne pas avoir assez d'argent rend la vie très compliqué/complexe et en avoir trop aussi mais en avoir ni trop ni trop peu génère une situation parfaite et serine. C'est pareil pour l'eau dans le corps et la nourriture. On a perdu la capacité de s'écouter, de manger quand on a faim et de boire quand on a soif. Contempler cette clef, c'est faire un inventaire de toute votre vie intérieure et extérieure.

C'est faire un inventaire de vos croyances à propos de vous-même et de ce que vous êtes capable de faire, des endroits où vous avez fait des compromis et des opinions que vous avez adoptés de vos parents ou de votre famille ou en réaction à eux. C'est regarder tout ce qu'il y a autour de vous et voir si vous vous en servez et si cela vous met en joie. C'est observer vos décisions et vos paroles et voir si elles rendent votre vie plus simple ou plus compliquée, plus complexe. Votre vie devient plus complexe si vous traitez autrui de façon irrespectueuse ou si vous vous plaigniez sans arrêt. Vous vous placez en position de victime, devenez accroché à des schémas répétitifs négatifs et accumulez du karma et c'est cela le karma, une accumulation.

Vous pouvez vous demander si votre vie est engluée, si vous pataugez dans la mélasse ou si vous traversez vos journées comme un couteau dans le beurre. Vous pouvez vous demandez combien d'émotions, de peurs et de maladies vous prenez et auxquelles vous vous agrippez qui appartiennent à autrui. Dans le Yi-King originel, le nom de l'hexagramme était « trancher et retirer » et son symbole était un couteau. Cela évoque la nécessité de couper les liens qui nous enchaine et tout ce qui rend notre vie compliquée, voir qui nous sommes vraiment en allant à la racine des choses et revenir à la simplicité. Quand on regarde la vie en élargissant sa vision, elle peut paraitre complexe avec toutes ses dimensions de la réalité, mais elle répète toujours, sous forme de fractal, les mêmes schémas simples sous des formes différentes à des densités différentes. L'univers est holographique et fractal.

Le mental ne fait pas confiance à la simplicité et prospère dans la complexité. Plus une personne est dans son mental et plus elle complique tout et mène une vie compliquée. On apprend ici que c'est en vivant une vie simple que l'on vit une vie heureuse. La simplicité créé l'efficacité et banni le gaspillage. Elle va à l'essentiel. Elle apporte une compréhension juste qui génère des comportements justes, des paroles justes puis des actions justes. C'est en aimant la simplicité qu'on peut la manifester. Elle permet de ralentir, de vivre selon son rythme et de lâcher tout désir de tout résoudre dans sa vie. Toute « problème » est ici perçu comme une histoire créé par le mental agissant sur des désirs. Il est observé avec détachement, sans s'y agripper, jusqu'à ce qu'il s'en aille ou qu'une solution simple apparaisse. La vie fonctionne avec des rythmes. Chaque période de la vie a ses besoins. Quand on est jeune on a besoin d'aventure. A l'âge mur on a besoin de stabilité. Quand on est un(e) ancien(e) on a besoin de repos et de tranquillité. Ce cadeau permet de voir que l'on est en paix quand notre vie est simple, que l'on respecte son rythme et que l'on dit non avec bienveillance.

Il consiste à voir et à agir. Quand on laisse le silence s'installer, la conscience peut s'élever au-dessus des nuages, voir clairement et agir d'après cette clarté. Vous savez alors spontanément ce qu'il est juste de faire. Une façon de l'expérimenter extérieurement est d'identifier dans votre maison ou appartement un objet non essentiel, qui n'a ni beauté ni utilité pratique et dont vous ne vous êtes pas servi depuis plus d'un an et de le donner ou de le jeter. Vous pouvez faire la même chose avec votre vie intérieure. Si un état d'esprit ou une croyance ne vous font pas avancer, vous plombent et génèrent de l'inconfort ou de l'anxiété, vous pouvez trouver le moyen de vous en débarrasser, en utilisant votre créativité ou en faisant appel à celle d'une autre personne afin de transformer ce qui vous préoccupe en quelque chose qui vous empuissance, qui vous renforce. Cela demande un investissement en énergie au départ mais une fois que vous avez lâché et transformé ce qui doit l'être, vous récupérez deux fois plus d'énergie que ce que vous aviez investi. La simplicité est un état d'esprit, un état d'être et une habitude alchimique où tout ce que vous touchez se transforme en or. Elle permet d'enlever le bois mort ; la complexité, l'inefficace, l'inessentiel et de retirer tout ce qui encombre afin de découvrir les jeunes bourgeons. C'est une forme de créativité mise au service d'un but supérieur parce qu'on est aligné avec lui. Quand on l'exprime, la vie devient beaucoup plus simple. Il y a de l'espace et de la liberté dans cet espace. Quand quelque chose fonctionne simplement, on cesse d'en vouloir toujours plus, de voir toujours plus grand, de croire que l'on doit s'expanser jusqu'à l'infini. On reprend contact avec la beauté de la simplicité.

On a identifié nos priorités. On respire. On voit les choses clairement et notament tout ce dont on n'a pas besoin. On se synchronise avec les rythmes et les nécessités de chaque instant. On revient à l'essentiel et l'essentiel est toujours l'amour, la joie d'être en vie et la capacité à faire des choses avec ses mains. C'est savoir attendre et faire preuve de patience. Dans les relations, la simplicité consiste à être dans une présence aimante sans projeter des désirs, des problèmes ou des émotions sur l'autre.

Elle permet de trouver les mots justes, de surprendre et de faire rire. Une façon de pratiquer la présence aimante est de faire quelque chose avec vos mains dans la joie ; faire la cuisine, le ménage, le jardin ou une autre activité manuelle. Quand on fait un avec l'intelligence des mains, on retrouve la vision de la simplicité. Quand on cultive l'amour de la simplicité, notre sentiment de liberté grandit, nos relations s'épanouissent et nos comptes bancaires sont comme ils doivent être. La simplicité permet de créer une vie « faîtes à la main » et de vivre une vie harmonieuse car elle est enracinée dans l'essentiel, dans l'amour, la liberté et dans une créativité qui permet de transformer une situation à notre avantage en la voyant avec simplicité et en se comportant de façon adaptée en fonction des nécessités de la situation.

Le superpouvoir/puissance (Siddhi) de cette porte : <u>La quintessence.</u>

Le mot quintessence est tiré de l'alchimie et signifie la cinquième essence ou le cinquième élément, qui selon la légende ouvre à la sagesse divine, transforme tout, symboliquement, en or et rend immortel. Les pensées et les émotions auxquelles on ne s'agrippe pas se désagrègent et relâchent leur énergie dans l'aura, dans le champ électromagnétique d'une personne. Selon les cultures, ce cinquième élément est appelé Chi (Tchi), Prana, Vibouthi, Ether, amour ou Champ quantique. Il permet de voir clairement la réalité. Le terme éclatement, utilisé dans le Yi-King, signifie ici la dislocation puis la séparation entre l'illusion d'être séparé(e) et l'essence intérieure, qui se révèle alors.

La conscience de la quintessence est le résultat d'une distillation permettant d'extraire l'essence et la vérité des choses et d'exprimer cette vérité en faisant mouche à chaque fois. Cela consiste à réduire afin d'accéder à l'essentiel, à l'esprit de la chose, à notre âme, au cœur de notre âme, à une qualité essentielle qui rayonne à travers une personne qui l'a faite sienne et qui a presque une odeur. Cela consiste à séparer différents éléments puis à les recombiner à des fréquences vibratoires supérieures. La vie, c'est exactement ça. On éclate l'ancien pour créer le nouveau. Les événements et difficultés de la vie et le travail sur soi nous poussent à éclater les différents éléments de notre être, nos ombres, à en extraire les leçons, l'essence puis à les reconstruire pour que leur beauté transparaisse. Cela nous permet alors de voir la vie d'une façon nouvelle, d'une façon créative et telle qu'elle est, toujours fraîche et nouvelle.

Quand on regarde la complexité du monde et de la vie des gens, on se demande comment arranger tout ça et s'il ne faut pas tout collapser avec un événement apocalyptique et tout recommencer. Ce superpouvoir va au-delà de cette vision catastrophe. Il voit que la quintessence est caché dans le problème et qu'en montrant au gens le sens supérieur de leur vie, leur quintessence, le monde peut redevenir simple et beau.

Si on regarde l'ombre avec laquelle on bataille le plus, on voit que ce n'est pas vraiment une ombre mais que c'est notre regard, notre façon de voir les choses qui génère la situation et l'on découvre à la racine une opportunité de rayonner. Cela nous permet de transformer un dépotoir en un jardin magnifique ou des déchets en ressources.

Cela passe par le fait de trouver sa quintessence, cet état de liberté intérieure, cette danse qui ramène tous les éléments séparés en une nouvelle unité, qui rend tout possible, tel la lampe d'Aladin ou simplement vos mains et qui fait revenir la lumière. C'est le chemin des mystiques et des alchimistes. La quintessence du corps est le nombril. La quintessence d'une relation est l'amour. La quintessence du langage est le silence. La quintessence du temps est l'instant présent. La quintessence d'un choix est le ventre dans un espace de calme. La quintessence de la vie est d'aimer la vie avec vos mains et le toucher et c'est aussi la mort. La quintessence existe partout car c'est les battements du cœur du cœur de la Source de toute Vie. C'est l'essence de la Source qui est faîtes de volonté, de créativité, d'amour et de joie extatique.

Chapitre 24 : Le nombre 24

A-Son symbolisme : Il y a 24 vertèbres mobiles dans la colonne vertébrale d'un être humain et 24 heures dans une journée. Il y a 24 Runes originelles. En mathématiques, 4x3x2x1= 24 et tout nombre premier (au delà de 3) au carré est divisible par le nombre 24+1. Le nombre 24 structure enfin l'eau et l'ADN donc la vie. La musique était jadis structurée par 24 notes. La sagesse de la Grand-mère et sa sensibilité à l'invisible (2) sont traduites dans la matière en idées logiques et structurées par le père, son fils (4).

Remarque : En numérologie moderne, le nombre 24 est considéré comme un nombre 6. Quand le Tarot a été créé, il y a eu débat sur l'option de créer un système à 22 nombres ou à 24 nombres. Le nombre 23 ressemblant au nombre 13 (désintégration moléculaire ou subatomique puis réassemblage moléculaire ou subatomique) et le nombre 24 (le retour de la lumière) aux nombres 16 et surtout au nombre 19, il a été décidé de rester sur un système à 22 nombres. Le système de numérologie germanique, qui était utilisée dans toute l'Europe de l'Atlantique à l'Oural, fonctionne lui avec 24 nombres, apportant une vision très intéressante.

B-Selon deux traditions anciennes :

1-La tradition germanique des Runes. Rune 24 = la lumière du jour éternel.

La Rune 24 se nomme Daeg prononcé dêgue, mot signifiant le jour ou qu'il fait jour.

Son numéro : Daeg est la vingt-quatrième et dernière rune du Futhark d'origine. Ce nombre n'a pas de signification particulière. Il peut être obtenu à partir des chiffres 2 et 4 (le jour et la nuit qui s'organisent dans la vie), 20+4 (la vision et la conscience qui s'organisent dans la vie), 2x12 (les cycles du jour et de la nuit) ou 3 x 8 (le mouvement et l'adaptation infinie de la joie).

Le jour est dans la nuit et la nuit est dans le jour. Certaines personnes placent cette rune en vingt-troisième position. J'ai l'impression qu'à l'époque où les runes ont été créées, il existait des liens entre les chamanes ou prêtres de l'Asie à l'Europe. Ces chamanes se rencontraient dans des lieux précis, dans l'invisible, en sortie hors du corps. Or il y avait en Asie un système numérologique, le I Ching, utilisé pour effectuer de la divination. La signification des 22 premiers symboles du Yi King, nommés hexagrammes, ressemble étrangement aux 22 premières runes. Le symbole numéro 24 du I Ching se nomme le retour du jour et évoque justement la lumière du jour qui revient ou le retour du jour éternel, d'où mon impression que Daeg est bien la vingt-quatrième rune du Futhark.

Je ne dispose pas du pourcentage de fois, sur les pièces archéologiques qui représentent un Futhark entier, où Daeg se trouve à la vingt-quatrième position.

Résumé et essence de la rune : Je révèle vos repères, ce à quoi vous accordez de l'importance et là où vous mettez de la lumière. Je symbolise l'abandon de l'ancien et l'arrivée dans un nouveau monde avec de nouveaux repères, la vision claire ou la clarification d'une situation et de l'inconnu, l'expression de la lumière, de la conscience et du meilleur de qui je suis, l'arrivée d'un nouveau jour après la nuit, une importante prise de conscience aboutissant à une vision nouvelle, la capacité à surmonter toute dualité, le retour de la lumière après des temps obscurs, un nouveau départ après la fin d'une situation. Je symbolise un nouveau mode de vie ou encore la découverte de soi, d'une nouvelle terre ou d'un nouveau monde après un long voyage, après un processus de transformation, après le franchissement d'une étape ou après une expérience d'illumination. Un nouvel équilibre et une vie nouvelle se mettent en place. Tous les potentiels fleurissent. La lumière finit toujours par triompher.

L'aspect sombre de la rune : Il est symbolisé par un problème de dualité, de déséquilibre, de conscience, d'apparence, de visibilité, de rayonnement, d'équilibre entre forces opposés ou par un sentiment excessif d'importance personnelle.

Son phonème : Cette rune est associée au son d.

Mots clés : La clarté du jour, l'éveil de la conscience, remise en ordre, nouvel équilibre, prendre soin de son apparence, développer la pensée positive et des attitudes positives, devenir visible, retour sur le droit chemin, nouvelle étape, nouvelle naissance, nouvelle prise de conscience, nouveau départ, retour de jours meilleurs, travail avec la lumière, équilibre de deux forces opposées, dépassement des oppositions, alliance, puissance créative, réussite, réalisation de soi, prospérité et joie de vivre.

2-La tradition du Yi-King Chinois. Hex 24 = Le retour (à l'ordre). Le retour de la lumière.

Résumé du nombre : Juste après le solstice d'hiver, début janvier, quand la lumière revient, on abandonne l'ancien, on s'intériorise et on organise le retour au printemps, d'une nouvelle activité, pour redémarrer d'un nouveau cycle.

Explication technique : Le temps et la vie sont régis par des cycles, que l'on peut associer à un mouvement circulaire et au symbole du Tao, l'ordre cosmique. La catastrophe, la chute dans les ténèbres, la tentation, la maladie, la destruction, la tempête, le conflit, la stagnation, la rupture, la fatigue, la frustration ou l'incarnation dans la matière ne durent pas éternellement. Quand l'obscurité, la négativité et l'ignorance ont épuisées leur malice, il y a un tournant, un revirement, un retour et le tout début d'un nouveau cycle de croissance. La lumière, l'énergie et la force reviennent, parce que c'est dans l'ordre naturel des choses. Quand on est tout en bas d'une descente, on ne peut que remonter. Quand la durée du jour a atteint son minimum, au solstice d'hiver, elle ne peut qu'augmenter à nouveau. C'est pourquoi après « L'éclatement » vient « Le retour». Le trigramme **Tchen**, le tonnerre, demande un renouvellement, l'action, de la liberté, du mouvement et de suivre la voie du ciel, en étant synchronisé avec la Nécessité, avec les lois universelles et avec l'ordre cosmique. Seul ce chemin conduit à la liberté suprême.

Kouen, la terre, demande d'être humble et réceptif, simple et naturel, malléable et dévoué, de se ressourcer, de générer du bien-être et de la sécurité, de se nourrir, de tenir compte du juste rythme et des cycles, et d'exprimer la compassion afin de perpétuer la vie.

Après un temps d'obscurité ou d'égarement, la vie et la lumière réapparaissent et se remettent naturellement en mouvement, dans un calme vibrant, dans un silence rempli de vie.

L'homme retrouve son chemin et se remet sur les rails de sa destinée. Le processus consistant à chercher et à trouver amène à aller et à venir, à se perdre puis à se retrouver, à chercher à l'unique endroit où l'on puisse trouver, c'est-à-dire au plus profond de soi-même, en son centre, puis à chercher ce qui seul mérite d'être trouvé, la lumière au fond de son cœur. Avancer craintivement en aspirant à la sainteté, en se souciant d'éviter toute faute et toute erreur, ou à l'inverse s'obstiner avec dureté dans la résistance, ne conduit qu'à l'illusion.

L'important est d'avancer avec courage, en sachant se recentrer, puis se relever avec fermeté après une chute afin de retourner sur le chemin du Tao, vers soi-même, vers sa vérité profonde et la sérénité intérieure, en harmonie avec l'ordre cosmique. Ce nouvel éveil de la lumière doit être fortifié et accompagné par la méditation, le repos, la douceur, la délicatesse et une organisation adaptée. Loin du vacarme du mental, dans un silence intense, imprégné de confiance et de foi, libre de toute crainte, de tout désir et de toute impatience, l'homme peut alors chercher au fond de lui-même cet état de calme joyeux et lumineux qui ouvre la porte du corps spirituel et réparer. Le retour au Tao est alors l'essence de tout chemin.

Interprétation classique : Votre vie se déroule selon un certain rythme qui est cyclique dans le temps. Tout progrès, tout mouvement et tout espoir était jusqu'alors impossible. Puis un changement survient, révélant de nouvelles possibilités, de nouveaux potentiels, de nouvelles ouvertures ou la possibilité de retourner en terrain connu. Un vieux cycle prend fin. Vous revenez au début d'un autre cycle, que vous connaissez peut-être déjà, ou alors vous démarrez un nouveau cycle à travers une nouvelle phase d'activité, après une période plus où moins longue d'arrêt, d'égarement ou de difficultés. Comme à chaque redémarrage, il est judicieux de remettre l'énergie en marche avec soin et précaution, en suivant un rythme naturel et en cheminant lentement mais surement. La situation va continuer à s'améliorer à son rythme donc soyez patient. Il est ici inadapté d'aller trop vite, de brusquer le mouvement naissant, d'avancer vigoureusement ou de vouloir jouer un rôle central. Ce retour de la vie est le plus souvent calme, discret et perceptible que si vous y prêtez attention. Il est ici judicieux de reconnaitre ce moment si spécial où l'époque change, d'accompagner ce nouvel élan, de savoir vous reposer, vous retirer et vous intérioriser quand c'est nécessaire, d'observer en profondeur votre passé, ce qui est devant vous et vos motivations, de vous poser les bonnes questions, de définir vos priorités, d'avoir clairement conscience des structures de votre être et des lois de la vie, de vous situer sur le cercle des cycles du temps, de développer des objectifs à long-terme clairs, de vous organiser en gérant intelligemment votre énergie et vos ressources, d'assumer vos responsabilités et de pratiquer la méditation. Vous devenez alors un chantier, un temple de sagesse, une cathédrale en construction. Vous pouvez ainsi effectuer une remise en ordre de votre vie par rapport à l'éternité et vous construire une vie en accord avec l'ordre cosmique et votre vérité profonde, à l'intérieur comme à l'extérieur. Le temps du retour peut coïncider avec l'abandon de certains fonctionnements ou de certaines relations désormais inadaptées, puis avec une nouvelle façon d'entrer en relation. Soyez en accord avec vos vrais désirs et votre vérité profonde. Prenez grand soin de toute nouvelle relation. De nouvelles et importantes rencontres peuvent se faire grâce à votre intégrité et à votre sérénité. Vous pouvez aussi participer à des réunions ou à des activités en groupe.

Cette époque, où vous avez profondément besoin de lumière et de vérité, peut déboucher sur une profonde compréhension de vous, de l'ordre cosmique et de votre vie.

C-Selon trois traditions modernes

1-Le Diamant de Naissance runique.

Symbolique : Le Chrome. La lumière, le jour, le jour éternel, le retour de la lumière, l'expression et le partage de la Lumière et l'ascension dans la lumière.

Les besoins et capacités qui demandent à être exprimées :
-Besoin de clarifier l'invisible et l'inconnu afin d'apporter des repères, des lignes directrices, une vision nouvelle et une vie fondée sur l'amour.
-Besoin de favoriser des prises de conscience et un retour de la lumière, du jour éternel, de faire triompher la lumière et d'éclairer.
-Besoin de faire revenir la lumière et de générer un nouveau cycle de croissance.
-Besoin de faire fleurir tous les potentiels, de générer de la prospérité et de la joie de vivre, de briller et rayonner.
-Besoin de vivre dans l'amour et uni(e) à la Source de toute Vie.

2-Le Design Humain. Porte 24 = La porte de la rationalisation.

Explication technique : Circuit de la connaissance. Centre Ajna. Cette porte est liée à la porte 61, en synchronicité totale ou la vérité intérieure. Son thème principal est la rationalisation et sa maîtrise permet l'écoute du silence intérieur et l'invention grâce à l'inspiration. Le sens du mot retour est ici interprété dans le sens d'une capacité à revenir de façon récurrente sur une idée, un concept ou une inspiration afin de pouvoir l'exprimer de façon rationnelle et claire. Cette porte permet de transformer des visions, ressentis, intuitions ou inspirations en idées ou concepts puis poser son attention sur l'idée ou le concept et d'y revenir de façon cyclique de façon à méditer dessus et à émettre une hypothèse qui semble cohérente. Elle met les pensées ou les inspirations qui sont formulées dans la lumière. Elle permet de comprendre les structures (4) de la vie et de l'invisible(2).

Proposition d'interprétation : Vous avez régulièrement besoin de retourner en arrière pour réexaminer les expériences de vie et les idées acquises dans le but soit de tout rationaliser, soit d'en extraire des vérités, soit de retrouver un état antérieur où vous étiez éveillé(e). Vous vous engagez alors dans une révision et une vérification constante, à l'image d'une bobine d'enregistrement qui continue de rejouer jusqu'à ce qu'un affinage soutenu conduise à la réponse ultime, au trésor enfoui au plus profond de vous. Votre intellect est intense, soucieux et scrutateur. Il insiste toujours sur le retour à la case départ d'une situation afin d'en déterminer sa valeur, de trouver l'indice manquant, ou en comprendre le message fondamental. On vous a sans doute déjà demandé pourquoi vous ne laissez pas tomber !

Vous êtes comme un détective qui n'arrive pas à lever le voile et qui creuse constamment les mêmes pistes, en conceptualisant, en émettant des hypothèses et en éliminant toutes les inexactitudes, jusqu'à ce que vous ayez résolu l'énigme de la vie et parvenu à extraire l'essence de la vérité. Vous avez donc parfois tendance à devenir assez rigide dans votre réflexion, vous raccrochant à d'anciennes pensées parce que vous les connaissez si bien.

Vous devez comprendre que l'intellect est un mécanisme produisant des processus de réflexion et qu'il devrait rester ouvert afin de traiter de nouveaux éléments et de nouvelles possibilités. Faute de quoi votre esprit continue de tourner en rond sans aboutir nulle part.

Mais même si vos pensées tournent en rond, cette porte vous offre cependant l'irruption d'éclairs de perspicacité. Elle est conçue pour revenir en arrière et revisiter de tels moments. Si vous apprenez à faire taire votre mental, à vous débarrassez de vos vieilles habitudes et idées et si vous contemplez les nouveaux tournants de votre vie, vous générez alors une vision très profonde et éclairée de votre vie, comme après avoir nettoyé les vitres. Vous pouvez alors être une lumière qui guide les autres hors de l'obscurité.

3-Les Clef Génétiques. 24 = Le silence, la conscience, la lumière. L'inventeur.

Son dilemme où il doit faire des choix : La gravité. **Acide aminé :** Leucine.
Son partenaire de programmation : Clef 44 = les relations karmiques. **Corps :** Le néocortex.
Son anneau de codon : L'anneau de la vie et de la mort (3 20 23 24 27 42).
Son chemin de transformation : Le chemin de l'invention. **Signe astral DH :** Taureau.

L'ombre de cette porte : <u>Les addictions, l'obscurité.</u>

Cette ombre à un énorme impact sur l'être humain et presque personne n'y échappe. La raison de cela est que l'humanité est encore dominée par la partie reptilienne de son cerveau qui engendre un besoin dominant de survie et des peurs archaïques de revivre le cataclysme qui a eu lieu à l'époque du Dryas Récent, que presque tout le monde a oublié.

Cette ombre génère des pulsassions rythmiques à très basses fréquences qui vous empêchent de sortir de votre zone de confort au niveau physique, mental et émotionnel et qui vous fait tourner en rond dans des désirs générateurs de souffrances auxquels votre mental tente de trouver des solutions afin d'être heureux dans le futur, en oubliant d'être dans l'instant présent. L'être humain est ainsi fortement prédisposé à vivre des addictions à cause de son mental et son ego et la seule façon d'en sortir, c'est le silence intérieur qui créé des espaces permettant à terme de guérir la blessure sacrée de la séparation avec la Source de toute Vie, la racine de toutes les souffrances. La plupart du temps cependant, soit on évite ces espaces, soit on les fuit dans des distractions ou un excès de travail, faisant en sorte que rien ne change.

L'addiction peut exister sous de très nombreuses formes. Elle se manifeste toujours par plein de petites étapes qui aboutissent un jour au passage à l'acte. Quand on évoque ce mot, on pense surtout à l'alcool, aux drogues, aux médicaments et au tabac mais certaines personnes vivent aussi des addictions au mental, travail, au sport, au sex, aux jeux d'argent, aux jeux vidéo, aux réseaux sociaux et au téléphone portable. La plus grande des addictions humaine est cependant son addiction à la forme, à la matière, qui fait qu'un humain se réincarne dans des corps différents jusqu'à ce qui rompe son addiction. On ne regarde pas souvent droit dans les yeux nos schémas addictifs et l'on ne voit rarement d'où ils viennent. Une addiction est en fait une identification erronée. On s'identifie aux formes du monde extérieur. Sa cause est une souffrance interne. On ressent du chagrin, de la tristesse, de l'ennui, de la frustration, de la solitude ou tout autre état inconfortable et on essaye d'éviter cet état donc on trouve une stratégie d'évitement qui met temporairement de côté cet inconfort. C'est souvent inconscient.

On compte sur ce comportement pour éviter le mal-être et on en devient dépendant. Une addiction est une dépendance à une substance ou à une activité, avec des conséquences néfastes sur la santé de la personne affectée. L'addiction n'enlève pas la douleur. Elle ne fait que la retarder, elle la cache, nous distrait d'elle mais que temporairement.

Le monde de la matière est régit par différentes forces, dont la gravité, qui nous tire vers la bas et son contraire, l'antigravité ou la lévité, la force de lévitation, qui nous permet de nous élever, d'ascensionner en élevant notre fréquence vibratoire. Nos vies consistent principalement à jongler entre ces deux forces.

Le dilemme de cette ombre est la gravité dont on fait l'expérience du au fait d'être dans un corps de matière. Les énergies et les schémas gravitationnels nous poussent à nous contracter et à respirer moins profondément. Ils nous piègent et tendent à nous plomber. Ils génèrent un mal-être du fait que l'on sait inconsciemment que l'on fuit quelque chose, qu'on est dans le déni et qu'on essaye d'éviter quelque chose. La conséquence de cela est que notre conscience se fixe sur des choses, devient stressée, rigide et parfois déprimée. La force de lévitation, l'antigravité, nous pousse vers le haut, clarifie nos pensées, et élève notre vision et notre fréquence vibratoire, ce qui permet de voir de nouvelles possibilités. Elle nous ouvre le cœur, nous donne de l'espoir et du sens et génère une sensation de liberté, de vitalité et de vie.

Quand on tombe, cela demande beaucoup d'effort pour se relever et on se raconte beaucoup d'histoires quand l'on succombe à une addiction. On se ment de plein de façons différentes puis on ressent de la culpabilité, de la honte, du regret, de la rage, de la tristesse et on déprime parfois.

Ce n'est pas évident d'être un humain incarné sur Terre ! Comment en sortir ? La première étape est d'être honnête avec soi-même, de reconnaitre ce qui est, de voir comment l'on cède à la force de gravité et de voir qu'on n'a pas pu faire autrement. On peut faire cela en observant ses comportements quotidiens, en mettant en place un détecteur d'addictions et en voyant comment on fait pour s'empêcher de juste profiter des belles choses de la vie. Il s'agit ici de reconnaitre, de comprendre, d'accepter et de pardonner. Il s'agit d'identifier les petites étapes qui nous incitent à faire quelque chose puis à appuyer sur le bouton stop et à faire autre chose. La seconde étape est d'invoquer une puissance supérieure, une qualité, un superpouvoir pour qu'elle nous aide à nous transformer. Le changement se fait quand la décision de changer a été prise. Il n'y a que nous même qui puissions demander, prier, méditer ou rêver/imaginer ce que l'on a besoin de faire descendre dans la matière pour nous élever au-dessus de ce qui nous plombait. Il s'agit de focaliser son attention sur la force de lévitation et la forme qu'on veut lui donner, de lui faire confiance et d'avoir foi en elle. Tout cela est de la contemplation. On contemple la force gravitationnelle de l'ombre de cette clef 24 et la liberté, la beauté de son superpouvoir et on permet à se superpouvoir d'émerger en nous.

Son cadeau : Les dons et capacités de cette porte : l'inventivité, le don d'invention.

Des espaces vide de silence apparaissent régulièrement dans votre vie et en fonction de votre façon de réagir, soit-t-ils vous font retomber dans vos habitudes soit ils créént un pont vers des fréquences supérieures, des prises de conscience et une autre façon de fonctionner teintée d'inventivité. Vous avez besoin d'espaces de silence car vos reconnaissez qu'ils vous font du bien et qu'ils vous ouvrent des portes. L'inventivité est une forme de création remplie d'enthousiasme, d'excitation et de surprises.

Elle se produit quand notre contemplation génère une reconnaissance de son ignorance, élève notre fréquence vibratoire puis se manifeste dans l'action. C'est la seule chose qui dispose de suffisamment d'énergie pour nous permettre de vaincre la force de gravité et nous propulser dans la lumière vers les étoiles. L'addiction nous fait tourner en rond dans un cercle alors que l'inventivité nous fait avancer en spirales. Elle puise son énergie dans la compréhension des lois essentielles de la vie, comme par exemple le fait qu'un désir inassouvi engendre de la frustration et qu'un désir assouvi engendre un nouveau désir. Dans les deux cas cela génère de la souffrance mais aussi que quand on sème une pensée, on récolte une action ; quand on sème une action on récolte une habitude, quand on sème une habitude on récolte un caractère et quand on sème un caractère on récolte une destinée.

Dans le Yi-King, le nom de l'hexagramme, le retour de la lumière, propose de faire revenir la lumière en allant à la racine des choses, à l'essentiel, à la vision de là ou tout à commencé et à la vision de là où on en est ici et maintenant. On vit un point de basculement si on permet à ce processus de se manifester. Il s'agit ici de voir nos addictions puis grâce à l'inventivité de les transformer, d'inventer de nouvelles pensées, croyances et schémas comportementaux, en permettant à quelque chose de totalement nouveau d'émerger en vous laissant le temps prendre sa place, grâce au superpouvoir du silence. Le terreau de la contemplation est le temps et l'inventivité n'est pas quelque chose que l'on fait mais quelque chose qui se passe, qui émerge de l'inconnu du fait que l'on a créé les conditions et l'espace pour que cela se produise. Elle se manifeste quand on est détendu(e), quand on rêvasse, quand on médite ou quand on ne fait rien du tout et qu'on savoure juste le plaisir d'être là et d'être en vie. L'inventivité, c'est permettre à une idée nouvelle d'émerger, de poser une action, de l'ancrer dans notre réalité afin de pouvoir la reproduire et d'en faire une habitude, une coutume, qui nous élève et qui devient avec le temps une partie de qui nous sommes.

Grâce à cette habitude semée, ancrée dans l'amour inconditionnel, dans une présence aimante et dans un état de lâcher-prise, on peut alors récolter une destinée nouvelle. Cela implique de voir nos ombres, sans les éviter ni les fuir, pour ce qu'elles sont, du compost permettant d'exprimer un idéal supérieur, notre idéal supérieur.

Le superpouvoir/puissance (Siddhi) de cette porte : <u>Le silence, la conscience, la lumière.</u>

Qu'est ce que le silence et existe-t-il vraiment ? A un certain niveau, on peut dire que c'est un espace où il n'y a pas de pensées, pas de paroles, pas d'émotions mais où il y a de la vie. Les espaces de silences expérimentés avec les fréquences du don s'expansent ici pour devenir un champ de conscience, qui devient une fenêtre ouvrant sur la conscience universelle.

On peut dire que le silence, c'est l'arrière plan de la conscience qui devient visible quand toute activité mentale cesse et qu'il n'y a plus de pensées. Cela se produit quand la conscience passe de la tête au centre du cœur et au plexus solaire. Le silence n'est cependant alors plus expérimenté car il n'y a plus d'individu séparé pour l'expérimenter. Si des pensées émergent dans le champ de conscience, ce n'est plus vous qui pensez mais la vie qui se pense elle-même en vous et à travers vous. Il y a alors un état de claire conaissance et une capacité à télécharger les informations nécessaires des champs quantique et de savoir avec certitude ce qui veut être su. Le vrai silence n'est pas vide comme on pourrait le penser. Il est vibrant de vie et d'énergie. Le silence de l'espace est rempli de lumière, de lumières pulsantes et de fréquences vibrantes.

Le concept Bouddhiste de la vacuité, du vide, terrifie le mental car il s'imagine qu'il va mourir et disparaitre dans le néant mais cette peur est une illusion. Une chose pareille n'existe pas ou selon Bô Yin Râ que dans de rares cas très spécifiques. Il y a un magnifique chapitre nommé « la valeur du silence » dans l'un de ces livres.

Il n'y a que l'éternité et la loi de l'énergie qui dit qu'une chose se transforme simplement en une autre. La peur cependant fait partie du voyage du fait que nos cellules ne ce sont pas encore souvenue de notre nature éternelle, du fait que notre société est très matérialiste, qu'elle diffuse sans arrêt de la propagande comme quoi le monde est un endroit où l'on n'est pas en sécurité et qu'elle commence à peine à éveiller sa conscience. On porte ainsi la peur en soi. La peur la plus forte est celle de la mort.

On la combat autant que possible. On ne l'accueille pas et on ne la célèbre pas. Mais quand on l'accueille, qu'on l'accepte, qu'on la laisse rentrer puis sortir et nous traverser sans s'y agripper, on la transmute en courage. Le silence est quelque chose dans lequel on plonge puis dont on sort, comme l'océan. On nait du silence puis on y retourne un jour. Et à chaque plongeon, on apprend à écouter, à ressentir et à s'abandonner au silence. On est rafraichi, rénové et revigoré et l'on peut jouer un nouveau rôle sur la scène de la vie.

Grace au silence, on peut voir la continuité de votre existence et de nos rôles à travers les différentes vies. On peut surtout accéder au Dieu Vivant qui se trouve au cœur de notre être. Cette clef fait partie de l'anneau de la vie et de la mort et elle pourrait tout à fait s'appeler « on continue de revenir dans la forme, de se réincarner dans la matière, pour une bonne raison », jusqu'à ce que notre âme soit suffisamment lumineuse pour se rassembler entièrement, harmoniser son masculin et son féminin puis se reconnecter à la Source de toute Vie et devenir son agent au service de la vie. Richard Ruud ne semble pas croire en la réincarnation. Bô Yin Râ, dans ses livres explique ce que c'est et montre la différence entre la réincarnation de certaines forces de l'âme que l'on porte en soi et celle de la conscience qui ne se réincarnes qua dans 4 ou 4 cas très spécifiques. Mais plus on brille et plus on approche la fin de l'histoire, de notre scénario, de notre expérience dans le monde de la matière. Quand l'histoire est terminé, on rend le script et les costumes à la Source de toute Vie et on retourne vers elle, en elle, avec elle et devenons en conscience une partie d'elle. L'âme retourne à son Dieu Vivant et s'unit à nouveau à elle/lui. Nous continuons ensuite d'évoluer sous une autre forme.

L'Univers est régit par les nombres et les cycles.

A-Les nombres : Il y plusieurs façons d'identifier des nombres qui vous concernent.

A-Par votre thème Astral : Les liens entre les nombres et l'Astrologie.

1-Les signes où se trouvent les planètes dans votre thème astral : Chaque signe vibre en analogie avec certains nombres. Certains nombres peuvent être associés à plusieurs signes. *Quand l'une des 10 planètes, les deux Nœuds Lunaires, la Part de Fortune mais aussi les 4 angles du thème (Ascendant, Descendant, Milieu du Ciel et Fond du Ciel) de votre thème se trouve dans un signe, ils activent l'ensemble des nombres correspondant au signe (le nombre spécifique derrière la planète étant en premier plan) et si vous en avez conscience, vous pouvez alors faire appel à l'énergie de ces nombres.* Les luminaires (Soleil, Lune) et la planète dominante du thème jouent un rôle important. Les positions des planètes en maisons peuvent également être interprétées et être associées aux signes et aux nombres derrière les signes dans les systèmes de la Roue Taoïste, du Design Humain et des clefs Génétiques. Les nombres du Design Humain, des Clefs Génétiques et de la Roue Taoïste sont activés ainsi. **Ci après une proposition de liens structurels entre les 64 nombres et les signes astrologiques.**

Roue Taoiste astrologique Symbolique

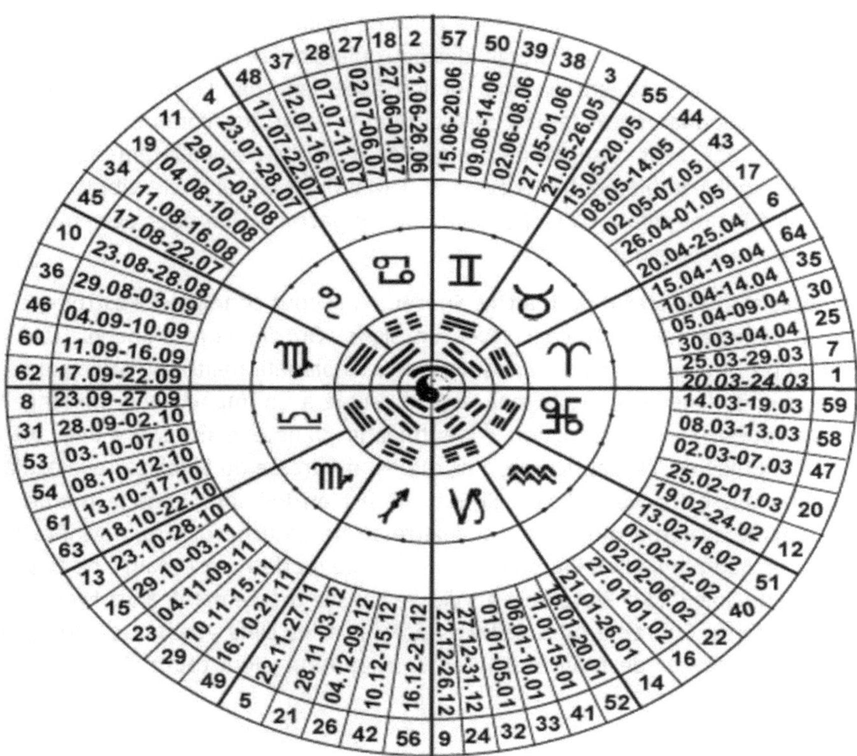

2-Les planètes et degrés des planètes dans le thème astral : Ce sont les planètes qui activent les portes et leurs clefs dans le Design Humain et dans les Clefs Génétiques. Le système astrologique est structuré par les planètes qui sont comme des personnages ou des acteurs sur une scène de cinéma ou de théâtre, par des signes qui sont comme les costumes portés par les acteurs et par les maisons ou secteurs correspondent au décor de la scène. Le scénario, c'est notre vie et notre chemin du retour vers la connexion avec la Source de toute Vie, d'où nous sommes venu(e) donc vers notre Soleil. En astrologie, chaque planète correspond à un ensemble de besoins, de qualités et parfois de déséquilibres. Une planète se trouve dans un signe et dans une maison mais aussi sur un degré spécifique d'un signe. Chaque degré correspond à une énergie spécifique et génère également un ensemble de besoins, de qualités et parfois de déséquilibres. Les degrés font le lien entre astrologie et numérologie. Vous pouvez ainsi noter dans le tableau ci-dessous les degrés où se trouvent vos planètes, tels qu'ils sont dans la case du haut et avec le nombre additionné dans la case du bas (exemple 29=11) et obtenir ainsi des informations, des précisions, sur chacune de vos planètes, de leurs besoins, de leurs forces et faiblesses et des conditions de l'expression de leurs besoins. On peut également prendre en compte les nœuds lunaires, la part de Fortune et les lunes noires.

Soleil	Lune	Mercure	Vénus	Mars	Jupiter	Saturne	Uranus	Neptune	Pluton

2-Les mi-points des planètes et des angles : Un mi point, c'est l'endroit qui est à la moitié de la distance entre deux planètes. Chaque paire de planète dispose de deux mi-points. Un mi point est un portail et un lieu où l'énergie des deux planètes se rencontre et travaille ensemble, un peu comme si elles étaient en conjonction à cet endroit. Le degré, la porte et la clef génétique correspondants existent à ces différents endroits, comme serviteurs des deux planètes concernées. Leur observation donne des résultats particulièrement révélateurs. Plus deux planètes sont complémentaires (Vénus et Mars) ou en analogie vibratoire (Mercure et Uranus) et plus les mi-points correspondant sont impactants. On peut également prendre en compte les parts astrologiques Gréco-arabes.

2-Les planètes ayant le statut de Maitres Suprême : Si vous connaissez l'astrologie, vous savez que chaque planète est en analogie avec un signe. On dit alors d'une planète qu'elle est maîtresse ou propriétaire du signe. Chaque signe a sa planète maîtresse principale. Dès qu'une planète se trouve dans le signe, la maîtresse du signe à un impact, une influence sur la dite planète. On répète ici 4 fois l'action d'identifier la planète maîtresse d'une autre planète. Exemple : Si le Soleil est en Capricorne, Saturne est maîtresse du Soleil car elle est la maîtresse du Capricorne où se trouve le Soleil. Si Saturne est en Poissons dans le thème natal, alors Neptune, dans le système moderne, est maitresse de Saturne et Grand-Maitre du Soleil. Si Neptune est en Scorpion, alors Pluton dans le système moderne est maître de Neptune et Très Grand-Maître du Soleil. Et si Pluton est en Vierge dans le thème natal, alors Mercure est maître de Pluton et Maître Suprême du Soleil. Les portes et les clefs génétiques derrière les 3/4/5 planètes ayant le Statut de Maîtres Suprêmes chapotent alors toutes les autres comme un conseil de sages.

B-Par votre Diamant de Naissance : Le Diamant de Naissance est un outil basé sur la numérologie. C'est une extraction numérologique du thème astral. ***Il décrit 24 espaces intérieurs*** nommé « maisons » où chaque espace créé une partie de votre vie. ***Chaque espace est habité par un nombre*** qui permet l'expression de la maison. Vous avez ci-après une fiche technique pour calculer les nombres de vos 24 maisons à partir de votre date de naissance, du nom et du prénom puis des explications sur chacune des 24 maisons. Il existe le Diamant de Naissance du Moi conscient qui correspond à la date de naissance, le Diamant de Naissance de l'âme ou du Moi Inconscient qui est calculé pour le jour où le Soleil natal est rétrogradé de 88° par rapport à sa position natale et le Diamant de Naissance de la Vie qui est l'addition, pour chaque maison, des deux Diamants de Naissance conscients et inconscients.

Vous avez ainsi 24 nombres, dont certains peuvent se répéter, dans votre Diamant de Naissance conscient et idem pour votre Diamant de Naissance de l'âme ou inconscient et votre Diamant de Naissance de Vie.

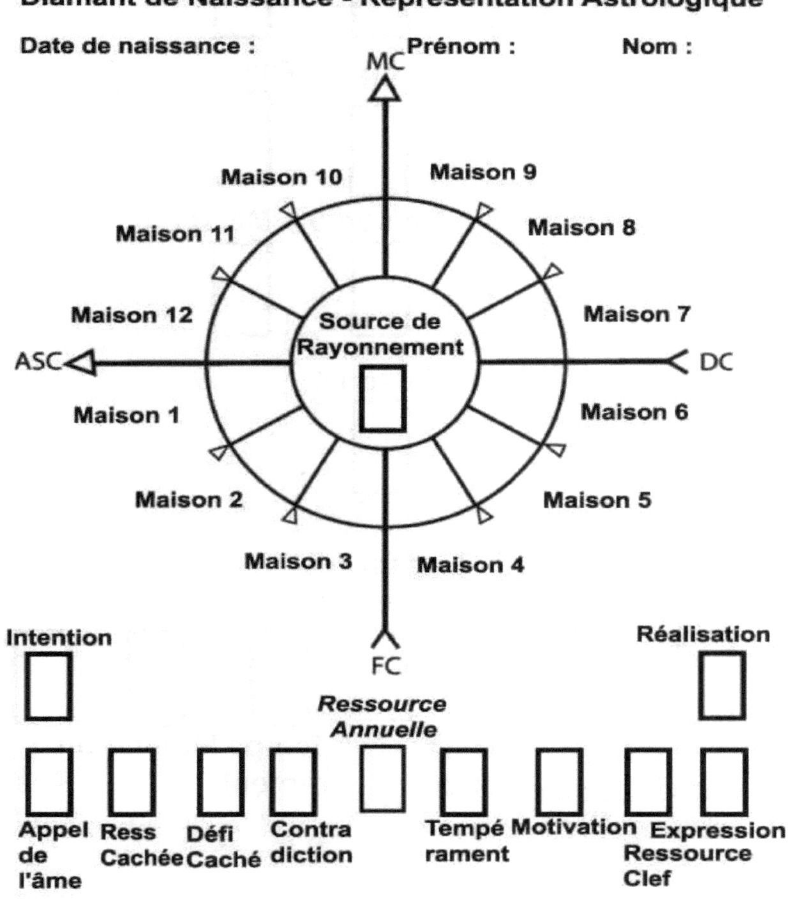

Création : Eric Jackson Perrin

Diamant de Naissance - Représentation Classique

Date de naissance :   **Prénom :**   **Nom :**

Maison 10

Maison 12   **Maison 11**   **Maison 9**

Maison 1   **Maison 2**   **SR**   **Maison 8**   **Maison 7**

Maison 3   **Maison 5**   **Maison 6**

Maison 4

Intention   **Réalisation**

Ressource Annuelle

Appel de l'âme   **Ress Cachée**   **Défi Caché**   **Contra diction**   **Tempé rament**   **Motivation**   **Expression Ress Clef**

Création : Eric Jackson Perrin

DIAMANT

MAISON 1 : Jour.

MAISON 8 : Mois

MAISON 9 : Année. (1968 = 1+9+6+8=24 et 2+4=6)

MAISON 10 : JOUR+MOIS+ANNEE.

MAISON 2 : M 1 + M 8 **MAISON 3 :** M 8 + M 9.

MAISON 7 : M 8 – M 9 **MAISON 5 :** M 2 + M 7 (et M1+M9)

MAISON 6 : 22 – M 5

MAISON 4 : M 6 + M 7+ M 9

MAISON 11 : M 1 + M 8 + M 9 + M 10.

MAISON 12 : M 2 + M 8 + M 10

CENTRE DU DIAMANT : Source de Rayonnement : M 2 + M10.

BASE DU DIAMANT

Facettes cachées :

Intention d'incarnation : M8+M9+M10

Besoin profond caché ou appel de l'âme: Somme des voyelles du nom et prénom.

Défi caché 1 : M 1- M 9/ M 9- M 1. **Défi caché 2** = Année-jour.

Défi caché 3 : Jour-mois/mois-jour et M1-M8/ M 8- M 1. **Défi caché 4** = défi caché 3-défi caché2.

Ressource cachée : Somme des 2 derniers chiffres de l'année de naissance.

Ressource secrète 1 : M1+M2. **Ressource secrète 2** = année+jour. **R. Secrète 3** = (J+M) + (J+A).

Contradiction : M6+M7 (base 1-9 et équivalent 10-22)

Carte annuelle : M 2 + année numérologique qui démarre le jour d'anniversaire.

Dominante Visible:

Tempérament : M 1+ M 8 + M 8 + M 9.

Nombre de Motivation : M 1 + M 5 + M8.

Ressource clef : M 2 + M 10 + M 11

Nombre d'expression : Nom + prénom en numérique.

Nombre de réalisation : Nombre d'expression + (M 10) en numérique.

1	2	3	4	5	6	7	8	9
A	B	C	D	E	F	G	H	I
J	K	L	M	N	O	P	Q	R
S	T	U	V	W	X	Y	Z	

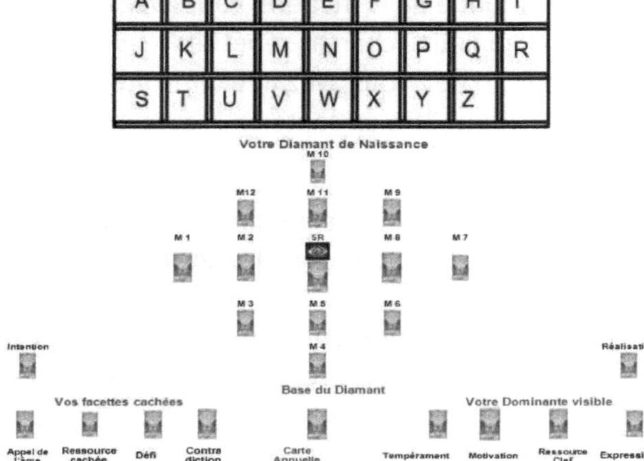

Maison 1 (Jour) **Maison du Bélier :** **La force du masculin**	Pour avoir confiance en vous et vous affirmer, vous avez besoin de… Pour fonctionner correctement, être efficace et vous sentir fort(e), vous avez besoin de Ce que vous recherchez chez un homme si vous êtes une femme, c'est…
Maison 2 (M1+mois) **Maison du Taureau :** **La richesse du féminin**	Pour être dans la joie, ressentir du plaisir, gagner de l'argent, être dans l'abondance, gérer vos richesses et créer votre bonheur sur terre, vous avez besoin de… Ce que vous recherchez chez une femme si vous êtes un homme, c'est…
Maison 3 (M8+M9) **Maison des Gémeaux :** **Intelligence, adaptation**	Pour écouter, entendre, comprendre, communiquer, vous mettre en mouvement, faire du commerce, vous amuser et vous adapter à votre environnement vous avez besoin de…
Maison 4 **Maison du Crabe :** **Parents, votre chez vous où vous êtes bien mémoires/volontés parentales à transformer**	Pourquoi vous avez choisi les parents que vous avez choisis et quelles qualités ils vous ont obligé à développer ? De quoi vous avez besoin pour être bien ? Pour reconnaitre et intégrer les qualités que vos parents vous ont obligé à développer et pour être bien chez vous vous avez besoin de… vos bases sont…
Maison 5 **Maison du Lion :** Le cœur, l'identité profonde, ce que vous voulez vraiment	Pour prendre conscience de qui vous êtes, de votre identité, de ce que vous voulez vraiment, pour exprimer votre cœur et votre créativité, pour aimer et vous sentir aimé, vous avez besoin de…
Maison 6 **Maison de la Vierge :** **Répétitions, l'expertise, le service, les difficultés répétitives**	Pour répéter afin de développer une expertise technique afin de servir la vie afin de vous adapter au monde de la matière, vous avez besoin de… Pour sortir de schémas répétitifs inadaptés, vous avez besoin de…Vous avez une difficulté répétitive à… Pour être en santé vous avez besoin de…
Maison 7 **Maison de la Balance :** **le mode relationnel, le défi majeur à rééquilibrer**	Pour être en mode relationnel, créer des liens sociaux, une vie de couple harmonieuse et participer à la civilisation, vous avez besoin de… Pour trouver votre équilibre et réintégrer ce que vous avez tendance à refouler, il est nécessaire de…

Maison 8 (Mois) **Maison du Scorpion :** **la quête initiatique,** **passer de la crise à** **l'expression de votre** **passion, la sexualité, la** **relation à l'au-delà**	Ce que vous recherchez toute votre vie d'abord à l'extérieur puis à l'intérieur, c'est… Votre quête initiatique ou votre combat pour la lumière passe par un besoin de…Pour vivre une vie sexuelle harmonieuse, développer une relation saine à l'au-delà, intégrer votre nature éternelle, passer de la crise, du sabotage et des excès à l'expression de votre passion, vous avez besoin de… Vous avez profondément/viscéralement besoin de…
Maison 9 (Année) **Maison du Sagittaire :** mode d'intégration dans le monde, rôle professionnel, épanouissement	Pour trouver votre voie et votre vocation, exprimer votre autorité, votre puissance et votre expertise, être légitime, explorer l'espace et voyager, prendre votre place dans le monde, jouer votre rôle économique dans la société et vous épanouir, vous avez besoin de…
Maison 10 (J+M+A) **Maison du Capricorne :** cheminement, évolution, paix intérieure	Pour intégrer la leçon de sagesse que vous devez intégrer, pour évoluer, grandir, avancer, vivre le chantier de votre vie/évolution, cheminer vers votre vérité profonde puis trouver la paix intérieure vous avez besoin de… Ce dont vous êtes responsable, c'est…
Maison 11 **Maison du Verseau :** **les solutions** **obligatoires,** **créer un monde meilleur**	Pour vous libérer, mettre en place les solutions adaptées et créer un monde meilleur, vous avez besoin de ou il est nécessaire de… Maison où vous avez des capacités/moyens pour trouver des solutions et qui est toujours « une solution ».
Maison 12 **Maison des Poissons :** **passer de la** **souffrance, à** **l'enchantement,** **l'expérience divine**	Ce qui au départ peut vous faire souffrir, c'est… L'une de vos mémoires ancestrales les plus importantes peut être liée à un besoin de… Pour sortir de vos souffrances, vous libérez de votre arbre généalogique, passer de la souffrance à l'enchantement et à la communion avec le divin, vous avez besoin de…
Maison 13 **Maison de la Source** **de Rayonnement :**	Pour réussir, vivre dans l'abondance et rayonner le meilleur de vous-même, vous avez besoin de ou il est nécessaire de…
Maison de **l'intention :**	Vous êtes venu sur Terre pour satisfaire un besoin de … Votre idéal de vie est caractérisé par un besoin de…
Maison de l'appel de **l'âme :** **le besoin profond de** **l'âme**	Si vous ne satisfaites pas un besoin de …, votre âme appelle, crie et hurle. Pour être bien, votre âme a profondément besoin de…Pour incarner les besoins profond de votre âme, il est nécessaire de …

Maison de la ressource cachée :	La ressource cachée que vous pouvez développer passe par l'expression d'un besoin de… La graine qui peut devenir un bel arbre est en lien avec une capacité de…
Maison du défi caché :	Vous avez sans doute une difficulté initiale à… Le défi caché que vous devez surmonter et transformer en ressource passe par un besoin de… L'épine que vous devez sortir de votre pied et transformer en clef magique, c'est…
Maison de la contradiction : Là où vous êtes le plus doué pour mais où vous trouvez toutes les excuses pour ne pas…	La racine de vos difficultés est du à l'absence d'expression d'un besoin de ou d'une capacité à… Là où vous êtes le plus doué mais où vous trouvez toutes les excuses pour ne pas, c'est dans l'expression d'un besoin de/d'une capacité à… La contradiction que vous devez surmonter et le levier ou catalyseur que vous pouvez mettre en place passe par l'expression d'un besoin de/d'une capacité à…
Maison de la carte annuelle :	Vous avez cette année la possibilité de… Cette année, il sera nécessaire de… Votre année sera marquée par un besoin de…
Maison du tempérament :	Pour vous sentir bien et exprimer votre tempérament naturel, vous avez besoin de…Quand vous êtes naturel, vous avez le besoin et la capacité de…Vous avez un tempérament de…Vous avez une tendance naturelle à…
Maison de la motivation :	Pour être motivé, vous avez besoin de… Votre carburant, c'est …
Maison de la ressource clef :	Vous avez en vous un joker, une baguette magique et d'importantes ressources qui vous rendent capable de… Le Joker, la baguette magique ou la ressource clef que vous pouvez toujours utiliser est une capacité de… Pour faire fonctionner votre joker ou votre baguette magique, il est nécessaire de…
Maison de l'expression :	Pour écrire l'histoire de votre vie, accomplir votre destinée et votre mission de vie, vous avez besoin de…
Maison de la réalisation :	Pour aller au bout de vous-même, passer de votre histoire personnelle à votre légende personnelle et vous réaliser complètement, vous avez besoin de…

C-Par la Numérologie : La numérologie propose de nombreuses informations avec la date de naissance, le nom et le prénom. Voici des explorations pour aller plus loin.

A-Les énergies de l'année : AU = année universelle. J=jour de nais. M=mois de n. A= an de naissance.

1-Aiguille des heures = AP = année personnelle (1/9) = M2+AU = carte annuelle du DDN (1/22).

2- M29 : Aiguille des minutes = carte mensuelle = AU+MU+année pers. (AP en mode 1/9).
Et/ou = Année Universelle + Mois Universel + carte annuelle. (CA en mode 1/22).

3-Tonalités des aiguilles minutes = J+AU = M1+AU et A+AU (cycle Magi).

4-Aiguille des secondes = énergie du jour (masculine=jour/féminine=jour+mois).

5= AU+âge. **6**= AU+AP. **7**=AP+âge. **8**=AU+AP+âge.

9= Maison solaire profectée. **10**=Maison lunaire progressée. **11**=Maison Solaire à rebours.

B-Diamant de Naissance et apports de la Numérologie :

Ressources	Défis
JM : **Maison 2** = J + M	*M27* : Défi JM = Jour – mois (M1-M8)
MA : **Maison 3** = M + A	Défi MA = **Maison 7** = Année - mois
JA = **Maison 5** = J+A	Défi JA = **Défi caché** = Jour - Année
Année complète + J, Jour + prénom, Année+nom	Année complète – J, Jour – Prénom, Année - nom
Somme deux derniers nombres année naissance	Différence deux derniers nombres année nais.
Supers ressources : M2+M3, M2+M5, M3+M5	Supers défis 1 : M2-M3, M2-M5, M3-M5
Total 3 super ressources : M2+M3+M5	Total trois super défis
M34 **Condition expansion dans l'espace** : M1+M7 **(0-42 ans)**	Défi de l'espace : M1-M7
M35 **Condition expansion ds le temps** : M4+M10 **(42-84 ans)**	Défi du Temps : M4-M10
Moteurs du chemin de vie 1 et 2 : M1+M10, M8+M10	Défis du chemin de vie 1 : M1-M10, M8-M10
Moteur du chemin de vie 3 : M9+M10	Défi du chemin de vie 3 : M9-M10
Première lettre + dernière lettre prénom/nom	Première lettre - dernière lettre prénom/nom

LES RESSOURCES DES 4 ELEMENTS		LES 4 AGES	LES 4 PASSAGES 4 Clefs de votre bonheur qui aide la M2
M38 : **EAU**= M4+M8+M12		Enfance : M1+M4	*M30 : de l'Action au bien - être* : M1+M4
M37 : **FEU**= M1+M5+M9		Adolescence : M4+M7	*M31 : du* **Bien-être à l'Harmonie** : M4+M7
M36 : **TERRE**=M2+M6+M10		Adulte : M7+M10	*M32 : de l'***Harmonie la Paix intérieure** : M7+M10
*M39 : ***AIR** = M3+M7+M11		Vieillesse : M10+M1	*M33 : de la* **Paix Intérieure à l'Action** : M10+M1

M25 : **BESOIN KARMIQUE FONDAMENTAL** : Maison Intention Incarnation + Maison de l'appel de l'âme
M26 : **ESSENCE MASCULINE/FEMININE** : M1+M2, *M 28* : **PORTAIL GALACTIQUE** : M1+M4+M7+M10
Propulseur de l'évolution 1 : M10+AA+EXPR
Propulseur de l'évolution 2 : M10+INTENTION+REALISATION
Propulseur de l'évolution 3 : M1+M7+M10
Clef 1 de la Source de Rayonnement/d'abondance : M1+ M10 + Expression
Clef 1 de la Source de Rayonnement/d'abondance : M2 + M10 + Expression
Maison de la réalisation = Votre contribution à l'évolution de l'humanité : M10 + Expression
Clef spirituelle : M10 + Appel de l'âme + Nombre EXPRESSION + JOUR

<u>*Autres éléments numérologiques pouvant être pris en compte :*</u>
1-Total prénom. 2-Total nom. 3-Total consonnes. 4-Nombre de lettres prénom+nom.
5-La première lettre de votre prénom = votre fondation ou qualité-clef d'incarnation
6-La première lettre de votre nom = la qualité majeure héritée de votre famille
7-Vos initiales = la clef/condition de votre équilibre/harmonie
8-La grille d'inclusion = (nombre de fois chaque nombre du prénom et nom).

Remarque : Le chercheur Russe Grigori Grabavoï a effectué un travail conséquent sur l'aspect énergétique des suites de nombres. Cela est expliqué dans le chapitre 10 du livre « Les outils et techniques de développement personnel pour thérapeutes et particulier ». Différentes suites de nombres sont utilisées pour manifester différents états et situations.

C-Par la matrice de la destinée ou Matrice du destin : Cet outil basé sur la date de naissance et plus spécifiquement sur le jour, le mois, l'année, le total de la date de naissance et le total des quatre éléments précités, met en lumière différents nombres qu'il est nécessaire d'intégrer en conscience de façon harmonieuse.

D-Par la Roue Taoïste ou Cercle de Fo Hi ou Fu Xi : Cette Roue est expliquée dans le livre Yi-King, Astrologie et Design Humain. Elle permet d'associer, à chaque élément du thème astral, c'est-à-dire les 10 planètes, les 4 angles et les deux nœuds mais aussi la Part de Fortune et la Lune Noire, un Hexagramme du Yi-King. Elle se concentre surtout sur le Soleil et donc sur l'hexagramme qui est derrière le Soleil, puis sur les deux Hexagrammes situés à 90° de l'Hexagramme Solaire, sur l'Hexagramme opposé à l'Hexagramme Solaire et sur l'Hexagramme nucléaire de l'Hexagramme Solaire. **Remarque** : La Roue Taoïste démarre à l'Hexagramme 21 mais il existe aussi une Roue Taoïste qui démarre à l'Est, à l'Hexagramme 25. Cette roue est à l'origine de la création du Design Humain.

E-Par la Roue du Design Humain : Cette roue est une roue taôiste décalée de 13° puis inversée. Elle permet d'associer à certains éléments du thème astral de naissance, mais aussi du thème astral du moment où le Soleil est rétrogradé de 88° par rapport à sa position natale (appelé thème de Design), c'est-à-dire ici les 10 planètes et les deux nœuds, un Hexagramme du Yi-King.

F-Par les Clefs Génétiques : Cet outil reprend les Hexagrammes du Design Humain qui sont derrière le Soleil (votre génie), Vénus et Mars (votre vie amoureuse), Jupiter (votre prospérité) et le Nœud Sud de l'âme (-88 jours avant la naissance) et surtout il approfondi leur signification d'une façon très pertinente, avec une dimension d'éveil spirituel.

F- Par différentes associations entre le thème astral et la Roue des 64 Hexagrammes avec les Hexagrammes qui se suivent en ordre numérique. Parmi les possibilités existantes qui sont cohérentes, il y a :
1-La roue des 64 Hexagramme qui démarre à zéro degré du Bélier, soit dans le sens des aiguilles d'une montre soit dans le sens inverse.
2-La roue des 64 Hexagramme qui démarre à zéro degré du Capricorne, soit dans le sens des aiguilles d'une montre soit dans le sens inverse.
3-La roue des 64 Hexagramme qui démarre à l'Ascendant, soit dans le sens des aiguilles d'une montre soit dans le sens inverse.

B-Les cycles : Il y plusieurs cycles : Journée-semaine-mois-année-groupes d'années-étapes de la vie, réincarnations, éveil. Dans les cycles des groupes d'années, il y a les cycles numérologiques de 7 ans et 9 and et les cycles planétaires de 12 ans (Jupiter), de 29,5 ans (Saturne), de 84 ans (12x7) (Uranus) et de 13 ans (Neptune et Pluton).

1-Cycles de 7 ans : Votre âme et votre intelligence divine (en fonction d'où vous en êtes) prennent la direction de votre vie par cycles de 7 ans.

Cycles de 7 ans – 12 premières tranches

1	2	3	4	5	6	7	8	9	10	11	12
âme	Ego Intelligence divine	âme	Ego Intelligence divine	âme	Ego Intelligence divine	âme	Ego Intelligence divine	âme	Ego Intelligence divine	âme	Ego Intelligence divine
0	7	14	21	28	35	42	49	56	63	70	77
1	8	15	22	29	36	43	50	57	64	71	78
2	9	16	23	30	37	44	51	58	65	72	79
3	10	17	24	31	38	45	52	59	66	73	80
4	11	18	25	32	39	46	53	60	67	74	81
5	12	19	26	33	40	47	54	61	68	75	82
6	13	20	27	34	41	48	55	62	69	76	83
7	14	21	28	35	42	49	56	63	70	77	84

Les besoins de chaque période sont en lien avec les mots clefs des nombres. Il peut-être intéressant lors d'un entretien d'expliquer à une personne dans quelle tranche de vie elle se trouve

Ages des périodes de 9 ans en fonction du chemin de vie

Les 9 périodes	Tranche 1	Tranche 2	Tranche 3	Tranche 4	Tranche 5	Tranche 6
Chemin de vie 1	0-35 ans	35 ans	44 ans	53 ans	62 ans	71 ans
Chemin de vie 2	0-34 ans	34 ans	43 ans	52 ans	61 ans	70 ans
Chemin de vie 3	0-33 ans	33 ans	42 ans	51 ans	60 ans	69 ans
Chemin de vie 4	0-32 ans	32 ans	41 ans	50 ans	59 ans	68 ans
Chemin de vie 5	0-31 ans	31 ans	40 ans	49 ans	58 ans	67 ans
Chemin de vie 6	0-30 ans	30 ans	39 ans	48 ans	57 ans	66 ans
Chemin de vie 7	0-29 ans	29 ans	38 ans	47 ans	56 ans	65 ans
Chemin de vie 8	0-28 ans	28 ans	37 ans	46 ans	55 ans	64 ans
Chemin de vie 9	0-27 ans	27 ans	36 ans	45 ans	54 ans	63 ans

Cycles de 9 ans

1	2	3	4	5	6	7	8	9	10	11	12
âme	Ego Intelligence divine	âme	Ego Intelligence divine	âme	Ego Intelligence divine	âme	Ego Intelligence divine	âme	Ego Intelligence divine	âme	Ego Intelligence divine
0	9	18	27	36	45	54	63	72	81	90	99
1	10	19	28	37	46	55	64	73	82	91	100
2	11	20	29	38	47	56	65	74	83	92	101
3	12	21	30	39	48	57	66	75	84	93	102
4	13	22	31	40	49	58	67	76	85	94	103
5	14	23	32	41	50	59	68	77	86	95	104
6	15	24	33	42	51	60	69	78	87	96	105
7	16	25	34	43	52	61	70	79	88	97	106
8	17	26	35	44	53	62	71	80	89	98	107
9	18	27	36	45	54	63	72	81	90	99	108

Age							
0	0						
1	1	14	1	27	1	40	1
2	2	15	2	28	2	41	2
3	3	16	3	29	3	42	3
4	4	17	4	30	4	43	4
5	5	18	5	31	5	44	5
6	6	19	6	32	6	45	6
7	7	20	7	33	7	46	7
8	8	21	8	34	8	47	8
9	9	22	9	35	9	48	9
10	10	23	10	36	10	49	10
11	11	24	11	37	11	50	11
12	12	25	12	38	12	51	12
13	13	26	13	39	13	52	13
Les enfants		Les apprentis		Les voyageurs		Les maîtres	

Les 4 Cycles Maya de 13 ans

1 **Le Bateleur** **Le Magicien** **L'apprenti/Le petit futé**	Entrepreneur, salarié d'entreprise, artisan, marchand, commerçant, représentant de commerce, travailleur indépendant, comédien, acteur, magicien, écrivain public, gérant de magasin de jeux, joueur professionnel, gamer, métiers du jeu, fabriquant d'outils.
2 **La Grande-Prêtresse** **L'Eternel Féminin** **La gardienne des clefs du bien-être**	Thérapeute, psychologue, bibliothécaire, écrivain, imprimeur, concepteur de support d'informations, fonctionnaire, institutrice, enseignante, formatrice, médecin, sage-femme, pédiatre, diététicienne, naturopathe, voyante, gardienne et les métiers qui consistent à prendre soin des autres et de la vie.
3 **L'Impératrice** **La difficulté d'adaptation**	Commercial(e), commerçant(e), assistant(e) commercial(e), attaché(e) de presse, chargé(e) de mission, secrétaire de direction, journaliste, rédacteur(trice), assistant(e), responsable, ambassadeur(drice), femme ou homme d'affaires, métiers en lien avec la transmission et la coordination d'informations, métiers où il y a des contacts avec le public, métiers qui font appels au mouvement, aux chiffres ou à la communication, métiers intellectuels, facteur, footballeur, psychomotricienne, kinésithérapeute, spécialiste du langage, employé(e) de bureau.
4 **L'Empereur** **La puissance du verbe, Le bâtisseur**	Employé dans une structure ou une grande entreprise. Chef d'entreprise, chef d'équipe, chef de projet, chef de service, politicien, dirigeant, cadre, agent de maîtrise, homme d'affaires, contremaître, bâtisseur, constructeur, agent immobilier, gestionnaire immobilier, chef de chantier, gendarme, militaire, gestionnaire, préfet, ministre ou président. Personne qui bâtit son Empire et met de l'ordre.
5 **Le Grand-Prêtre (pape)** **L'Expert, Le Prof**	Conseiller, consultant, professeur, enseignant, maître de conférences, guide, médecin, religieux, prêtre, homme d'église, guérisseur, notaire, avocat, psychologue, thérapeute, conférencier spécialisé, coach, expert, organisateur de voyages.

6 **L'Amoureux** **L'Artiste** **La flamme** **Le bon choix** **La joie**	Les métiers d'art (artiste, coloriste, illustratrice, Art-Thérapeute), les métiers en lien avec les arts plastiques, le design, la beauté, la danse, le plaisir et la joie. Fleuriste, décoratrice, conseiller d'orientation, conseiller conjugal, coach d'image, les métiers de la mode, tailleur, couturière, accessoiriste, esthéticienne, maquilleuse, visagiste, les personnes qui aident à faire des choix et à élaborer des stratégies, les animateurs tv/radio (avec Tempérance ou le Jugement), les métiers en lien avec les relations publiques comme attaché(e) de presse.
7 **Le Chariot** **Le coach** **Le Général** **L'entrepreneur** **Le sportif** **L'objectif** **La logistique** **La victoire**	Les professions en lien avec des véhicules ou qui nécessitent des déplacements (commerciaux et VRP, cadres, techniciens de maintenance), les métiers de l'automobile et du transport (concessionnaire, pilote, garagiste, chauffeur), les métiers de la logistique et les approvisionnements, les agents de planifications, les organisateurs d'événementiels, les métiers de l'entreprise, les conducteurs d'engin, les pilotes, les chauffeurs de taxi, les sportifs, les ambassadeurs, les conquérants, les personnes actives entre 20 et 40 ans, les coachs, les guides, les conseillers et les consultants, les métiers en lien avec les chevaux, les policiers, militaires et soldats.
8 **La Justice/justesse** **La vérité** **La civilisation** **La gardienne de la civilisation** **L'association** **L'administration** **La joie du partage**	Les activités en lien avec le droit et la magistrature (juge, avocat, clerc, notaire, huissier), les métiers de l'administration et de la fonction publique (préfet, maire, adjoint, agent administratif), les métiers de décision, les métiers liés aux chiffres et aux ressources humaines (comptable, contrôleur de gestion, auditeur, statisticien), les métiers permettant de rétablir un équilibre physique ou psychologique et enfin les métiers associés aux relations publiques, à la forme, à la couleur, à la danse, à l'art, à la décoration intérieure ou à la beauté.
9 **Le gardien du**	Les architectes, les chercheurs, les métiers nécessitant d'éclairer le passé et de poser beaucoup de questions, les activités solitaires, les explorateurs, les activités difficiles ou nécessitant des efforts, les métiers du BTP, les plombiers, les activités monastiques, les historiens, les archéologues, les archivistes, les gérontologues, les

temps **Le chantier** **Le chef de chantier** **L'architecte** **Le chemin/L'Hermite** **La vérité profonde** **La paix intérieure**	scientifiques, les philosophes, les bâtisseurs, les guides, les thérapeutes, les profs de yoga, les agriculteurs, les sourciers, les géologues, les géobiologues, les lithothérapeutes, les éclaireurs, les alpinistes, les guides de montagne, les ostéopathes, les dentistes et assistantes dentaires.
10 **La Roue de Fortune** **La Roue du destin** **Les cycles** **Le service** **L'adaptation technique** **Le technicien** **Le bon fonctionnement**	Les métiers impliquant des connaissances techniques, des technologies, une gestion de connaissances, du mouvement, des déplacements et une activité permanente. La Roue représente les commerçants, les comptables, les secrétaires, les inventeurs, les mécaniciens (avec le Chariot), les métiers en lien avec la fortune et les finances, les banquiers, les financiers, les techniciens, les horlogers, les joueurs professionnels, les métiers liés aux plantes (pharmacie, phytothérapie), aux animaux (vétérinaire, toiletteuse), à l'environnement et au nettoyage, les instituteurs et institutrices, les imprimeurs ainsi que les métiers liés à l'hygiène et à la santé (aide-soignante, aide à domicile, naturopathe, kinésithérapeute, pneumologue, neurologue, technicien de santé).
11 **La Force/ La réussite** **La créativité** **La Maîtrise, La puissance de l'amour, La vision** **L'organisation**	Les professions libérales, les auto-entrepreneurs, les chefs, les cadres et les dirigeants, les agents de maîtrise et les contremaîtres, les activités nécessitant une maîtrise de soi, une force intérieure, de la force physique, une force d'amour et du courage, les sportifs et les coachs sportifs, les pompiers, les sauveteurs en mer (avec le Pendu), les dompteurs, les dresseurs, les éleveurs, les maîtres-chiens, les créateurs, les organisateurs, les forces de l'ordre, les gardes du corps et les agents de sécurité.
12 **Le pendu** **Soulager la souffrance** **Les ancêtres** **Le pardon** **La spiritualité**	Les métiers de services ou liés à la santé en clinique ou en hôpital (médecin, infirmière, aide-soignante, anesthésiste, brancardier, ambulancier, secouriste), les activités impliquant un sacrifice personnel et un engagement total dans une cause, les métiers de la mer, les métiers liés à l'alcool ou aux prisons (barman, œnologue), les métiers du rêve et de l'évasion (voyages, publicité, marketing), les métiers consistant à soulager les souffrances et les misères du monde, les métiers liés au son, à l'image ou aux pieds

La clairvoyance **L'enchantement** **Les besoins collectifs** **Le soignant**	(podologue, réflexologue plantaire), à la religion et au développement spirituel (voyant, astrologue, sophrologue, prêtre, professeur de yoga ou thérapeute de l'âme).
13 **L'arcane sans nom** **L'enquêteur** **Le révélateur** **Le gardien des structures** **L'agent (de sécurité)** **La mort, Le phœnix** **Le passeur d'âmes** **La renaissance**	Les professions en lien avec le gardiennage, la mort, la détoxination, le nettoyage des déchets, la sécurité, les transformations ou l'initiation. Les bouchers, les services funéraires, les médecins légistes, les soins palliatifs, les huissiers, les activités de recyclage des déchets, les éboueurs, les archéologues, les radiologues, les ostéopathes, les médiums, les psychanalystes, les accompagnateurs au changement, les conseiller à Pôle Emploi, conseiller d'orientation, les accompagnateurs de fin de vie, les chimistes et biochimistes, les cultivateurs, les chirurgiens, les dentistes, les agents de sécurité, les criminologues, les policiers ou les militaires. Orthoprothésiste, prothésiste articulaire. Les Agriculteurs.
14 **L'ange** **La tempérance** **Le maître des réseaux** **Le réparateur** **Le connecteur** **La volonté du ciel** **Le monde meilleur**	Métiers d'aide aux autres (humains/animaux), Thérapeute, psychologue, assistante sociale, consultant, conseiller en relations humaines, conseiller technique, médiateur, conciliateur, agent consulaire, protecteur, éducateur spécialisé, cinéaste, personnel de radio (avec le jugement), médecines alternatives et médecines douces (avec le pendu), acupuncteurs, magnétiseurs, guérisseurs, métiers de la communication, standardistes, employé(e) de centre d'appel, joueurs de harpe, informaticien, programmeur, technicien réseau, électricien, vendeur d'appareils électriques, métiers en liens avec l'aviation et l'espace, technicien ou ingénieur aéronautique, hôtesse de l'air, contrôleur aérien, pilote.

15 Le passionné Le maître du métal Le forgeron Le financier Le Diable	Les activités en lien avec l'industrie, le métal, la chimie et l'utilisation du feu, les activités très lucratives où il y a une forte pression, les métiers nécessitant de travailler dans le noir ou la nuit, les activités illicites liées à la drogue, au jeu, au sexe, à la prostitution et à l'alcool, les banquiers, les financiers, les contrôleurs des impôts, les sorciers, les bouchers, les exorcistes, les politiciens (avec la justice ou l'empereur), les organisations secrètes ou en lien avec la sécurité, les agents, les criminologues, les policiers et les CRS. Les personnes qui aident à passer de la peur et de l'esclavage à l'amour et à l'éveil spirituel.
16 Les changements de structures La tour, La foudre La maison de Dieu L'éclair de Soleil Le libérateur	Maçon, architecte, agent immobilier, constructeur, pompier, le personnel médical (avec le Pendu), radiologue, urgentiste, démolisseur, déménageur, psychologue, thérapeute, réparateur, artificier, les métiers en lien avec des technologies modernes, informaticien, gestionnaire de réseau, cosmonautes (avec l'Etoile), électricien, vendeur de téléphones ou d'ordinateurs, vulcanologue, agent de nettoyage. Les métiers ayant une certaine spécialisation, les dentistes et prothésistes. Les personnes qui font faire des prises de conscience et génèrent une illumination intérieure.
17 L'étoile La joie L'abondance La beauté La fée La gestionnaire des ressources	Les activités artistiques en lien avec la beauté, le plaisir, la mode, la peinture, la sculpture, le chant, la poésie, la danse, la parfumerie, la coiffure et l'esthétique. Les artisans, les artistes, les décoratrices, les esthéticiennes, les masseuses, les maquilleuses, les mannequins, les « stars, les paysagistes, les horticulteurs, les fleuristes, les praticiennes en médecines douces, les naturopathes, les phytothérapeutes, les homéopathes, les activités en lien avec l'écologie et la nature, les biologistes, les cultivateurs biologiques, les métiers de l'agro-alimentaire, les jardiniers, les gestionnaires de l'eau, de ressources ou de capitaux, les astronomes, les astrologues, les cosmonautes, ainsi que les activités en lien avec la production et génératrice de richesses, les acheteurs et les approvisionneurs.
18	Les activités effectués par des membres de la famille, les activités à domicile, les activités dans des lieux publics, les métiers du commerce notamment alimentaire, les métiers consistant à prendre soin d'autrui, les métiers de l'immobilier (agent

La Lune **La mère veilleuse qui prend soin de la vie** **Nettoyer les mémoires** **La nourriture** **Les émotions** **La clarification** **Le bien-être**	immobilier, syndic, déménageur, gardien, agent d'entretien) , les écrivains en littérature, les conteurs, les poètes, les cuisiniers, les restaurateurs, le personnel hôtelier (avec le Monde), les musiciens, les dessinateurs, les métiers en rapports avec les enfants, les nourrices, mère au foyer, institutrice ou pédiatre, les activités ayant un lien avec les animaux et les métiers qui s'exercent la nuit. Les métiers en lien avec l'aide familiale, la sécurité sociale, le foyer, les HLM, le public, l'alimentation (boulangers, brasseurs, barman), les liquides, l'eau et la mer (marin, maître-nageur), le sommeil, le passé, la relaxation, la biologie et la vie.
19 **Le Soleil** **L'expression de l'amour** **La volonté de joie** **Les créations** **La meilleure version de vous-même** **La réussite**	Les postes dans les grandes entreprises ou dans les entreprises connues, les métiers en lien avec les enfants et l'éducation, les métiers de la création, certains métiers de l'enseignement ou en lien avec des centres de formation, les métiers impliquant des contacts humains, où vous donnez beaucoup de vous-même, les professions libérales, les métiers où vous avez pignon sur rue, les cardiologues, les métiers en lien avec l'énergie solaire et l'éclairage, les célébrités, les métiers de direction, les métiers du spectacle, les acteurs, les top modèles, les maquilleurs, les metteurs en scène, les commerces de luxe (joaillerie, bijoux, articles haut de gamme), chauffagiste. Les coachs et accompagnateurs de réussite.
20 **Le messager des Dieux** **Le Jugement** **Le tombeau** **L'Archange** **Le chamane** **Le guérisseur quantique** **Le chef de projet** **Le sanctuaire**	Les métiers des médias, du multimédia et de l'audiovisuel, les journalistes et les présentateurs, les webmasters, les métiers en lien avec un public, les métiers de communication et de la publicité, les métiers en lien avec la musique, le son et la vibration, les ingénieurs du son, les sonothérapeutes, les activités en lien avec les technologies de pointe (avec l'Ange), les métiers liés à la naissance, les sages-femmes, les juges et les conseillers des prud'hommes, les métiers du nettoyage, les inventeurs, les conférenciers ou prêcheurs, les métiers du tourisme et des voyages dans d'autres lieux et d'autres dimensions, les chamanes, les guérisseurs, les kinésiologues, les thérapeutes et les éveilleurs de conscience.

<table>
<tr>
<td>21

Le Monde
Le citoyen du monde/ L'océan
L'ingénieur
Le président
Le voyageur/L'espace
Servir la Source</td>
<td>Les métiers de direction (chef, directeur, président), des ressources humaines, de l'enseignement, de la logistique, de l'import-export, du tourisme, du voyage, de l'interprétariat, de la grande distribution, du commerce de gros, des affaires, de l'industrie, de l'environnement et du sport. Les professions libérales. Les activités permettant d'accéder à la célébrité. Les métiers artistiques, l'architecture, les métiers liés à la politique et les métiers à hautes qualifications. Les emplois dans les grandes multinationales ou dans des organismes internationaux. Les métiers liés à la danse.</td>
</tr>
<tr>
<td>22/0

Le Fou
Le Mat
Le génie
L'avant-gardiste
Le caméléon
L'électron libre</td>
<td>Les métiers atypiques, inclassables et hors-normes, les métiers de création ou liés à l'information, les métiers indépendants, les métiers impliquant d'être souvent en déplacement (commercial, livreur, facteur, marchant ambulant, ambulancier, taxi), les grands voyageurs, les inventeurs, les révolutionnaires, les bricoleurs de génie, les prophètes, les métiers d'aide aux génies, aux handicapés ou aux personnes en difficultés, certains métiers thérapeutiques (psychiatre, magnétiseur, guérisseur, éducateur spécialisé, personnes qui travaillent avec les handicapés, les thérapies énergétiques, les thérapies quantiques), certains métiers en lien avec les animaux (toiletteur, vétérinaire, éducateur canin, psychologue pour animaux) et certains métiers artistiques plus ou moins atypiques comme comédien, clown, styliste, designer, professeur de Biodanza.</td>
</tr>
</table>

Chapitre 27 : *Les questionnements liés aux 22 arcanes du Tarots*

NOMBRES	QUESTIONS
1	A quoi est ce que j'accorde mon attention ? Quels sont mes objectifs, mes intentions et mes motivations ? Qu'est ce que j'ai entre les mains et pour aller où ? Quel est le monde auquel j'aspire aujourd'hui ? Qu'ai-je envie de faire apparaitre dans ma réalité ? De quoi ai-je besoin pour utiliser mon pouvoir créateur, pour créer ma vie? Quels sont les moyens/outils/ressources dont je dispose pour cela? Suis-je compétent(e)? Quel est mon potentiel ? Suis-je prêt à risquer mon ego/mon identité pour changer ? Pourquoi ? Pourquoi pas ? Quelle émotion ne veux-je pas ressentir ? Comment sortir de l'illusion du mental et de l'interférence de la peur ? Quelle est l'importance de l'expérience ? A quoi ressemble la vie dans les yeux d'un(e) enfant ? Qu'est ce qui m'amuse ?

2	Qu'est ce que je ressens ? Quels sont mes souvenirs, mes croyances et mes écrans ? Quand est ce que je me sens perdu(e) ? Quelles sont mes principales croyances ? Qu'y a-t-il dans mon inconscient et dans les profondeurs de mon âme? Quel moule dois-je fabriquer ou quelles informations dois-je trouver ou voir pour faire accoucher la situation ? De quoi dois-je accoucher ? Quel est mon système d'information, mon système de croyances ? Reflète t'il la réalité ou la déforme t'elle et si oui comment ? Que signifie pour moi être en phase avec la vie ? Suis-je prêt à m'abandonner à un destin divin ?
3	Comment ai-je envie de m'adapter ? De quoi ai-je besoin pour m'adapter ? De quoi ai-je envie de prendre soin ? Qu'ai-je envie de communiquer et d'exprimer ? Que dois-je comprendre ? Que dois-je entendre ? Que dois-je faire pour gérer efficacement la situation ? Ou est-ce qu'il y a du chaos dans ma vie ? Quelles sont mes pensées négatives et comment les transformer ? Ou est ce que je force, contrôle et me suradapte ? Qu'est ce qui me donne l'illusion d'être en sécurité ? Est-ce que je m'amuse dans la vie ?
4	A qui ou à quoi est-ce que je donne mon pouvoir dans ma vie ? Comment faire pour prendre ma place, pour être légitime, pour construire, pour bâtir mon empire ou pour participer à un empire existant ? Que faire pour protéger mon empire ? Quand ressens-je une pression pour comprendre/contrôler? Quelles sont les règles présentes dans la situation ? Comment organiser, gérer et maîtriser la situation ? Qu'est ce qui doit-être mis en ordre ? A qui ou quoi est ce que je donne mon pouvoir ? Ou fais-je preuve d'intolérance ? Quand me sens-je en paix ?
5	Quel est le sens de la situation ? Quelles sont les leçons à tirer de ce qui se passe ? Quel conseil ai-je besoin de donner ou de recevoir? De quoi ai-je vraiment besoin pour être protégé(e) et pour me sentir béni(e)? Qu'est ce qui me guide ? Quelle est ma philosophie de vie ? Qu'y a-t-il dans mon cœur ? Quel sont mes rituels ? Ai-je un rythme quotidien ? Qu'est ce qui me rend impatient ? Quand est-ce que mon besoin d'aider génère plus de défis que de facilité ? Ou ai-je des facilités et du confort ? Quand est ce que je trompe les autres ?
6	Ou est ce que je suis trop gentil(le) et où j'évite le conflit? Quelles sont les personnes que je ne supporte pas et pourquoi ? Comment faire le bon choix ? Quel est le bon choix ? Quel désir conscient ou inconscient influence mon choix ? Qu'est ce qui m'apporte réellement du plaisir, de la joie et du bonheur ? Qu'est ce que j'aime et qu'est ce que je n'aime pas et pourquoi ? Qu'est ce qui nourrit mon envie de vivre et mon désir d'être heureux (se) ? Comment concilier les contraires ? Dans quel état est ma joie ? Suis-je une personne joyeuse et heureuse ? Comment créer mon bonheur ? Où est ce que je fais preuve de dépendance affective ? Est t'il plus facile de donner ou de recevoir ? Est-ce qu'il y a de l'harmonie dans mes relations ? Quand sais-je faire preuve de diplomatie ?

7	Quel est mon objectif ? Est ce qu'il dépend de moi ? Qu'est ce que cela va m'apporter de l'atteindre ? Comment saurai-je que j'ai atteint mon objectif ? Qu'est ce qui m'empêche d'atteindre mon objectif ? Quels sont les inconvénients et les avantages à atteindre mon objectif ? Comment faire pour l'atteindre ? Quelle est ma mission? De quel véhicule et de quelles ressources ai-je besoin pour atteindre mon objectif ? Ou dois-je aller ? Avec quelle organisation, quelle stratégie et quel plan de bataille ? De quelle victoire ai-je besoin ? Qu'est ce qui me motive, me stimule et me fait avancer ? Quel est mon moteur ? Quelle est ma victoire ? Comment puis-je au mieux diriger ma vie ? Que signifie pour vous réparer l'humanité ? Est-ce que vous admirez les personnes leaders où en êtes vous jaloux(se) ? Comment aimeriez-vous servir le monde ?
8	Qu'est ce que je suis en train de juger et selon quelles lois ? Qu'est ce qui est vrai pour moi ? Quelle est ma vérité ? Suis-je en règle? Comment faire pour être en règle ? Pourquoi est ce que cela se produit ? Quelle est la loi qui est en cause ? Que dois-je rééquilibrer et quelles sont mes dettes karmiques ? Comment trouver l'équilibre ? Qu'est ce que je dois trancher ? Qu'est ce qui est juste pour moi ? Quel rôle est-ce que je joue au sein de la civilisation ? Est-ce que je me suis déjà fondu dans la masse et si oui quand et qu'est ce que j'ai ressenti ? Comment est ce que ma vie sociale contribue à la fluidité de la vie ? Qu'est ce qui me rend unique ? Quand est ce que je me sens le plus authentique ?
9	Quelles sont mes questions essentielles et existentielles ? D'où est-ce que je viens? Qui suis-je? Ou vais-je et que dois-je faire pour y aller? Pourquoi? Quand ? Ou ? Qu'est ce que cela signifie? Est-ce que c'est réellement vrai quand je regarde les choses en profondeur? Quelle est ma vérité profonde et qui suis-je sans cette vérité ? Que reste-t-il quand j'ai retiré une chose après une autre ? Quand est ce que je me sens abandonné(e) ? Que puis-je construire et réaliser ? Comment puis-je trouver la paix intérieure ? Quel est mon niveau de paix ? Qu'est ce qui est essentiel ? De quoi suis-je responsable ? Ou est ce que je prends mes responsabilités et ou est-ce que je ne les prends pas ? Quelle question suis-je toujours en train de me poser ? Est-ce que je peux m'accorder des espaces de silence ?
10	Ou suis-je détendu(e) et ou suis-je stressé(e) ? Ou suis-je obsédé(e) ? Quels sont mes schémas répétitifs et comment en sortir ? Ou est-ce que je m'agrippe ? Quel événement à changé ma vie et pourquoi? Qu'est ce qui m'élève et qu'est ce qui me fait descendre en vibration? Ou est ce que je me critique souvent ? Comment faire tourner la roue dans le bon sens ? Comment cela fonctionne t'il ? Quelle est la cause de ce que se produit ici maintenant ? Quel changement est ce que je souhaite apporter à ma vie ? Qu'est ce qui change et qu'est ce qui demeure ? Que faire pour m'adapter en utilisant mon intelligence technique ? Comment puis-je servir la vie ? Ou est ce que ma vie est facile/difficile ?

11	Quelle est ma vision de ce qui est ? Quel est mon idéal, mon rêve ? Quelle est ma croyance la plus importante et qu'est ce qu'elle créé dans ma vie ? Qu'est ce que j'aime ? Qu'est ce que j'honore ? Qu'est ce qui me fait vibrer ? Quand est-ce que je me sens rempli(e) d'énergie/épuisé(e) ? Qu'est ce que je veux vraiment ? Quels sont les rêves que j'ai mis au placard ? Comment je fais pour obtenir ce que je veux dans ma vie ? Quelles sont mes forces et mes faiblesses ? Qu'est ce qui nourrit ma force ? Quels sont mes désirs les plus puissants ? Qu'est ce qui me passionne ? Quel est mon adversaire ? Que dois-je vaincre et à quoi dois-je me confronter? Qu'est ce qui doit être dompté et maîtrisé ? Comment exprimer le meilleur de moi-même et réussir ? Quelles sont mes réussites et comment j'ai fait pour réussir ? Comment puis-je incarner et exprimer la force de l'amour ? Quelle est la signification symbolique de ce qui se passe ? Quels actes symboliques puis-je effectuer?
12	A quoi ou à qui suis-je accroché? Par quelle force ou courant suis-je entrainé(e) ? Qu'est ce qui m'immobilise? Ou est ce que je me sens bloqué(e)/noué(e) ? Que suis-je en train d'attendre ? Quelle mémoire généalogique dois-je transformer ? Quel sens donner à la situation ? Que dois-je lâcher? Quelle croyance ou perception dois-je inverser? Que dois-je sacrifier au profit de quoi ? Comment dénouer la situation ? De quoi je souffre et qu'est ce que me fait souffrir? Quelle est ma plus grande illusion ? Comment passer de la souffrance à la paix, à la joie, à l'enchantement et à la béatitude ? Quelles sont mes rêves et mes aspirations profondes ? Qu'est ce qui m'enchante ? Comment trouver Dieu? Comment faire pour me connecter à « La Source de toute Vie »? Ou est ce que je fuis sans arrêt ? Est-ce que j'utilise mon pouvoir divin pour créer ?
13	Qu'est ce que j'aimerai changer dans ma vie et comment? Qu'est ce que je ne suis-pas et qui-suis-je ou quoi suis-je vraiment ? Qu'est ce qui en moi est en sommeil, oublié et comme mort ? Ou est ce que je suis pessimiste ? Quel est mon problème ? Que dois-je transformer ? A quoi dois-je mettre un terme ? Qui ou quoi dois-je abandonner et oublier et au profit de qui ou de quoi? Comment ça se termine ? Qu'est ce que la mort ? Qu'y a-t-il de l'autre côté ? Comment mourir en conscience dans la joie et accéder à la vie éternelle ? Qu'est ce qui ne change jamais ? Qu'est ce que je refuse de voir ? Que ferai-je quand je serai dans l'au-delà ? Comment gérer ma capacité à voir les énergies subtiles et l'invisible ?
14	Quels sont les compromis que je fais ? Quels excès doivent être tempérés? Où dois-je apporter de l'harmonie, de l'espoir et trouver des solutions ? Que puis-je guérir ou améliorer dans ma vie ? Qu'ai-je besoin ou envie de demander à mon « Ange-Gardien » ? Ou ai-je besoin d'aide et où puis-je aider ? Qui sont mes ami(e)s ? Quels sont mes projets ? Ou est ce que je suis compétent(e) ? Ou est ce que je fais l'expérience de la liberté personnelle ? Quel est ma relation avec les extra-terrestres ? Ou est ce que je fais confiance/pas confiance à l'univers ?

15	Ou y a-t-il un loup, un problème ? Qu'est ce qui cloche ? Comment je fais pour me saboter ou pour saboter ma vie et comment je peux changer cela ? Qu'est ce qui m'angoisse ? Qu'est ce qui me rend misérable ? De quoi ai-je peur et que puis-je faire pour surmonter cela? De quoi suis-je esclave ou à quoi suis-je enchainé(e) ? A qui ou à quoi suis-je lié(e) et comment ? Quels sont mes moyens de pression ? Comment contrôler la situation ? Que dois-je amener à la lumière? Quelles sont les parties de moi qui manquent d'amour et qui doivent être reconnues? Que faîtes-vous si vous vous ennuyiez ? Est-ce que vous vous échappez de l'ennui par des activités qui ne vous nourrissent pas ? Que dois-je transformer en moi? Qu'est ce qui me passionne ? Comment gagner de l'argent en faisant ce que j'aime faire?
16	A quoi suis-je connecté(e) ? Qu'est ce qui me structure ? Quelle vie est ce que je vibre et chante ? Quelles structures doivent être transformées ? Quels sont les langages que je maîtrise ? Dans quoi suis-je enfermé(e) ? Qu'est ce qui me choque ou me fait exploser? Quelle est la solution ? De quoi dois-je me libérer ? Comment vivre l'expérience de Dieu ? Que puis-je faire pour favoriser la croissance de mon âme pour accéder à la paix intérieure? Comment me connecter à « La Source de toute vie, faire l'expérience de l'illumination et trouver Dieu ? Quelle prise de conscience dois-je effectuer ? Qu'est ce qui me rend enthousiaste ?
17	Quels sont mes opinions sur chaque sujet ? Quand est-ce que je défend mes opinions ? De quoi ai-je besoin pour être bien dans mon corps ? Que puis-je donner à la vie et aux autres ? Est-ce que je vois la beauté en moi-même, chez autrui et dans la nature ? Que puis-je faire pour rendre le monde meilleur et enchanter les lieux et les êtres? Qu'ai-je à pardonner ? Comment créer mon bonheur sur Terre ? Qu'est ce qui me remplit de joie ? Qu'est ce qui me donne de l'espoir ? Qu'est ce qui m'inspire ? Quelle partie de moi dois-je reconnecter à la vie et à la joie? Quelles sont mes ressources et comment bien les gérer ? Quelle est ma meilleure forme d'expression possible ? Comment puis-je concrétiser cette meilleure forme de moi-même ? Quel est mon meilleur futur possible ? Que puis-je faire concrètement pour créer l'abondance dans chaque domaine de ma vie ?
18	Qu'est ce que je ressens ? Ou est-ce que je me sens inférieur ou supérieur aux autres ? Quelle est l'influence précise de mon inconscient (du passé et des mémoires) sur la situation présente ? Qu'est ce qui me fait peur ? Pourquoi ai-je si souvent peur ? De quoi ai-je besoin pour me ressourcer et me sentir bien ? Quelle partie de mon passé dois-je nettoyer ? Qu'est ce qui me nourrit vraiment ? Quelle porte dois-je franchir afin d'accéder à un nouveau monde ? Qu'est ce qui me fait rêver ? Ou est ce que ma vie manque de magie ? Quels sont mes rêves et que puis-je faire pour les réaliser ? Est-ce que je maintiens des limites saines vis-à-vis des autres ? Ou est ce que je prends soin/pas soin de moi ?

19	Qu'est ce que je vois quand je regarde ce qui est avec un regard d'enfant au cœur pur ? Quel est mon objectif ? Quelles sont mes valeurs ? Où dois-je mettre de la lumière ? Que dois-je clarifier ? Que me dit mon cœur ? Qu'est ce que je veux ? Qu'est ce qui est important ? Que signifie réussir pour moi et comment réussir en exprimant la meilleure version de moi-même ? Quelle partie de moi dois-je apprendre à mieux aimer ? Comment j'exprime l'amour qu'il y a dans mon cœur ? De quoi ai-je besoin pour créer des relations privilégiées ?
20	Ou est-ce que je me sens en insécurité ? Ou est ce que je suis absent(e) ? Quel est l'impact de mes mémoires généalogiques/karmique et de la société sur moi ? De quoi dois-je me souvenir ? Que dois-je faire pour accéder à la vie éternelle ? Quel changement puis-je apporter à ma vie ? Dans quelle nouvelle dimension ou nouveau monde puis-je entrer ? Quel appel ai-je entendu ou pas entendu ? Qu'est ce qui me permettrait de ressusciter ? Si je meurs demain, qu'est ce que je regrette d'avoir fait ou de ne pas avoir fait et si c'était à refaire, je ferais quoi et comment ? Quels sont les moments de ma vie où j'ai eu la sensation de vivre une vie nouvelle ? Que dois-je apprendre à regarder ? Comment élever ma vision ? Quand est-ce que je vis des coïncidences, des synchronicités ?
21	Quelle image ou vision ai-je du monde ? Quelle est ma mission de vie et ma place dans le monde ? Que dois-je réaliser ? Comment aller au bout de moi-même ? Comment trouver Dieu et un sentiment d'unité intérieure? Que dois-je terminer ? Comment faire triompher la joie du cœur ? Comment faire triompher la joie et le bonheur ? Comment faire de ma vie une œuvre d'art ? Quel est l'impact du monde extérieur/de la société sur ma vie ? Ou est ce que je me sens contrôlé dans ma vie ? Ou est ce que j'exprime/n'exprime pas ma puissance ? Ou est ce que j'ai peur d'abuser de mon pouvoir ? Que signifie se rendre et baisser les armes pour moi ? Ou est-ce que j'ai confiance/pas confiance en la vie ?
22	Qu'est ce qui me rend libre ? Où suis-je libre et où ne le suis-je pas ? Dans quelle circonstance ai-je été stupide et quel en était le bénéfice secondaire ? Qu'est ce qui me rend fou/folle ? Quelle est ma spécificité ? Que puis-je faire pour avancer et exprimer ce qui me rend unique ? Quels risques suis-je prêt(e) à prendre ? Quel acte de foi puis-je effectuer ? Que puis-je faire pour qu'il y ait plus de grâce dans ma vie ?

Il est dit en Egypte, en Grèce, en Orient et en Asie que ces lois et principes régissent la manifestation des mondes et que leur pratique consciente constitue un art royal permettant d'être roi ou reine dans son royaume. ***Vous avez ci-après quelques une des principales lois organisées selon les nombres.***

Nombre 1 :

La loi du 1 ou première loi : Vous êtes identifié(e) à votre Moi Supérieur, vibrez sur la fréquence de l'amour inconditionnelle, dédiez votre temps et votre énergie à servir autrui, la vie et la société et vous organisez votre vie selon les principales 42 lois universelles qui vont dans la direction de l'éveil, de faire de votre mieux chaque jour et d'aller vers la meilleure version de vous-même.

La loi de la création ou de la manifestation : Vous créez, individuellement et collectivement, votre réalité, en fonction de votre état de conscience, de votre passé, de votre structure (schémas, croyances, pensées) et de vos attitudes, comportements et actions. *Vous êtes un Diamant qui n'a pas encore été taillé mais si vous êtes irrité par chaque frottement, comment voulez-vous être poli !*

La loi de l'instant présent : Seul l'instant présent est réel et existe réellement. Vous ne pouvez être vous-même et dans un état de bonheur que dans l'instant présent. L'herbe n'est pas plus verte ailleurs, elle est plus verte là où vous l'arrosez.

La loi de l'intention, de l'attention et de l'énergie : Là où va votre intention va votre attention et là où va votre attention va votre énergie.

La loi de la vie : La vie est une suite d'événements dans lesquels vous êtes étroitement impliqués. *Vous n'êtes pas ce qui vous est arrivé, vous êtes ce que vous choisissez d'être et de devenir. La vie n'est pas une personne méchante, c'est un miroir de votre intérieur.*

La loi des bons outils : Le charpentier doit posséder un marteau et des outils et savoir comment les utiliser pour créer sinon c'est juste un rêveur.

Nombre 2 :

La loi de l'intuition : L'intuition est ce qui vous permet de télécharger les informations nécessaires pour ouvrir les portes vous donnant accès à de nouveaux espaces. Plus vous l'écoutez et plus vous avancez.

La loi des croyances : Vous percevez en fonction de ce que vous croyez. Vous vivez des expériences en fonction de ce que vous percevez. Vos croyances engendrent des valeurs qui engendrent des pensées qui engendrent des paroles qui engendrent des actions qui engendrent votre vie.

La loi du bien-être et des mémoires : Le bien être complet est atteint quand les mémoires personnelles, familiales et karmiques sont délestées de leur charges émotionnelles qui elles sont maintenu en existence quand quelque chose n'a pas été compris, accepté et pardonné.

Nombre 3 :

La loi du mouvement/de la vibration : Tout dans l'univers est en mouvement. Tout vibre. La physique classique décrit les lois du mouvement dans le monde de la matière. Ainsi par exemple, tout objet/situation continue à se mouvoir dans la direction et à la vitesse où il va tant qu'un changement n'affecte pas ce mouvement. Toute action engendre une réaction équivalente.

Nombre 4 :

La loi de la dualité et de la polarité : Tout ce qui existe dans le monde de la matière visible et invisible et surtout dans le monde des secondes, troisièmes et quatrièmes dimensions à son opposé. Les deux opposés forment un axe et diffèrent dans la direction. Des exemples sont le oui et le non, l'attraction et la répulsion, le chaud et le froid, le bas et le haut, le jour et la nuit, le bien et le mal, la misère et la joie, la séparation et l'unité. C'est en exprimant votre pouvoir personnel que vous pouvez choisir quelle direction prendre.

La loi de l'ordre : Il existe dans l'univers un principe générateur d'ordre qui s'appuie sur des structures et des frontières.

Nombre 5 :

La loi de l'amour : Votre véritable nature est faîtes d'amour. Dieu, l'état de connexion avec la Source de toute Vie, vit dans l'amour et seule une personne qui vit dans l'amour vit en Dieu et Dieu en elle. C'est en pratiquant comment vous vous sentez quand vous êtes dans un état d'amour que vous pouvez découvrir l'amour et le laisser vous habiter.

Il faut parfois des années à la tête pour comprendre ce que le cœur sait depuis toujours. Tant que vous n'êtes pas en amour avec vous-même, vous êtes une fréquentation dangereuse pour autrui. L'important n'est pas de chercher l'amour puisque c'est ce que vous êtes mais de chercher les obstacles et excuses que vous avez construites contre l'amour.

Nombre 6 :

La loi d'union des polarités : La Source de toute vie est masculine et féminine et toute vie s'exprime grâce à l'union de ces deux polarités. Le principe masculin est fait de Soleil, de Mercure, de Mars, de Jupiter et d'Uranus. Le principe féminin est fait de Lune, de Vénus, de Mercure, de Saturne, de Neptune et de Pluton.

La loi d'attraction : Ce qui vibre à une certaine fréquence attire ce qui vibre à des fréquences équivalentes. Qui se ressemble s'assemble. Les opposés complémentaires s'attirent. Ce qui vous correspond vient à vous si vous créez la capacité à le recevoir.

La loi des liens de correspondances et de la somatotopie : Ce qui est en haut et comme ce qui est en bas et ce qui est en bas est comme ce qui est en haut. Toute chose existante sur le plan physique a son équivalent dans le plan astral. Certaines parties du corps comme les mains, les pieds, les yeux et les oreilles sont en correspondance avec l'ensemble du corps et reflètent cet ensemble. Cela est appelé somatotopie.

La loi de la forme illusoire et de la beauté : La forme est une illusion mais la beauté est réelle. Elle résulte d'une harmonie des formes.

Nombre 7 :

La loi des défis : Toute expérience vous est proposée pour que vous la gériez au mieux et l'univers ne vous propose que des opportunités ou défis que vous pouvez gérer. Tout défi qui se présente est là pour vous faire grandir.

La loi de la volonté et de l'efficacité : Objectif, stratégie, action, résultat(e). *Ce que vous ne faîtes pas a presque autant d'importance que ce que vous faîtes.*

Nombre 8 :

La loi du Karma ou la loi de cause à effet : C'est la loi de Newton qui dit que toute action entraîne une réaction identique à sa cause et qu'une situation en mouvement continue de se mouvoir comme elle le faisait tant qu'un facteur supplémentaire n'entre pas en action.

La loi de la responsabilité : La responsabilité consiste à faire ce qui est juste selon la nécessité et à assumer les conséquences de vos actions. Plus vous êtes conscient(e) et plus vous êtes responsable. Prendre vos responsabilités, c'est choisir consciemment comment vous réagissez à ce qui vous arrive dans le monde extérieur, c'est vous libérer de votre passé, guérir vos blessures, prendre soin de vous et d'autrui, incarner une présence aimante et créer votre bonheur sur Terre. **La loi de l'équilibre :** La vie cherche toujours à rétablir un état d'équilibre. Cette loi diminue les excès et comble les manques.

La loi du donner et du recevoir où de la réciprocité : Cette loi est dérivé de la loi de l'équilibre. Plus vous donnez et plus vous recevez. Plus vous êtes dans la gratitude pour ce que vous avez et plus vous recevez. Ceux qui donnent doivent parfois apprendre à poser des limites car ceux qui prennent n'en ont parfois aucune.

Nombre 9 :

La loi de la résistance : Ce à quoi vous résistez persiste et toute leçon non intégrée se répète. Vous attirez ainsi les personnes où les situations envers lesquelles vous avez fait preuve de résistance inadaptée.

La loi du silence : Le silence, c'est l'espace dont la conscience a besoin pour déployer ses ailes.

La loi du temps : Tout ce qui existe dans la troisième dimension est soumis à l'action du temps. Toutes les choses importantes prennent du temps et nécessitent de la pratique. C'est uniquement quand le temps nécessaire s'est écoulé qu'il est possible d'effectuer un saut quantique dans l'instant présent.

La loi des difficultés : Un obstacle est juste une montagne qu'il vous faut franchir, rien de plus. Tu ne franchis pas un obstacle, tu te franchis toi.

Nombre 10 :

La loi du rythme et du nombre : *L'univers est régit par les nombres et les cycles. Si vous voyez que vous tournez en rond, brisez le cercle en faisant quelque chose de différend.*

La loi de la répétition : La répétition permet l'expertise qui permet le service qui permet l'adaptation et l'évolution.

La loi de la réincarnation : Une personne vient revivre les leçons qu'elle n'a pas apprises et les comportements inadaptés qu'elle n'a pas corrigés.

La loi du service : La répétition amène l'expertise. L'expertise permet de proposer des services. Le fait de proposer des services permet une adaptation au monde de la matière.

L'excellence n'est pas un don mais un processus basé sur la répétition qui s'apprend. Continuer à faire plus de choses qui ne fonctionnent pas ne produit que plus de dysfonctionnements. Comment est ce que vous pouvez au mieux servir l'humanité, la société ?

La loi de la fortune : Une personne gagnante est une personne qui a tenté sa chance. Une personne qui n'a pas tenté sa chance est toujours perdante. Ce n'est pas parce que quelque chose n'a pas marché 99 fois que ça ne marchera pas la centième fois. Un échec n'est qu'une étape vers la réussite. L'échec est une opportunité d'apprendre et de vous transformer. Elle est l'un des meilleurs enseignants.

Nombre 11 :

La loi de la conscience : La conscience est à l'origine de tout ce qui est. Tout ce qui existe est une forme d'expression de la conscience. La conscience est sans arrêt dans un état d'expansion intérieure et sans arrêt créatrice d'opportunités de croissance spirituelle.
Quand on veut on trouve les moyens et quand on ne veut pas on trouve des excuses.
Le plus important pour réussir est de garder la chose la plus importante comme étant la chose la plus importante.
La loi de la compréhension de la colère : La colère est une forme de peur et elle est suivie par la tristesse. La colère est un mouvement désordonné de l'âme offensée parce qu'elle n'a pas accepté quelque chose qui était inévitable. Son effet positif permet de rejeter et de dire non avec force. On la remplace par la compréhension, l'acceptation, le pardon et la puissance de l'amour.

Nombre 12 :

La loi du lâcher prise et de l'acceptation : J'accepte les gens et les situations telles qu'elles se présentent. Je laisse venir ce qui viens et je laisse partir se qui s'en va.
La loi du pardon : Chaque membre de l'humanité est impacté par un sentiment d'échec, de honte, de culpabilité, d'anxiété et de peur qui sont des programmes faisant parti du mammifère humain et de son histoire. Le but est de se déconnecter de ces programmes ce qui permet de guérir. La compréhension, l'acceptation, le pardon, la reconnaissance de votre valeur et l'amour inconditionnel permettent de le faire. Ils ouvrent la porte du Moi Supérieur. En vous pardonnant, en pardonnant aux autres et en demandant pardon, c'est-à-dire en faisant preuve d'amour, de compassion et de bienveillance, vous effacez l'impact de vos dettes karmiques. Le discernement vous permet de fixer vos limites et de faire ce qui est juste pour vous. En définissant vos limites avec discernement et en sachant dire non, vous vous permettez de faire ce qui est juste pour vous. Quand vous traitez les gens en fonction de comme ce qu'ils devraient être, vous les aider à devenir ce qu'ils devraient être. Vous pouvez alors contribuer à soulager les souffrances et les misères du monde en discernant les personnes qui veulent sincèrement être aidée de celles qui veulent juste vous utiliser, donc en gérant vos frontières.

Nombre 13 :

La loi de la transformation : Tout dans l'univers est en constante transformation. Tout est changement. Rien ne se perd, rien ne se créer, tout se transforme. *Ce que la chenille apelle la fin du monde, le maître l'apelle un papillon.*
La loi de la belle mort : *Vous mourrez heureux/se si vous avez vécu heureux/se et si vous faîtes en sorte que le monde soit meilleur après votre passage.*

Nombre 14 :

La loi du libre arbitre et de la responsabilité : Chaque âme dispose de son libre arbitre et fait des choix librement en fonction de ses possibilités. Ses possibilités dépendent de son niveau d'évolution et de conscience. Vous avez ainsi choisi librement l'époque, le pays, les parents, votre ou vos partenaires de vie et les expériences principales nécessaires à l'évolution de votre âme. Vous êtes libre de répondre aux situations qui se présentent avec amour, compassion et bienveillance ou d'une façon violente.

Vous êtes libre de choisir le bien ou le mal, la création ou la destruction, la misère ou la joie, la souffrance ou l'enchantement. Tout choix a cependant des conséquences.

La loi des solutions : *Quand vous pensez de façon répétitive que vous détenez ou trouverez la solution, vous habituez votre cœur et votre cerveau à la trouver.*

La loi de l'entraide : Aide-toi et le ciel t'aidera. Pour que de l'aide te soit accorder, il faut que tu la demandes. Plus tu aides les autres et plus les autres t'aideront.

Nombre 15 :

La loi de l'expression de votre pouvoir personnel : Ce à quoi vous faîtes face s'efface. L'attention que vous mettez dans les petites choses détermine l'attention que vous mettez dans toutes les choses.

La loi de la guérison du mal : On ne peut fabriquer un antidote qu'à partir du poison. Vous créez ce que vous craignez. Une peur est comme un enfant, on ne peut raisonner ni convaincre un enfant ni tentez de lui faire faire des prises de conscience, on lui fait vivre une expérience qui fait disparaitre la peur grâce à l'amour.

Nombre 16 :

La loi de l'ordre : Il existe une structure et un ordre caché derrière la vie qui coule dans l'univers. Comprendre la structure et l'univers permet de générer des changements de structures. Plus tu es ordonné et plus cet ordre universel peut se manifester dans ta vie.

La loi des systèmes structurés : La vie se manifeste à travers différents systèmes comme la couleur et le son, l'eau et le corps humain.

La loi de la nature de Dieu : Dieu est un feu vivant.

Nombre 17 :

La loi de l'abondance : Elle découle de la loi du service. L'univers est abondance et vous attirez l'abondance dans votre vie sur tous les plans grâce à votre état d'être et vos actions.

Nombre 18 :

La loi de la visualisation : L'imagination est créatrice. Ce que tu visualises comme si c'était déjà là dans l'état émotionnel approprié avec joie et gratitude se matérialise.

La loi de la désidentification du passé : Je ne suis pas mon passé. Je ne suis pas ce qui m'est arrivé.

La loi du rythme : La vie est organisée selon des rythmes qui forment des cycles naturels.

Nombre 19 :

La loi du moi supérieur et de la fluidité divine : En pratiquant la connexion à votre moi supérieur, vous devenez un canal pour la volonté divine issue de la source de toute vie et vous accélérez votre évolution de part la fluidité divine qui coule dans votre vie.

Nombre 20 :

La loi du son : Le son modifie l'espace. Tout ce qui existe, tout ce qui vit vibre et tout ce qui vibre chante. L'univers est le chant de la Source de toute Vie.

La loi de la conscience des causes et des effets, du karma : La conscience des causes, des conséquences des actions et des responsabilités permet de modifier les effets et de générer un éveil de la conscience.

Nombre 21 :

La loi de l'unité de toute chose : Tout est dans tout et réciproquement. Tout dans l'univers est lié par la présence et la conscience de la Source de toute Vie.

La loi de l'aventure de la vie : L'ouverture aux voyages intérieurs et extérieurs proposés par la vie et l'audace favorisent l'avancement vers la complétude.

Nombre 22 :

La loi de la différence : Il y a des différences dans chaque chose et toute forme de vie affirme sa spécificité afin d'être libre et heureuse.

La loi de la liberté : La liberté, c'est la conaissance et l'application des lois de l'univers et c'est l'accomplissement de la Nécessité, de la volonté de la Source de toute Vie. Chaque acte est un bulletin de vote qui soit vous rend libre soit esclave du fantôme de la liberté. Chaque acte vous amène à la meilleure version de vous-même ou à la pire version de vous-même. La différence c'est la joie et le bonheur.

Autres Mots Clefs des ombres, dons et superpouvoirs des 22 premiers nombres

Clé	Ombre	Don	Siddhi
1	Peur/orgeuil	Créativité	Conscience
2	Ocultation	Intuition	Bien-etre
3	Mensonges	Cohérence	Adaptation
4	Abus de pouvoir	Organisation	Puissance
5	Ab. de confiance	Pédagogie	Bienveillance
6	Fictions	Artiste	Joie/beauté
7	Inéfficacité	Logistique	Efficacité
8	Plombance	Equanimité	Justesse
9	Abandon	Optimisation	Sagesse
10	Automate	Technicité	Service
11	Violence	Fortitude Amour	Lumière réussite
12	Souffrance	Pardon	Enchantement
13	Ignorance	Transformation	Lucidité
14	Déconnexion	Résilience	Angélique
15	Sabotage	Maitrise	Jouissance
16	Enfermement	Enthousiasme	Libération
17	Soumission	Ressources	Bonheur
18	Mal-être	Prendre soin de	Vie fluide
19	Aveuglement	Relation privilégiée	Amour Brillance
20	Désinformation	Messager visionnaire	Guérison
21	Corruption	Puissance	Unité avec Source
22	Irresponsabilité	Liberté	Génie

Pour contacter l'auteur - Découvrir ses formations et ses écrits

jacksoneric@neuf.fr   www.ericjacksonperrin.com   06 62 51 32 26

Services proposés en Développement Personnel

Votre Diamant de Naissance : Consultation et étude

En tant qu'être humain créé par la Source, vous êtes un Diamant qui ne demande qu'à briller ! Pour cela, il est nécessaire de polir, c'est à dire de prendre conscience, puis d'exprimer chacune de vos facettes ! Véritable Cartographie de l'Etre et outil de connaissance de soi, ce « Thème Astro-numérologique ou Numéro-psychologique», basé sur votre nom + prénom + date de naissance, vous révèle dans toutes vos dimensions, à travers les 24 facettes majeures de votre être. Environ 80 pages. Existe en version électronique en format PDF que vous pouvez imprimer.

Votre Thème Astral Approfondi : Consultation et étude

Votre thème de naissance représente la structure et le cheminement de votre âme et ce qu'elle a choisi de rencontrer comme expériences. Axé sur la dimension psychologique et karmique, ce thème astral révèle votre structure, vos fonctionnements, vos atouts, vos contradictions et vos possibilités d'expression. Il vous aide à comprendre certaines difficultés et schémas de vie répétitifs puis à les résoudre.

Votre Thème annuel : Consultation et étude

Chaque année (à la date de votre anniversaire), un nouveau thème se astral entre en jeu…c'est votre Révolution solaire (nouvel ascendant, nouvelles configurations planétaires). Elle est le paysage de votre année, avec ses propositions, ses potentialités à exprimer et ses difficultés à transcender. A travers une étude ou une consultation, je vous propose un éclairage sur votre année. Cela vous aide à l'optimiser et à lui donner du sens.

Votre Thème Maya : Etude

Document unique en France, votre Thème Maya, établie à la fois selon le calendrier traditionnel Maya et selon le calendrier des 13 lunes, vous offre une vision totalement surprenante de vous-même ! Il décrit votre projet de vie ou l'intention principale de votre incarnation puis votre chemin sacré pour retourner à votre centre.

Formations en E-learning disponibles sur mon site web

TAROT-RUNES-DIAMANT DE NAISSANCE
SONOTHERAPIE BOLS ET DIAPASONS
YI-KING ET ASTROLOGIE MAYA
ASTROLOGIE OCCIDENTALE

*** * ***

Les bases de l'astrologie et 11 autres livres d'astrologie, par Eric Jackson Perrin
Le Yi-King de voyage et le Yi-King pratique, par Eric Jackson Perrin
Les Runes Germaniques sacrées et Magiques, par Eric Jackson Perrin
Le Tarot Eternel, Le tarot éternel 2 et le Tarot Eternel Complet, par Eric Jackson Perrin
Le Diamant de Naissance et le cahier pratique du Diamant de Naissance, par EJP
Passion numérologie, par Eric Jackson Perrin
Astrologie, Yi-King et Design Humain, par Eric Jackson Perrin
La bible des 64 portes, par Sandrine Calmel
Discours de Robert Alan Kracower (RA) sur le Design Humain
Human Design, discover the person you are ment to be, par Chetan Parkyn
The 64 ways par Richard Rudd. The Gene Keys, par Richard Rudd.
Préparer votre mort et votre vie future dans l'Au-delà par Eric Jackson Perrin
Le prophète, de Kalil Gibran.
The eye of the I, Letting go et Power verses force, par David Hawkins.
Le livre du Dieu Vivant, le livre de l'amour et le livre de l'au-delà, par Bô Yin Râ

****

**Vous souhaitez une Analyse complète de votre profil des Clés Génétiques.
Vous souhaitez vous former pour intégrer les Clefs Génétiques en France**

Je vous recommande mon amie Oana Martins, « Gene Keys Guide et Experte ».

Voici son message : Les Clés Génétiques sont des mémoires à l'intérieur de votre ADN individuel et collectif. Elles vous guident sur votre chemin d'éveil, d'éveil de la conscience de vous-même, afin de révéler le contenu inconscient de vos ombres et activer vos dons et vos Siddhis ou « superpouvoirs », afin de les mettre au service de la vie.

- Ce qu'Oana vous propose :

• Une analyse personnalisée de votre profil unique.

• Des accompagnements individuels et/ou en groupe pour activer les dons de votre profil.

• Une formation unique dans toute la francophonie pour devenir « ANALYSTE INTUITIF GENE KEYS » et apprendre à lire des profils des Clés Génétiques.

- Pourquoi les Clés Génétiques ?

*Pour arrêter de tourner en rond en gaspillant votre potentiel.

*Pour prendre la place dans le collectif pour impacter de votre génie unique.

*Pour avoir une vie plus sereine, fluide et harmonieuse.

-Prêt(e) à transformer votre vie et contribuer à créer le nouveau monde ?

*Vous pouvez contacter Oana pour réserver votre analyse complète, en distanciel sous zoom : www.oanamartins.com

-**Vous pouvez retrouver Oana Martins sur les Réseaux sociaux :** Facebook, Instragram, Youtube. **Mail:** oanamartins2007@gmail.com **Téléphone :** 06 95 15 87 94

Tarifs : *Analyse de votre profil* 2h30 : 250 €.

Accompagnements : 333 € à 1400€. *Formation d'Analyste Gene Keys :* 2500 €.

Oana est aussi auteure du livre "La libération de la Terre. Le voyage spirituel de Karinua"

Parution : Janvier 2025.
Editions : Bod. (Sodis)
ISBN : 978-2322477-401
Tarif : 19,40€ papier. 9,99€ Kindle.
Disponible sur internet
et en librairie sur commande.

Ce livre a une suite

Eric Jackson PERRIN

LES SECRETS SPIRITUELS DES NOMBRES 25 à 64

SELON TROIS TRADITIONS

anciennes et modernes

(Yi-King, Design Humain et Clefs Génétiques)

Un chemin vers l'éveil

Edition par EJP